总　　序

哲学社会科学的发展水平，体现着一个国家和民族的思维能力、精神状态和文明素质，反映了一个国家的综合国力和国际竞争力。在社会发展历史进程中，哲学社会科学往往是社会变革、制度创新的理论先导，特别是在社会发展的关键时期，哲学社会科学的地位和作用就更加突出。在我国从大国走向强国的过程中，繁荣发展哲学社会科学，不仅关系到我国经济、政治、文化、社会建设以及生态文明建设的全面协调发展，而且关系到社会主义核心价值体系的构建，关系到全民族的思想道德素质和科学文化素质的提高，关系到国家文化软实力的增强。

党的十六大以来，以胡锦涛同志为总书记的党中央高度重视哲学社会科学，从中国特色社会主义发展全局的战略高度，把繁荣发展哲学社会科学作为重大而紧迫的任务进行谋划部署。2004 年，中共中央下发《关于进一步繁荣发展哲学社会科学的意见》，明确了新世纪繁荣发展哲学社会科学的指导方针、总体目标和主要任务。党的十七大报告明确指出："繁荣发展哲学社会科学，推进学科体系、学术观点、科研方法创新，鼓励哲学社会科学界为党和人民事业发挥思想库作用，推动我国哲学社会科学优秀成果和优秀人才走向世界"。2011 年，党的十七届六中全会审议通过的《中共中央关于深化文化体制改革　推动社会主义文化大发展大繁荣若干重大问题的决定》，把繁荣发展哲学社会科学作为推动社会主义文化大发展大繁荣、建设社会主义文化强国的一项重要内容，深刻阐述了繁荣发展哲学社会科学一系列带有方向性、根本性、战略性的问题。这些重要思想和论断，集中体现了我们党对哲学社会科学工作的高度重视，为哲学社会科学繁荣发展指明了方向，提供了根本保证和强大动力。

为学习贯彻党的十七届六中全会精神，教育部于 2011 年 11 月 17 日在北京召开全国高等学校哲学社会科学工作会议。中共中央办公厅、国务院办公厅转发《教育部关于深入推进高等学校哲学社会科学繁荣发展的意见》，明确提出到 2020 年基

本建成高校哲学社会科学创新体系的奋斗目标。教育部、财政部联合印发《高等学校哲学社会科学繁荣计划（2011—2020 年）》，教育部下发《关于进一步改进高等学校哲学社会科学研究评价的意见》《高等学校哲学社会科学“走出去”计划》《高等学校人文社会科学重点研究基地建设计划》等系列文件，启动了新一轮“高校哲学社会科学繁荣计划”。未来十年，高校哲学社会科学将着力构建九大体系，即学科和教材体系、创新平台体系、科研项目体系、社会服务体系、条件支撑体系、人才队伍体系、对外学术交流体系、现代科研管理体系和学风建设工作体系，同时，大力实施高校哲学社会科学“走出去”计划，提升国际学术影响力和话语权。

当今世界正处在大发展大变革大调整时期，我国已进入全面建设小康社会的关键时期和深化改革开放、加快转变经济发展方式的攻坚时期。站在新的历史起点上，高校哲学社会科学面临着难得的发展机遇和有利的发展条件。高等学校作为我国哲学社会科学事业的主力军，必须充分发挥人才密集、力量雄厚、学科齐全等优势，坚持马克思主义立场观点方法，以重大理论和实际问题为主攻方向，立足中国特色社会主义伟大实践进行新的理论创造，形成中国方案和中国建议，为国家发展提供战略性、前瞻性、全局性的政策咨询、理论依据和精神动力。

自 2010 年始，教育部启动哲学社会科学研究发展报告资助项目。发展报告项目以服务国家战略、满足社会需求为导向，以数据库建设为支撑，以推进协同创新为手段，通过组建跨学科研究团队，与各级政府部门、企事业单位、校内外科研机构等建立学术战略联盟，围绕改革开放和社会主义现代化建设的重点领域和重大问题开展长期跟踪研究，努力推出一批具有重要咨询作用的对策性、前瞻性研究成果。发展报告必须扎根社会实践、立足实际问题，对所研究对象的发展状况、发展趋势等进行持续研究，强化数据采集分析，重视定量研究，力求有总结、有分析、有预测。发展报告按照“统一标识、统一封面、统一版式、统一标准”纳入“教育部哲学社会科学发展报告文库”集中出版。计划经过五年左右，最终稳定支持百余种发展报告，有力支撑“高校哲学社会科学社会服务体系”建设。

展望未来，夺取全面建设小康社会新胜利、谱写人民美好生活新篇章的宏伟目标和崇高使命，呼唤着每一位高校哲学社会科学工作者的热情和智慧。我们要不断增强使命感和责任感，立足新实践，适应新要求，以建设具有中国特色、中国风格、中国气派的哲学社会科学为根本任务，大力推进学科体系、学术观点、科研方法创新，加快建设高校哲学社会科学创新体系，更好地发挥哲学社会科学认识世界、传承文明、创新理论、资政育人、服务社会的重要功能，为全面建设小康社会、推进社会主义现代化、实现中华民族伟大复兴作出新的更大的贡献。

教育部社会科学司

中国宏观经济分析与预测（2018—2019）

改革开放新征程中的中国宏观经济

China's Macroeconomic Analysis and Forecast (2018–2019)

A New Journey of Reform and Opening-up

中国人民大学经济研究所 主编

中国人民大学出版社

· 北京 ·

目　　录

第一篇　主报告

2018—2019 年中国宏观经济分析与预测

——改革开放新征程中的中国宏观经济 ①

刘元春　刘晓光

摘　要

2018 年的中国宏观经济值得我们高度关注。世界经济结构的裂变、市场情绪的巨变、微观基础的变异、经济政策的叠加错配以及结构性和体制性问题进一步的集中暴露，改变了中国宏观经济 2016 年以来“稳中向好”的运行趋势，宏观经济核心指标在“稳中有变”中呈现“持续回缓”的态势，下行压力持续加大。这说明中国宏观经济既没有“触底企稳”，也没有步入稳定复苏的“新周期”，反而在内部“攻坚战”与外部“贸易战”的叠加中全面步入中国经济新常态的新阶段。2018 年所面临的经济持续下滑的压力难以利用短期稳增长政策得到有效缓解，需要利用新一轮全方位改革开放和新一轮供给侧结构性改革来进行化解和对冲。内外部压力和问题的暴露说明了中国大改革的窗口期已经在 2018 年全面出现，2019 年中国必将踏上改革开放的新征程。

2019 年也必定成为中国摆脱新常态低迷期、走向高质量发展模式的关键年。世界经济结构与秩序的裂变期、中国经济结构转换的关键期、深层次问题的累积释放期以及中国新一轮大改革的推行期，决定了中国宏观经济的历史方位与国际方位，这也决定了 2019 年经济运行的模式可能发生变化：（1）2019 年是中国经济新常态新阶段的关键一年。一是经济增速换挡还没有结束，中国经济阶段性底部还没有出现；二是结构性调整远没有结束，结构性调整刚刚触及本质性问题；

① 本报告为中国人民大学中国宏观经济论坛课题组集体讨论的产物，执笔人为：刘元春、刘晓光。本报告数据除注明出处之外，皆由中国人民大学中国宏观经济论坛测算。

三是新旧动能转化没有结束，政府扶持型新动能向市场型新动能转换刚刚开始；四是在各种内外压力的挤压下，关键性与基础性改革的各种条件已经具备，新一轮改革开放以及第二轮供给侧结构性改革的窗口期已经全面出现。(2) 世界经济结构的裂变决定了即使中美贸易谈判取得阶段性和解，世界经济周期整体性的回落、全球金融周期的持续错位、中美贸易摩擦在其他领域的展开也都决定了2019年中国外部环境将面临持续恶化的风险。2019年中国出口增速的回落、贸易顺差的大幅度下降、人民币汇率贬值承压以及局部外向型产业和区域出现明显回落将是大概率事件。(3) 2019年面临经济下行周期与金融下行周期的重叠，外需回落与内需疲软的重叠，大开放、大调整与大改革的重叠，盈利能力下降与抗风险能力下降的重叠。这决定了2019年下行压力将持续强化。(4) 问题倒逼改革！2019年将以中美贸易摩擦和解、改革开放40周年纪念大会为契机，在开放、深层次结构性问题以及系统性金融风险的倒逼下，开启新一轮全面改革开放浪潮和第二轮供给侧结构性改革。这将重构中国经济市场主体的信心，逆转当前预期悲观的颓势。(5) 2018年各类市场情绪的剧烈波动提前释放了各种悲观情绪，第三季度"六稳政策"的出台和落实将在短期有效对冲2019年经济下行压力，新阶段供给侧结构性改革以及新一轮改革开放高潮的掀起，决定了2019年市场信心将得到有效逆转，宏观经济下行的幅度可能比很多市场主体预期的要好。

根据上述定性判断设定系列参数，利用中国人民大学中国宏观经济分析与预测模型——CMAFM模型，预测如下：

(1) 2018年中国宏观经济在"稳中有变"中呈现"持续回缓"的态势。预计全年实际GDP增速为6.6%，较2017年回落0.3个百分点，基本实现政府预定的经济增长目标。同时，由于GDP平减指数增幅降至3.1%，名义GDP增速为9.8%，较2017年大幅回落1.4个百分点，短期下行压力较大。

(2) 2019年经济下行压力将持续强化，但是"六稳政策"的出台和落实、新阶段供给侧结构性改革以及新一轮改革开放高潮的掀起，决定了2019年市场信心将得到有效逆转。预计2019年实际GDP增速为6.3%，比2018年下滑0.3个百分点，由于GDP平减指数增幅下降为2.8%，名义GDP增速为9.2%，较2018年下滑0.6个百分点。投资增速持续下滑的趋势有所缓和，但疲软的态势难以根本扭转，预计全年增速为5.9%。消费快速下滑的局面有望缓解，但深层次问题短期内难以根除，预计增速为9.0%。外部环境可能会继续恶化，预计全年出口增速为6.1%，进口增速为16.1%，贸易顺差为994亿美元，实现基本平衡。随着内外供需平衡的进一步调整，2019年价格水平总体保持较为温和的状态。预计全年CPI上涨2.4%，PPI上涨3.4%，GDP平减指数增幅为2.8%。

在上述判断和预测的基础上，报告提出了一系列政策建议：

第一，必须清楚认识中国经济的历史方位和国际方位，防止出现战略性的误判以及随之而来的工具选择的错误。

第二，重新思考世界结构裂变期中国的战略选择。一是要用深化改革和高水平开放来应对世界结构裂变带来的短期挑战，特别是在中美贸易摩擦中要以自由主义对抗新保护主义、用多边和双边主义对抗孤立主义、用新合作对抗新冷战；二是在坚持以新开放应对挑战的同时，必须认识到裂变期世界经济的各种基本参数已经发生根本性变化，这决定了我们不可能重返过去的战略路径，必须重构新开放发展的实施路径，对于中短期面临的问题要有战术安排。

第三，必须认识到目前很多宏观经济问题不仅难以用宏观调控政策加以解决，同时很多问题本身就是持续使用宏观调控和行政管控的产物。我们不能用宏观政策调控和行政管控来应对基础性利益冲突和制度扭曲所产生的问题，基础性、全局性改革依然是解决目前结构转型时期各类深层次问题的关键。要在中期规划和设计新一轮基础性、引领性改革方案的基础上，全面总结 3 年来供给侧结构性改革的成就和经验，果断推出第二轮供给侧结构性改革。

第四，要以改革的精神来全面梳理和定位中国 2019 年的宏观经济政策。一是要对短期宏观经济政策调控、中期经济增长政策、转型期结构性改革和基础性改革进行分类，防止各类政策在目标配置、工具选择上出现错配，避免出现市场工具行政化、总量政策结构化、行政举措长期化、宏观调控泛化等问题；二是宏观经济政策要定位于配合“大改革、新开放”，为新一轮改革开放创造必要的宏观经济环境，强化底线管理、全面缓和各种短期冲击；三是要认识到改革疏导宏观经济政策传递机制、改革完善宏观经济政策体系需要一个过程，需要基础性改革的到位，因此在短期政策调整时必须前瞻性地考虑目前大改革、大调整带来的宏观经济政策效率弱化、外溢性以及合成谬误等问题，避免宏观调控在“过”与“不及”之间摇摆，进而成为加剧宏观经济波动的核心原因之一。

(1)“六稳”的核心在于“稳预期”，“稳预期”的核心在于“稳信心”，必须认识到“稳信心”不在于某些宏观经济指标的短期稳定，不在于宏观经济政策随着市场情绪进行简单的宽松或定向性的帮扶，而在于市场主体对于长期战略问题有清晰、明确和科学的解决方案，在于我们在基础性问题上进行了真正的改革，为未来提供了一个可信的公平竞争环境。

(2)“稳增长”依然要定位于底线管理，必须明确区分周期性波动与趋势性变化之间的差别，科学制定宏观经济短期增长目标和底线管理的界限。2019 年的宏观经济增长目标取 6.3%左右的下限区间较为适宜。

(3) 在储蓄率持续下滑的新时期，“稳消费”对于宏观经济的稳定和健康发展的重要性远大于“稳投资”。2019 年基建投资增速不宜超过 6%。

(4)“稳金融”应当以“不发生系统性金融风险”为底线，不宜过度定义。

(5) 要充分重视各类宏观经济政策在调控不同政策目标上的功能差异，同时充分考虑大改革与大调整时期各类政策传递机制的变异，防止宏观政策错配与宏观政策合成谬误的泛滥。

(6) 财政政策要更加积极有效，在进一步扩大财政赤字的基础上，强化积极财政政策的定向宽松。考虑到 2019 年内忧外困和大改革的特殊性，公共财政赤字率可以达到 3.0%左右。

(7) 货币政策应当根据外部和内部环境变化及时做出调整，稳健的货币政策的内涵也要发生变化。建议 2019 年 M2 增速应当恢复到名义 GDP 增速的水平，达到 9%～9.5%。

(8) 要持续高度关注房地产市场的调整和相关风险，特别是三、四线城市房价的波动。

(9) 进一步从体制机制上促进创新创业活动，但应当吸取以往在新兴产业、创新活动中的教训，正视大规模创新创业所带来的阶段性成本。

关键词： 中国宏观经济；改革开放；世界经济；结构与秩序裂变期

第一部分　总论与预测

2018 年的中国宏观经济值得高度关注。世界经济结构的裂变、市场情绪的巨变、微观基础的变异、经济政策的叠加错配以及结构性和体制性问题进一步的集中暴露，改变了中国宏观经济 2016 年以来“稳中向好”的运行趋势，宏观经济核心指标在“稳中有变”中呈现“持续回缓”的态势，下行压力持续加大。这说明中国宏观经济既没有“触底企稳”，也没有步入稳定复苏的“新周期”，反而在内部“攻坚战”与外部“贸易战”的叠加中全面步入中国经济新常态的新阶段。

第一，核心 CPI 的小幅回落、GDP 平减指数增幅的下降和产出缺口由正转负的收窄，说明 2018 年中国经济增长回落的因素不仅具有短期周期波动的特性，更具有趋势性下滑的特性，中国经济增速回落还没有触及底部，“L 形触底论”和“新周期论”并不成立。

第二，“美国退群”和中美贸易摩擦的爆发不仅宣告了中国外部环境的质变，同时也说明后危机时代世界经济结构与秩序已经发生变化。这种变化是 2018 年中国宏观经济运行出现“超预期回缓”的关键因素。中国宏观经济外部环境的动荡与冲突的常态化意味着中国宏观经济运行步入新阶段，中国的开放战略及其管控模式必须做出调整。

第三，2018年中国宏观经济步入新阶段的核心标志不仅仅在于各类宏观数据改变了2016年以来的“稳中向好”的态势，更为重要的是反映在市场中的社会情绪的剧烈波动。一是中美贸易摩擦并没有通过贸易途径在短期中对中国宏观经济带来巨大的冲击，但贸易摩擦所引发的战略恐慌对市场信心和市场预期产生了巨大冲击；二是1—10月民营企业投资增速的快速回升说明民营企业家并没有简单地采取用脚投票的方法，但“国进民退”“民营经济离场论”却成为第三季度以来的社会舆情焦点和政策调控的核心；三是1—10月外商直接投资增速回升到6.5%，但“欧美外商撤资论”却全面绵延；四是上市公司业绩虽有所回落，但股票市场崩溃性的下滑依然超乎市场主体的预期，A股估值水平已经接近或触及历史底部。这些市场情绪的剧烈变化不仅集中体现了市场主体对于当前中国经济状况的担忧，更为重要的是对未来面临的战略问题及其应对措施的疑虑。短期宏观经济政策微调难以起到稳信心的作用。

第四，与以往不同的是，在2018年各类宏观参数回落和市场情绪变化的背后隐藏着更为重要的变化，这就是中国经济的微观基础和三大经济主体的行为模式已经发生了变化。一是企业家在生存空间挤压下投资意愿和行为模式开始发生巨大变化；二是消费者在房地产去库存中债务率大幅度上升，消费基础受到严重削弱；三是在层层行政督导和持续管控下，地方政府官员不仅没有出现传统的换届效应，反而出现了新型的“为官不为”的现象。这些微观基础的变化以及微观主体行为模式的变异意味着当前很多参数的下滑不是短期波动，而是中期趋势性回落，短期宏观调控政策难以在短期改变这些微观主体的行为模式。

第五，2017年以来建立在宏观经济企稳的判断基础上的宏观经济政策定位不仅存在误判的嫌疑，同时还面临严重的合成谬误问题。去杠杆、强监管、稳健的货币政策、财政债务纪律的整顿以及各类行政督察，每一个政策和措施都具有一定的合理性，但叠加之后带来的外溢效应却超越了经济体系的承受能力。要克服经济政策定位和实施模式面临的问题不仅依赖于市场运行体系的恢复，更依赖于政府体制的深入改革。

第六，系统性金融风险虽然总体可控，但债务水平的高筑、盈利能力的下降、结构性和体制性问题的回旋空间大幅度缩小、未来不确定性的提升以及悲观情绪的蔓延，都决定了不同领域的短板效应将加速显化，局部风险将在房地产市场、汇市、股市、债市以及其他金融市场持续释放。2018年各类局部风险常态化具有必然性，很多金融参数创历史新低说明中国经济内生性收缩压力较大。

因此，2018年所面临的经济持续下滑的压力难以利用短期稳增长政策得到有效缓解。外部环境的恶化、市场情绪的波动、微观基础的变异、深层次结构性问题和风险的累积以及宏观经济政策体系的扭曲都需要中国利用新一轮全方位改

革开放和新一轮供给侧结构性改革来进行化解和对冲。内外部压力和问题的暴露决定了中国大改革的窗口期已经在2018年全面出现，2019年中国必将踏上改革开放的新征程。

2019年也必定成为中国摆脱新常态低迷期、走向高质量发展模式的关键年。世界经济结构与秩序的裂变期、中国经济结构转换的关键期、深层次问题的累积释放期以及中国新一轮大改革的推行期，决定了中国宏观经济的历史方位与国际方位，这也决定了2019年经济运行的模式可能发生变化。

（1）2019年是中国经济新常态新阶段的关键一年。一是经济增速换挡还没有结束，中国经济阶段性底部还没有呈现；二是结构调整远没有结束，结构性调整刚刚触及本质性问题；三是新旧动能转化没有结束，政府扶持型新动能向市场型新动能转换刚刚开始，新动能不仅难以在短期中成为撑起中国宏观经济的基石，同时还面临自身造血功能缺失的问题，宏观投资收益难以在短期得到根本性逆转；四是在各种内外压力的挤压下，关键性与基础性改革的各种条件已经具备，新一轮改革开放以及第二轮供给侧结构性改革的窗口期已经全面出现。

（2）世界结构的裂变决定了即使中美贸易谈判取得阶段性和解，但世界经济周期整体性的回落、全球金融周期的持续错位、中美贸易摩擦在其他领域的展开都决定了2019年中国外部环境将面临持续恶化的风险。2019年中国出口增速的回落、贸易顺差的大幅度下降、人民币汇率贬值承压以及局部外向型产业和区域出现明显回落将是大概率事件。近期中美贸易谈判的高度不确定性也决定了2019年宏观经济参数恶化的幅度具有不确定性。

（3）2019年将面临经济下行周期与金融下行周期的重叠，外需回落与内需疲软的重叠，大开放、大调整与大改革的重叠，盈利能力下降与抗风险能力下降的重叠。这决定了2019年下行压力将持续强化。

（4）问题倒逼改革！2019年将以中美贸易摩擦和解、改革开放40周年纪念大会为契机，在开放、深层次结构性问题以及系统性金融风险的倒逼下，全面开启新一轮全面改革开放浪潮和第二轮供给侧结构性改革。这将重构中国经济市场主体的信心，逆转当前预期悲观的颓势。

（5）2018年各类市场情绪的剧烈波动提前释放了各种悲观情绪，自第三季度以来“六稳政策”的出台和落实将在短期有效对冲2019年经济下行压力，新阶段供给侧结构性改革以及新一轮改革开放高潮的掀起，决定了2019年市场信心将得到有效逆转，宏观经济下行的幅度可能比很多市场主体预期的要好。

根据上述一些定性判断，利用中国人民大学中国宏观经济分析与预测模型——CMAFM模型，不考虑2018年国家国内经济核算方法调整的因素，设定主要宏观经济政策假设：第一，2018年与2019年名义财政预算赤字率分别为

2.6%与3%；第二，2018年与2019年人民币与美元平均兑换率分别为6.8∶1与6.9∶1。分年度预测2018年与2019年中国宏观经济形势，其预测结果如表1所示。

表1　2018—2019年中国宏观经济指标预测

预测指标	2016年	2017年	2018年*	2019年*
1. 国内生产总值增长率（%）	6.7	6.9	6.6	6.3
其中：第一产业	3.3	3.9	3.5	3.4
第二产业	6.3	6.1	6.0	5.8
第三产业	7.7	8.0	7.6	7.2
2. 固定资产投资完成额（亿元）	596 501	631 684	671 481	711 098
固定资产投资完成额增长率（%）	8.1	5.9	6.3	5.9
社会消费品零售总额（亿元）	332 316	366 262	400 690	436 752
社会消费品零售总额增长率（%）	10.4	10.2	9.4	9.0
3. 出口（亿美元）	20 976	22 633	25 349	26 895
出口增长率（%）	−7.7	7.9	12.0	6.1
进口（亿美元）	15 879	18 438	22 310	25 901
进口增长率（%）	−5.5	16.1	21.0	16.1
4. 广义货币（M2）增长率（%）	11.3	8.1	8.3	9.1
狭义货币（M1）增长率（%）	21.4	11.8	3.0	4.0
社会融资规模增量（亿元）	178 022	194 445	192 104	252 006
社会融资规模存量增长率（%）	12.8	12.0	11.0	13.0
5. 居民消费价格指数（CPI）上涨率（%）	2.0	1.6	2.2	2.4
工业生产者出厂价格指数（PPI）上涨率（%）	−1.4	6.3	3.8	3.4
GDP平减指数上涨率（%）	1.1	4.1	3.1	2.8
6. 全国政府性收入（亿元）	206 171	234 029	263 318	277 800
全国政府性收入增长率（%）	6.0	13.5	12.5	5.5
全国公共财政收入（亿元）	159 552	172 567	184 647	191 262
全国政府性基金收入（亿元）	46 619	61 462	78 671	86 538

注：带*为预测年份。

（1）在外部环境恶化与内部调整因素叠加、周期性力量与趋势性力量叠加的综合作用下，2018年中国宏观经济没有延续2017年的弱复苏态势，在“稳中有变”中呈现“持续回缓”的态势。预计全年实际GDP增速为6.6%，较2017年

回落 0.3 个百分点，基本实现政府预定的经济增长目标。同时，由于 GDP 平减指数上涨率降至 3.1%，名义 GDP 增速为 9.8%，较 2017 年回落 1.4 个百分点，短期下行压力较大。

（2）从供给面的角度来看，在总需求下降等因素的作用下，工业增速稳中趋缓，建筑业增速持续回落，带动第二产业增速小幅下降，第三产业增长势头放缓。预计 2018 年第二产业实际增速为 6.0%，较 2017 年回落 0.1 个百分点，第三产业增速为 7.6%，较 2017 年回落 0.4 个百分点，第一产业在各类农业政策的作用下保持相对稳定，增速为 3.5%。同时，相比 2017 年，工业对第二产业的拉动作用增强，但制造业对工业的拉动作用减弱，第二产业增长的结构在深化调整。

（3）从总需求角度来看，消费、投资、净出口三大需求均出现不同程度的下滑。在居民收入增长放缓和房地产去库存中债务积累等因素的作用下，2018 年消费增速明显回落，预计全年社会消费品零售总额增长 9.4%，比 2017 年下滑 0.8 个百分点，扣除价格因素，实际增长 7.3%，回落幅度更为明显。民间投资增速回升但难抵政策性因素的回落，全社会固定资产投资在基建投资大幅下滑的作用预计全年增速为 6.3%，较 2017 年上升 0.4 个百分点。在贸易摩擦的影响下，出口依然保持较快增长，但净出口规模继续缩小，国际收支更趋平衡。预计 2018 年出口增速为 12%，进口增速为 21%，较 2017 年继续回升，但净出口规模缩小至 3 039 亿美元，较 2017 年减少 27.6%，连续三年规模缩小。

（4）在供需趋于平衡、价格传导、食品类与大宗商品价格上涨等因素的共同作用下，2018 年 PPI 高位回落，而 CPI 温和回升，CPI 与 PPI 缺口明显缩小。预计全年 PPI 上涨 3.8%，比 2017 年回落 2.5 个百分点；CPI 增速为 2.2%，较 2017 年提高 0.6 个百分点。综合来看，GDP 平减指数上涨 3.1%，较 2017 年回落 1.0 个百分点，物价水平总体平稳。

（5）在防风险和稳杠杆的政策导向下，货币政策持续收紧，预计 2018 年 M2 增速为 8.3%，与 2017 年基本持平，社会融资规模存量增速出现下降，预计 2018 年社会融资规模存量增速为 11.0%，较 2017 年显著回落 1 个百分点。

（6）在经济下行的作用下，全国公共财政收入增速从高位持续回落，但由于土地市场的景气，政府性基金收入继续大幅增长，政府总体收入保持较快增长。预计 2018 年全国公共财政收入将近 18.5 万亿元，全国政府性基金收入将近 7.9 万亿元，合计达到 26.3 万亿元，比 2017 年增长 12.5%，政府收入状况总体较好。

随着中国大改革的窗口期已经在 2018 年全面出现，2019 年中国必定将踏上改革开放的新征程。2019 年也必定成为中国摆脱新常态低迷期、走向高质量发展模式的关键年。世界经济结构与秩序的裂变期、中国经济结构转换的关键期、深层次问题的累积释放期以及中国新一轮大改革的推行期，决定了中国宏观经济的历史方位与国际方位，这也决定了2019年经济运行的模式可能发生变化。

（1）2019年经济下行压力将持续强化，但是“六稳政策”的出台和落实将在短期有效对冲2019年经济下行压力，新阶段供给侧结构性改革以及新一轮改革开放高潮的掀起，决定了2019年市场信心将得到有效逆转，宏观经济下行的幅度可能比很多市场主体预期的要好。预计2019年实际GDP增速为6.3%，比2018年下滑0.3个百分点，由于GDP平减指数上涨率下降为2.8%，2019年名义GDP增速为9.2%，较2018年下滑0.6个百分点。其中，第一产业增速基本持平，第二产业和第三产业增速分别为5.8%和7.2%，较2018年分别回落0.2和0.4个百分点。

（2）在房地产投资趋缓、基础设施投资回升和民间投资调整的作用下，2019年固定资产投资快速下滑的趋势将有所缓和，但疲软的态势难以根本扭转，预计全年增速为5.9%。不过考虑到价格效应，实际投资增速与2018年基本持平。

（3）在消费促进政策和民生政策陆续出台的作用下，2019年消费快速下滑的趋势有望得到缓解，但收入分配恶化和债务率大幅上升等深层次问题难以在短期内根除，预计社会消费品零售总额全年增速为9.0%，较2018年下滑0.4个百分点。

（4）世界经济结构的裂变决定了即使中美贸易谈判取得阶段性和解，世界经济周期整体性的回落也决定了2019年中国外部环境将面临持续恶化的风险。2019年中国出口增速的回落、贸易顺差的大幅度下降以及局部外向型产业和区域出现明显回落将是大概率事件。预计2019年中国出口增速为6.1%，进口增速为16.1%，贸易顺差为994亿美元，实现基本平衡。

（5）随着内外供需平衡的进一步调整，2019年价格水平总体保持较为温和的状态。由于国际原油价格涨幅的显著回落以及相对较高的基数效应，PPI涨幅略有缩小，而随着食品价格的进一步回升，CPI涨幅略有扩大，CPI与PPI缺口继续缩小。预计全年CPI上涨2.4%，PPI上涨3.4%，GDP平减指数上涨2.8%。

（6）经济下行压力的进一步加大使得2019年财政收入增速可能出现明显回落，同时随着房地产市场的调整，全国政府性基金收入增速也将出现明显下滑。综合来看，预计2019年全国政府性收入同比仅增长5.5%，较2018年增速显著回落。

（7）适应新阶段新一轮改革开放以及第二轮供给侧结构性改革的发展需要，2019年货币政策将在保持稳健中性的基础上被赋予新的内涵。预计M2增速回升至9.1%，社会融资规模存量增速回升至13.0%。

第二部分 “稳中有变”的中国宏观经济

自 2018 年下半年以来，中国经济增速出现明显下滑，主要宏观经济指标出现全面回落（见表 2），市场信心较为低迷，这一基本形势可能会延续到 2019 年下半年至 2020 年。当前和未来一段时期，中国宏观经济运行总体处于世界经济结构与秩序的裂变期、中国经济结构转换的关键期、深层次问题的累积释放期以及中国新一轮大改革的推行期。这是我们分析当前宏观经济形势的历史方位与国际方位、进行改革调整和宏观调控的基本出发点。

表 2　　　　2018 年中国宏观经济指标一览表

预测指标	2016 年	2017 年	2018 年（前三季度）	2018 年（1—10 月）	2018 年（1—12 月）
1. 国内生产总值增长率（%）	6.7	6.9	6.7	6.7*	6.6*
其中：第一产业	3.3	3.9	3.4	3.4*	3.5*
第二产业	6.3	6.1	5.8	5.9*	6.0*
第三产业	7.7	8.0	7.7	7.7*	7.6*
2. 固定资产投资完成额（亿元）	596 501	631 684	483 442	547 567	671 481*
固定资产投资完成额增长率（%）	8.1	5.9	5.4	5.7	6.3*
社会消费品零售总额（亿元）	332 316	366 262	274 299	309 834	400 690*
社会消费品零售总额增长率（%）	10.4	10.2	9.3	9.2	9.4*
3. 出口（亿美元）	20 976	22 633	18 276	20 448	25 349*
出口增长率（%）	−7.7	7.9	12.3	12.6	12.0*
进口（亿美元）	15 879	18 438	16 074	17 906	22 310*
进口增长率（%）	−5.5	16.1	20.2	20.3	21.0*
4. 广义货币（M2）增长率（%）	11.3	8.1	8.3	8.0	8.3*
狭义货币（M1）增长率（%）	21.4	11.8	4.0	2.7	3.0*
社会融资规模增量（亿元）	178 022	194 445	153 700	161 037	192 104*
社会融资规模存量增长率（%）	12.8	12.0	10.6	10.2	11.0*
5. 居民消费价格指数（CPI）上涨率（%）	2.0	1.6	2.1	2.1	2.2*
工业生产者出厂价格指数（PPI）上涨率（%）	−1.4	6.3	4.0	3.9	3.8*
GDP 平减指数上涨率（%）	1.1	4.1	3.0	3.0*	3.1*
6. 全国政府性收入（亿元）	206 171	234 029	195 179	216 957	263 318*
全国政府性收入增长率（%）	6.0	13.5	13.0	12.1	12.5*
全国公共财政收入（亿元）	159 552	172 567	145 831	161 558	184 647*
全国政府性基金收入（亿元）	46 619	61 462	49 348	55 399	78 671*

注：带 * 为估算数。

2.1 稳中有变的九大表现

从2018年核心宏观经济指标看，当前中国经济运行基本平稳，实际GDP增速、全社会用电量、物价水平、出口增长、民间投资、财政收入和就业等保持稳定，但在外部因素与内部因素叠加、周期性力量与趋势性力量叠加的综合作用下，近期也出现了一些不稳定的变化值得高度关注，主要表现在以下九大方面：

（1）实际GDP增速平稳，但呈现逐季下滑趋势，名义GDP增速加快回落。（2）出口增长平稳，但消费和投资需求加速回落——民间投资增速低水平回升难以扭转总体投资增速下滑趋势，消费增长加速下滑背后潜藏着深层次结构问题——更为重要的是，投资意愿始终没有出现明显好转，而消费增长的基础性动力不断衰弱。（3）全社会用电量增速平稳，但总供给增长持续萎缩——制造业增长趋势性放缓，服务业增长周期性下滑。（4）价格运行平稳，但核心CPI增速下行、GDP平减指数增速下降，更为重要的是，在经济增速下滑的情况下，产出缺口却由正转负，意味着总需求回落幅度更大，短期经济下行的压力更大。（5）局部增长动力始终存在，但不同区域、不同产业、不同类型企业之间的分化较为明显。（6）经济景气犹在，但社会情绪剧烈波动，市场预期明显下滑——贸易摩擦引发的战略恐慌、民营经济发展的社会舆论、金融战略的定位忧虑以及供给侧结构性改革的方向——这些市场情绪的剧烈变化不仅集中体现了市场主体对于当前中国经济状况的担忧，更为重要的是对未来面临的战略问题及其应对措施的疑虑。（7）金融风险总体可控，但局部风险集中释放，汇市、股市、债市纷纷出现了超预期的调整。（8）财政收入较快增长，但2018年下半年以来增速过快回落的态势值得关注。（9）就业总体平稳，但就业和工资增长势头放缓，第三季度以来市场招聘需求出现明显下滑。

（一）实际GDP增速平稳，但呈现逐季下滑趋势，名义GDP增速加快回落

2018年中国宏观经济总体延续了2017年的平稳态势，但是稳中有变，经济增速出现小幅下滑。2018年前三季度实际GDP增长6.7%，比2017年增速回落0.2个百分点，目前仍稳定在6.5%～7.0%的中高速区间，实现了政府预定的经济增长目标。分三次产业来看，第一产业增加值同比增长3.4%，比2017年回落0.5个百分点；第二产业增加值同比增长5.8%，比2017年回落0.3个百分点；第三产业增加值同比增长7.7%，比2017年回落0.3个百分点。

值得注意的是，分季度来看，中国GDP增速呈现逐季下滑的趋势，特别是第三季度实际GDP增速为6.5%，分别较第一季度和第二季度下滑了0.3和0.2个百分点；名义GDP增速为9.6%，分别较第一季度和第二季度下滑了0.6和0.2个百

分点。同时，由于GDP平减指数上涨率为3.0%，较2017年回落1.1个百分点，前三季度名义GDP增速为9.8%，较2017年同期回落1.4个百分点（见图1）。

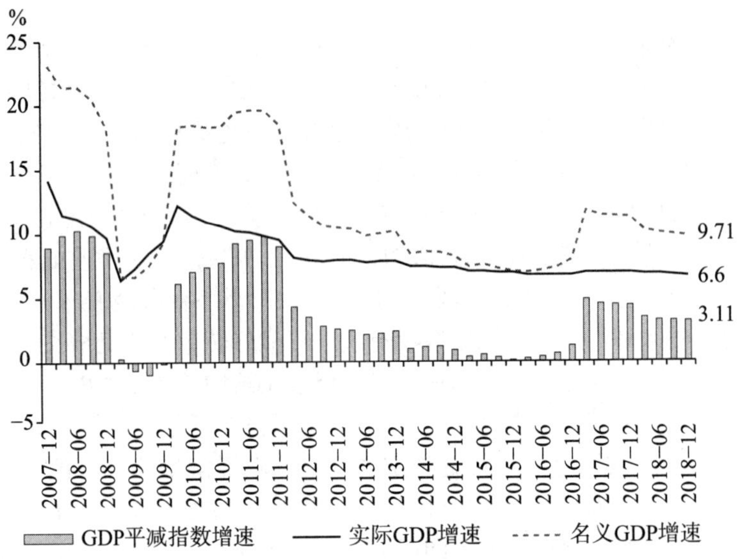

图1　GDP增速和GDP平减指数增速出现小幅下滑

与此同时，如图2所示，全要素生产率（TFP）虽然摆脱了负增长区间，但依然处于低水平增长状态，能否持续反弹仍存在担忧。未来随着投资增速回升，短期TFP增速可能会明显回落。

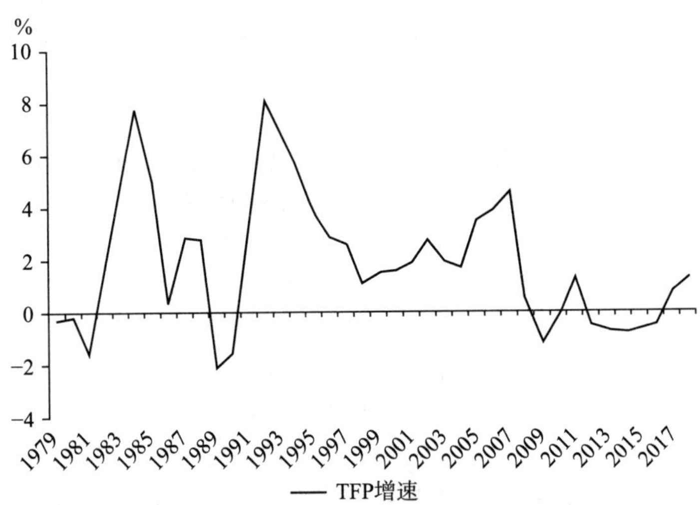

图2　1979—2018年TFP增速变化情况

（二）出口增长平稳，但消费和投资需求加速下滑，投资意愿和消费增长的基础性动力不足

在中美贸易摩擦下，2018 年中国出口增长依然平稳，但是内需加速回落——民间投资增速低水平回升难以扭转总体投资增速下滑的趋势，消费增长加速下滑背后潜藏深层次结构问题——更为重要的是，投资意愿始终没有出现明显好转，而消费增长的基础性动力则不断衰弱。

1. 中美贸易摩擦下出口依然保持较快增长

2018 年中国贸易形势总体延续了 2017 年明显改善的基本走势，出口、进口及贸易总额保持较快增长。2018 年 1—10 月，以美元计价的中国出口和进口增速分别达到 12.6%和 20.3%，进出口总额增长了 16.1%，不仅延续了 2017 年的基本走势，而且较 2017 年同期增速分别提高了 5.5、2.9 和 4.6 个百分点，尤其是出口增速提升幅度最大。其中，受人民币贬值对出口的刺激作用等因素影响，9—10 月出口增长出现超预期反弹。9 月和 10 月，中国出口同比分别增长 14.4%和 15.6%，高于 8 月的 9.6%，增速出现明显反弹；贸易顺差分别扩大 313 亿美元和 340 亿美元，较 8 月显著增加。其中，9 月对美国出口增长 14.0%，连续 5 个月维持两位数增长，对美贸易顺差达到 341 亿美元，再创历史新高；对欧洲和日本出口同比增长 17.4%和 14.3%，也较 8 月明显反弹（见图 3）。因此，单从出口的变化情况看，目前中美贸易摩擦对中国经济的影响还比较有限。近期出台的一系列“稳外贸”政策，有望使第四季度出口继续保持较快增长。

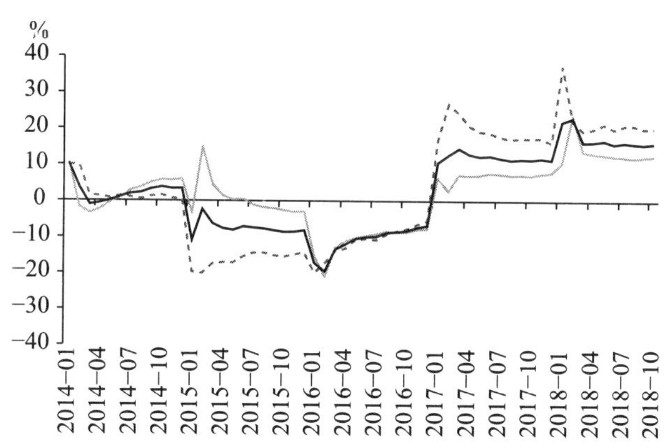

图 3 中国进出口保持较快增长

当前可能存在一定的“抢出口”现象，且外需增长贡献由正转负。由于进口增速持续高于出口，2018 年中国贸易顺差收窄，对经济增长的拉动效应减弱。1—10 月，贸易顺差收窄至 2 542 亿美元，较 2017 年同期减少了 22.3%，连续三年规

模缩小。由此，前三季度净出口对中国经济增长的贡献，由 2017 年的正向拉动 GDP 增长 0.6 个百分点，转为负向拉动 GDP 增长 0.7 个百分点，增长贡献率由 9.1%转为−9.8%，对短期经济走势的影响较大（见图 4）。因此，从经济增长的拉动效应来看，中美贸易摩擦对 2018 年中国经济产生了一定的下行压力。

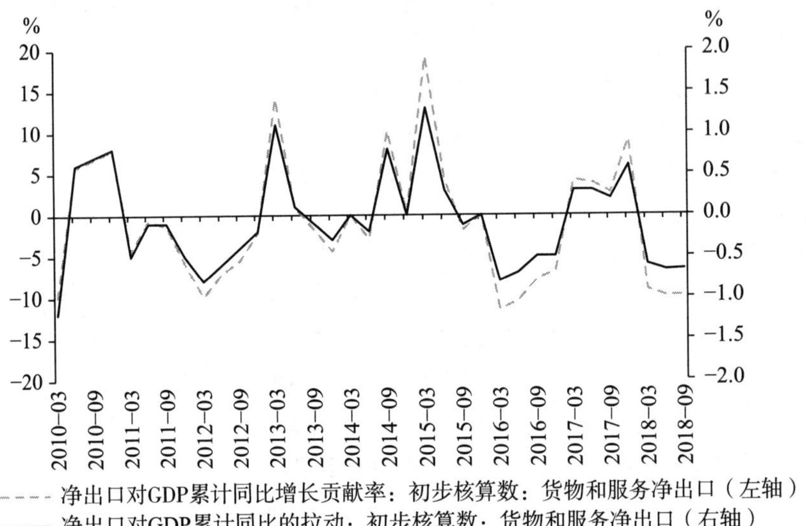

图 4　净出口对中国经济增长拉动由正转负

外部需求的相对减弱在近期的进出口价格方面也有所体现。2018 年中国出口价格指数总体低于进口价格指数，显示中国贸易条件恶化，也说明外部需求弱于中国的进口需求，对中国经济走势形成不利影响。特别是考虑到 2017 年以来的外部环境的改善本质上是全球刺激增长政策作用下的产物，具有恢复性和政策性的特征，不仅缺乏可持续的新动力，同时还面临全球刺激政策退出的冲击，叠加 2018 年以来中美贸易摩擦的影响及相关的全球价值链收缩，外部环境总体恶化。

2. 民间投资回升难抵政策性因素回落，总体投资增速下滑，投资意愿不足

2018 年民间投资增长动力增强，但幅度弱于政策性因素的回落，总体固定资产投资增速下滑的趋势仍较为明显。如图 5 所示，前三季度，民间固定资产投资增速达到 8.7%，比 2017 年同期增速大幅回升 2.7 个百分点，但其中房地产投资对民间投资回升起到了很大的支撑作用，房地产投资增速达到 9.9%，比 2017 年同期增速提高 1.8 个百分点，未来面临同向波动的风险。民间投资回升对短期内投资下行压力起到了一定的支撑作用，但目前还难以扭转固定资产投资增速持续下滑的趋势。前三季度，固定资产投资增长 5.4%，比 2017 年同期增速继续下滑 2.1 个百分点。

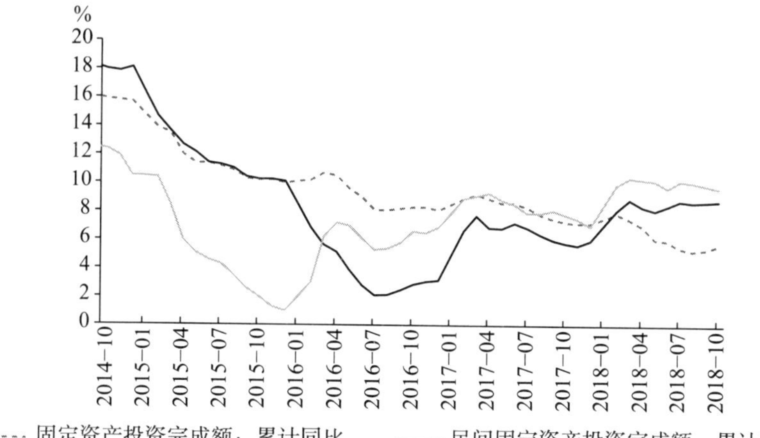

图 5　固定资产投资增速持续下滑

上述变化趋势在剔除价格因素后的实际投资增速方面更为明显。实际民间投资和房地产投资增速持续下滑至负增长的局面在 2018 年得到了扭转，但总体投资实际增速却持续出现负增长。如图 6 所示，2018 年前三季度，实际民间投资增长 3.0%，实际房地产投资增长 4.1%，增速不仅实现由负转正，而且逐季提高；但是，总体实际投资继续呈现下滑趋势，前三季度负增长 0.2%，其中第三季度负增长 1.1%。

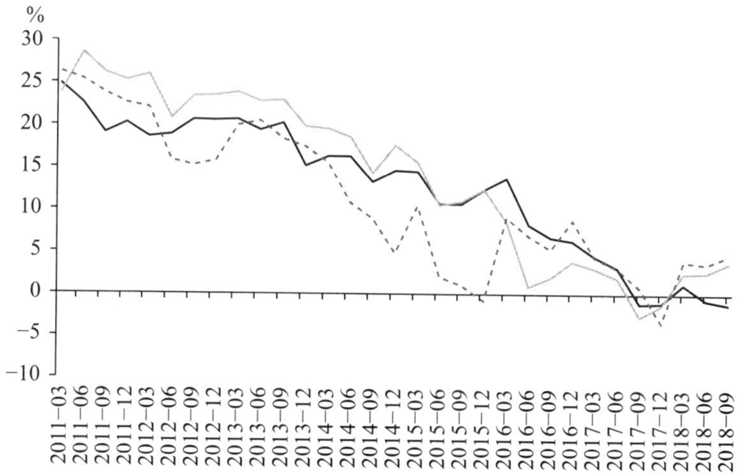

图 6　实际固定资产投资持续下滑

更为重要的是，投资反弹的基础并不牢靠，因为投资意愿始终没有出现明显的好转。应该看到，固定资产投资中最为重要的“设备工器具购置”的增速仍处于快速下滑之中，“建筑安装工程”投资也处于历史低位，稳投资所带来的仅是“其他费用”的快速增长，说明实际投资意愿并没有见底，因此，2018 年第四季度以来投资增速的小幅回升的基础并不牢靠（见图 7）。

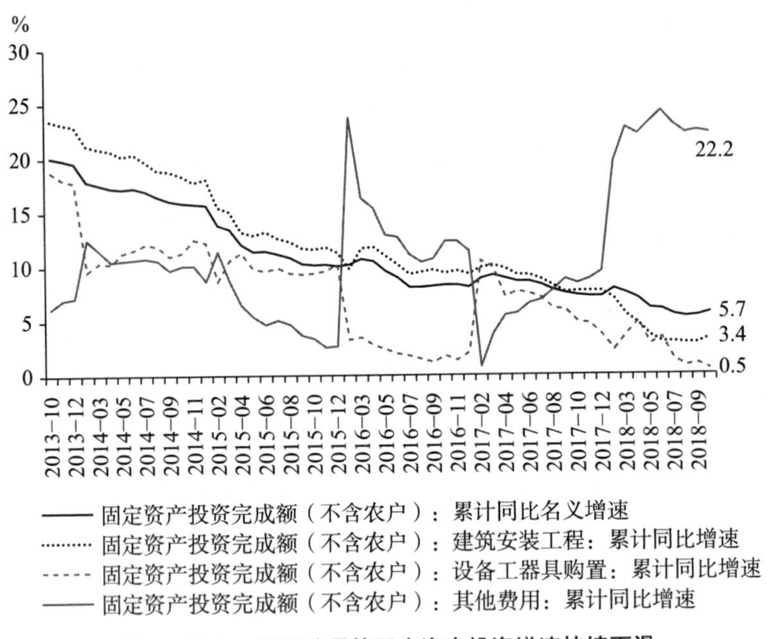

图 7　设备工器具购置等固定资产投资增速持续下滑

同时，虽然在技术改造政策的支持下，改建投资增速在 2018 年逆势上扬，但是新建投资增速自 2016 年以来处于持续下滑状态，扩建增速更是一直处于零增长甚至负增长状态，说明投资意愿大幅度下滑并不是 2018 年的新现象（见图 8）。

当然，2018 年总体投资增速下滑，部分源于政策性因素的“主动”和“被动”退出，集中表现为基建投资增速大幅下降。2018 年前三季度，基建投资增速仅为 3.3%，同比增速大幅下滑 16.5 个百分点，是有史以来首次低于总体投资增速，由基建投资增速变化所导致的总体投资增速下降近 3 个百分点。其中，三大类基建投资增速全面下滑。交通运输、仓储和邮政业固定资产投资同比增长 3.2%，水利、环境和公共设施管理业投资同比增长 2.2%，分别同比增速下滑 12.0 和 20.6 个百分点；电力、热力、燃气及水的生产和供应业投资同比增速由正转负，前三季度负增长 10.7%，同比增速下滑 12.4 个百分点（见图 9）。

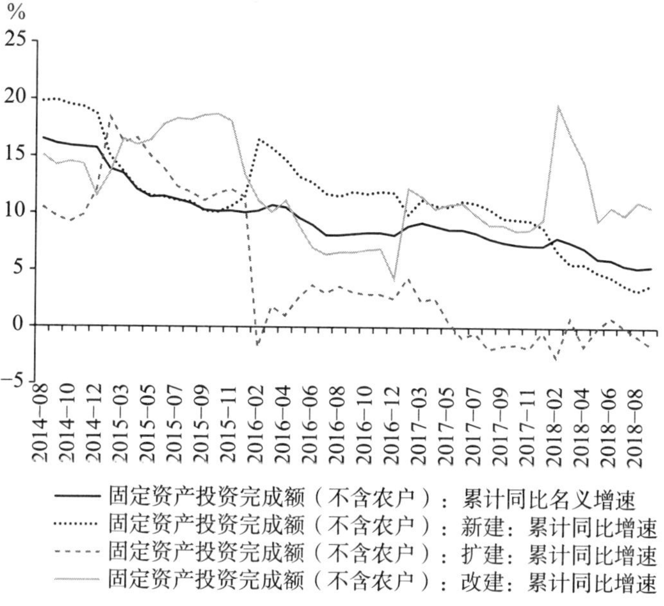

图 8　扩建投资增速持续处于零增长甚至负增长状态

但值得一提的是，由于地方政府及其融资平台的债务积累达到一定程度，在严肃财政纪律和剥离地方政府融资平台的背景下，2018 年基建投资的大幅下滑也在一定程度上反映了政策性因素的“被动”退出，这无疑加大了稳投资的难度。

图 9　三大类基建投资增速全面回落

3. 消费增速持续下滑，潜藏深层次结构问题

在消费促进政策的作用下，2018 年消费维持在相对景气的水平，但实际消费增速“阶梯式下滑”的趋势更加明显。前三季度，社会消费品零售总额同比名义增长 9.3%，比 2017 年同期回落 1.1 个百分点，也是近年来首次出现增幅低于 10%的情况。扣除价格因素，实际消费增长 7.3%，比 2017 年同期增速大幅回落 2.0 个百分点，呈现加速下滑的趋势，其中 2018 年 10 月实际消费仅增长 5.6%（见图 10）。

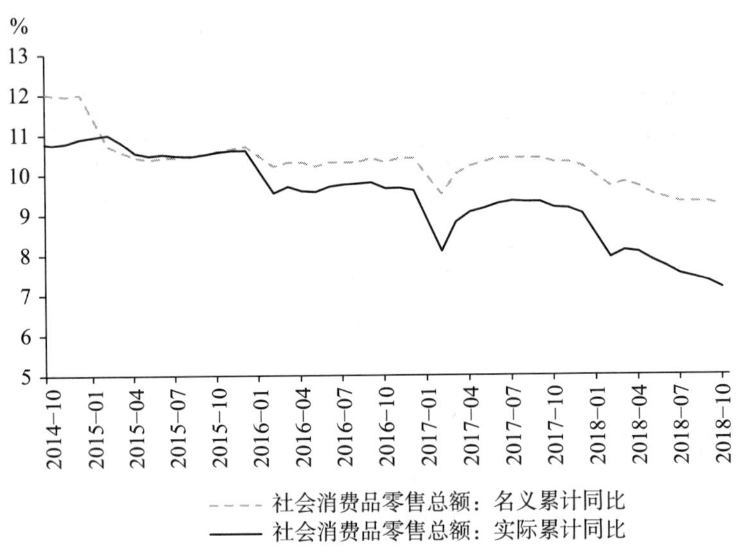

图 10　消费增速持续放缓

相比其他宏观变量，消费表现一般比较平稳，近期出现的新变化值得高度关注。在消费者层面，首先一个相关的变化是居民可支配收入增速放缓并低于 GDP 增速。2018 年前三季度 GDP 名义增长 9.8%，而居民人均可支配收入仅增长 8.8%，特别是城镇居民收入仅增长 7.9%，农村居民收入增长 8.9%。收入增长放缓必将影响居民消费增长。但是消费下滑背后还潜藏着其他深层次原因和趋势性因素，集中表现为居民消费性支出增长与收入增长的背离。自 2017 年以来，居民收入增速与消费性支出增速缺口扩大。2017 年城镇居民人均可支配收入同比增速为 8.3%，但是人均消费支出同比增速仅为 5.9%，收入增速与消费支出增速缺口达到 2.4 个百分点；2018 年前三季度，城镇居民人均可支配收入同比增速为 7.9%，人均消费支出同比增速为 6.5%，两者缺口仍维持在 1.4 个百分点（见图 11）。

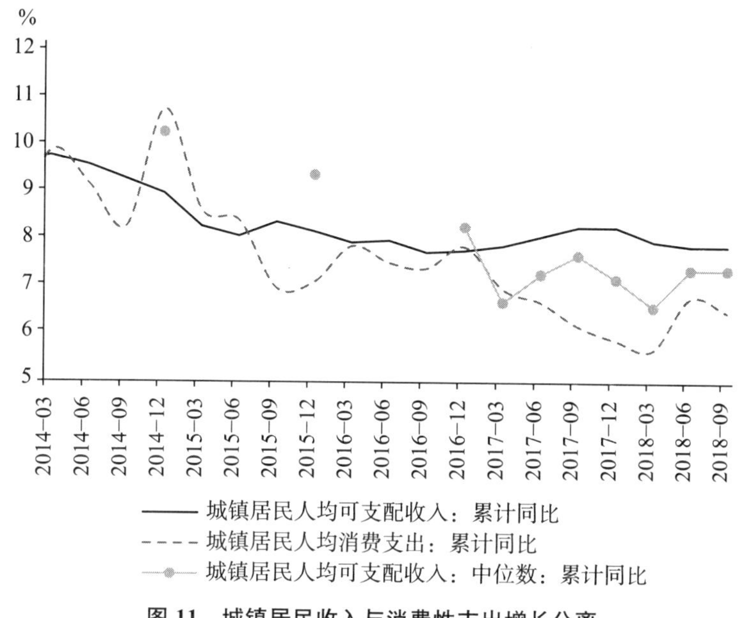

图 11　城镇居民收入与消费性支出增长分离

注：由于国家统计局统计数据缺失，城镇居民人均可支配收入中位数累计同比曲线不连贯。

因此，更为重要的是，消费者在房地产去库存中债务率大幅度上升，消费基础受到严重削弱。目前居民财富基本上被房地产掏空，广大中产阶级和中低收入阶层被房地产套牢。2015 年之前，被房地产套牢的基本上是中高收入阶层，而新一轮的去库存，特别是货币化以及鼓励农民工购房，实际上将储蓄存款相对薄弱阶层的可利用资金基本上全部投入房地产市场。消费的核心支撑力不是高收入阶层，而是中等及中低收入阶层。过去几年，收入分配发生较大积极变化的可能是低收入阶层，他们在脱贫攻坚战中获益很大；但是中低收入阶层可支配消费性资金支撑力则大幅度削弱，是导致消费行为模式发生变化的很重要的一个原因。

与此相关的一个明显变化是，居民净储蓄开始出现持续下降的态势。截至 2018 年 9 月，居民净储蓄余额（住户存款减去住户贷款）约为 24.7 万亿元，较 2017 年同期下降 6.7%，而 2017 年同期已经较 2016 年同期水平下降了 6.3%，两年累计下降 12.6%。这样的一些变化不是我们过去所认为的由于短期宏观经济变化所出现的波动，而是行为模式的基础发生变化而出现的一种变化。

此外，居民收入分配差距扩大也在发挥基础性作用，导致边际消费倾向较高的居民收入比重降低。2017 年以来，城镇居民人均可支配收入中位数与平均值增速关系反转，由中位数增速高于均值增速从而缩小两者差距，转变为中位数增速低于均值增速，居民收入差距可能在进一步扩大。2017 年城镇居民人均可支

配收入均值同比增速为 8.3%，但中位数同比增速仅为 7.2%，两者缺口达到 1.1 个百分点；2018 年前三季度，城镇居民人均可支配收入均值同比增速为 7.9%，中位数同比增速为 7.4%，两者缺口仍有 0.5 个百分点。相比均值收入增速，中位数收入增速与居民消费性支出增速的关系更为密切。

（三）全社会用电量增速平稳，但总供给增长持续萎缩——制造业增长趋势性放缓，服务业增长出现周期性下滑

从用电量角度来看，2018 年第二、三产业生产较为强劲。2018 年前三季度，全社会用电量同比增长 8.9%，同比增速提高 2.0 个百分点；其中，第三产业用电量同比增长 13.5%，同比增速提升 3.0 个百分点；第二产业用电量同比增长 7.3%，同比增速提升 1.3 个百分点，即便考虑到高耗电的采矿业等增速由负转正，也与第二产业总体平稳增长趋势一致（见图 12）。

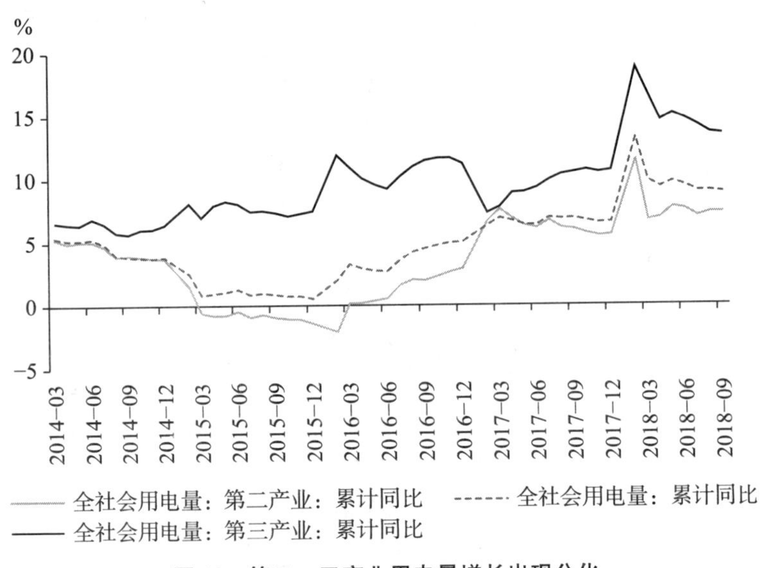

图 12　第二、三产业用电量增长出现分化

2018 年 1—10 月，规模以上工业增加值同比实际增长 6.4%，同比增速小幅回落 0.3 个百分点。分三大门类看，采矿业增速由负 1.6%转为正 2.0%，电力、热力、燃气及水的生产和供应业增速由 8.5%提升至 10%，但是制造业增长趋势性放缓，同比增长 6.6%，比 2017 年同期大幅回落 0.6 个百分点，呈现持续下行的趋势，拖累工业总体走势（见图 13）。

从工业企业绩效方面看，2018 年工业企业盈利改善幅度缩小，亏损面则由缩小转为扩大。在供给侧结构性改革以及基数效应的共同作用下，2017 年工业企业效益增长出现较大幅度改善，但进入2018年以来，企业效益改善幅度呈现明显放缓的趋势。2018年前三季度，全国规模以上工业企业利润总额同比增长14.7%，较2017年同期增速下滑了8.1个百分点；主营业务收入同比增长9.4%，较2017年同期增速下滑了3.1个百分点（见图14）。

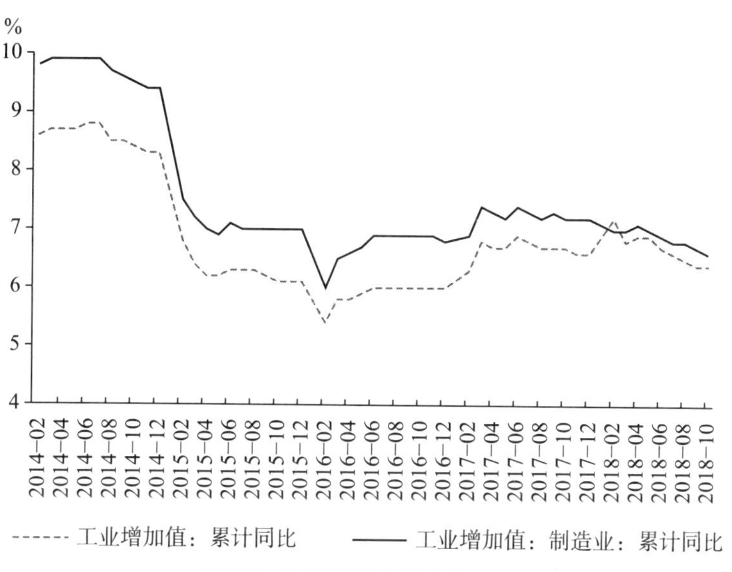

图13　工业增长出现小幅下滑

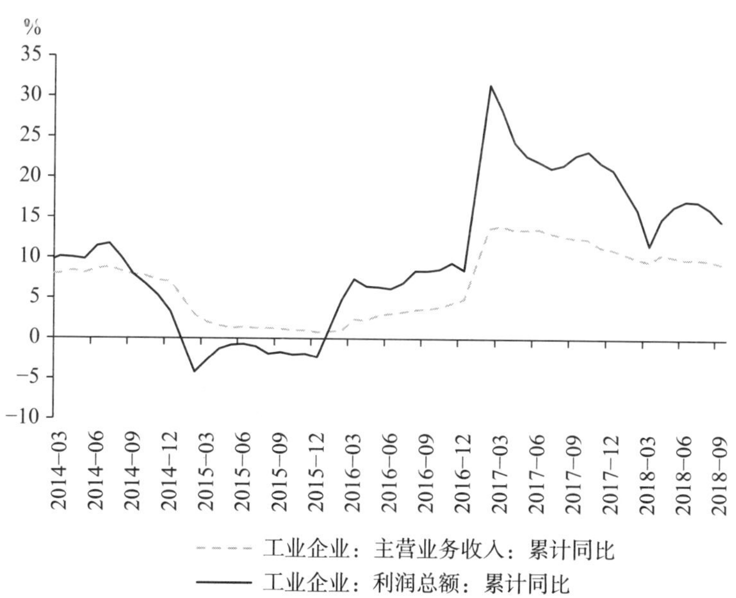

图14　工业企业主营业务收入和利润总额增速回落

与此同时，工业亏损企业数量和企业亏损总额由降转升。2018 年 1—9 月，工业企业亏损家数同比增长 6.6%，亏损企业亏损额同比增长 5.8%，相比 2017 年同期的亏损企业数和亏损额双双大幅增加，2018 年工业企业绩效出现了一定的恶化趋势（见图 15）。

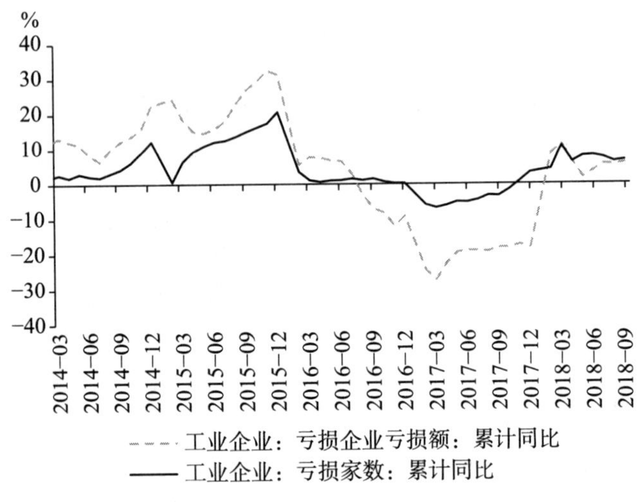

图 15　工业企业亏损面扩大

从一些前瞻性指标来看，工业企业产成品增速与制造业采购经理人指数（PMI）产成品库存的情况持续背离，预示着 2019 年可能出现去库存过程。从历史对比看，2011 年和 2014 年两个指标的明显背离，均在其后的一两年间产生了持续的去库存过程（见图 16）。

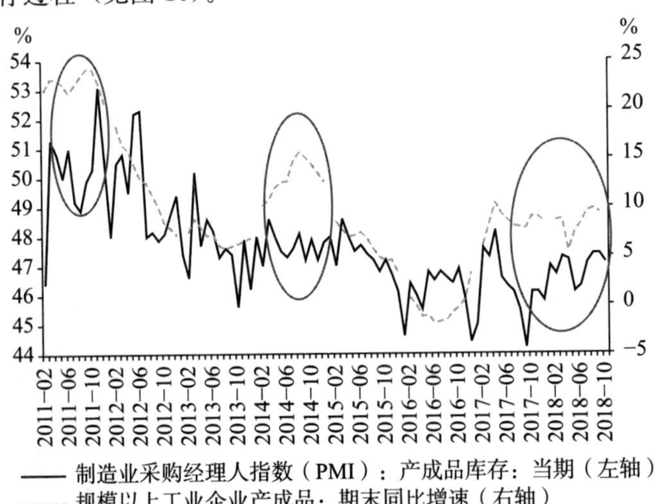

图 16　前瞻性指标显示未来可能出现去库存过程

过去几年，服务业增长一直是中国经济增长的主要驱动力，但从近年来看，服务业增长已进入周期性的放缓阶段。2017 年第三产业的 GDP 占比没有再延续此前的强劲增长势头，而是维持在 2016 年 51.6%的水平。2018 年服务业增速呈现加速性下滑。1—10 月，服务业生产指数累计同比增长 7.8%，比 2017 年同期增速回落 0.4 个百分点；其中，10 月服务业生产指数同比增速已下滑至 7.2%，比 2017 年同期回落 0.8 个百分点。2018 年 1—9 月，规模以上服务业营业收入同比增长 11.8%，比 2017 年同期回落 1.8 个百分点；1—8 月，规模以上服务业营业利润同比增长 15.5%，比 2017 年同期回落 7.3 个百分点（见图 17）。

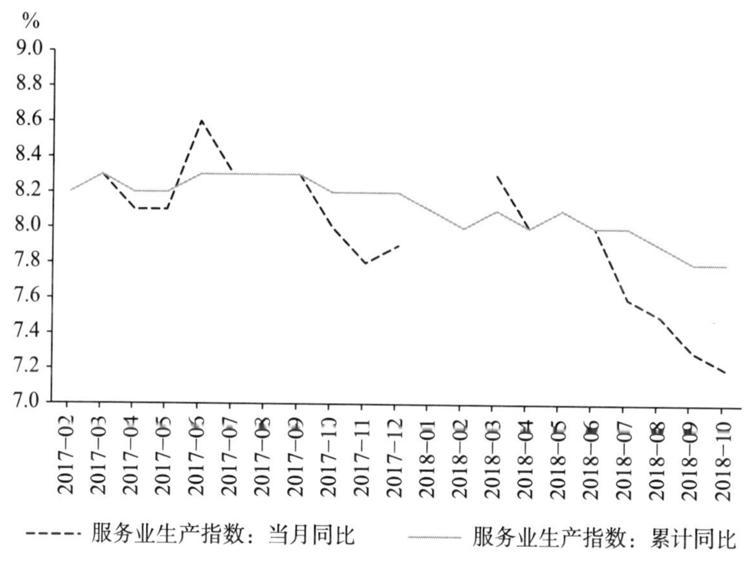

图 17 服务业生产指数出现加速下滑趋势

注：由于国家统计局统计数据缺失，服务业生产指数当月同比曲线不连贯。

服务业增长放缓主要有两个原因，一是制造业困境使生产型服务业增长遭遇瓶颈，二是居民收入与消费放缓制约了消费型服务业的发展。从前瞻性指标看，2018 年第三产业投资增速的显著回落，也预示未来服务业增长存在隐忧。2018 年以来，第二、三产业投资增长趋势首次出现反向变化，第三产业投资增速出现明显回落，显示其未来增长乏力。具体来看，2018 年 1—10 月，第二产业固定资产投资增长 5.8%，较 2017 年同期增速提升 3.1 个百分点，但是第三产业固定资产投资增长 5.4%，不仅首次低于第二产业投资增速，而且较 2017 年同期增速大幅回落 4.6 个百分点，可能预示着未来第三产业增长将出现放缓（见图 18）。

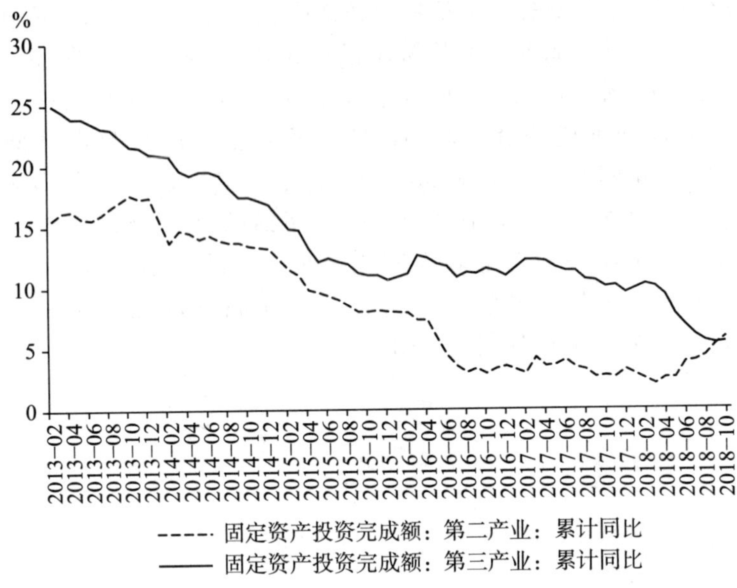

图 18　第三产业投资增速出现明显回落

（四）价格运行平稳，但核心 CPI 增速下行、GDP 平减指数增速下降——更为重要的是，在经济增速下滑的情况下，产出缺口却由正转负，意味着短期下行压力

首先，能源价格和食品 CPI 回升带动 CPI 上涨，但是核心 CPI 趋于下行。在延续 2017 年基本走势的基础上，2018 年价格运行出现了新的变化特征。如图 19所示，2018 年 1—10 月，CPI 同比上涨 2.1%，比 2017 年同期提高 0.6 个百分点。其中，食品 CPI 涨幅由负转正，同比上涨 1.6%，比 2017 年同期大幅提高 3.2 个百分点，特别是 9 月和 10 月同比分别上涨 3.6%和 3.3%。但是，剔除食品和能源的核心 CPI 同比上涨 2.0%，比 2017 年同期回落 0.1 个百分点，且呈现自 2017 年底以来的一轮下行趋势，特别是 2018 年 9 月和 10 月分别同比上涨 1.7%和 1.8%，比 2017 年同期回落 0.6 和 0.5 个百分点。作为宏观经济形势的指示器，当前物价水平变化反映了宏观经济运行状况的走弱和货币政策的收紧。从经济基本面来看，消费和投资需求出现全面回落，M2 和社会融资增速全面放缓。

其次，工业生产者出厂价格指数（PPI）高位回落，与工业企业原料、燃料、动力购进价格指数（PPIRM）缺口缩小。自 2016 年 9 月 PPI 增速由负转正从而结束长达 54 个月的负增长后，PPI 在 2017 年出现持续大幅上涨，最高涨幅达到 7.8%，标志着工业部门摆脱了持续近 4 年的萧条期。受基数效应等因素影响，2017 年 10 月以来，PPI 涨幅开始高位回落，12 月降至 4.9%。进入 2018 年以来，PPI 涨幅在波动中继续回落，1—10 月同比上涨 3.9%，其中 10 月回落至 3.3%。

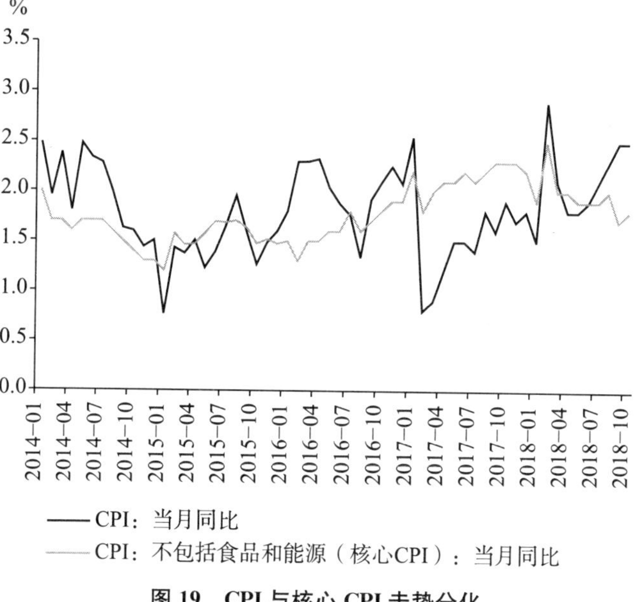

图 19 CPI 与核心 CPI 走势分化

与此同时，PPIRM 涨幅也出现持续回落，与 PPI 缺口缩小。2018 年 10 月，PPIRM 回落至 4.0%，与 PPI 的缺口缩小至 0.7 个百分点（见图 20）。结合 PPI-CPI 缺口缩小，PPIRM-PPI 缺口缩小标志着本轮工业行业复苏已经完成了全产业链传导，对工业企业盈利改善和生产扩张的积极作用已经穿透至整个行业，去产能等供给侧结构性改革对上游工业企业盈利改善和生产扩张的积极作用已达到峰值。

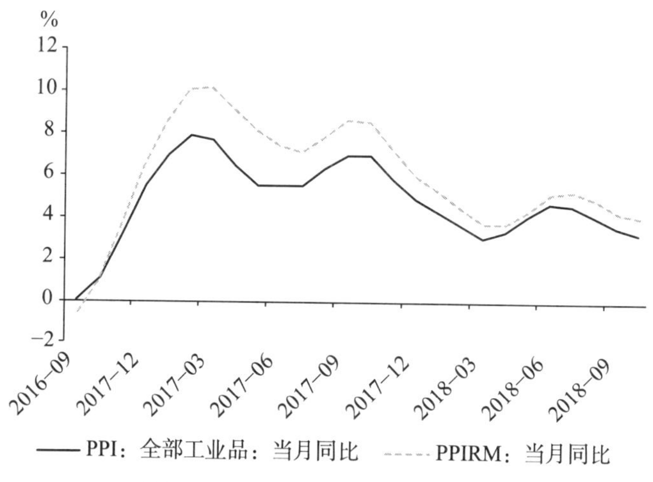

图 20 PPIRM 与 PPI 同步高位回落

总体来看，GDP 平减指数涨幅已呈现逐步下降的趋势。从 2017 年第一季度的 4.8%持续下降至 2018 年第三季度的 3.2%。预计 2018 年全年 GDP 平减指数涨幅为 3.1%，较 2017 年回落 1.0 个百分点。

与核心 CPI 下行、PPI 回落、GDP 平减指数涨幅下降相一致，伴随着经济增速的下滑，2018 年产出缺口由正转负。在实际经济增速持续下行的情况下，产出缺口却由正转负，不仅说明潜在经济增速的下滑，也说明总需求回落的幅度更大，意味着短期下行压力加大（见图 21）。因此，2018 年中国经济增长回落的因素同时具有短期周期波动和趋势性下滑的特性。

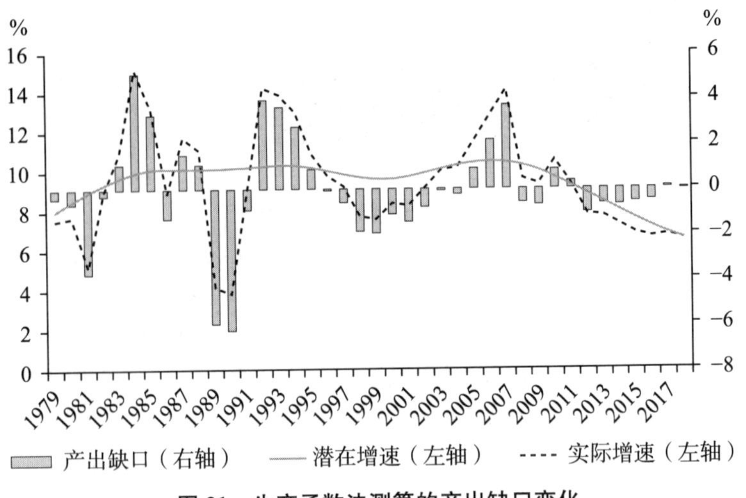

图 21　生产函数法测算的产出缺口变化

（五）局部增长动力始终存在，但不同区域、不同产业、不同类型企业之间的分化较为明显

分区域来看，不少省份实际 GDP 增速继续保持在 8%，但不同地区之间增速分化调整的局面进一步加剧。前三季度，中部地区大多数省份以及西部地区部分省份继续保持较快增长，增速持续高于全国平均水平；东部沿海地区各省份增长比较稳定，增速持续与全国水平持平，如广东、北京、上海等经济增速在 6.6%～6.9%；辽宁、内蒙古、甘肃等近年增长较为低迷的省份，增速出现一定的回升，但天津、吉林、黑龙江等处于深度调整中的省份仍未出现明显好转，增速进一步下滑至 3.5%、4.0%和 5.1%，位居全国末位；重庆作为过去几年增长表现“抢眼”的地区，2018 年增速出现了显著下滑，从 2017 年的 9.3%大幅降为 6.3%；此外，海南和山西也分别从 2017 年的 7.0%和 7.1%下滑至 5.4%和 6.1%（见图 22）。

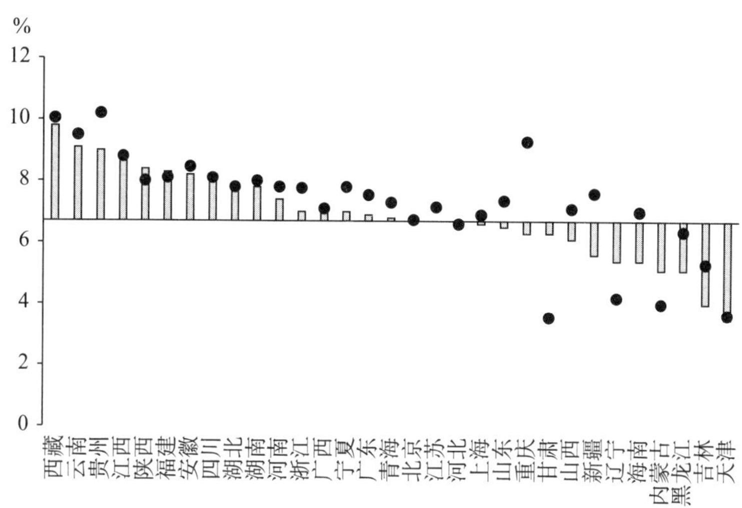

图 22 各省份实际 GDP 增速

注：2018 年新疆、西藏 GDP 增速为上半年数据。

不同行业和所有制企业的利润增长分化更为明显。供给侧结构性改革提高了中国经济供给体系总体的质量和效率，但是不同行业和不同类型的企业从供给侧结构性改革中的受益程度不同，集中表现为上下游行业盈利的背离、国企与民企盈利改善情况的背离。由于供给侧结构性改革的主要是钢铁、煤炭等上游行业的产能，对在上游行业占比较大的国有企业的利好更显著，主要位于中下游的民营企业经济效益虽然有所改善但幅度有限。因此，从利润增长的对比情况看，民企和外企的利润增速持续显著低于国有企业和股份制企业。具体来看，2017 年国企、民企、外企和股份制企业利润增速分别为 45.1%、11.7%、15.8%、23.5%，2018 年前三季度，国企、民企、外企和股份制企业利润增速分别为 23.3%、9.3%、5.7%、19.1%（见图 23）。可见，即便在总体利润增速放缓中差异有所缩小，但是民企和外企的利润增长仍显著低于国企，由此可能带来民企和外企的投资意愿下降，并最终导致整体经济增速下滑和企业利润普遍下降。

在风险偏好下降的背景下，不同所有制企业的融资条件分化也进一步加剧。2018 年以来，在严监管态势持续的背景下，信用收缩的态势较为明显。在融资收紧和表外融资收缩的背景下，银行的风险偏好下降，对于信用资质相对较弱的民营企业的表内融资更为不利。在信用利差上升的过程中，由企业性质导致的利差分化加剧，民营企业信用利差上升幅度明显高于央企和地方国企。2018 年初以来，无风险利率下降了约 40 基点（bp），但是信贷市场的风险偏好明显下降，

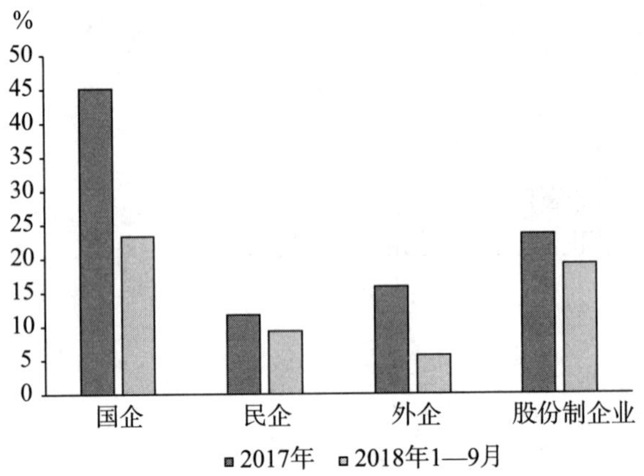

图 23 中国不同类型企业利润增速

信用利差总体上持续走高，但不同类型的企业信用利差水平和上升幅度不同：央企的信用利差从约 80bp 提高到约 95bp，融资条件总体改善；地方国企从约 130bp 提高到约 170bp，融资条件基本没有变化；但是民企的信用利差则从约 200bp 提高到目前的约 350bp，融资条件进一步恶化（见图 24）。第四季度以来，随着多项缓解民营企业融资难、融资贵问题的政策加速落地，或有助于短期改善民企融资条件，但在民企经营环境和效益并未得到根本改善的情况下，可能难以根本解决。

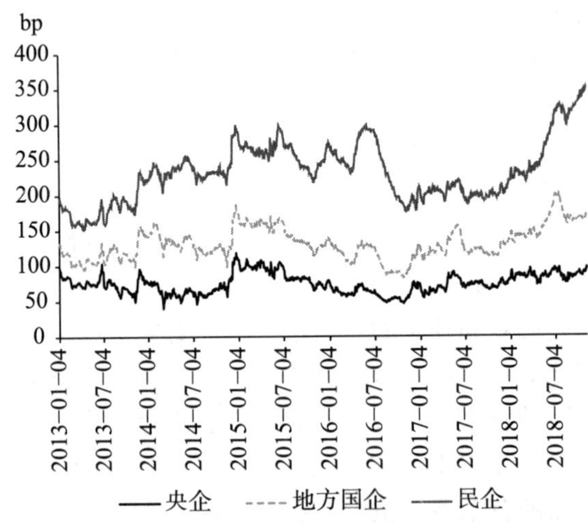

图 24 信用利差上升中民企信用利差明显高于国企

同时，虽然 2018 年以来债券融资总体有所回升，但在投资者风险偏好降低的背景下，民企债券融资难度较大。2018 年 1—10 月，民企信用债共发行 7 371 亿元，较 2017 年同期减少 510.6 亿元，但由于债券到期量大幅上扬，净融资额仅为 1 253 亿元，较 2017 年同期大幅下行 3 382 亿元（见图 25）。综合来看，虽然去杠杆将地方政府和国有企业作为去杠杆重点，但在现实情况下，由于市场普遍更为偏好政府支持力度大的国有企业，因此在去杠杆的过程中，随着监管趋严和融资政策的收紧，反而加大了对民营企业的约束，加剧了民营企业的融资难问题，导致信用风险的抬升。

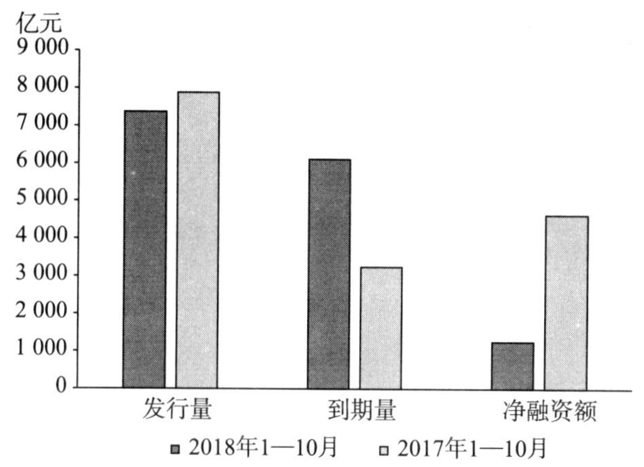

图 25　民企净融资明显低于 2017 年同期

此外，不同规模的企业也出现分化，集中表现为贷款需求的走势分化。2018 年以来，小型企业贷款需求上升，但大、中型企业贷款需求下降，反映了企业投资和扩大生产的动力不足。根据中国人民银行的银行家问卷调查，2018 年第三季度小型企业的贷款需求指数上升到 67.1%，比第一季度继续提高 0.8 个百分点；但是，相比之下，第二季度以来大、中型企业的贷款需求指数均呈现回落的趋势，第三季度分别为 56.3%和 58.1%，比第一季度高点分别回落 4.8 和 4.6 个百分点（见图 26）。

（六）经济景气犹在，但社会情绪剧烈波动，市场预期明显下滑

2018 年中国经济景气指数走弱仍在扩张区间，但各类市场主体信心明显回落。从各类宏观经济景气指数来看，2018 年经济运行依然平稳，但出现了边际走弱的迹象。2018 年 10 月，中国非制造业商务活动采购经理人指数（PMI）为 53.9%，制造业 PMI 为 50.1%，较前期回落，财新中国 PMI 为 50.1%，接近 50%的荣枯分界线（见图 27）。以上指标变化说明中国经济的景气程度出现了一定的弱化迹象，不过总体仍在延续。相比经济景气度的延续和弱化，社会情绪表现出更为剧烈的波动。

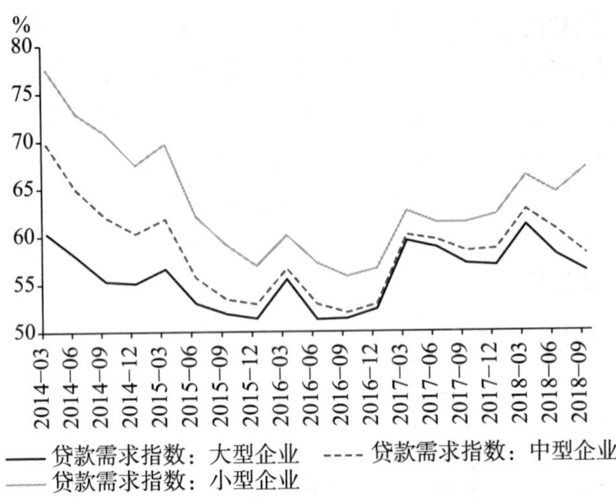

图 26　大、中型企业贷款需求回落

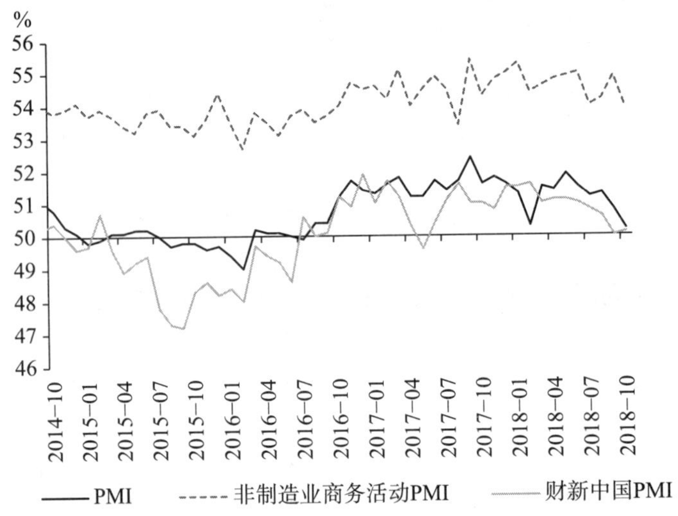

图 27　PMI 出现走弱迹象

一是中美贸易摩擦并没有通过贸易途径在短期中给中国宏观经济带来巨大的冲击，但贸易摩擦所引发的战略恐慌给市场信心和市场预期带来了巨大冲击。例如，根据中国人民银行的城镇储户问卷调查，居民未来收入信心指数自 2017 年底出现下滑趋势，2018 年第三季度为 52.7%，比 2017 年底降低 2.2 个百分点；根据其企业家问卷调查和银行家问卷调查，企业家信心指数和银行家宏观经济信心指数自第二季度达到历史高点后出现明显回落，第三季度分别降至 71.1%和 69.5%，比第二季度分别回落了 4.7 和 11.7 个百分点（见图 28）。

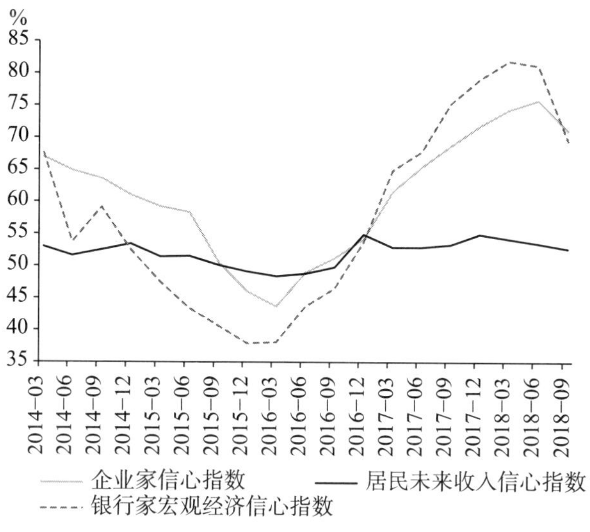

图 28　各类微观主体信心指数回落

二是 1—10 月民营企业投资增速的快速回升说明民营企业家并没有简单地采取用脚投票的方法，但“国进民退”“民营经济离场论”却成为第三季度以来的社会舆情焦点和政策调控的核心。直到 11 月 1 日，习总书记在民营企业座谈会上发表重要讲话，有力地驳斥社会上一些否定、怀疑民营经济的言论，强调民营经济是我国经济制度的内在要素，民营经济只能壮大、不能弱化，不仅不能“离场”，而且要走向更加广阔的舞台。

三是 1—10 月外商直接投资增速回升到 6.5%，但“欧美外商撤资论”却全面绵延。从引进外资的情况看，2018 年中国利用外资额稳步扩大，1—10 月实际使用外商直接投资额超过 1 000 亿美元，同比增长 6.5%，不仅扭转了 2017 年同期同比下降 2.7%的不利局面，而且外资增速逐月提升（见图 29）。

四是上市公司业绩虽有所回落，但股票市场崩溃性的下滑依然超乎市场主体的预期，A 股估值水平已经接近或触及历史底部。从 2018 年初至 11 月 19 日，上证综合指数、深证综合指数、沪深 300 指数分别下跌了 19.3%、26.1%、19.4%，上海证券交易所 A 股平均市盈率从 18.4 下降至 13.4（其中 4 月末至 5 月初从 17.3 骤降至 15.0），深圳证券交易所 A 股平均市盈率从 36.9 下降至 22.4。

这些市场情绪的剧烈变化不仅集中体现了市场主体对于当前中国经济状况的担忧，更为重要的是对未来面临的战略问题及其应对措施的疑虑。

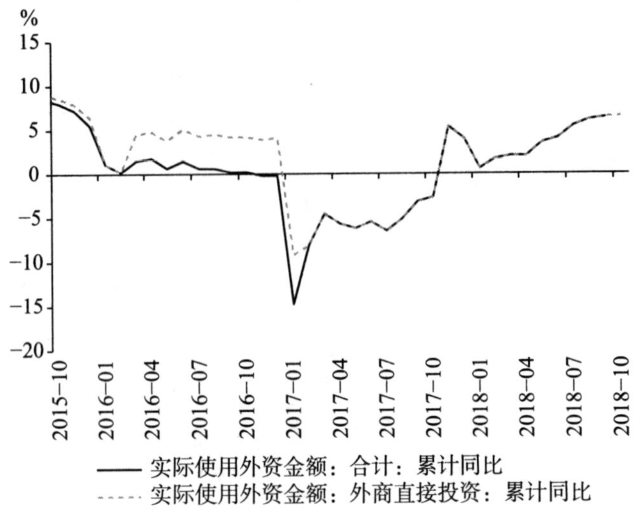

图 29　中国利用外资额稳步扩大

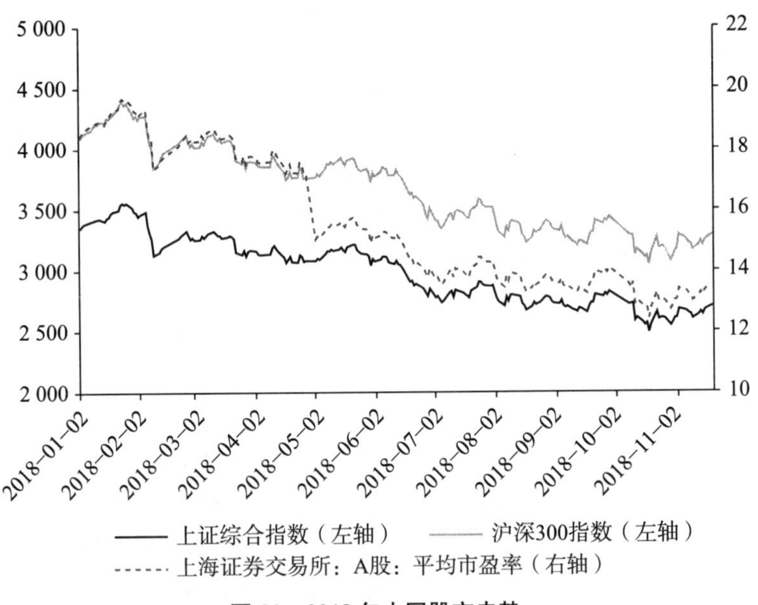

图 30　2018 年中国股市走势

（七）金融风险总体可控，但局部风险集中释放，股市、债市、汇市纷纷出现超预期的调整

在防范金融风险的政策作用下，中国宏观杠杆率逐渐实现了基本稳定，企业微观杠杆率处于历史较低水平。因此，无论从宏观杠杆率还是微观杠杆率指标变化

趋势来看，我国金融风险都得到了一定的控制（见图31）。从两者的不同走势看，将宏观杠杆率指标作为监管调控目标存在一定的问题，特别是M2/GDP、社会融资总额存量/GDP与企业资产负债率之间存在严重的冲突。

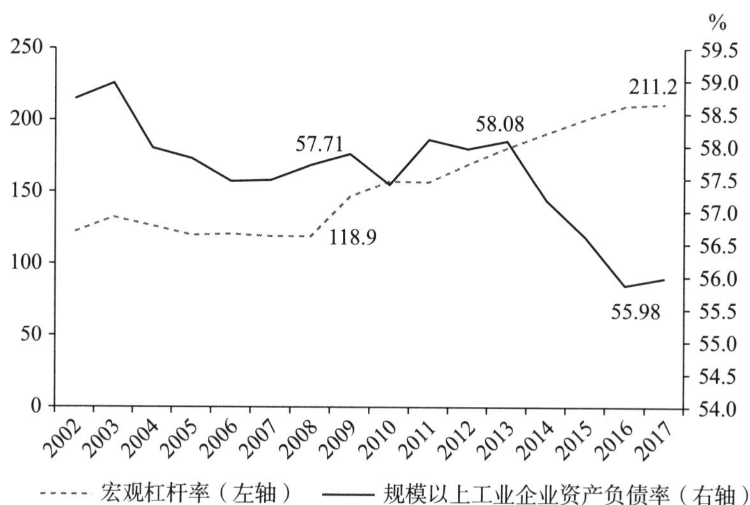

图31　宏观杠杆率与微观杠杆率的分化趋势

同时，在严监管的宏观审慎政策作用下，金融机构表外业务受到了严格控制，表外融资持续负增长，隐性债务风险得到了有效控制。在2012—2016年的债务周期上行期，商业银行为规避监管将表内业务转移出表外，通过表外理财、银信合作等形式为地方政府融资平台提供资金支持，导致隐性债务风险不断累积。2018年以来，在严监管态势持续的背景下，表外融资维持持续减少态势（见图32）。

虽然金融风险总体可控，但局部风险集中释放，股市、债市、汇市纷纷出现超预期的调整。首先，如前所述，股票市场出现超预期崩溃性的下滑，使得A股估值水平已经接近或触及历史底部。2018年1—9月，上证综合指数等几大股票市场纷纷下跌了20%左右，上海证券交易所A股和深圳证券交易所A股平均市盈率分别下降了30%和40%，部分时点还出现断崖式下跌。

其次，受宏观经济增速放缓、融资环境持续收紧的影响，局部非金融企业部门债务风险加速暴露。2018年以来，信用风险事件明显增多。从债券违约看，2018年1—9月，债券市场违约规模近530亿元，远超过过去几年各年全年违约水平。其中第三季度债券违约爆发最为集中，单季度内共有40只债券发生违约，违约规模为353.1亿元，单季度违约规模已经是2017年全年水平的1.5倍，第三季度内债券违约共涉及24家主体，除9家为此前已违约主体外，新增违约主体15家（见图33）。

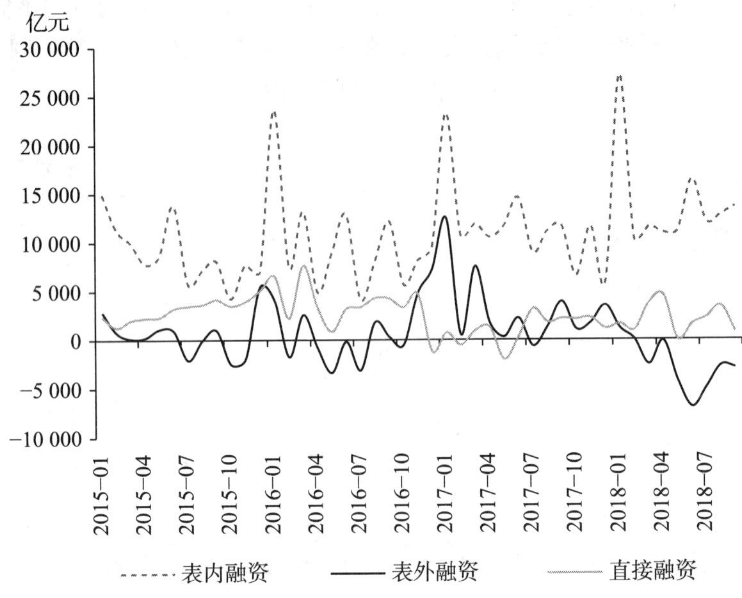

图 32　表外融资持续负增长

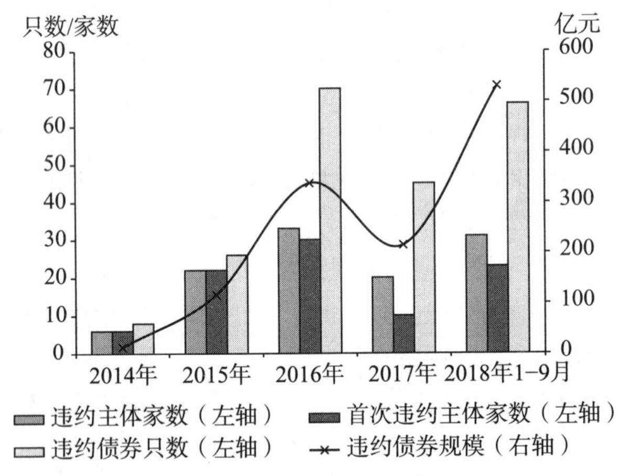

图 33　债券违约风险抬升

同时，信托风险项目个数和规模也明显攀升。截至 2018 年第二季度，风险项目个数达到 773 个，较 2017 年底大幅增加 172 个，涉及的总金额为 1 913 亿元，较 2017 年增加 599 亿元。这说明局部金融风险在加速暴露（见图 34）。

最后，在中美贸易摩擦升级和美联储加息的冲击下，人民币对美元汇率也持续面临贬值压力。截至 10 月末，美元对人民币汇率为 6.964 6，较 9 月末继续下调 854bp，相比 3 月末的 6.288 1 累计贬值 10.8%；外汇储备为 30 531 亿美元，较 9 月末继续减少 339 亿美元，较 1 月减少 1 084 亿美元（见图 35）。贬值压力既来自中美经济与政策的周期性背离，也源于各类风险事件引起的市场情绪波动。从经常账户和资本账户的变化情况来看，2018 年前三季度，中国经常账户逆差为 128 亿美元，其中，货物贸易顺差为 2 561 亿美元，服务贸易逆差为2 295 亿美元，初次收入逆差为 292 亿美元，二次收入逆差为 102 亿美元。目前资本和金融账户依然维持顺差，2018 年前三季度顺差为 625 亿美元，其中资本账户逆差为

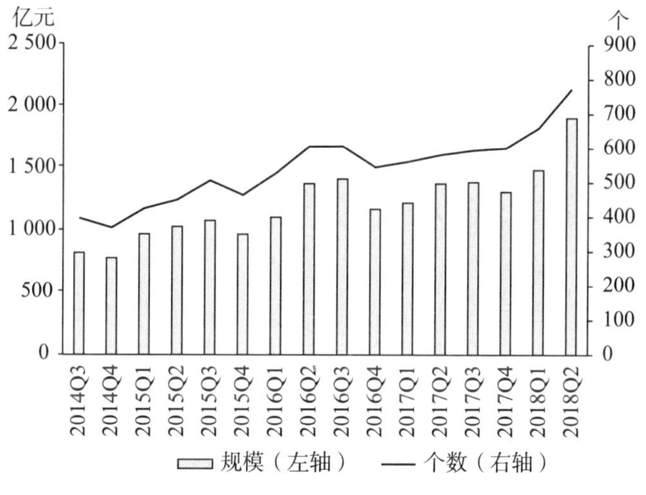

图 34　信托风险项目增多

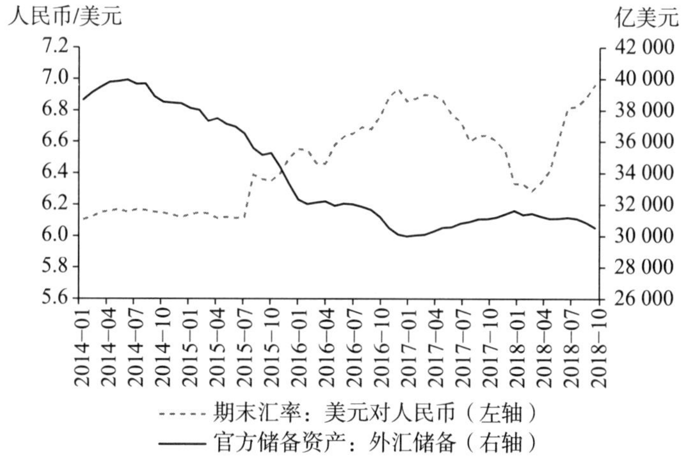

图 35　人民币汇率和外汇储备规模变动趋势

4 亿美元，非储备性质的金融账户顺差为 1 100 亿美元，储备资产增加 471 亿美元。2018 年 9 月末，美联储年内第 3 次加息，并暗示 2018 年将还有 1 次加息。美联储加息后，巴林、沙特阿拉伯、阿拉伯联合酋长国央行相继宣布将基准利率提高 25bp，香港金融管理局也上调贴现窗口基本利率 25bp 至 2.50%，以防止资金大幅外流造成本币贬值。但中国央行并未跟随美联储加息，央行第三季度货币政策例会明确表示，货币政策将“在利率、汇率和国际收支等之间保持平衡，促进经济平稳健康发展”。

（八）财政收入保持较快增长，但增速加快回落的态势明显

2018 年公共财政收入和政府性基金收入保持较高增速，政府收入状况总体良好。在延续 2017 年工业生产和贸易回升的景气作用下，公共财政收入保持较快增长，同时由于房地产土地市场的景气，政府性基金收入持续高速增长。2018 年前三季度，公共财政收入累计同比增长 8.7%，比 2017 年同期增速小幅回落 1.0 个百分点；政府性基金收入累计同比增长 28.0%，延续了 2017 年高速增长的趋势；两者合计，财政收入同比增长 13.0%，比 2017 年同期增速小幅回落 1.2 个百分点（见图 36）。

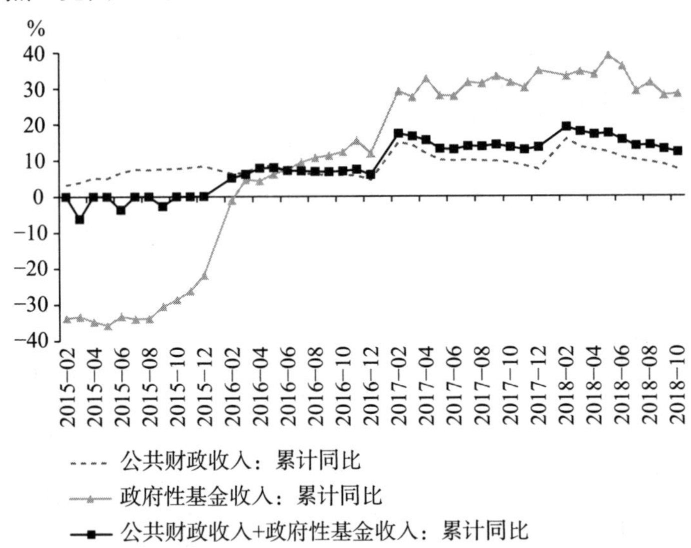

图 36　公共财政收入和政府性基金收入保持较快增长

但是，随着经济下行压力加大，特别是 2018 年下半年以来，公共财政收入出现超预期加速下滑。2018 年 10 月，公共财政收入增速由正转负，同比负增长 3.1%。其中，税收收入负增长 5.1%，中央财政收入负增长 7.1%，地方本级财政收入增速也降至 1.0%。因此，从 2018 年财政收入增速的变化趋势来看，存

在较大的压力（见图 37）。

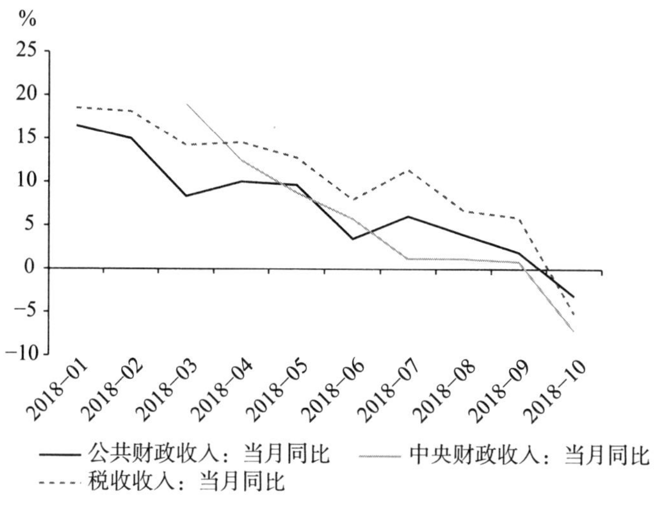

图 37　公共财政收入、中央财政收入和税收收入增速加速下滑

（九）就业总体平稳，但就业和工资增长势头放缓，第三季度招聘需求人数出现明显下滑

在延续 2017 年就业状况改善的基础上，2018 年就业市场总体保持稳定。全国城镇调查失业率和 31 个大城市城镇调查失业率稳定在 5.0%左右。其中，10 月全国城镇调查失业率是 4.9%，与 9 月和 2017 年同期持平；31 个大城市城镇调查失业率为 4.7%，比 2017 年同期下降 0.1 个百分点。1—10 月，城镇新增就业 1 200 万人，提前完成全年目标任务。前三季度，规模以上企业就业人员平均工资比 2017 年同期增长 10.2%，增速提高 2.8 个百分点；农村外出务工劳动力人数达到 18 135 万人，农民工收入同比增长 7.3%，比 2017 年同期提高 0.3 个百分点。

但是，进入下半年以来，城镇就业和工资增长势头均有所放缓，第三季度招聘需求人数出现大幅下滑。1—10 月，城镇新增就业人数同比增长 0.8%，比 2017 年同期增速回落 1.2 个百分点。从收入上看，居民可支配收入增速开始放缓并低于名义 GDP 增速，前三季度城镇居民收入仅增长 7.9%。另外，由于我国劳动力市场的特性，农民工就业和收入增长情况对于反映短期劳动力市场状况具有很强的指示性。前三季度，农村外出务工劳动力人数同比增长 0.9%，比 2017 年同期增速显著回落 0.9 个百分点，第三季度收入增速也比第二季度回落 0.2 个百分点（见图 38）。更为严峻的是，根据中国人民大学-智联招聘平台数据，第三季度就业景气度指数出现异动，从 2017 年同期的 2.43 降为 1.97，同比和环比都出现了自 2011 年以来的首次下降。从供需方面看，近期就业景气度

指数的异动主要是由于第三季度招聘需求人数出现明显下滑，同比和环比分别下降 27%和 21%，均为近几年来该季度指标首次出现负增长。

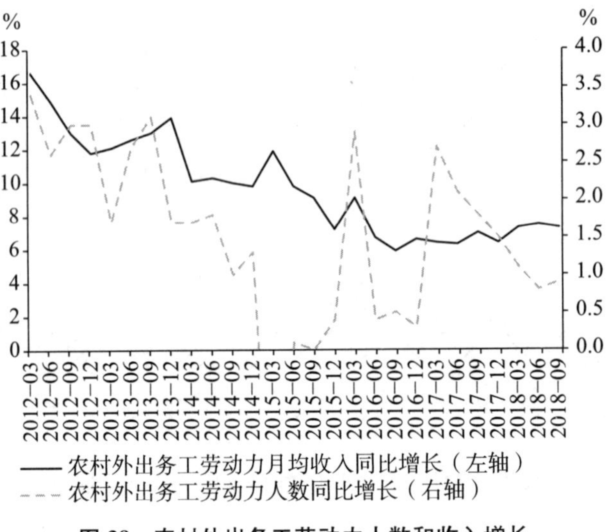

图 38　农村外出务工劳动力人数和收入增长

2.2　持续强化的下行压力

2018 年中国宏观经济面临内外双重约束带来的下行压力。正如中共中央政治局 10 月 31 日会议指出，当前经济运行稳中有变，外部不利因素增多，经济下行压力有所加大，部分企业经营困难较多，长期积累的风险隐患有所暴露。一是在外部约束下，前期的外需改善难以为继，且外部冲击明显加大。一方面，世界经济复苏势头减弱，中美贸易摩擦升级，外部需求下滑；另一方面，全球资产泡沫同步化，国际金融风险加大，部分新兴市场经济体出现货币危机。二是在内部约束下，货币融资紧平衡，财政政策难发力。在防范金融风险的大背景下，广义财政政策与货币政策形成"双紧"局面，给中国经济短期走势带来下行压力。

（一）外部约束下，外需改善难为继，金融冲击在加大

2018 年中国面临的外部经济金融环境风险加大。一方面，世界复苏势头减弱，贸易摩擦升级，地缘政治乃至局部战争频发，前期出现的外需复苏对中国经济增长的改善在 2018 年不仅难以持续而且出现恶化；另一方面，全球资产泡沫同步化，国际金融风险上扬，外部金融冲击加大，部分新兴市场经济体出现货币危机并引发了较大的经济困难。

2017 年中国经济的复苏在一定程度上源于世界经济的同步增长、全球贸易

和投资的复苏。根据国际货币基金组织（IMF）2018年10月的报告，2017年全球经济增长3.7%，比2016年大幅回升0.5个百分点；全球贸易增长5.2%，比2016年大幅上升2.7个百分点；同时，约120个经济体的经济增速出现上升，成为2010年以来最广泛的全球同步增长。在此背景下，中国经济增长小幅回升，2017年GDP增速达到6.9%，比2016年提高了0.2个百分点；其中，净出口拉动中国GDP增长0.6个百分点，对GDP增长的贡献率达到9.1%，不仅成为金融危机以来的最高水平，更是逆转了自2012年以来的下行趋势。考虑到2010年以来净出口对中国经济增长的贡献率在多数年份均为负值，2017年的贡献率掉头反弹至9.1%，对短期经济增长的贡献不可谓不重要。

但是，前期外部环境的改善是世界各国同步采取持续性超常规宏观经济政策的产物。各国资产负债表的修复、投资增速的反弹、市场预期的稳定不仅具有强烈的政策性特征，同时还潜伏着大量的深层次问题：一是市场性复苏动力在超常规宏观经济政策的作用下并没有得到很好的培育，依然十分脆弱；二是各国虽然出台了各种各样的结构性改革，但各国生产率并没有摆脱持续下滑趋势的困扰，世界经济的新增长动力并没有出现；三是各类贸易指标和投资指标仅仅是对于危机冲击带来的“超调”的恢复性调整，远远没有恢复到以往趋势性水平之上；四是世界经济本轮危机所面临的收入两极化、生产率低迷、人口老龄化、金融泡沫、国际治理协调等深层次问题不仅没有得到解决，反而在全球新保护主义、地缘政治等新因素的作用下有所恶化，世界经济不仅缺乏可持续的市场型新动力，同时还面临全球刺激政策退出以及新泡沫的冲击；五是中国经济外部环境的改善在一定程度上也依赖于中国自身稳增长政策的持续实施。中国超常规的宏观经济政策的常态化不仅会对中国内需产生强烈影响，也会给全球经济需求带来很大的冲击，进而对自身的外部环境带来影响。因此，中期视角下，世界经济在全球资产负债表调整、金融风险回落和刺激政策缓慢渐进退出的作用下难以出现持续反弹。

因此，2018年全球经济复苏动能显著弱于2017年，面临贸易增速显著下滑、国际石油价格上涨、融资成本升高。根据IMF在2018年10月的预测，2018年全球经济增速为3.7%，与2017年持平；全球贸易增速为4.2%，比2017年大幅回落1.0个百分点，且预期2019年增速将进一步回落至4.0%。2018年全球石油价格水平在2017年上涨23.3%的基础上继续上涨31.4%；由于2018年发达经济体CPI涨幅从1.7%回升至2.0%，伦敦同业拆借利率（6个月美元存款）由1.5%上升至2.5%（见表3）。

表 3　　2018 年 10 月 IMF 对全球经济增长的预测（%）

预测指标	2016 年	2017 年	2018 年	2019 年
全球经济增长	3.2	3.7	3.7	3.7
全球贸易增长	2.5	5.2	4.2	4.0
石油价格涨幅	−15.7	23.3	31.4	−0.9
发达经济体 CPI 涨幅	0.8	1.7	2.0	1.9
伦敦同业拆借利率（美元存款：6 个月）	1.1	1.5	2.5	3.4

资料来源：国际货币基金组织．世界经济展望，2018.

2018 年脆弱的全球复苏叠加中美贸易摩擦的全面升级，不仅对全球经济和贸易增长带来隐患，而且对中国出口和经济增长的影响加大。在此背景下，2018 年中国净出口规模大幅收窄，从 2017 年的正向拉动中国 GDP 增长 0.6 个百分点转为负向拉动 GDP 增长 0.7 个百分点。

另外，全球资产泡沫同步化，国际金融风险上扬，2018 年出现的外部金融冲击加大，尤其是部分新兴市场经济体货币大幅度贬值引发了严重的货币危机和经济困难。当前全球经济面临较大的金融下行风险，集中表现为前期全球金融条件的持续宽松带来的全球资产泡沫同步化。国际货币基金组织 2018 年 4 月发布的《全球金融稳定报告》指出，全球金融环境风险已经上升到历史高度，达到 2006—2007 年金融危机前夕的水平，全球金融系统的脆弱性加剧（见图 39）。

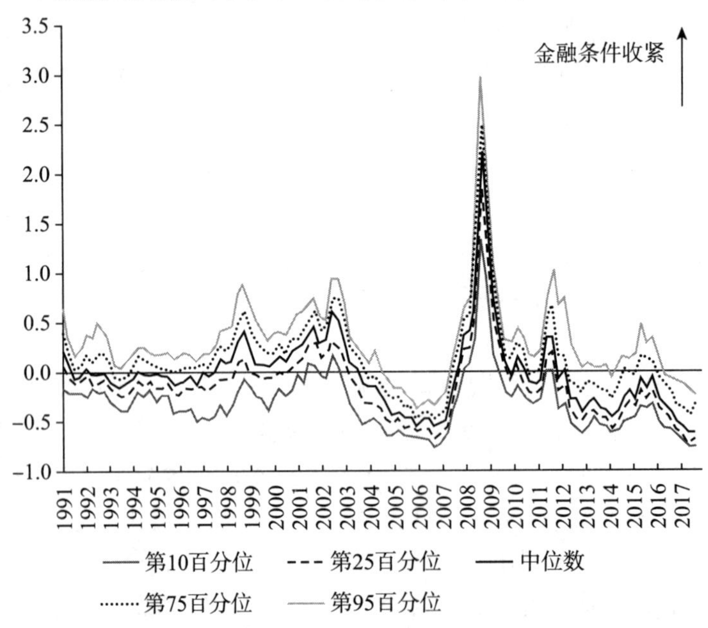

图 39　全球金融条件持续宽松使得全球金融环境风险达到危机前的水平

事实上，由于“后危机时期”全球金融条件的持续宽松，已经在一定程度上造成了全球各国和地区股票和房价的同步上涨，由此引起的股市和房地产等资产价格泡沫问题已经非常严重。在几大央行资产负债表快速扩张的情况下，欧美国家用金融杠杆抬高金融资产价格产生估值效应来修复资产负债表，杠杆率甚至已经超过 2006 年之前的水平，从而导致全球股市市盈率普遍超过危机前的水平，全球房价也出现了更大范围更为同步的全面上涨，资产泡沫空前增加（见图 40 和图 41）。

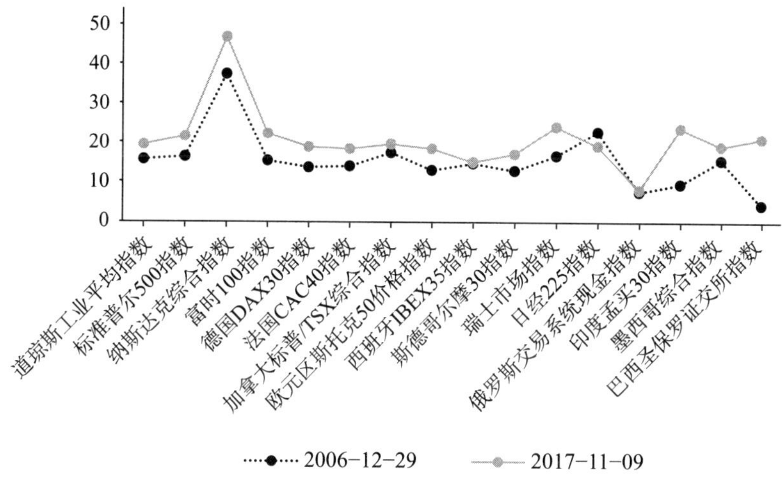

图 40　全球股市市盈率普遍超过危机前的水平

在此背景下，2018 年以来全球金融条件突然收紧，特别是美联储加息提速，导致全球新兴市场国家和地区货币均出现不同程度的贬值，部分经济基本面较为脆弱的国家已经爆发了货币危机。年初至 11 月 19 日，阿根廷、土耳其、俄罗斯、巴西、南非、印度的货币对美元贬值幅度均在 10%以上（见图 42）。其中，阿根廷比索、土耳其里拉分别贬值 93%和 40%，引发了严重的货币危机和经济困难。考虑到目前的贬值程度，2019 年金砖国家可能成为下一波“受害者”。

因此，除了外需减弱带来的增长效应下行外，2018 年中国面临的外部金融风险也明显加大，受到金融周期下行压力的影响。全球金融环境已经开始发生变化，特别是美联储加息以及引发的部分新兴市场经济体剧烈动荡，导致全球经济复苏的态势受到冲击。实际上，全球金融周期下行期国际金融风险是否发生剧变已经成为影响未来世界经济平稳运行的关键要素。

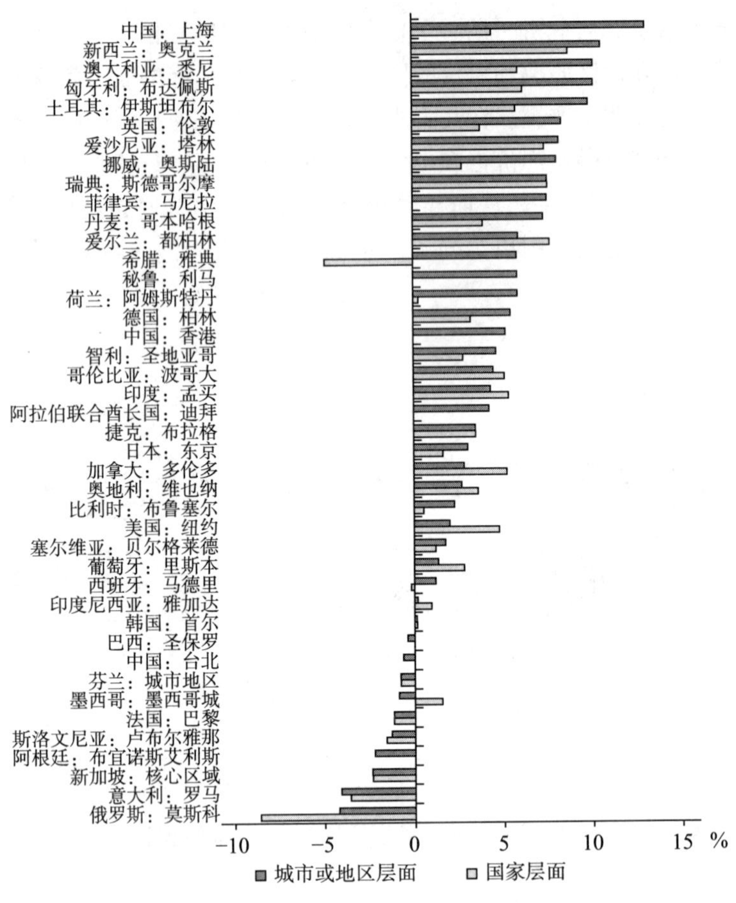

图 41　全球主要国家和地区 2013—2017 年年均实际房价普遍上涨（城市和国家层面）

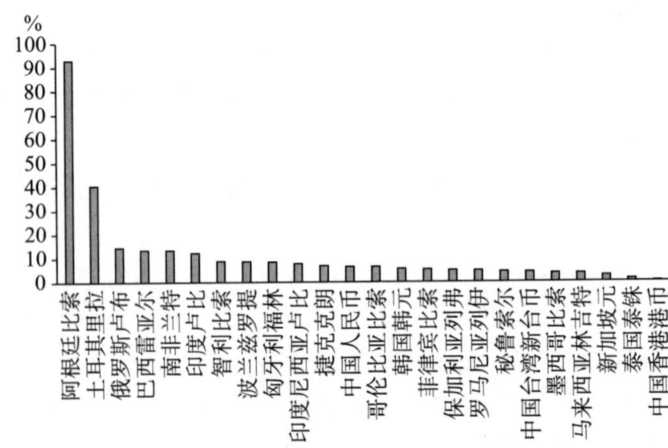

图 42　2018 年初至 11 月 19 日全球新兴市场国家和地区货币贬值幅度

（二）内部约束下，货币融资紧平衡，财政政策难发力

在防范金融风险和去杠杆的大背景下，广义财政政策与货币政策形成“双紧”局面，也给中国宏观经济短期走势带来了下行压力。2018 年防范金融风险工作要求以结构性去杠杆为基本思路，地方政府和企业特别是国有企业要尽快把杠杆降下来，努力实现宏观杠杆率稳定和逐步下降。这不仅意味着去杠杆已经从金融领域转向实体领域，更意味着地方政府和国有企业的广义财政政策调节功能受到极大程度的掣肘，难以针对短期经济形势发力。

在广义财政政策方面，2018 年基建投资的全面下滑就是一个集中的表现。在“结构性去杠杆”的背景下，地方政府和国有企业被列为去杠杆重点，对地方政府隐性债务的监管持续趋严，作为基建投资重要资金来源和投资主体的地方融资平台融资难度加大，从而使得基建投资增速持续探底；同时国有企业出于控制杠杆率的需要，投资冲动有所降温，国有及国有控股企业投资大幅下行。基建投资、国有控股企业投资等政策性投资的回落拉低了作为“稳增长”重要抓手的投资增速，在居民消费低迷、出口面临不确定性的背景下进一步加大了经济下行的风险。

与此同时，2018 年货币金融环境延续了 2017 年紧平衡的基本走势，M2 增速和社会融资规模存量增速出现“双回落”。2018 年 1—10 月，M2 增速降至 8.0%，比 2017 年同期回落 0.8 个百分点；M1 增速为 2.7%，更是比 2017 年同期大幅回落 10.3 个百分点。更为明显的表现是，2018 年 1—10 月社会融资规模存量增速降至 10.2%，比 2017 年同期大幅下降 2.8 个百分点。2018 年 M2 增速与社会融资规模存量增速的“双回落”局势，对中国宏观经济短期运行产生了明显的紧缩效应（见图 43）。

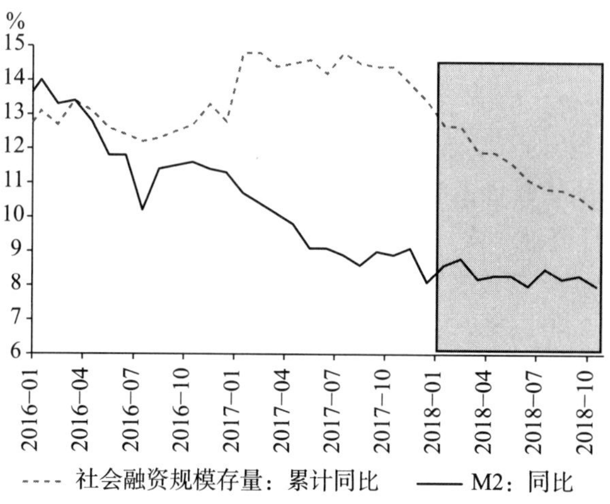

图 43　M2 和社会融资规模存量增速显著下降

一个值得高度关注的现象是，在 M2 增速回落的同时，货币乘数达到历史最高点，源于货币发行和创造机制发生了重大变化。2018 年尽管 M2 增速降至 8%左右，但是货币乘数持续上升到 5.8 倍，为自 1997 年有该数据以来的历史最高点。从更长期的视角看，本轮货币乘数的持续快速上升源于 2013 年，M0 增速开始持续回落，从 12%的平均水平下降至目前的 2%左右，货币乘数则从 4 倍左右持续上升到目前的接近 6 倍（见图 44）。

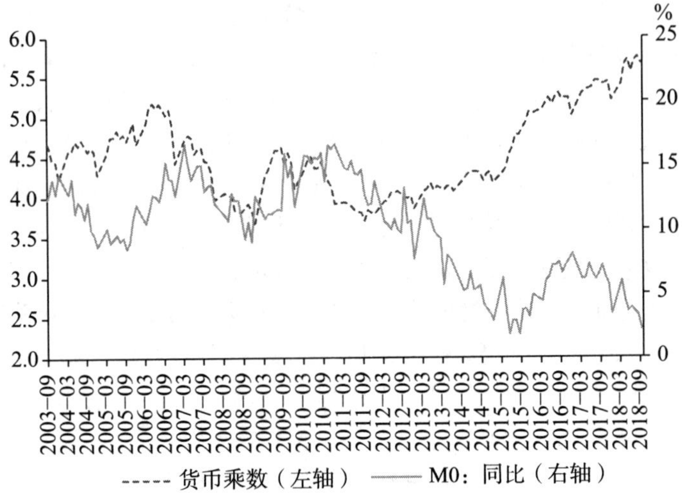

图 44　基础货币持续走低而货币乘数上升到历史最高点

实际上，2018 年以来，面对外部环境变化和内部经济下行压力加大，宏观政策在稳增长与防风险之间动态调整，“严监管、紧货币、紧信用”经过“严监管、稳货币、结构性紧信用”向“稳监管、宽货币、宽信用”转变，政策调整下市场流动性有所改善，但信用利差却持续走高。相较于 2017 年稳健中性、边际趋紧的货币政策，2018 年以来，随着宏观经济运行的变化，货币政策持续动态调整，从 2017 年的“紧货币”转向“稳货币”再转向边际趋松，截至 2018 年 10 月底，全年累计降准 4 次，共下调存款准备金率 2.5 个百分点。其中，10 月 9 日降准 1 个百分点，释放资金总量达到 1.2 万亿元人民币，降准力度和规模均较大。此外，2018 年以来，央行累计通过再贷款、再贴现为市场提供流动性 3 000亿元。货币政策边际放松带动了市场流动性的改善，金融市场流动性利率出现了明显回落，无风险利率有所下行。3 个月 SHIBOR 从 1 月的 4.70%下降至 10 月的 2.87%；10 年期国债到期收益率从 3.94%下降至 3.57%，即无风险利率下降了近 40bp（见图 45）。

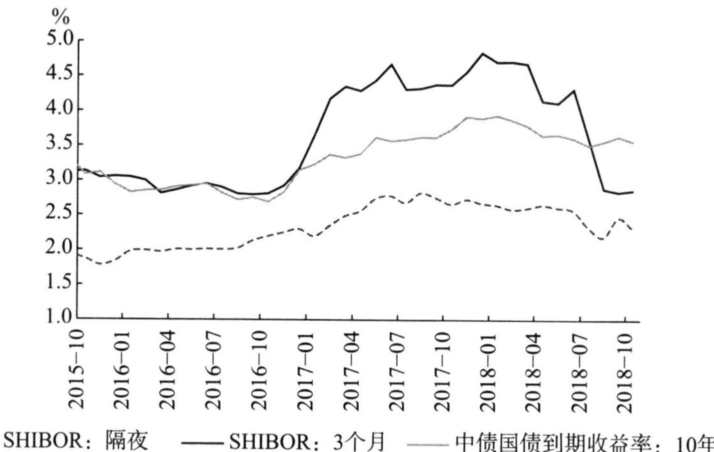

图 45　金融市场流动性利率走势出现边际下调

但是，随着市场无风险利率的下降，信用利差却持续走高，总体从 2018 年初的 130bp 上升到 170bp 以上（见图 46），完全抵消了无风险利率的下降，尤其是民企利差上升的幅度更大，从年初的约 200bp 提高到约 350bp。因此，虽然货币政策边际宽松，但“宽货币”向“宽信用”的传导机制并不畅通，市场风险偏好并没有实质性的提升，信用利差处于近年来的高位，企业的贷款条件实际上恶化了。

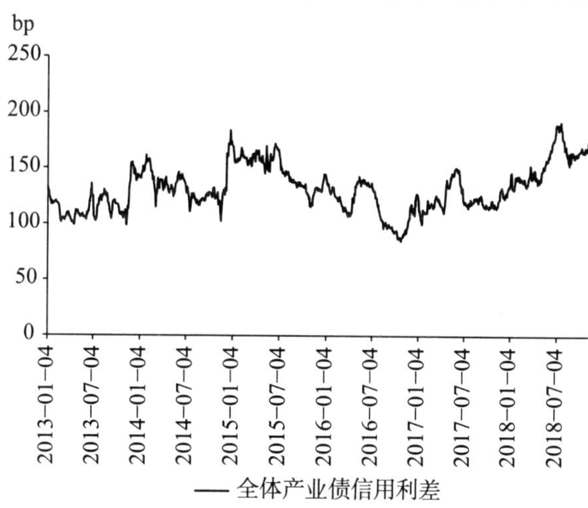

图 46　信用利差处于 2015 年以来高位

因此，在货币融资紧平衡的背景下，金融机构人民币贷款利率中枢上移至高位，融资条件明显收紧。2018 年上半年，金融机构贷款加权平均利率上升到

6.0%，资金成本比2016年末上升了13.3%。其中，一般贷款、票据融资、个人住房贷款平均利率分别上升到6.1%、5.1%、5.6%，资金成本比2016年末分别上升了11.8%、30.0%、23.9%。与利率中枢上移的变化趋势一致，金融机构贷款条件不断收紧。2018年上半年，金融机构对基准利率上浮的贷款比例从2016年末的52.7%持续上升到75.2%，下浮的贷款比例则从2017年末的28.2%持续下降到9.9%（见图47）。

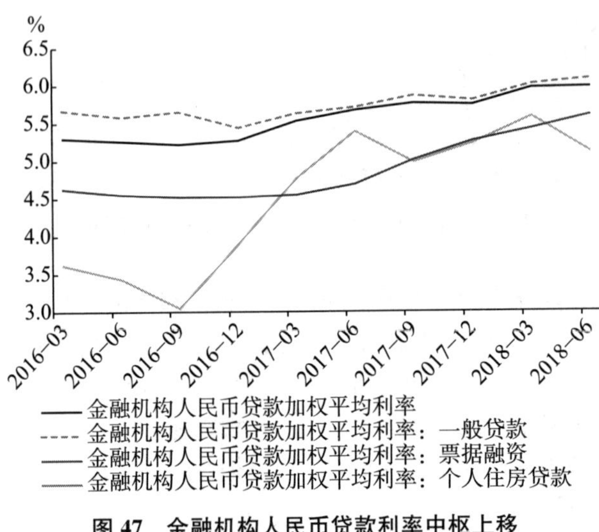

图47　金融机构人民币贷款利率中枢上移

第三部分　中国宏观经济的历史与国际方位

当前和未来一段时期，我国宏观经济运行处于世界经济结构和秩序的裂变期、内部经济结构转换的关键期、深层次问题的累积释放期以及新一轮大改革的推行期。这四大阶段特征是我们分析当前宏观经济形势的历史与国际方位，也是我们进行改革调整和宏观调控的基本出发点。

3.1　世界经济结构和秩序的裂变期

美国“退群”和中美贸易摩擦的爆发不仅宣告了中国外部环境的质变，同时也说明后危机时代世界经济结构与秩序已经发生裂变。这种变化是中国宏观经济运行超预期回缓的关键。当前和未来一段时期，中国实际上面临的是全球结构的裂变而不是简单的分化：（1）国际分工格局在重构，经济新冷战格局的苗头显现；(2) 中心国家与外围国家“脱钩”越来越明显，金融动荡达到临界状态；(3) 地缘政治处于紧张的形势，并且地缘政治对于经济运行的外溢效应全面显化；(4) 发展中国家内部也出现强烈分化，大宗商品输出国和输入国的表现尤其明显；(5) 货币政策与金融周期的错位明显，经济周期与金融周期的错位非常明显，导致全球宏观政策的内在协调性下降；(6) 美国“退群”，全球治理结构基本处于瘫痪状态，原来的多边体系面临崩溃而有效的双边体系尚未构建，未来可能面临全球治理的“真空”阶段，并且持续时间可能较长；(7) 由于全球技术周期的作用，技术创新和外溢效应下降；(8) 全球范围内的收入分配两极化、生产率低迷、人口老龄化、债务问题、资产泡沫、国际治理协调等导致上一轮全球金融危机的深层次结构问题不仅没有得到解决，反而在全球新保护主义、地缘政治等新因素的作用下进一步恶化。这些因素变化导致未来几年全球周期下行是必然的，并且可能会出现一些极端的状态。

前期各国资产负债表的修复、增速的反弹、市场预期的稳定不仅具有强烈的政策性特征，同时还潜伏着大量的深层次问题，世界经济不仅缺乏可持续的市场型新动力，同时还面临全球刺激政策退出以及新泡沫的冲击：一是市场性复苏动力在超常规宏观经济政策的作用下并没有得到很好的培育，依然十分脆弱。二是各国虽然出台了各种各样的结构性改革，但各国生产率并没有摆脱持续下滑趋势的困扰，世界经济的新增长动力并没有出现。三是收入分配不平等问题同时出现在国家内部以及国与国之间，随着全球化红利的下降，不断酝酿和激发着民粹主义、孤立主义和贸易保护主义。四是由于全球金融条件持续宽松，特别是欧美国家利用金融杠杆抬高金融资产价格产生的估值效应来修复资产负债表，全球债务问题和资产泡沫问题比危机前更为严重。美国通过其霸权体系将金融风险转嫁到外围国家，而外围国家承受能力更差，因此，全球的脆弱性实际上更强了。五是不仅要看到欧美发达国家超常规货币政策对于金融危机的稳定作用，更要看到中国超常规财政政策和产业扶持政策对于全球贸易和大宗商品复苏的核心作用。中国超常规的宏观经济政策的常态化，不仅会给中国内需带来强烈影响，也会给全球经济需求带来很大的冲击，进而对自身的外部环境带来影响。

因此，外部风险的恶化具有趋势性、阶段性与结构性的特征。在此背景下，中美冲突是必然的，并且具有长期性。事实上，像过去 20 多年那样超长期的全球经济、世界政治相对平和稳定的一个阶段已经过去。一定要认识到，过去长期的大缓和景象实际上不是正常态，而是超常态，未来的持续冲突才是一个正常态。因此，从世界格局的时代背景上看，未来将逐步远离超常态，而步入一个冲突、摩擦、重构的正常态。在世界经济结构和秩序的裂变期，全球经济在短期内的表现体现在以下几个方面。

（一）全球经济增长趋势放缓，不同国家和地区间分化加剧，地缘政治风险上升

随着全球经济复苏共振接近尾声，各国经济表现和政策持续分化。鉴于目前的总体表现，IMF 在 2018 年 10 月发布的报告中调低了其半年前的全球增长预期，将 2018 年和 2019 年的全球增长率预测分别下降 0.2 个百分点至 3.7%，并预计中期内还将进一步下降。IMF 认为，随着全球金融状况收紧、贸易壁垒增加以及新兴和发展中经济体增长势头减弱，一些主要经济体的增长速度可能已经触顶，经济扩张不均衡加大。随着美国等发达经济体的货币政策正常化，全球金融状况将不断收紧，加上第二季度以来的贸易保护措施，将对 2019 年及之后的经济活动产生不利影响。因此，IMF 建议各国积累缓冲以应对下一次衰退，在金融可能突然大幅收紧的环境下提高抗冲击能力。从中长期视角看，随着产出缺口闭合，货币政策回归正常化，多数发达经济体的增长率将下降到一个远低于全球金融危机前的潜在增长率水平，其中劳动年龄人口增长减缓和生产率增速低迷是潜在增长率下降的主要驱动因素。

2018—2019 年，世界经济不仅增长势头放缓，而且不同国家和地区间的分化也在加剧。全球经济已经从 2017 年的同步增长转向更为分化的方向发展①：美国经济增长较为强劲，日本经济也呈现复苏态势，但欧元区在英国脱欧和意大利财政问题的阴影下复苏放缓；中国经济总体平稳，但是稳中有变，短期下行压力加大；部分新兴市场国家遭遇货币危机和经济困难。随着 2019 年原油价格由大幅上涨转为下跌，部分大宗商品出口国可能出现严重的财政和经济困难，地缘政治风险加剧，各方不断升级的紧张局势可能会加快走向更多的单边主义和孤立主义。

（二）美国依靠霸权主义和强财政刺激政策实现第二季度强劲反弹，但 2019 年增速将出现明显回落

2018 年在内部财政刺激政策和石油开采提速、外部贸易保护主义和孤立主义政策的组合作用下，美国经济增长强劲反弹，第二季度增速达到 4.2% 的高位。

（1）政策性因素推动周期性力量达到高点，特别是美国财政支出和财政赤字大幅飙升，在刺激短期增长的同时，显著加大了政府债务风险。前两季度，美国财政支出（按照年度计算）高达 13.3 万亿美元，财政赤字（按照年度计算）达到 12 126 亿美元，显著高于 2017 年 9 545 亿美元的赤字水平以及 2013—2017 年

① 2018 年 10 月，国际货币基金组织公布了 2018 年全球经济体规模的最新排名，2018 年排行榜前十名依次为：美国、中国、日本、德国、英国、法国、印度、意大利、巴西和加拿大。

8 710 亿美元的平均赤字水平。这进一步加重了美国政府长期以来的财政赤字问题，政府债务达到 21.2 万亿美元，政府债务率逼近 110%。国际投资者已经开始减持美国政府债券，持有的美国政府债券占比从 34%持续下降至 30%以下。特别是 2017 年 9 月—2018 年 9 月，美国政府债券增加了约 1.3 万亿美元，但同期国外投资者持有的美国政府债券仅增加了不足 400 亿美元，日本和中国分别减持了约 718 亿和 366 亿美元。美国已经没有通过加快政府支出增长来进一步刺激经济增长的空间，反而面临政府债务不可持续的风险。在政策性因素刺激的作用下，美国居民非耐用品支出不正常地大幅增长，居民储蓄率下降。2018 年 1—8 月，美国非耐用品月度同比增速从 2013—2017 年平均 1.99%剧增至 5.18%，而更能反映居民收入预期的耐用品支出同比增速则仅从 4.23%小幅上升至 4.48%。同时美国的居民储蓄率低位下行，8 月为 6.6%，比 1—8 月均值下降 0.3 个百分点。

因此，美国经济周期性力量已经处于拐点，美联储已加快加息进程。2018 年 9 月美国的失业率降至 3.7%，但是应该看到，这是政策性因素刺激的结果，已低于美国的自然失业率水平，反映了美国经济处于过热状态，已不具有继续改善的空间，经济周期性力量已经处于拐点。事实上，2018 年美国核心 CPI 已跃至 2%以上，为了抑制通货膨胀压力，美联储已加快加息进程。从前瞻性指标看，近期美国经济领先指数已经出现下滑趋势，私人投资增速已出现下滑迹象。2018 年第二季度，美国私人投资同比增长 7.2%，比第一季度增速回落 0.9 个百分点。

（2）上半年美国石油产量暴增，跃居世界第一大产油国，从石油净进口国变为净出口国，在国际油价大幅上涨的背景下，给美国带来短期增长效应，但是目前美国石油库存已创新高，加上油价涨幅回落，2019 年增速必将放缓。据美国能源信息署（EIA）估计，2018 年美国日均原油产量达到 1 070 万桶，比 2017 年同比增长 13.8%，尤其是上半年增长较快。由此，美国自 1973 年以来首次成为全球最大的原油生产国。但是，截至 2018 年 10 月 26 日，美国原油库存已增加至 4.26 亿桶，未来进一步扩产的空间受限。即使针对伊朗的制裁措施于 11 月全面生效，美国 2019 年的产量预计增长 7.5%，增速也将明显下滑。再考虑到 2019 年原油价格涨幅将显著回落，原油生产对美国经济的短期增长效应将进一步下降。美国原油供给的格局变化或许正是其迫切加快针对伊朗制裁的经济利益所在。

（3）利用霸权向主要贸易伙伴“勒索式”出口带来的短期增长效应的边际效应迅速递减，贸易摩擦对美国自身的不利影响也将显现。2018 年美国向欧盟、加拿大、日本、中国等全球主要贸易伙伴发起了一轮“勒索式”的谈判，带来美国第二季度出口的短暂“繁荣”，第二季度出口较快增长，贸易逆差比第一季度缩小 203 亿美元（仍高达 1 015 亿美元）。但是，这种“勒索式”出口必将随着贸易伙伴的应允难度加大而出现边际效应递减的局面，第三季度已经有所体现。2018 年 8 月，美国出口环比下降了 16.7 亿美元，而进口上升了 15.3 亿美元，贸易逆差再度扩大至第一季度的水平。而且由于贸易摩擦，投资者对美国经济未来增长的预期也普遍下调。国际货币基金组织 10 月发布的报告将 2019 年美国经济增速下调至 2.5%，认为 2018 年 9 月以来的贸易摩擦使得美国经济下降 0.3%，如果再对另外 2 670 亿美元的从中国进口的商品征收 25%的关税，美国经济将下降 0.5%，如果进一步对汽车/零部件征收 25%的关税，美国经济将下降 0.9%。

（4）美国资产泡沫和金融风险上扬，金融周期下行背景下出现金融冲击的可能性加大。在美联储持续宽松的金融条件下，美国利用金融杠杆抬高资产价格产生估值效应来修复资产负债表，杠杆率已经超过 2006 年之前的水平，美国股市市盈率和房价均已超过危机前的水平，由此引起的股市和房地产等资产价格泡沫问题已经非常严重。截至 10 月 12 日，美国道琼斯工业指数、标普 500 指数和纳斯达克指数的市盈率分别达到 22.4、22 和 45.1，市净率分别达到 4.1、3.2 和 4.5，相对于其他股市而言，均存在明显过高估值的风险，基本进入风险调整区域。近期美国股市一直存在波动下调的压力，未来随着加息的推进，过高估值导致美国股指下调的风险加大。同时，美国房价也上升至历史最高水平。2018 年第一季度，美国房价交易指数达到 414，同比上涨 7%，比 2007 年美国危机前的水平高出 9.5%。

（5）随着核心 CPI 跃升至目标通货膨胀水平以上，美联储加息进程加快，不仅给美国带来增长压力，而且存在戳破局部资产泡沫的风险。从 2015 年底开始，美联储进入货币紧缩阶段，至 2017 年底加息 5 次。但进入 2018 年，美国核心 CPI 跃升至 2%的目标通货膨胀水平之上，美联储加息压力陡增，年初至 2018 年 10 月已加息 3 次。联邦基金利率从零利率走到了目前的 2%～2.25%区间，10 年期国债收益率基本维持在 3.1%～3.3%的区间。作为美国最重要的长期基准利率，10 年期国债收益率的大幅上升，必将推高长期资本成本和美国政府的债务压力，并引发资产价格重估的风险。从最重要的 10 年期和 2 年期国债利差来看，已从 2013 年底的 2.56 个百分点收窄至 8 月底的 0.25 个百分点，甚至有利率倒挂的风险，引发了市场关于美国经济衰退的猜想。

因此，随着美联储加息和财政刺激政策的退出，加上贸易保护主义对美国自身的负面影响也将显现，2019 年美国经济增速将出现明显的回落。

（三）贸易保护主义逐渐渗透，全球贸易增速锐减，全球价值链和多边贸易体系规则受到冲击

2018 年全球贸易增速预计为 4.2%，比 2017 年大幅回落 1.0 个百分点，且预期 2019 年增速将进一步回落至 4.0%。中美贸易摩擦升级的影响不仅体现在提高关税的直接影响，更体现在对于全球价值链的负面冲击，更为严重的是，对基于现有规则的多边贸易体系的挑战将逐渐侵蚀经济全球化的基础。正如 IMF 总裁拉加德 2018 年 6 月的表态，全球经济面临的风险正在上升，经济增长前景变得更为悲观，其中“最大最黑暗的阴云”是信心恶化的风险，原因是“试图挑战贸易的运作方式、关系的处理方式以及多边组织的运作方式”。贸易紧张局势的加剧以及由此带来的政策不确定性上升可能挫伤商业和金融市场情绪，引起金融市场动荡，并导致投资和贸易减缓。贸易壁垒的增加会破坏全球供给链，阻碍新技术的传播，最终导致全球生产率和福利下降。更多的进口限制还会提高可贸易消费品的成本，对低收入家庭福利造成较大损害。

在金融周期与经济周期错位、全球政策协调性下降的背景下，全球金融风险和债务风险的转移和释放可能会进一步恶化国际关系。美国经济已经处在高于目标通货膨胀和充分就业的状态，未来美联储加息、贸易紧张局势和地缘政治等都很可能导致金融市场条件和风险偏好突然收紧，引起投资者对风险突然进行重新评估。随着发达经济体的货币政策正常化，许多发展中经济体尤其是资本市场更为开放的发展中经济体，容易受到风险规避激增、全球资金流动条件无序收紧和突然撤资的影响。目前随着美联储加息，一些基本面较弱和政治风险较高的新兴市场经济体的资本流入已经出现逆转，部分国家已经爆发了货币危机。

3.2 中国经济结构转换的关键期

中国经济处于结构转换的关键时期。一是经济增速换挡还没有结束，中国经济阶段性底部还没有呈现。二是结构调整远没有结束，结构性调整刚刚触及本质性问题。三是新旧动能转化没有结束，政府扶持型新动能向市场型新动能转换刚刚开始，新动能不仅难以在短期中成为撑起中国宏观经济的基石，同时还面临自身造血功能缺失的问题，宏观投资收益难以在短期得到根本性逆转。

在中国经济结构转换的关键期，旧结构、旧动能开始在衰退，新结构、新动能在政策推动中崭露头角，但是仍然没有完全替代旧结构、旧动能。由于中国经济所面临的人口红利、改革红利、工业化红利以及全球化红利等趋势性力量持续下滑态势并没有改变，中国经济增速的转换依然会在趋势性力量的作用下持续一段时间。产业结构、需求结构、区域结构远没有到位，结构调整的内生动力——“相对价格的调整”还在持续并将面临各种外部冲击，结构调整的外在动力——“结构性改革”还在深化，结构中新生因素的市场基础并不扎实。新动能在新产业、新技术、新业态的推动下取得了明显的进步，但必须清楚认识到新动能在总

体增长源泉中的比重依然偏低，难以在短期内替代传统动能。

在宏观经济增速放缓的背景下，目前高技术制造业的产出增速虽仍高于制造业总体增速，但是较2017年同期增速有所下降，而且盈利能力也出现了较大幅度的下滑。首先，2018年高技术产业的主营业务收入增速有所下降。根据国家统计局数据，2018年1—9月，医药制造业，铁路、船舶、航空航天和其他运输设备制造业，计算机、通信和其他电子设备制造业以及仪器仪表制造业的主营业务收入分别为1.84万亿元、0.86万亿元、7.72万亿元和0.60万亿元，较2017年同期分别增长13.5%、1.3%、9.6%和9.3%（见表4）。①除医药制造业外，其余三个行业的增速均较2017年同期有不同程度的下降，而医药制造业主营业务收入仅占这四个行业总和的16.7%。

在产出增速放缓的同时，高技术产业的利润增速也出现了较大幅度的下滑。2018年1—9月，四个制造业行业的利润增速较2017年同期均呈现出不同程度的下降。计算机、通信和其他电子设备制造业在四个行业中的主营业务收入占比最高，达到70.1%，而该行业的利润增速由2017年前三季度的17.6%大幅下降至2018年前三季度的2.3%。这反映出我国高技术产业在产出增速放缓的同时，企业盈利能力也同时出现了较大程度的下降。

表4　　高技术产业前三季度营业收入与利润总额的同比增长（%）

	2018年前三季度		2017年前三季度	
	主营业务收入	利润	主营业务收入	利润
医药制造业	13.5	11.5	12.1	18.4
铁路、船舶、航空航天和其他运输设备制造业	1.3	−2.2	6.7	3.0
计算机、通信和其他电子设备制造业	9.6	2.3	13.6	17.6
仪器仪表制造业	9.3	8.2	14.0	24.9

资料来源：国家统计局网站。

表5进一步对比了一些代表性省份和直辖市2018年前三季度高技术产业产出指标增速与2017年同期增速的比较情况。其中，省份与直辖市按照2016年各地区高技术产业产值降序排列。其中，前5个省份与直辖市高技术产业总产值在2016年占全国的62.9%，而所列举的10个省份与直辖市的占比合计达到75.7%，在全国范围内具有较强的代表性。

① 根据《高技术产业（制造业）分类（2017）》，高技术制造业包含医药制造，航空、航天器及设备制造，电子及通信设备制造，计算机及办公设备制造，医疗仪器设备及仪器仪表制造，信息化学品制造等6大类。受数据的局限性，这里所列举的4个2分位行业在统计口径上并不完全等同于高技术制造业分类中所涵盖的范围，仅供粗略估算和参考。

表 5　　代表性省份和直辖市规模以上工业产出增速（%）

省份和直辖市	2018 年前三季度		2017 年前三季度	
	高技术产业	工业	高技术产业	工业
广东	9.2[a]	6.0	14.1[a]	7.2
江苏	11.7[a]	5.5	14.5[b]	7.5
山东	7.5[f]	5.4[f]	10.2	7.0
河南	15.7	7.3	15.7	8.1
上海	3.5[c]	2.2[d]	7.9[c]	9.4[d]
四川	11.7	8.4	16.1	8.5
浙江	14.5	8.0	15.6	8.3
重庆	15.8[e]	1.6	—	9.6
福建	14.0	9.1	12.2	7.9
北京	16.8	7.2	16.7	6.0

注：本表中未标注的指标均为高技术产业增加值增速。对于未报告高技术产业增加值增速的省份和直辖市，使用其他指标代替：a. 高技术制造业；b. 高新技术产业产值；c. 战略新兴产业总产值；d. 工业总产值；e. 战略新兴制造业增加值；f. 2018 年 1—8 月。

资料来源：各省、直辖市统计信息网。

从分省统计结果来看，与工业部门总体的产出变化相比，各地区在高技术产业产出上的增速均明显更高，说明高技术产业相较于其他工业部门获得更快发展的基本趋势没有改变。但是，除了河南、福建和北京高技术产业增速与 2017 年同期持平或略有上升外，其余省份或直辖市 2018 年前三季度高技术产业产出增长速度较 2017 年同期均出现了不同程度的下降。由于福建和北京高技术产业产值占全国的比重较低，因此这两个地区产出增速的上升在总体上难以产生根本性的影响。

更为重要的是，相当一部分新动能是政府产业政策扶持的产物，新产业、新技术和新模式自我独立发展的能力依然较为弱小，新旧动能转换在各类扶持政策退出过程中将面临持续的冲击。在政策助推下的新动能、新结构还没有完全与市场嫁接，形成自我造血、自我循环的良性运转机制，自身产生了一定的问题。

因此，下一步的工作核心，不是简单地用政策性力量进一步助推新动能的形成，而是要经过机制性的转换，让“看得见的手”转换为“看不见的手”，使新动能在相对完整的市场条件下进行自我运行，形成自我循环、自我造血的良性运转机制。政策性的作用或者说“看得见的手”的作用，主要在以下几大方面：第一，对旧动能的退出要有推动作用，并且防止它的社会冲击和经济冲击，要加速它的退出或控制它的退出；第二，对于在培育新动能过程中的一些政府失灵问题，也要进行一定的整顿和清理，对培育新动能所产生的一些呆坏账、烂尾工程，也要给予高度

的关注；第三，持续性地在一些基础性领域、战略性领域进行投放。

3.3 深层次问题的累积释放期

中国处在金融周期的下行阶段，系统性金融风险虽然总体可控，但债务水平的高筑、盈利能力的下降、结构性和体制性问题的回旋空间大幅度缩小、未来不确定性的提升以及悲观情绪的蔓延，都决定了不同领域的短板效应将加速显化，局部风险将在房地产市场、汇市、股市、债市以及其他金融市场持续释放。2018年所出现的各类局部风险常态化具有必然性，很多金融参数创历史新低说明中国经济内生性收缩压力较大。

在深层次问题的累积释放期，长期积累的风险隐患可能突发性暴露。在金融整顿、债务控制以及政策退出的作用下，中国各类杠杆率和债务率的增速陆续见顶，金融周期将由快速扩张期转向下行期。整体经济的风险形成机制和释放路径将发生一系列变化，风险控制的重点将从负债端逐步转向资产端，从总量端转向结构端，从快速的增量端转向存量端，从就金融治理金融转向金融与实体经济之间的良性互动，从资本外逃和政府信用扩张适度转向流动性风险和监管风险。这些转向将使金融下行期的风险更具有隐蔽性和突发性。

在长期的债务-投资驱动的增长模式下，债务持续积累到一定程度，必然会在局部某些领域释放。因此，局部的债务风险可能会爆发。同时，在持续的产业转型和结构调整中，必然会出现分化效应，出现局部崩塌，一些行业和企业将出现困难，隐藏的债务问题也可能会暴露，相关金融风险释放。因此，在当前金融周期的下行阶段，长期积累的风险隐患将有一个累积性的释放。同时，中国经济对于房地产投资和基建投资的长期依赖，已经达到积重难返的地步，对于短期经济走势和长远发展都形成了严重制约。面对2018年投资增速的持续下滑，考虑到地方政府债务风险已经较大，“稳投资”却不能重回大搞基建投资的老路，因为当前的债务负担已经严重绑架了整体经济增长的模式，大搞基建只会进一步加大地方政府债务，加剧债务风险和恶化资源配置效率。由此，2018年前三季度，基建投资增速仅为3.3%，比2017年同期增速大幅下滑16.5个百分点，拖累总体投资增速下降近3个百分点。接下来中国还将面临房地产政策是否需要调整的两难选择，因为目前房地产投资增速维持在10%左右，是当前总体投资和民间投资增长的最大支撑因素，但在现有的房地产调控模式下，房地产开发企业的债务风险已经累积到一定程度。因此，尽管中央政治局会议明确提出做好“六稳”工作，但最大的挑战在于如何处理“六稳”之间的关联性，特别是“稳增长”与“防风险”的关系。

3.4 中国新一轮大改革的推行期

2018—2019 年外部环境的恶化、内部问题的暴露以及改革主体的绩效恶化为大改革提供了绝佳的窗口期。中国将顺势而为，利用改革开放 40 周年之际，以构建高标准市场经济体系为目标，推出新一轮改革开放和供给侧结构性改革。内外部压力和问题的暴露决定了中国大改革的窗口期已经在 2018 年全面出现，2019 年中国必将踏上改革开放的新征程。在各种内外压力的挤压下，关键性与基础性改革的各种条件已经具备，新一轮改革开放以及第二轮供给侧结构性改革的窗口期已经全面出现。

目前虽然政治基础已经夯实，改革共识已经形成，改革的切入点和基础性条件也已经通过供给侧结构性改革完成了铺垫，但是一些基础性、全局性改革还没有出台，还没有落实。前期以反腐倡廉为核心的政治生态的净化为大改革创造了良好的政治基础，但这并非供给侧结构性改革成功实施的充要条件，目前行政权力的分散和实施环节的脱节导致大改革很可能陷入“表象化改革”“文件化改革”“碎片式改革”“行政运动化改革”的困境，通过行政权力的重构来强化改革的执行力和统筹性是成功推行大改革的另一必要条件。

同时，虽然对过去体系中存在的一些问题进行了全面清理，对一些漏洞特别是政府的寻租行为堵了歪门、关了后门，但是正向的激励还没有完全建立起来。大量的调整和改革主要是以新责任、新约束为主体，但激励相容的愿意改革的内生机制还没有全面建立起来。因此，在当前这种“内忧外困”的双重夹击下，中国目前处于真正的大改革的关键时期，同时经济大破大立的时点也已经到来。

2019 年中国将以中美冲突和解、改革开放 40 周年纪念大会为契机，在开放、深层次结构性问题以及系统性金融风险的倒逼下，全面开启新一轮全面改革开放浪潮和第二轮供给侧结构性改革。这将重构中国经济市场主体的信心，逆转当前预期悲观的颓势。中国改革将步入关键领域的攻关期和新红利的构建期。“四个全面”在“全面从严治党”取得压倒性阶段胜利的基础上将逐步将重心转向“全面改革”，一些关键性和基础性的改革将出台。改革的路径也将从以往简单的“就市场改市场、就经济改经济”模式转向国家治理体系的基础性构建模式，转向通过权力重构、行政体系改革和社会改革来为经济改革奠定权力基础、行政基础和社会基础，从根本上构建新时期的政府与市场的关系，以调动各阶层改革创新的积极性，使供给侧结构性改革在全面深化中构建新一轮的改革红利。

第四部分　2019 年宏观经济运行面临的几大深层次问题和重大风险点

以上四大阶段特征是我们分析当前宏观经济形势的时代背景，也是我们进行改革调整和宏观调控的基本出发点。在四大阶段特征的影响下，2019 年中国宏观经济将面临以下六大深层次问题和六大短期风险点。

4.1　六大深层次问题

（一）外部环境不会出现明显改善，反而可能进一步恶化

世界经济结构的裂变决定了即使中美贸易谈判取得阶段性和解，世界经济周期整体性的回落、全球金融周期的持续错位、中美贸易摩擦在其他领域的展开也都会使 2019 年中国外部环境将面临持续恶化的风险。2019 年中国出口增速的回落、贸易顺差的大幅度下降、人民币汇率贬值承压以及局部外向型产业和区域出现明显回落将是大概率事件。

在世界经济结构和秩序裂变期，外部风险的恶化具有趋势性、阶段性与结构性的特征，特别是中美贸易摩擦具有长期性，这对于中国传统的外向型经济发展模式构成极大挑战。2019 年全球经济复苏共振接近尾声，全球增长率预期下降为 3.7%。其中，美联储加息、财政赤字剧增以及贸易保护加剧等因素将使美国经济增速出现回落，英国脱欧和意大利等国财政问题可能使得欧洲经济增长放缓，新兴经济体在国内经济困境下被动跟随美联储加息以稳定汇率和遏制通货膨胀，国际原油价格由大幅上涨转为下跌使得大宗商品出口国直接面临经济财政困难。此外，美伊问题、美俄问题等地缘政治形势将更加紧张，对于全球经济运行的外溢效应将全面显化。因此，中国经济面临的外部需求还将持续回落，出口增长面临更大压力。

2019 年中美贸易摩擦对于中国非贸易途径更为深层次的不利冲击将开始显现。国际分工格局正在重构，中心国家与外围国家“脱钩”愈发明显，可能会使得中国在全球价值链中处于不利低位，同时，技术、投资等壁垒的增加也会阻碍新技术的传播，导致生产率下降。随着中美贸易摩擦的影响逐步显现，对经济预期和市场信心的打击加大。中国宏观经济外部环境的动荡与冲突的常态化意味着中国宏观经济运行步入新阶段，中国开放战略及其管控模式必须做出调整。

（二）对于基建投资和房地产投资的长期依赖达到积重难返的地步

在中国经济结构转换的关键期和深层次问题的累积释放期，中国宏观经济的

景气传导仍存在大量的机制体制性的障碍，市场型内生增长动力难以在短期内快速回升，市场性力量替代政策性力量而成为中国宏观经济稳定增长的核心还需要一段时期。同时，以积极的产业政策为核心、扩张性的财政政策和稳健的货币政策为工具的中国经济政策调控空间已经受到债务负担、金融风险和产业空间的强烈约束，难以保持传统的刺激力度，政策性复苏力量已达到极致，债务-投资驱动模式难以为继。

特别地，我国宏观经济对于基建投资和房地产投资的长期依赖达到积重难返的地步，对 2018—2019 年经济走势和长远发展形成严重制约，也使宏观调控政策陷于两难境地。2018 年前三季度基建投资增速的大幅回落，拖累总体投资增速下降近 3 个百分点，但面对投资增速的持续下滑，却难以重回大搞基建投资的老路，因为当前的债务负担已经严重绑架了整体经济增长的模式，大搞基建只会进一步加大地方政府债务风险和恶化资源配置效率。而且在一定程度上，地方政府及其融资平台已经没有可持续的财务能力承担大规模的基建投资。同时，在现有的房地产调控模式下，房地产企业的债务风险和房地产市场调整的风险已经累积到一定程度。中国还将面临房地产政策是否需要调整的两难选择。

因此，尽管中央政治局会议明确提出做好“六稳”工作，但对于宏观调控的一大挑战在于“六稳”之间相互关联，存在难以协调的矛盾，特别是如何把握好“稳增长”与“防风险”的关系。一旦发生系统性金融危机，稳就业、稳投资、稳外资、稳预期就都难以实现，而防范化解金融风险，广义财政政策与货币政策势必受到很大的掣肘，难以针对短期经济形势发力，又会给“六稳”带来巨大压力。

（三）收入分配和房地产挤占等深层次因素制约消费增长并影响最终需求

在中国经济结构转换的关键期和深层次问题的累积释放期，收入分配和房地产挤出等深层次结构问题，从基础动力上制约消费增长并影响最终需求。首先，居民收入分配差距扩大，叠加居民可支配收入增速放缓；其次，居民储蓄增幅开始低于贷款增幅，净储蓄开始出现下降的态势。消费者在房地产去库存中债务率大幅度上升，居民财富基本上被房地产掏空，广大中产阶级和中下收入阶层被房地产套牢，特别是新一轮的去库存实际上将储蓄存款相对薄弱阶层的可利用资金基本上全部投入房地产市场，消费基础受到严重削弱。近几年收入分配发生较大积极变化的主要是赤贫阶层在脱贫攻坚战中受益，但是中下收入阶层可支配消费性资金支撑力则大幅度削弱，导致消费行为模式发生重大变化。

具体来看，2018 年消费名义增速首次出现低于 10%的情况，扣除价格因素的实际消费增长更呈现加速下滑的趋势。消费下滑背后潜藏着深层次结构原因并具有趋势性：第一，居民可支配收入增速开始低于 GDP 增速，收入增长放缓必将影响居民消费增长。第二，居民收入分配差距扩大，导致边际消费倾向较高的

居民收入比重降低，使居民消费性支出增长与收入增长背离，进一步加剧了消费下滑。第三，居民储蓄增幅开始低于贷款增幅，净储蓄开始出现持续下降的态势。2018 年居民净储蓄余额（存款减去贷款）同比下降 7%左右。第四，居民财富基本上被房地产掏空，广大中产阶级和中下收入阶层被房地产套牢，消费基础受到严重削弱。2015 年之前被房地产套牢的基本上是中上收入阶层，而新一轮的去库存，特别是货币化以及鼓励农民工购房，实际上将储蓄存款相对薄弱阶层的可利用资金基本上全部投入房地产市场。消费的核心支撑力不是高收入阶层，而是中等及中下收入阶层。过去几年，收入分配发生较大积极变化的可能是赤贫阶层，其在脱贫攻坚战中获益很大，但是中下收入阶层可支配消费性资金支撑力则大幅度削弱，是导致消费行为模式发生变化的很重要的一个原因。

特别是 2015 年底以来，随着房价大幅上涨和市场交易量剧增，居民部门快速加杠杆，居民债务率大幅度上升，消费基础受到严重削弱。2016—2017 年，在全国房地产行业去库存的大趋势下，我国的房地产交易市场持续回暖，交易量暴涨，带动房价持续飙升，居民杠杆买房的热情高涨，房地产贷款和个人购房贷款快速增长。2016 年底，居民部门杠杆率攀升至 50.3%，较 2015 年底攀升 6.3 个百分点。出于对房地产泡沫化的担忧，2016 年 10 月多个城市出台限购、限贷政策，此后多个城市陆续出台了多轮房地产调控政策，打出限购、限贷组合拳，中央高层会议也多次强调“房住不炒”，并着手建立房地产调控长效机制。不过，由于房地产调控政策效果的显现存在一定时滞，2017 年居民部门杠杆率仍保持快速攀升态势，一路攀升至 54.4%，直到 2018 年以来增长才有所放缓（见图 48）。

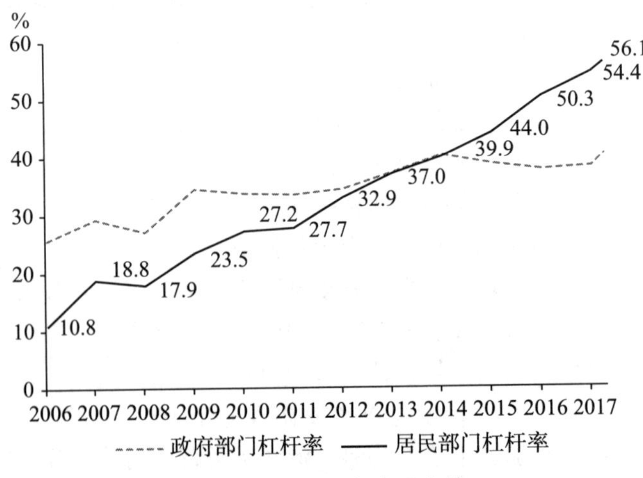

图 48　我国债务水平走势

截至 2018 年 9 月末，个人住房贷款余额占住户部门贷款余额的比例为 54.6%；同时，2016 年下半年以来，我国居民购房还出现了较为明显的违规加杠杆现象。2017 年短期消费贷款增速异常，短期消费贷款余额同比增速从 1 月的 19.9%快速上升至 10 月的 40.9%。2018 年 1—10 月，居民短期消费贷款由 7.0 万亿元进一步增至 8.2 万亿元，同比增长 16.9%。在银行逐渐收紧房贷授信的背景下，部分购房者利用短期消费贷款等渠道违规加杠杆，绕过首付比例限制，导致大量短期消费贷款流入房地产市场，进一步减少了消费基金（见图 49）。

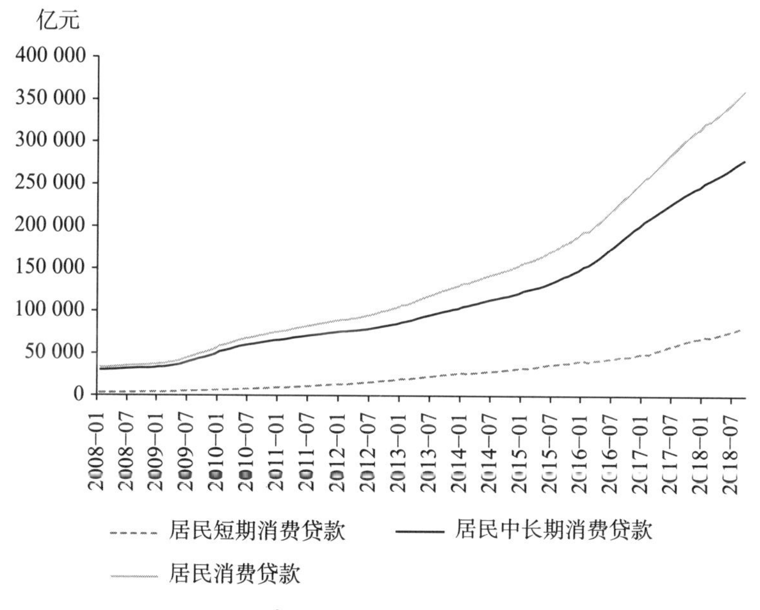

图 49　我国居民消费贷款额变化趋势

（四）不同区域、不同行业和不同类型企业持续分化影响经济复苏动力

2019 年不同区域、不同行业和不同类型企业的分化问题还将持续存在，并影响经济复苏动力。上下游行业盈利的背离、国企与民企及外企盈利的背离，使得国企的资产负债表得到一定的修复，但民企的杠杆率却出现被动攀升，外企的利润增长出现明显下滑，由此可能带来民企和外企的投资行为产生变异，并最终导致整体经济增速下滑和企业利润普遍下降。而不同地区之间增速分化调整的局面也可能持续。天津、吉林、黑龙江、辽宁、内蒙古等处于深度调整中的省份可能仍难有明显好转，并带动山西、山东、河北等地区也开始面临一定的困难。

（五）新旧动能转换尚未完成，而新动能自身也存在一些不可忽视的问题

中国新旧动能转换没有结束，政府扶持型新动能向市场型新动能转换刚刚开始，新动能不仅难以在短期中撑起中国宏观经济的基石，同时还面临自身造血功能缺失的问题，宏观投资收益难以在短期得到根本性逆转。在经济结构转换的关键期，旧结构、旧动能开始在衰退，新结构、新动能在政策推动中崭露头角，但是仍然没有完全替代。同时，大量的创新项目和高新工业园区存在过度刺激和过度同质化建设等一些不容忽视的问题。亟须对培育新动能过程中的一些政府失灵问题进行一定的整顿和清理，并对培育新动能所产生的一些呆坏账、烂尾工程给予高度的关注，否则将会形成经济循环中间的阻力和经济发展的障碍。

（六）更为根本性地，经济的微观基础和三大经济主体的行为模式发生了变异

与以往不同的是，在2018年各类宏观参数回落和市场情绪变化的背后隐藏着更为重要的变化，这就是中国经济的微观基础和三大经济主体的行为模式已经发生了变异。一是企业家在生存空间挤压下投资意愿和行为模式开始发生巨大变化；二是消费者在房地产去库存中债务率大幅度上升，消费基础受到严重削弱；三是在层层行政督导和持续管控下，地方政府官员不仅没有出现传统的换届效应，反而出现了新型的为官不为的现象。这些微观基础的变化以及微观主体行为模式的变异意味着当前很多参数的下滑不是短期波动，而是中期趋势性回落，短期宏观调控政策难以在短期改变这些微观主体的行为模式。

具体来看，首先是企业行为模式发生了不利变化。一是生产成本的上升、市场需求的回落、改革前景的信心不足，已经导致企业投资意愿出现持续回落。二是工业企业在产业间和所有制上的利润分化，特别是上游行业和国有企业利润改善而中下游行业和民营企业利润恶化，进一步加剧了制造业企业经营困难和“脱实向虚”。三是上市公司投资泛化和“房地产化”，进一步凸显了上述问题。2018年上半年，持有投资性房地产的A股上市公司数量及合计持有金额双双创历史新高，1 680家上市公司合计持有投资性房地产首破万亿元，连续9个季度环比增长。企业行为模式变异的直接后果是固定资产投资增速加速下滑，创下近20年来新低。

其次，消费者行为也发生了显著变化。相比其他宏观变量，消费表现一般比较平稳，2018年出现的新变化引发了市场关注。究其背后的原因，一是由于房地产市场的不健康发展，居民在住房投资上过度支出，已经严重挤压了居民的消费基金。据估计，在中国家庭金融资产配置中，房产达到69%，对比美国的36%，中国居民的“可速变现”消费能力受到很大制约。更有研究估计，中国城镇居民的购房负担率（=年度购房支出/收支结余）自 2015 年以来出现新一轮较快上升，2018 年首次突破 100%而达到 111%，这意味着平均而言，城镇居民已经没有盈余资金用于改善消费。二是居民收入分配差距扩大，导致边际消费倾向较高的居民收入比重降低。居民收入平均增速与中位数增速之间的背离以及各阶层统计收入与真实收入的背离，进一步抑制了消费的增长。三是中高端消费供给不足，导致消费升级的需求得不到满足。在收入分配差距扩大降低大众消费的同时，符合高收入群体消费水平的中高端消费又得不到满足，进一步降低了总体消费水平。2017 年城镇居民家庭恩格尔系数已经从 1978 年的 57.5%下降到 28.6%，农村居民家庭恩格尔系数也从 67.7%下降到 31.2%，基本达到联合国划分的 20%～30%的富足标准。这意味着，中国居民的消费需求已经发生了巨大的结构性变化，消费升级的需求极为迫切。四是一些深层次的问题也在持续产生影响。由于我国社会保障和福利体系不健全，政府对教育、养老、医疗等公共服务支出不足，导致居民预防性储蓄过高，不利于促进居民消费。

最后，政府行为模式发生了重大变化。当前投资下滑的一个重要因素是基建投资的急剧下滑，核心原因是政府行为发生了积极变化，地方政府作为投资发动机的动力已经大为减弱。基建投资增速有史以来首次低于总体投资增速，导致总体投资增速下降近 3 个百分点，背后的一个核心因素与地方政府的投资行为变化有关。目前正在进行机构改革，进行债务达标、政府职能的转变，新官要理旧账，在债务上形成追责制度。投资下滑特别是基建投资的下滑，与政府行为特别是地方政府行为的调整密切相关，这样的变化在未来会是常态。按照改革的目标，地方政府的职能要重构，从过去管制型政府、投资型政府转变成服务型政府、法制型政府，这种转变要求政府的投资能力弱化。另一个重要因素是“挤水分”。在高质量发展需求下，投资数据已经发生实质性变化，目前已经有十多个省份对投资参数进行了大规模的“打回原形”。过去投资占 GDP 的比重虚高，现在正在进行全方面调整，地方政府不能举债、搞政绩工程，更不能在数字泡沫上加泡沫。因此，对于目前投资的下滑，也应该看到现象背后的本质。

4.2 六大短期风险点

在以上四大阶段性特征和六大深层次问题的影响下，2019 年我国宏观经济运行将面临以下六大短期风险点的考验。

（一）出现外部冲击的风险

世界经济结构的裂变决定了即使中美贸易谈判取得阶段性和解，世界经济周

期整体性的回落、全球金融周期的持续错位、中美贸易摩擦在其他领域的展开也都决定了 2019 年中国外部环境将面临持续恶化的风险。2019 年中国出口增速的回落、贸易顺差的大幅度下降、人民币汇率贬值承压以及局部外向型产业和区域出现明显回落将是大概率事件。近期中美贸易谈判的高度不确定性也决定了 2019 年宏观经济参数恶化的幅度具有不确定性。

由于后危机时期全球金融条件的持续宽松，特别是欧美国家利用金融杠杆抬高金融资产价格产生的估值效应来修复资产负债表，导致全球各国股票市盈率和房价同步上涨已经超过危机前的水平，全球债务问题和资产泡沫问题比危机前更为严重。美国通过霸权体系将金融风险转嫁到外围国家，但外围国家的承受能力更差，实际上加剧了全球的脆弱性。随着今年美国核心 CPI 跃升至目标通货膨胀水平以上以及失业率下降到自然失业率水平以下，美联储加息的进程明显加快，存在戳破局部资产泡沫的风险，如果金融风险进而传递至新兴市场国家，则会对我国金融市场产生外部冲击。近期美国国债收益率持续飙升，10 年期美国国债收益率快速突破 3%，引发资本市场调整和金融市场大幅震荡。事实上，2018 年以来全球金融条件突然收紧，特别是美联储加息提速，已经导致阿根廷、土耳其等部分经济基本面较为脆弱的国家爆发了货币危机和金融体系的崩溃。而从货币贬值幅度上看，紧随阿根廷、土耳其之后的就是俄罗斯、巴西、南非、印度、中国。2019 年金砖国家可能成为下一波“受害者”。

（二）失业压力加大和就业质量下降的风险

就业是最大的民生，目前来看，就业形势总体平稳，但是必须看到，随着经济持续的下行，如果不及时进行调整和做好预案，可能会产生累积性爆发的问题，特别是局部行业和地区可能出现较大就业压力。目前就业和工资增长的势头已有所放缓，局部行业和地区就业需求下降。特别是根据中国人民大学-智联招聘平台数据，2018 年第三季度就业景气度指数出现异动，从 2017 年同期的 2.43 降为 1.97，同比和环比都出现了自 2011 年以来的第一次下降。特别是第三季度招聘需求人数出现明显下滑，同比下降 27%，为近几年来该季度指标首次出现负增长。其中，受中美贸易摩擦影响，进出口行业招聘需求连续三个季度下滑，第三季度招聘需求同比下降 53%，比前两个季度下滑幅度扩大，这一下降主要集中在东部和西部贸易依存度较高的城市。

2019 年中国就业可能受到以下三方面因素的冲击：第一，外部贸易环境恶化使加工贸易等劳动密集型产业的就业承压。第一批中美贸易摩擦涉及的 500 亿美元商品主要来自资本密集型行业，但从第二批 2 000 亿美元商品开始，贸易摩擦已向劳动密集型行业延伸。①如果中美贸易摩擦继续升级，未来有可能会扩大至全部商品领域。② 初步测算表明，如不采取任何措施，中美贸易摩擦将使直接从事对美出口生产的就业岗位损失不下 300 万个；如采取竞争性贬值等反制措施，在 5%的贬值幅度下，损失或可控制在百万个以内。近几年第二产业加速排斥劳动力，每年其失业人数在 500 万人以上，叠加贸易摩擦的影响，预计 2018—2019 年，第二产业的就业排斥量达到 600 万～800 万人。

第二，服务业出现周期性放缓，就业创造功能有所衰减。过去几年中国就业之所以能逆势上扬，主要就是靠服务业的强劲拉动作用，服务业一直在填补第二产业的就业窟窿。③但从近年来的情况下，服务业增长已进入周期性的放缓阶段。一是制造业困境和技术革新使生产型服务业就业增长遭遇瓶颈，二是居民收入与消费放缓制约了消费型服务业的发展。2017 年第三产业 GDP 占比没有再延续此前的强劲增长势头，而是维持在 2016 年 51.6%的水平。2018 年前三季度，第三产业投资增长 5.3%，较 2017 年同期增速大幅回落 5.2 个百分点，预示着未来服务业增长明显放缓。与 2013 年的峰值相比，服务业新增就业岗位已减少近半，2018—2019 年估计徘徊在 1 200 万个。扣掉第二产业的就业损失量，2018—2019 年非农产业就业增量可能只能剩下 400 万～600 万人，如果按 1 000 万个城镇新增就业标准计，是远不能满足就业需要的。

第三，双创浪潮步入中后期所必然出现的失败潮而释放的劳动力可能呈现井喷之势。2016—2017 年以来出现了一个奇怪的统计现象，那就是对应于 1 300 万个城镇新增就业岗位，非农就业岗位仅增加了 600 万个左右，其中一个很重要的原因就在于双创所产生的新增就业。但创新创业属于高风险行为，成功概率可能不足 5%。在 2015 年双创浪潮中成立的很多创业型公司，由于抗风险能力弱、商业模式不成熟、经营不善等原因遭遇生存危机，一批孵化器或众创空间已经倒

① 2018 年 6 月 15 日，美国政府根据 301 调查结果，宣布对从中国进口的 500 亿美元商品加征 25%的关税，其中 340 亿美元从 7 月 6 日起实施，160 亿美元自 8 月 23 日起实施，产品主要涉及医疗器械、高铁设备、生物医药、新材料、农机装备、工业机器人、信息技术、新能源汽车、航空设备等高科技行业。7 月 11 日宣布对从中国进口的 2 000 亿美元商品加征 10%的关税，8 月 2 日又宣布提高到 25%，这一批商品涉及化学品、纺织品、食品、服饰及手袋、电子产品、金属制品和汽配产品等行业。进一步分类表明，在这 2 500 亿美元商品中，通信、电子、机械设备、汽车、家具等劳动密集型产品成为最突出的征税领域，比如电话通信设备占比接近 10%，计算机自动数据处理设备及零附件占 6.3%，车辆及零附件占 5.7%，家具占 4.3%，坐具及零件占 4%，自动数据处理设备、数据记录机器占 3.8%，塑料及制品占 3.5%，钢铁制品占 3.5%，皮革制品等占 3.0%。

② 2018 年 10 月 9 日，特朗普重申，如果中国采取反制措施，美国将对额外 2 670 亿美元中国商品加征关税，与此前的 2 500 亿美元合并，共计达 5 170 亿美元，这也意味着对中国全部商品加征关税。

③ 截至 2017 年底，服务业在 GDP 中的占比达到 51.6%，远超过第二产业的 40.5%；服务业在就业中的占比达到 44.9%，远超过第二产业的 28.1%，服务业已成为吸纳就业的主要引擎。

下。据统计，2016年全国约有30%的小微企业倒闭。2017年共有100万家创业型中小企业倒闭，平均每分钟有2家倒闭。[①]一个倒闭的企业，背后是几个、几十个甚至上百个失业员工，他们将被重新抛向市场，需要新的工作岗位来接纳。目前估算，仅双创浪潮中新设企业倒闭所带来的失业人口增量应不下百万人，未来可能出现井喷之势。

因此，在一定程度上可以说，当前中国就业正处于安全线的边缘，这是自2010年以来所没有出现过的，应引起警惕。从本质上说，一方面，当前就业隐患主要源于产业结构变迁过程中的空档，传统产业在各种内外部因素的夹击下困境重重，民营企业特别是民营中小企业的就业海绵功能弱化；另一方面，新兴产业步履维艰，没有及时成长起来，创新型企业大量倒闭。传统产业和新兴产业在双向排斥劳动力，就业压力全靠服务业来化解已越来越难。因此，必须要有前瞻性的预防措施，及时做出一些预调和微调，有针对性地做好就业和民生保障工作。

（三）财政收入急剧下滑下地方政府和融资平台的债务问题集中暴露的风险

近年来地方政府债务隐性化已经达到一定程度，随着2019年财政收入增速的加快下滑、土地出让金收入回落、创新项目烂尾工程和坏账增多，地方政府及其融资平台的债务风险将显著加大，局部风险可能会集中暴露。目前地方政府债务的结构性和区域性风险突出，并在隐性化中持续快速扩张，导致政府债务的实际赤字率和名义赤字率偏离，同时在PPP、各类产业基金和政府服务购买中也存在种种不规范行为。在此背景下，财政收入加速下滑叠加房地产市场调整，可能成为地方政府债务风险的一个引爆点。目前支撑地方政府债务偿还的可支配财力在很大程度上依赖房地产市场的发展形势，土地出让金收入占全国政府性基金收入的比重自2015年以来上升趋势明显，2018年达到85%以上。由于土地交易市场逐渐冷却，2018年下半年已开始回落。2019年随着房地产销售放缓和集中到期的偿债压力，房地产企业持有的资金进一步承压，拿地积极性将显著减弱。加上大量的创新项目和高新技术工业园区潜在的“烂尾”问题，地方政府的债务风险将集中暴露。与地方政府债务风险相关联的还有地方政府融资平台的债务风险释放。目前地方政府融资平台数量和债务存量巨大，且长期以来作为地方政府的投融资抓手，没有建立现代企业制度，缺乏市场化运营和管理能力。在脱离政府信用背书以后，多数无法形成稳定的收益，主要依靠滚动融资、借新还旧来维持资金平衡。

虽然当前地方政府显性债务风险总体可控，但隐性债务风险较为突出。根据

---

① 2017年创业中最火的“共享经济”是双创倒闭的重灾区。截至2017年底，共有19家共享经济企业倒闭，包括7家共享单车企业、2家共享汽车企业、7家共享充电宝企业、1家共享租衣企业、1家共享雨伞企业、1家共享睡仓企业。

全国各省财政决算报告及中诚信国际测算，2017 年我国地方政府显性债务规模为 16.47 万亿元，负债率为 36.2%，低于欧盟 60%的警戒线，以直接债务为主的显性债务口径下我国地方政府风险水平相对较低；但隐性债务较为突出，规模 26.5 万亿～35.9 万亿元，为显性债务的 1.6～2.2 倍，考虑隐性债务的政府负债率直接上升至 68%～80%，大幅高于发展中国家平均水平。相比显性债务，隐性债务快速增长且偿还更具有不确定性，正逐渐成为我国地方政府面临的中长期风险。而地方政府融资平台作为我国特有的财税体制及经济发展模式的产物，在地方经济发展过程中依托政府信用快速扩张债务，已成为当前地方政府隐性债务的最重要载体。

2018 年以来，融资平台信用风险已经有所暴露。受经济走弱影响，为了避免“一刀切”处置风险，地方政府债务监管政策出现边际微调，7 月国务院常务会议明确提出“保障融资平台合理融资需求”，但对地方政府隐性债务的严监管基调仍未改变；4 月中央财经委会议将地方政府和国有企业列为结构性去杠杆重点，“堵后门”操作持续。在此背景下，作为地方政府举债主体的融资平台再融资受阻，信用风险有所暴露。伴随 7 月“17 兵团六师 SCP001”的违约，城投债的刚性兑付信仰逐步瓦解，融资平台违约风险从私募向公募蔓延，对市场的冲击逐渐加大。1—9 月共计 10 家融资平台涉及债务偿付危机，涉及金额共计 30.4 亿元；共计 5 家融资平台主体评级下调、6 家融资平台评级展望下调，下调原因包括区域财力较弱、短期偿债压力较大、营收情况恶化、资产质量较差且流动性较弱，应收款具有较大回收不确定性等。从截至 2018 年 9 月底有存续期债券的融资平台财务数据看，融资平台资产流动性较弱，债务偿付依赖再融资与流动资产变现。从资产流动性情况看，超过六成融资平台非流动资产占总资产比值达到 70%以上，资产流动性整体较弱；其中部分融资平台其他应收款占流动资产的比值高达 90%以上，对政府回款的依赖较高。从短期偿债能力看，融资平台净现金流对短期有息债务的覆盖程度（=净现金流/短期有息债务）中位数为−3.6%，超过一半的融资平台净现金流为负，企业对再融资及流动资产变现的依赖较高。

2019 年地方政府融资平台的偿债高峰即将来临，局部风险可能会集中暴露。从整体到期情况看，未来三年（2019—2021 年）为城投债到期及回售高峰，其中，2019 年和 2021 年到期及回售压力较为突出（见图 50）。从信用等级看，处于到期高峰的城投债普遍资质较高，AA 级以上主体到期及回售规模合计 2.48 万亿元，规模占比接近 100%。从区域分布看，江苏省到期规模居首，债务率较高的省份如宁夏、青海、辽宁、贵州，到期及回售规模相对不高，偿债高峰期时的区域性信用风险整体可控。从到期及回售主体情况看，未来三年内到期及回售城投债券共涉及城投企业 1 434 家，融资平台资产流动性整体较弱，部分平台对政府回款的依赖较高。

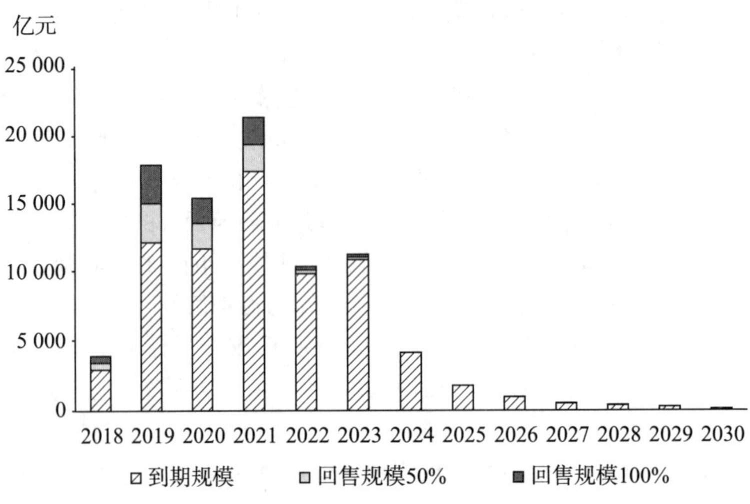

图 50　2018—2030 年每年城投债到期及回售规模统计

注：图中 2018 年统计的为第四季度到期的城投债，并非全年到期的城投债。

案例：西安高新控股公司的巨额债务和管理问题

近期，由“西安千亿国企由 80 后任董事长、毕业仅 1 年 95 后任董事”事件引起社会舆论关注的西安高新控股有限公司，其背后巨大的债务问题和管理问题也浮出水面。西安高新控股公司成立于 2003 年 10 月，注册资本为 11.3 亿元，由高新区财政局负责管理。截至 2018 年 6 月底，西安高新控股公司总资产为 1 270亿元，其中，负债规模达到 867 亿元，资产负债率为 68.3%。其中有息债务达 763 亿元，按 5%的年利率计算，每年偿还的利息就接近 40 亿元。然而，与庞大的债务规模和利息支出相比，西安高新控股的收入水平和盈利能力极低。2017 年，公司营业总收入仅为 27.7 亿元，利润总额为 1.0 亿元，持续低于政府补助金额；2018 年上半年，公司营业收入只有 7 亿元，无论如何都不足以支付利息。2018 年，公司对外发了 11 期超短期融资券，其中对偿付能力表述为“和银行具有良好关系”，背后仍然是地方财政信用的背书。但西安高新区每年的财政收入也不过 100 多亿元，能够给到西安高新控股公司的财政补贴不过几亿元，支撑西安高新控股公司负债的主要是不断借新还旧。2011 年末至今，西安高新控股公司债务增长了 7.7 倍，其中 2017 年债务增长率为 14.4%，2018 年上半年继续增长 7.1%。

比债务问题更为严重的是公司缺乏现代企业制度，在管理上“极其任性”。本次事件之所以能够浮出水面，缘于西安高新控股有限公司 9 月 14 日对外发布

《关于董事长、法定代表人、总经理及董事变更的公告》，公告声称，经公司董事会投票决议，公司董事长、总经理、法定代表人变更为李甜，朱玥、赵雪莹两人出任新任董事。看似非常符合程序，实际上却是擅自变更企业法人代表及董事。根据公告内容，三人分别出生于1984年、1993年、1995年，平均年龄仅27岁。其中，新任“掌舵人”李甜大学本科毕业，院校不详，曾任职于西安佰仕达人才服务有限责任公司；新出任董事的赵雪莹和朱玥分别于2016年和2017年大学毕业，前者毕业于西安建筑科技大学华清学院，后者毕业于陕西师范大学，两人工作经验分别为两年和一年。

值得一提的是，在《中国地方政府投融资平台转型发展评价报告2017》评选中，西安高新控股是全国排名第18、西安第1的地方政府投融资平台。可见，放眼全国，西安高新控股有限公司的情况可能并非个例，甚至不是最糟糕的案例。

（四）房地产市场剧烈调整及其引发的相关经济和金融风险

2019年房地产市场出现剧烈调整的风险加大，并可能产生“交叉感染风险”，成为影响我国经济走向和金融体系稳定的重要因素。自2017年以来，在“房住不炒”的政策定位下，政府对房地产市场进行了有史以来最为严厉的调控。至2017年底，全国房价过快上涨的势头得到了有效的控制。进入2018年下半年以来，房价再次出现“复涨”的态势。9月，二线城市房价同比上涨8.1%，三线城市房价同比上涨9.9%，一线城市房价同比也恢复上涨1.1%（见图51）。可见，密集

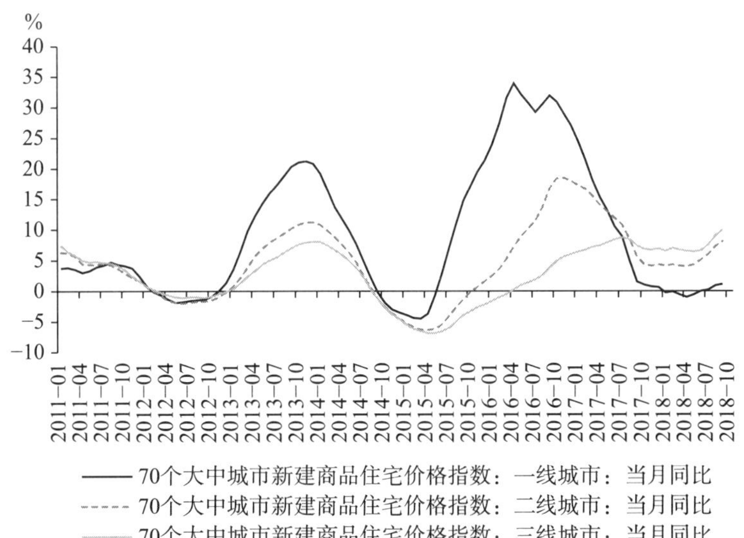

图51　高压管控下房价出现明显“复涨”的趋势

调控下房价虽然得到有效控制，但目前我国房地产市场仍然严重依赖着行政管控手段，受政策影响幅度较大，并存在一定的市场扭曲和资源错配。

从房地产销售和投资走势的对比情况看，2018 年房地产销售增速显著放缓，但房地产投资则呈现高速增长的趋势。前三季度，商品房销售面积同比仅增长 2.9%，比 2017 年同期增速大幅回落 7.4 个百分点。但是，房地产开发投资完成额和购置土地面积分别增长 9.9%和 16.4%，比 2017 年同期增速分别提高 1.8 和 9.6 个百分点（见图 52）。可见，土地购置面积的增速和提升幅度显著高于投资增速。

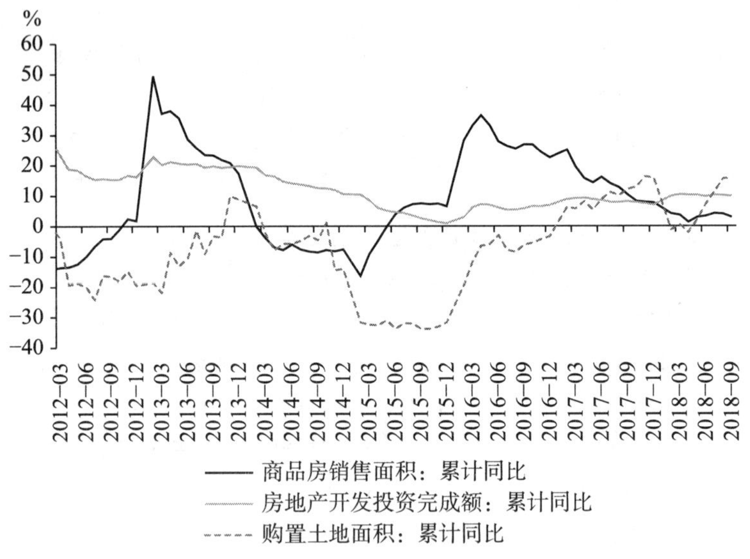

图 52　房地产销售和投资指标的分化预示高投资增长模式不可持续

与上述变化一致，在 2018 年的房地产投资中，土地购置费占了非常大的比例。自 2017 年下半年以来，房地产投资中土地购置费增速就急速攀升，2018 年前三季度，40 个大中城市土地购置费同比增速高达 52.8%（见图 53）。加上三、四线城市棚户区改造进入尾声，使得 2018 年第四季度和后续房地产投资的增长前景并不乐观，这一趋势也将影响我国民间投资增长的核心动力。

综合以上因素，一方面反映了当前的房地产投资主要是在拿地，另一方面也反映了房地产开发商的土地库存已经积累到一定程度。因此，如果 2019 年房地产高压管控政策没有明显的调整，房地产销售持续放缓，房地产高投资的增长模式将可不持续，而房地产挤压的土地库存也会加剧企业的经营困难。

从房地产开发资金来源和结构看，房地产开发企业的资金压力显著加大。2018 年前三季度，房地产开发资金来源合计同比增长 7.8%，低于房地产投资和购置土

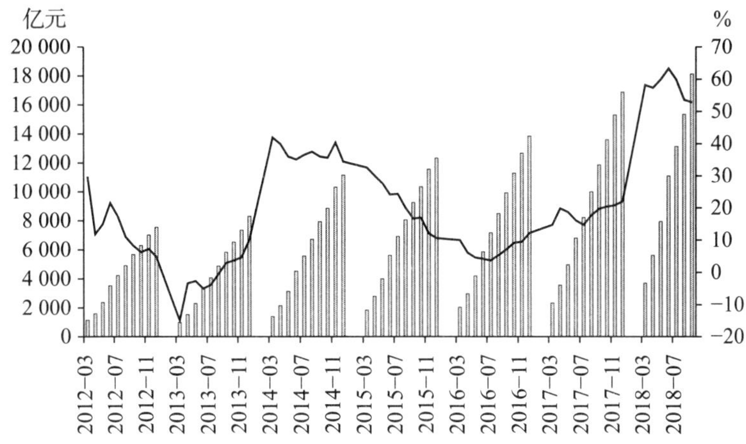

图 53 房地产投资中土地购置费的变化趋势

地面积增速等指标；更为重要的是，房地产开发资金来源的结构发生了重大变化：国内贷款由 2017 年同期的增长 19.5%转为负增长 5.1%，取而代之的自筹资金和其他资金的高速增长（见图 54）。在房地产信贷收紧的背景下，房地产开发的资金来源分化，企业融资压力加大、融资模式复杂化，背后的金融风险可能更为严重。

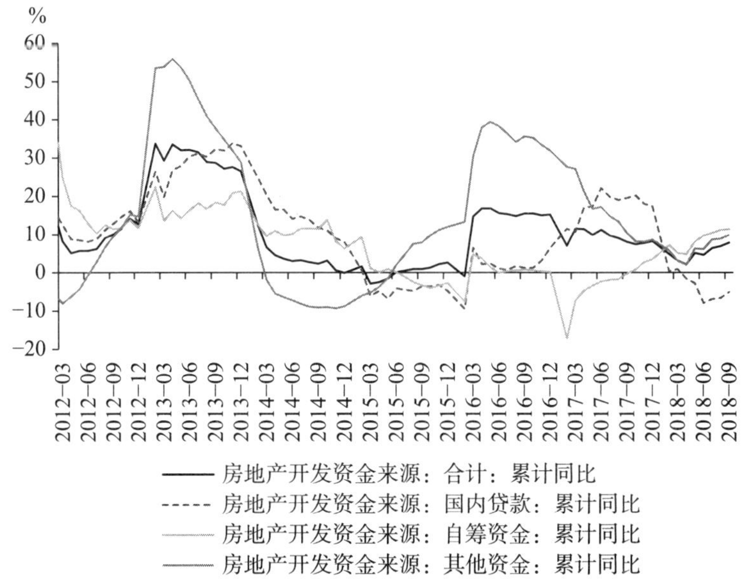

图 54 房地产开发资金来源分化显示企业资金压力加大

房地产风险与金融体系的关联性增强。银行对房地产行业的信贷敞口较为集中，2017 年末房地产贷款余额占各项贷款余额的 26.8%，进入 2018 年以来，房地产贷款余额增速继续保持了 20%以上的同比增长（见图 55）。加上大量企业贷款的抵押物为房地产，可能会通过抵押物价值变化渠道导致风险向金融业传导。同时，部分房企还通过各类非银渠道融资，同金融体系风险之间的联系愈发紧密。

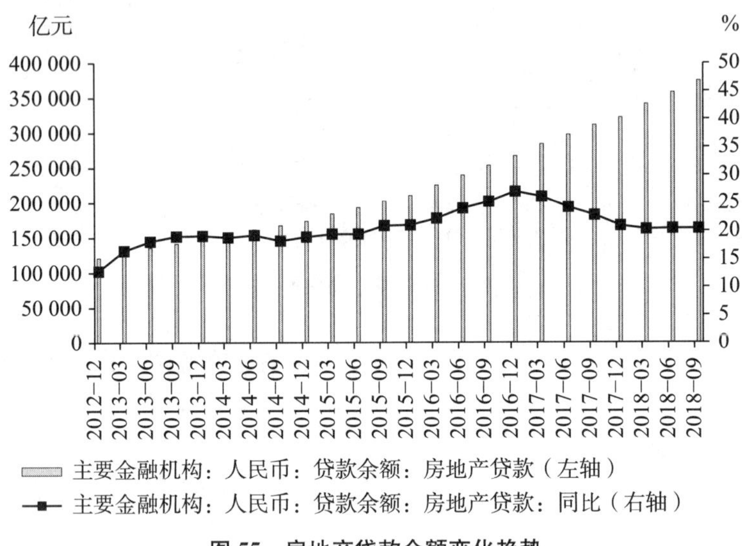

图 55　房地产贷款余额变化趋势

房地产风险也将影响地方政府的债务风险。目前支撑地方政府债务偿还能力的可支配财力在很大程度上依赖于土地出让金收入和房地产市场的发展势头。目前土地出让金收入占全国政府性基金收入的比重，2015 年以来呈现明显的上升趋势，2018 年该数值均在 85%以上。2018 年下半年虽然略有下降，但仍处于高位（见图 56）。面对调控高压下趋紧的融资环境、销售受阻、土地库存积累以及集中到期的偿债压力，房地产企业的资金压力进一步加剧，拿地的积极性将显著减弱。

（五）人民币汇率波动风险

2019 年中美贸易摩擦的阴影将持续存在，同时中美两国的经济增长形势和货币政策差异也难以在短期内消除，美联储加息背景下带来人民币自动贬值的压力。随着美债收益率的上行，中美利差持续收窄，将对我国维持跨境资本平稳流动形成一定压力，进而给人民币汇率稳定带来新的挑战。因此，在使用市场化手段调节汇率过度波动的同时，货币政策当局的当务之急是改变市场对于所谓“关

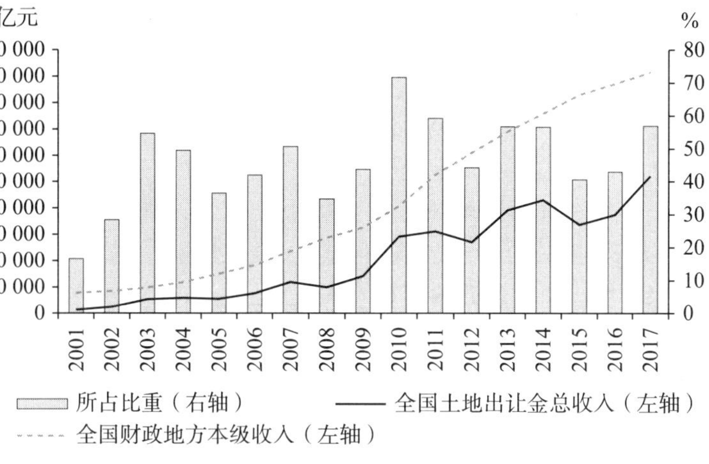

图 56　土地出让金占地方财政收入比重变化趋势

口”过度关注的心理，消除恐慌情绪，让人民币汇率在合理区间范围内“适度”波动，以适应国内外形势变化。

目前央行保持汇率基本稳定的态度十分明确，外汇市场宏观审慎管理不断加强，包括上调远期售汇业务外汇风险准备金率、限制向境外同业账户拆借或存放人民币、重启逆周期因子以及推出离岸市场央行票据等手段，在一定程度上稳定了市场预期。2018 年 9 月 19 日，国务院总理李克强在第十二届夏季达沃斯论坛开幕式上致辞时强调，中国坚持市场化的汇率改革方向，不仅不会搞竞争性贬值，还要为汇率稳定创造条件。10 月 10 日，中国财政部在离岸市场发行了 50 亿元 5 年期与 2 年期人民币国债，利率分别为 3.8%、3.65%，比同期境内国债收益率分别高 38bp、45bp，此次发行对稳定人民币汇率起到了重要的作用。证监会副主席方星海表示，正探索推进人民币外汇期货上市，争夺远期交易定价权。通过改变人民币汇率的交易结构和定价权，稳定人民币汇率。目前中国经济基本面稳健、国际收支平衡、外汇储备充裕，能够让人民币汇率在合理均衡上保持基本稳定。短期内人民币汇率将保持震荡走势，维持在合理均衡区间。

10 月末，中国外汇储备为 30 531 亿美元，环比减少 1.1%；美元对人民币汇率为 6.964 6，环比贬值 1.2%。下一阶段，在贸易保护主义抬头、美联储持续加息缩表、全球流动性有所收紧的背景下，外部环境不确定性上升，我国外汇储备规模还将出现波动。美国公布的 2018 年 10 月数据显示，美国非农就业和时薪的增长超预期，美联储年底加息预期升温，导致美元指数反弹，人民币回吐 11 月初的部分涨幅。近期 10 年期美国国债收益率快速升破 3%，这一无风险利率的上升引发了资本市场明显调整。美债收益率上升，既受到美国经济数据表现强劲的支撑，也受到美联储主席鲍威尔重申渐进加息以防范经济风险等表态的推动。随着美债收益率的上行，中美利差已由2018年初的144bp缩窄至10月的约40bp，将对我国维持跨境资本平稳流动形成一定压力，进而给人民币汇率稳定带来挑战。

综合各方面因素，未来人民币汇率还将持续承压。除了中美贸易摩擦形势变化对市场情绪有即时的影响，中美经济周期和货币政策分化也从基本面上加大了人民币下行压力，而且两国增长态势和货币政策差异难以在短期内消除。事实上，2018年以来，随着全球金融条件突然收紧，特别是美联储加息提速，已经导致全球新兴市场国家货币普遍出现不同程度的贬值，部分经济基本面较为脆弱的国家甚至爆发了严重的货币危机。2019年包括中国在内的金砖国家可能成为下一波“受害者”。因此，货币当局的一个当务之急是改变市场对于“关口”过度关注的心理，消除恐慌情绪，让人民币汇率在合理区间范围内“适度”波动，以适应国内外形势的变化。

（六）民间投资增速回升不可持续的风险

改革开放以来，民营经济逐渐成为我国国民经济的重要组成部分。民营经济贡献了50%以上的税收、60%以上的国内生产总值、70%以上的技术创新成果、80%以上的城镇劳动就业、90%以上的企业数量，已经成为推动我国发展不可或缺的力量，成为创业就业的主要领域、技术创新的重要主体、国家税收的重要来源，为我国社会主义市场经济发展、政府职能转变、农村富余劳动力转移、国际市场开拓等发挥了重要作用。

2018年民间投资增速回升对稳投资起到了重要作用。前三季度，民间投资增势明显，同比增长8.7%，比2017年同期加快2.7个百分点，比总体投资高出3.3个百分点。但是，复苏力度仍然不够，还难以扭转投资总体持续下滑的趋势，而且剔除价格因素的实际民间投资增速仅为3.0%，增长水平依然较低。从目前民间投资回升的支撑因素来看，未来的可持续性面临以下几方面考验。

第一，在目前的民间投资回升中，房地产投资起到了较大支撑作用，未来面临同向波动的风险。在民间投资中，房地产投资占比一直保持在35%左右，是支撑民间投资的重要力量。2018年前三季度，房地产投资增速为10%，为民间投资的回升做出了不小的贡献（见图57）。部分省份民间投资对房地产投资的依赖程度更高，2018年上半年辽宁省民间投资中，房地产业投资占比达到47.5%。但是2019年，房地产市场出现剧烈调整的风险加大，房地产投资对民间投资的拉动作用不能持续处于高位。

第二，民间投资的另一大支撑因素制造业投资增速回升，是国际经济环境变化中多种力量反应时间不同的综合作用结果，未来存在不确定性。前期世界经济

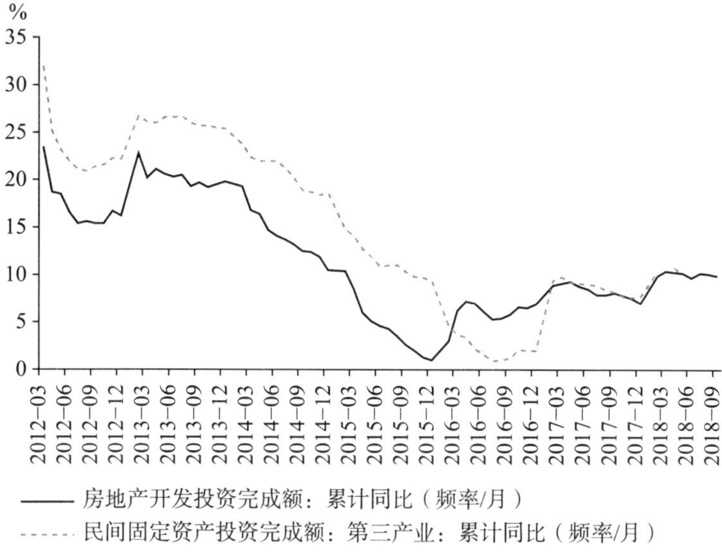

图 57　房地产投资与民间投资变化趋势

复苏带动了当前制造业投资的回升，同时中美贸易摩擦下中国企业的海外投资受到一定限制而部分转移至国内。但随着贸易摩擦的影响效应逐渐显现，未来以出口为导向的制造业可能受到更为严重的冲击。

第三，在世界经济结构和秩序裂变期，国际分工格局在重构，经济新冷战格局的苗头显现，世界各国日益重视制造业，纷纷采取措施吸引制造业投资。在此背景下，一些跨国企业正在加快调整全球生产能力布局，推动高端制造业向发达国家回流、低端制造业向东南亚和非洲等地区分流，全球工业生产正在呈现梯次转移态势。对于中国而言，如果不能充分发挥自身优势，提高投资的吸引力，可能出现“真空”状态，面临投资外流的趋势性因素。

第四，民营企业的资产负债表恶化，杠杆率被动上升，信用风险加速释放。受利润分化和融资成本上升等因素影响，2018 年以来民营企业陷入资产减少而债务增加导致杠杆率被动攀升的局面。进入 2018 年以来，民营工业企业资产增速持续低于负债增速，且缺口不断扩大。截至 2018 年 9 月底，民营工业企业总负债同比增长 3.9%，但总资产同比减少 4.7%，这说明民营企业不仅在债务压力加大下资产扩张受限，而且出现了准破产清算模式下的杠杆率被动攀升阶段。截至 2018 年 9 月底，民营工业企业资产负债率为 56.1%，较 2017 年同期提高 4.7 个百分点（见图 58）。可见，民企的资产负债表出现了急剧恶化，降低了投资的积极性和可持续性。

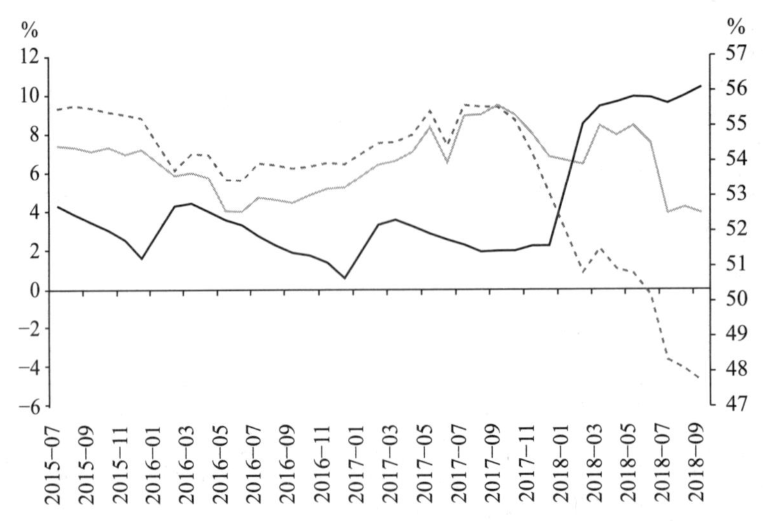

图 58　民企资产负债表恶化导致杠杆率被动攀升

2018 年以来，民营企业的信用风险集中爆发。1—9 月，民营企业债券违约只数达到 59 只，违约金额达 487.34 亿元，远高于同期国企违约金额（见图 59）。尤为值得一提的是，从违约主体看，本轮违约高峰中，不少上市公司牵涉其中：包括富贵鸟、神雾环保、凯迪生态、中安消等多家上市公司债券实质性违约，此外旗下有两家上市主体的盾安集团被爆出违约风险，上市公司盛运环保公告了债券之外的其他债务违约，评级遭下调。这也可能从内在风险约束方面制约近期各种加大对民间投资融资支持措施的实际效果。

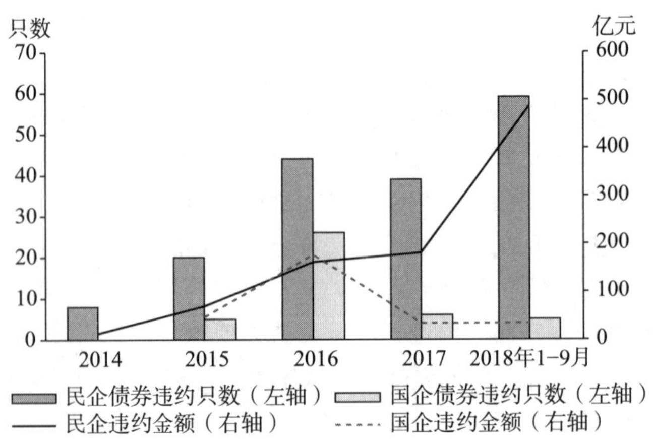

图 59　民企、国企债券违约情况分化

为了增强民间投资的复苏动力，目前国家针对民间投资已经采取了很多措施，包括习近平总书记等主要领导人的谈话、重大改革举措的酝酿、多项稳增长政策的出台以及工作方式的调整等。[①] 2018 年 11 月 1 日，习总书记在民营企业座谈会上发表讲话，有力地驳斥了社会上一些否定、怀疑民营经济的言论，强调了民营经济是我国经济制度的内在要素，民营经济只能壮大、不能弱化，不仅不能“离场”，而且要走向更加广阔的舞台。这一关键时刻的重要讲话，对于提振民营企业信心、鼓励民间投资、稳预期和稳就业都将起到至关重要的作用。国家层面出台的一系列举措与反复表态，一方面是针对市场此前对供给侧改革过程中“国进民退”的质疑，稳定市场情绪、提振投资者对国内经济前景的信心；另一方面，民营经济是中国经济的重要组成部分，是保持经济可持续增长的源泉，行业分布结构变化趋势决定了中国经济结构的转型方向，发展民营经济、扩大民间投资有利于释放社会资源所蕴藏的巨大能量，也有利于维持中国国际竞争力的内在动力。在经济下行压力持续存在、中美贸易摩擦加剧的背景下，民营经济发展与民间投资增长也是我国当前稳定经济形势、推动经济转型的关键因素。

不仅如此，党和国家还将出台更多的举措，并通过改进作风、狠抓落实，使出台的各项政策措施尽快发挥作用，政策效应将会进一步释放。根据习总书记讲话，针对民营经济的六大举措正在酝酿出台，包括减轻企业税费负担，解决民营企业融资难、融资贵问题，营造公平竞争环境，完善政策执行方式，构建亲清新型政商关系，保护企业家人身和财产安全等。

随着供给侧结构性改革在去产能和去库存领域的基本完成以及宏观杠杆率实现了基本稳定，未来改革的重点将会放在降成本和补短板领域。根据习总书记讲话，未来企业和社会负担有望得到实质性减轻，进一步激发市场活力。一是通过加大减税力度，降低企业的税费负担。一方面，推进增值税等实质性减税，并对

① 各部委也纷纷强调未来将采取一系列配套措施，直面改革“硬骨头”，重点解决民间投资不愿投、不敢投、不知往哪里投、新官不理旧账等热点、难点问题。2018 年 6—7 月，国务院先后调整国家中小企业发展工作领导小组和国有企业改革工作领导小组，以加强对促进中小企业发展工作的组织领导和政策协调，统筹指导和督促推动各地区、各部门抓好促进中小企业发展任务落实，协调解决促进中小企业发展工作中的重大问题。9 月，国家发改委表示未来将推进金融机构和地方政府开展“银税互动”等业务，加大对民营企业贷款投放力度。鼓励地方通过建立贷款风险补偿机制、研究设立基础设施民间投资基金等方式，为符合条件的民营企业融资增信。在环保、交通、能源、社会事业等领域，也将继续向民间资本集中推荐一大批潜力大、投资回报机制明确的项目，引导民营企业参与基础设施等补短板建设。10 月底，金融稳定发展委员会以及一行两会主要负责人纷纷对鼓励民营经济，推动民间投资这一主题表态，表示将鼓励包括私募股权基金在内的各类资管机构以更加市场化的方式募集资金，发起设立主要投资于民营企业的股权投资基金、创业投资基金及债券投资基金，积极参与民营上市公司并购重组；同时，将探索运用成熟的信用增进工具，帮助民营企业特别是民营控股上市公司解决发债难的问题。支持中小型民营企业发行高收益债券、私募债券和其他专项债务工具。

小微企业、科技型初创企业实施普惠性税收免除，增强企业获得感；另一方面，降低社保缴费名义费率，确保企业社保缴费实际负担有实质性下降。二是通过解决民营企业融资难、融资贵的问题，降低企业的融资成本。一方面，通过改革和完善金融机构监管考核和内部激励机制，把银行业绩考核同支持民营经济发展挂钩，解决不敢贷、不愿贷的问题；另一方面，通过扩大金融市场准入，拓宽民营企业融资途径，发挥民营银行、小额贷款公司、风险投资、股权和债券等融资渠道作用。三是通过营造公平竞争环境和构建亲清新型政商关系，降低市场交易成本和制度成本。一方面，通过打破各种各样的"卷帘门""玻璃门""旋转门"，在市场准入、审批许可、经营运行等方面为民营企业打造公平竞争环境，给民营企业发展创造充足的市场空间；另一方面，通过推进产业政策由差异化、选择性向普惠化、功能性转变，清理违反公平、开放、透明市场规则的政策文件，推进反垄断、反不正当竞争执法。

更为重要的是，中央已经充分认识到并高度重视前期政策执行过程中所出现的问题和政策落实不到位的情况，未来将会完善政策执行方式，确保政策效应充分释放。习总书记特别指出，在防范化解金融风险过程中，有的金融机构对民营企业惜贷不敢贷甚至直接抽贷断贷，造成企业流动性困难甚至停业；在"营改增"过程中，没有充分考虑规范征管给一些要求抵扣的小微企业带来的税负增加；在完善社保缴费征收过程中，没有充分考虑征管机制变化过程中企业的适应程度和带来的预期紧缩效应。对这些问题，习总书记明确要求，要根据实际情况加以解决。去产能、去杠杆要对各类所有制企业执行同样标准，不能戴着有色眼镜落实政策，不能不问青红皂白对民营企业断贷抽贷；在安监、环保等领域微观执法过程中，要按照国家宏观调控方向，避免简单化，执行政策不能搞"一刀切"；要结合改革督察工作，对中央全面深化改革委员会会议审议通过的产权保护、弘扬企业家精神、市场公平竞争审查等利好民营企业的改革方案专项督察，推动落实。

第五部分　主要结论与政策建议

通过上述分析我们看到，2018 年各类宏观指标和市场情绪的变化改变了 2016 年以来"稳中向好"的发展态势，呈现出"稳中有变"和下行压力加大的发展趋势。这不仅说明了"L 形企稳论"和"新周期论"存在着误判，同时说明当前宏观经济面临的各种问题难以通过短期政策的调控得以控制。外部环境的恶化、市场情绪的波动、微观基础的变异、深层次结构性问题和风险的累积以及宏观经济政策体系的扭曲，都需要中国利用新一轮全方位改革开放和新一轮供给侧结构性改革来进行化解和对冲。内外部压力和问题的暴露决定了中国大改革的窗口期已经在 2018 年全面出现，2019 年中国必将踏上改革开放的新征程。

当前和未来一段时期，我国宏观经济运行总体处于世界经济结构和秩序的裂变期、内部经济结构转换的关键期、结构性问题的累积性释放期以及新一轮大改革的重要窗口期。在四大阶段特征背景下，2019 年中国宏观经济将面临六大深层次问题。第一，外部环境不会出现明显改善，反而可能进一步恶化。第二，宏观经济对于基建投资和房地产投资的长期依赖达到积重难返的地步，对 2018—2019 年经济走势和长远发展形成严重制约，也使宏观调控政策陷于两难境地。第三，不同区域、不同行业和不同类型企业的分化问题持续存在，影响经济复苏动力。第四，收入分配和房地产挤占等深层次结构性因素，制约消费增长并影响最终需求。第五，新旧动能转换尚未完成，而新动能自身也存在一些不可忽视的问题。第六，更为根本性地，中国经济的微观基础和三大经济主体的行为模式已经发生了变异。

因此，2019 年我国宏观经济运行将面临六大风险点的考验。第一，出现外部冲击的风险。第二，人民币汇率波动风险。第三，房地产市场调整的相关经济和金融风险。未来一段时期，房地产市场调整的风险加大，并可能产生“交叉感染风险”，成为影响我国经济走向和金融体系稳定的关键因素。第四，地方政府和融资平台的债务风险可能会加速暴露。近年来地方政府债务隐性化已经达到一定程度，随着 2019 年财政收入增速的加快下滑、土地出让金收入回落、创新项目烂尾工程和坏账增多，地方政府及其融资平台的债务风险将显著加大，局部风险可能会集中暴露。第五，民间投资和外商投资复苏不可持续的风险。第六，失业压力加大和就业质量下降的风险。

结合我国宏观运行所处阶段特征，针对 2019 年经济运行中的六大深层次问题和六大风险点，我们提出以下几大方面的政策建议。

（一）必须清楚认识中国经济的历史方位和国际方位，防止出现战略性的误判以及随之而来的工具选择的错误

一是 2018 年中美贸易摩擦的全面爆发标志着世界经济结构和秩序进入裂变期，大国之间的博弈进入冲突期，这需要我们进行国际战略调整和重构。二是 2018 年中国经济的“稳中有变”与“持续下行”标志着“L 形触底论”和“新周期论”已经破产，中国经济结构转换的关键期、深层次问题的累积释放期和中国改革的新窗口期决定了中国新常态全面步入了新阶段，这要求我们必须全面开启第二轮全方位改革开放和第二轮供给侧结构性改革来解决我们面临的深层次结构性与体制性问题。

（二）全新思考世界结构裂变期中国的战略选择

当前和未来一段时期，中国面临全球结构裂变而不是简单的分化。外部风险的恶化具有趋势性、阶段性与结构性的特征。像过去20多年那样的全球政治经济平稳期已经过去，未来一段时期冲突、摩擦、重构将是常态。一是要用深化改革和高水平开放来应对世界经济结构裂变带来的短期挑战，特别是在中美贸易摩擦中要以自由主义对抗新保护主义、用多边和双边主义对抗孤立主义、用新合作对抗新冷战。二是在坚持以新开放应对挑战的同时，必须认识到裂变期世界经济的各种基本参数发生根本性变化决定了我们不可能重返过去的战略路径，必须重构新开放发展的实施路径，对于中短期面临的问题要有战术安排。（1）2019年国际收支的恶化将对中国宏观经济带来挑战，对于贸易摩擦带来的短期出口的冲击应当适度进行对冲。（2）世界经济周期与金融周期的错位、各国周期之间的冲突决定了未来一段时期国际金融环境的动荡，资本流动和汇率的短期应对必须要有新策略。一方面提升汇率的浮动程度，另一方面还必须对于安全性资产和风险性资产的国际流动进行分类管理。（3）产业链、供应链、价值链的重构必将发生，必须进行前瞻性研究和全面布局，尤其是对于美国可能采取的“经济铁幕”和“新冷战”要有深入研究。一方面我们应当在战略上避免“新冷战”的快速出现，延缓中国产业升级的良好国际环境，另一方面必须通过区域经济更高水平的一体化和自由化防止美国快速形成“经济铁幕”和“新冷战”的国际统一战线。（4）对于贸易摩擦在其他领域的全面扩散必须要有充分的预案，特别是在技术战、人才战、汇率战以及安全领域等领域要有充分的研究和策略安排。

（三）基础性、全局性改革依然是解决目前结构转型时期各类深层次问题的关键

必须认识到目前很多宏观经济问题不仅难以用宏观调控政策加以解决，同时很多问题本身就是持续使用宏观调控和行政管控的产物，我们不能用宏观政策调节和行政管控来应对基础性利益冲突和制度扭曲所产生的问题。2018—2019年，外部环境的恶化、内部问题的暴露以及改革主体的绩效恶化为大改革提供了绝佳的窗口期，我们必须顺势而为，在改革开放40周年之际，以构建高标准市场经济体系为目标，推出新一轮改革开放和供给侧结构性改革。

（1）必须梳理各类问题的边界，区分短期波动问题与中长期增长问题，区分外部冲击与内部冲击，分类使用需求管理政策、结构性调整政策以及基础改革政策。防止用短期行政管控代替改革，用宏观调控来回避改革。一是必须对周期性波动进行宏观调控，防止经济波动过大导致改革环境的恶化；二是对于中长期增长问题要采取产业政策、区域政策，持续培育新增长点和新动能；三是对于资源配置性扭曲必须进行结构性改革，以减少市场摩擦，恢复市场功能；四是对于涉

及基本利益冲突、大的制度扭曲从而导致各种短期需求管理政策、中期产业政策和区域政策出现严重失灵的问题，必须进行基础性改革。

（2）要区别市场失灵与政府失灵，特别是要清楚认识到中国在结构大转型时期面临的市场失灵与政府失灵的相互交织和互为因果，从而清楚认识第二轮大改革必须从传统的市场缺失和市场失灵的治理转向对政府失灵的治理，“就市场改市场”的理念已经成为改革深化的绊脚石。必须以政府体制改革为核心，以社会改革为铺垫，为经济体制改革打下权力基础、行政实施基础和社会基础。

（3）必须明确改革的核心不是出台政策或召开会议，而是要建立各类改革主体愿意改革、能够改革的激励相容的改革动力体系。新一轮改革必须从过去以责任、约束为主转向以激励相容、权责统一为主。要对不同层次的改革主体建立不同的第二轮改革红利的分享机制和改革成本的共担机制，全面激发三大精英阶层的改革积极性。要及时进行阶段性历史总结，甩开历史包袱，轻装上阵，强化产权保护，解决企业家原罪问题。要在关后门、堵旁门、取缔非法收入的原则上，正视各类灰色收入和影子活动的历史必然性和现实合理性，要寻找到灰色体系、影子体系规范化、阳光化的改革通道，而不是简单地进行取缔。要建立改革的容错机制，区分改革试错与违纪违法之间的本质差别。要重新界定顶层设计和基层创新的边界，一方面防止过多、过细的顶层设计完全约束了基层创新的空间和活力，另一方面也要防止过多的基层创新导致改革缺乏统一性和协调性，从而陷入碎片化改革困境之中。要充分认识到目前中国经济的历史方位和国际方位，充分利用国际问题倒逼中国的开放，用新一轮大开放来倒逼我们的深层次改革。

（4）要注意新一轮改革的路径、顺序和重点。一是要以党和国家机构改革为核心进行政府职能和政府治理体系的大改革；二是以分类改革、治理体系重构和战略定位调整进行国有企业改革；三是在政府改革的基础上推动财政体系的改革，在政府与国有企业改革的基础上全面推行金融体系的改革，在社会保障体系改革的基础上全面推行土地制度和户籍制度的改革；四是可以以开放为出发点进行改革路径的设计，但必须以高水平、高标准的社会主义市场经济体系为落脚点，以国家竞争力、资源配置效率以及人民福利的提升为判断标准。

（5）在中期规划和设计新一轮基础性、引领性改革方案的基础上，全面总结3年来供给侧结构性改革的成就和经验，果断推出第二轮供给侧结构性改革。一是必须认识到第一阶段供给侧结构性改革的目标已经基本顺利完成，“三去一降一补”的内容、目标、手段都需要阶段性的大调整；二是第二轮供给侧结构性改革应当以“降成本、补短板”为重点；三是必须以市场化和法制化工具为主体，避免行政化实施带来的各种问题；四是解决各种供给侧问题的基本落脚点必须配合大改革的进行；五是不能割裂“生产、流通、分配、消费以及所有制”之间的

相互关系，把结构性调整简单局限于生产端，而忽视其他环节在不同时段的核心作用。

（四）要以改革的精神来全面梳理和定位中国 2019 年的宏观经济政策

一是要对短期宏观经济政策调控、中期经济增长政策、转型期结构性改革和基础性改革进行分类，防止各类政策在目标配置、工具选择上出现错配，避免出现市场工具行政化、总量政策结构化、行政举措长期化、宏观调控泛化等问题。二是宏观经济政策要定位于配合“大改革、新开放”，为新一轮改革开放创造必要的宏观经济环境，强化底线管理、全面缓和各种短期冲击。三是要正视改革疏导宏观经济政策传递机制、改革完善宏观经济政策体系需要一个过程，需要基础性改革的到位，因此在短期政策调整时必须前瞻性地考虑目前大改革、大调整带来的宏观经济政策效率弱化、外溢性以及合成谬误等问题，避免宏观调控在“过”与“不及”之间摇摆，进而成为加剧宏观经济波动的核心原因之一。

（1）“六稳”的核心在于“稳预期”，“稳预期”的核心在于“稳信心”，必须认识到“稳信心”不在于某些宏观经济指标的短期稳定，不在于宏观经济政策随着市场情绪进行简单的宽松或定向性的帮扶，而在于市场主体对于长期战略问题有清晰、明确和科学的解决方案，在于我们在基础性问题上进行了真正的改革，为未来提供了一个可信的公平竞争环境。1）市场情绪的动荡不仅在于中国市场存在问题，而在于政府过度干预、政府信用和类政府信用出现了过度膨胀，导致市场空间的挤压。2）民营企业家信心的低迷不仅在于民营经济产权保护的不完善，更在于民营经济的生存和发展空间被严重挤压。因此，提振民营经济信心的核心关键不在于对于民营经济进行一次性的行政性的帮扶，而是要通过系统性改革为民营经济提供一个公平、透明的竞争环境。3）金融市场的忧虑不仅来源于市场的不完善和债务率的高企，更来源于我们解决债务问题的方法进一步加剧了资源配置的扭曲。4）很多信心低迷不在于我们没有进行预期干预，而在于我们很多预期干预释放的信号十分混乱，干预行为反而成为信心下滑的原因。5）市场情绪的变化往往具有前瞻性，我们在高度重视市场情绪变化的同时，必须认识到市场情绪往往会在信息不完全和不对称的情况下夸大实际问题的困难程度，科学分析市场情绪中的信息对于宏观经济“预调”和“微调”管理十分重要。

（2）“稳增长”依然要定位于底线管理，必须清晰区分周期性波动与趋势性变化之间的差别，科学制定宏观经济短期增长目标和底线管理的界限。1）从目前产出缺口由正转负的变化来看，中国稳增长的力度需要加强，但－0.02 的缺口意味着我们必须容忍 2019 年 0.2～0.3 个百分点的趋势性下滑，短期需求管理的力度不易过大。2）就业的稳定依然是底线管理的核心要义。在就业问题和就业先行数据没有出现根本性变化之前，不易进行“稳增长”政策的过度调整。从目前测算来看，如果中美贸易摩擦没有明显改善，中国经济增速将回落到6%，那么就业缺口将达到300万个左右，这对于宏观经济稳定、创造良好改革环境而言十分不利。因此，在有效应对2019年外部冲击的基础上，将增长速度确定在6.3%左右较为适宜。3）问题倒逼改革，如果利用短期宏观经济政策的宽松掩盖了暴露的问题，过度宽松的宏观经济政策将不利于大改革的破题。2019年的宏观经济增长目标取6.3%左右的下限区间较为适宜。

（3）在储蓄率持续下滑的新时期，“稳消费”对于宏观经济的稳定和健康发展的重要性远大于“稳投资”。自2016年中国固定资产名义增速低于GDP名义增速就意味着“中国投资驱动模式”已经走到尽头，其背后核心的原因在于储蓄率出现明显下滑，消费率出现明显上升。因此无论从短期供求平衡还是增长的质量来看，宏观经济政策的调控重心必须从以往“稳投资”向“稳消费”转移。

1）必须高度重视目前消费增速下滑的内在原因，巩固中国3亿中产阶层的消费基础是工作的重点。一是重视中产阶层杠杆率的过快上升，防止债务挤出效应；二是积极落实个税改革方案，减少工薪阶层的税收负担；三是加快社保税率的降低，防止中产阶层的可支配收入在改革调整中受到冲击；四是加大对中产阶层公共服务均等化改革、提高中产阶层公共服务的可获得性；五是制定针对中产阶层的消费启动战略，特别是消费升级的促进战略；六是针对2019年中期可能出现的猪肉价格波动和收入波动，做好针对低收入阶层的消费补贴预案，防止宏观经济波动对低收入阶层的过度波动；七是相机落实“进口促进消费”政策，高端消费和畸形消费不宜过度放开。

2）适度容忍投资增速的回落，提升资本投资收益率是降低中国债务率和杠杆率的核心。一是基础建设投资的增速不宜超过政府收入的增长速度，2019年基础建设投资增速不宜超过6%；二是高度关注房地产市场的变异，特别是2019年上半年房地产开发投资行为的变化，建议对于正常房地产建设投资的资金供应可以适度放开，房地产行业的贷款控制必须区分需求端和供给端，适度放开房地产开发投资贷款、持续控制房地产抵押贷款对于房地产市场动态供求平衡十分重要；三是除了尽快落实对于民营企业的各类金融帮扶政策，大幅度开放服务业管制以及从企业治理层面展开混合所有制改革，是推进民间投资持续恢复的关键，也是稳投资的关键；四是2019年稳定各类外资依然是市场信心的风向标之一。

（4）“稳金融”应当以“不发生系统性金融风险”为底线，不宜过度定义。1）不能简单将“不发生系统性风险”等同于“金融指标的稳定”，大转型与大改革时期的各类金融指标必须做出调整，否则资源配置的方式和结构以及各种潜在的风险无法暴露。2）以“M2/GDP、社会融资总额/GDP、非金融性机构债务/GDP”来衡量中国的杠杆率并作为宏观调控的目标是极其不科学的。3）杠杆率

作为宏观审慎监管以及系统性风险监控指标之一有一定的合理性，但必须多视角进行杠杆率的定义，特别是微观视角和宏观视角的资产负债率以及其他财务指标十分重要。4）必须对于局部环节的金融问题和金融风险的暴露有一定的容忍度，特别是在大改革与大开放重启的时刻，局部风险的集中暴露有利于我们形成有效的改革路径。5）要注意改革的路径，防止金融改革与金融调整一马当先所带来的新风险和新扭曲。

（5）要充分重视各类宏观经济政策在调控不同政策目标上的功能差异，同时还要充分考虑大改革与大调整时期各类政策传递机制的变异，防止宏观政策错配与宏观政策合成谬误的泛滥。1）有效限制宏观调控目标的数量，避免政策工具数量少于目标数量带来的困境，同时也避免不同政府部门有不同调控目标带来的各自为政或简单叠加的问题。2）坚持货币政策的总量定位，强化财政的结构性定位，防止货币政策过度结构化、财政政策过度总量化带来的问题。

（6）财政政策要更加积极有效，在进一步扩大财政赤字的基础上，强化积极财政政策的定向宽松。1）可以进一步提高财政赤字率，考虑到2019年内忧外困和大改革的特殊性，公共财政赤字率可以达到3.0%左右。中央政府要积极利用国债发行规模的提高来增加政府支出能力，以加大改革推行的力度，解决目前国民收入超分配所带来的“投资-消费”两难困境。考虑到地方债市场容量的狭小和制度的不完全，建议提高财政赤字水平的核心渠道是提高中央的财政赤字率，地方债的置换规模应当进一步扩大。2）关注局部区域财政收入崩塌的问题，特别是基层财政收入突变带来的各种民生问题，建议扩大财政平准基金的规模，设立过渡期基层财政救助体系。3）应当将结构性减税过渡为总量性减税，特别是对于那些供给不足、创新活力很强、升级压力较大的行业进行全面减税。总量减税与制度性改革降低交易成本的长短结合方案是推行“降成本”的可选组合模式。同时，适度弱化财政收入的目标，防止地方政府通过加大税收征收力度和非税收等方式，变相增加企业的负担。4）快速启动过渡期的财政支出新措施，改变目前财政支出难的问题，要在“堵歪门”的同时，快速出台适应新时代“开正门”的各项措施。5）财政支出应当从投资导向往民生导向转变，从补贴导向往福利导向转变，利用积极的财政政策加速低度广泛的大福利体系的构建，利用定向宽松的财政政策加大养老产业、健康产业以及中高端服务业的发展，释放相应的需求。

（7）货币政策应当根据外部和内部环境变化及时做出调整，稳健的货币政策的内涵也要发生变化。1）在内需持续回落、外需疲软、金融风险上扬之时，货币政策一方面要避免2009—2010年和2015年第四季度至2016年第二季度过度宽松的定位，同时也要避免过度从紧的取向，实际贷款利率的下降仍是稳投资的一个关键。2）高度关注各类金融指标内生性的收缩。3）关注货币供应增速与名义 GDP 的匹配性，建议 2019 年 M2 增速应当恢复到 2019 年名义 GDP 增速的水平，达到 9％～9.5％。4）关注 M0 和 M1 增速的持续回落，丰富央行货币发行的渠道，加大银行准备金率降低的幅度，增加中国安全性资产的供给，提高货币市场的深度。5）高度关注美联储政策的调整以及美国金融市场的异变。6）向民营经济的定向滴灌不能简单化，更不能搞“一刀切”。

（8）要持续高度关注房地产市场的调整和相关风险，特别是三、四线城市房地产价格的波动，在“房住不炒”的总体定位下，前瞻性地预判和调整房地产调控政策。要高度关注房地产市场的变异，特别是 2019 年上半年房地产开发投资行为的变化。建议对于正常房地产建安投资的资金供应可以适度放开，房地产行业的贷款控制必须区分需求端和供给端，适度放开房地产开发投资贷款、持续控制房地产抵押贷款对于房地产市场动态供求平衡十分重要。逐步改变简单管控的政策导向，针对不同区域和不同类型房地产企业进行分类治理。对于存在房价上涨压力的一、二线城市实行供给导向政策，在增加土地供应等方面着力，短期内可避免房地产投资下调过于剧烈而陷入紧缩链条，同时供给增加所带来的房价抑制作用，也可为房地产行政管控的政策在中期内的退出奠定基础。

（9）进一步从体制机制上促进创新创业活动，但应当吸取以往在新兴产业、创新活动中的教训，正视大规模创新创业所带来的阶段性成本。不能把中国战略转化为各级部门短期的行政运动，更不能通过国家补贴等模式形成新的寻租活动。针对新动能领域出现的问题，政府的功能要有转变。一要尊重创新创业的规律，不能运动式地进行政府扶持；二要利用资本市场的力量来甄别创新中的风险，避免一次性的行政性补贴；三要建立各种创业创新的社会安全网，为创新创业的失败者打造“软着陆”的缓冲垫，以避免运动式创新创业之后可能出现的倒闭潮对经济社会的过度冲击。如果没有良好的处理，将会形成经济循环中间的阻力和经济发展的障碍，因此必须进一步清理。

第二篇　分报告

世界经济会陷入长期停滞吗？

赵　勇　杨沐纯

摘　要

本文从世界经济增长的典型事实出发，就世界经济未来增长的前景进行了分析。结果发现虽然没有明显的证据表明世界经济会陷入增长的长期停滞，但当前世界经济增长的乏力也是基本的事实。对此，我们基于经济全球化的视角就世界经济增长乏力的原因进行了讨论。我们认为，经济全球化的发展面临着一定的边界约束，在经济全球化达到一定水平之后，经济全球化对世界经济增长的促进作用有所减弱，而抑制作用有所增强。当经济全球化的红利难以覆盖经济全球化所带来的成本时，世界经济增长的不稳定因素将会有所增加，这都会进一步挤压世界经济的增长空间。

关键词：世界经济；长期停滞；经济全球化

一、引言

美国金融危机之后，主要经济体都实行了大规模的经济刺激计划。然而，时隔多年，世界经济仍未呈现全面复苏的迹象，世界经济的“长期停滞”似乎不可避免。在这样的背景下，美国经济学家Summers在2013年国际货币基金组织经济论坛上再次提及Hansen（1939）等提出的世界经济长期停滞的概念，认为在经济增长长周期的作用下，世界经济的长期停滞将不可避免，从而开启了长周期视角下对于世界经济长期停滞的再次讨论。

虽然对于世界经济是否会陷入长期停滞这一观点还存在着很大的争论，但世

界经济增长动力的不足也并非杞人忧天。大体来看，现有的研究主要在供给和需求两个层面对世界经济增长的前景进行了分析。

有关世界经济长期增长的第一类分析关注长期增长的供给层面，重点讨论影响潜在产出增长的因素，即通过分析生产率的变化以及包括创新、技术、知识等在内的要素投入的变化来对潜在产出增长的状况加以考察。这其中，Gordon（2012，2015）通过对美国经济增长状况的长期考察，认为美国的产出边界在20世纪中期达到峰值之后，已经处于向下的区间。对于其中的缘由，除去技术创新缺失所导致的生产率重回较低的历史增长水平之外，产出的增长还面临着人口、教育、不平等和债务的限制，在人口增长速度放缓、平均教育水平提升空间有限、收入差距加大以及财政政策不可持续的条件下，美国经济的长期停滞不可避免。Fernald（2014）也认为20世纪90年代以及21世纪初期信息和通信技术革命对生产率增长的促进作用已经消失，同时强调生产率的下降主要集中在信息密集型部门。相对于Gordon（2012，2015）以及Fernald（2014）对未来增长的悲观预期，Mokyr（2014）对于未来的技术进步和产出增长给予了相对积极的评价。Mokyr（2014）认为，IT技术、生物技术和新材料技术将会对现有世界产生革命性的影响。新兴技术对于产出的增长并不仅仅在于对生产率的直接贡献，还在于对产出增长产生巨大影响的其他间接收益，只不过这些间接影响在数据统计中没有体现出来而已。即使快速的技术进步难以获取，长期停滞中也总会存有技术创新的机会。Glaeser（2014）对于Mokyr（2014）的观点给予了支持，认为过去十几年期间的创新远非早些年代能够比拟，对于经济增长停滞的担心不必过于夸大。但是与此同时，Glasper（2014）也认为当前的创新并不会带来普遍的福利改善，“如果说20世纪90年代之前的发明带来了所有群体福利的普遍提升的话，现有的创新可能只会导致少数人的状况变得更好”。从这个角度来说，虽然Glaeser（2014）并未将当前创新的福利分配的这一特性与长期停滞直接联系起来，但仍与Gordon（2012，2015）所强调的收入差距拉大对增长的限制作用有一定的联系。

在供给层面就长期停滞进行分析的学者关注的是潜在产出绝对水平的高低，除此以外，还有一部分学者将关注的重点放在了实际产出与潜在产出的相对差异上，认为未来产出下降的主要原因在于实际产出长时间低于潜在的产出水平。因此，这样的一种思路带有鲜明的有效总需求不足的特征。

至于实际产出低于潜在产出的原因，以Summers（2013，2014a，2014b，2015，2016）为代表的研究认为极低的实际利率水平是最为主要的原因。Summers认为，在进入21世纪之后，美国的实际利率持续走低至－2％或－3％的极低水平。极低的实际均衡利率不但为中央银行的政策制定带来了困难，在名义利率零值边界的约束下，低通货膨胀下的充分就业目标的实现将愈加困难。同时，极端的低利率水平以及中央银行非常规货币政策的使用还会通过增加投资风险、借贷风险以及庞氏骗局的方式带来金融不稳定的增加。事实上，正如 Summers（2014）所言，在低利率条件下，宏观政策将产出维持在潜在产出水平以实现充分就业的目标将变得艰难，即便能够实现，也是以金融不稳定为代价的。

而对于实际利率水平较低的原因，Caballero and Farhi（2014）、Blanchard et al.（2014）、Caballero and Farhi（2014）等也进行了进一步的解释。在资金的供给层面，Eggertsson and Mehrotra（2014）认为，期望寿命的增加、退休年龄的提前以及人口增长速度的下降，使得人们更多地选择储蓄来平滑消费，这导致了可贷资金供给量的增加。而在资金的需求层面，Glaeser（2014）和 Summers（2014a，2014b）认为，由于诸如谷歌、微软等高增加值服务业的发展并不需要过多的投资，这使得资金需求曲线向左移动，金融危机去杠杆效应下投资的萎缩更是加重了这一趋势。因此，在供需两方面力量的共同作用下，实际利率水平不断趋于下降。Blanchard et al.（2014）更是明确指出，在影响资金供需背后的因素未发生实际改变的情况下，这样的一种实际利率的下降趋势很难得到逆转。

现有对于世界经济长期增长的分析做出了许多有益的探索，但分析的视角主要局限于封闭经济情形，较少考虑当前世界经济的开放经济特征。本文尝试在这一点上做出改进，在开放的视角下就当前世界经济的运行前景进行分析。我们认为，虽然传统的观点认为经济全球化会通过促进分工专业化、规模经济等多种渠道推动世界经济的长期增长，但经济全球化的发展仍然面临着天然的边界约束，在经济全球化达到一定水平之后，经济全球化对世界经济增长的促进作用有所减弱，而抑制作用则有所增强。当经济全球化的红利难以覆盖经济全球化所带来的成本时，世界经济增长的不稳定因素将会有所增加，未来世界经济的增长空间也会受到进一步的挤压。

本文接下来的第二部分就当前世界经济增长的几个典型事实进行了分析。在此基础上，第三部分基于经济全球化的视角就世界经济增长乏力的原因进行了讨论。最后一部分对全文进行了总结，并给出了相应的政策建议。

二、当前世界经济增长的几个典型事实

在回答世界经济增长的前景问题之前，我们首先就当前世界经济发展过程中的几个典型事实进行讨论。

1. 世界经济长期增长的趋势性下滑

"停滞"事实上是一个相对概念，指的是实际产出水平低于潜在产出水平。

由于潜在产出水平难以准确估计，因此我们基于之前世界经济长期增长的趋势，就当前世界经济的增长状况进行评估。图 1 给出了世界经济实际产出以及基于不同时期产出增长趋势的预测产出的变化情况。这里所说的预测产出的变化是一个估计值，指的是世界经济按照原有的增长速度增长的产出轨迹。

从图 1 可以看出，实际的产出水平（图中黑色实线）在绝大多数年份都位于图形的最下方，并且小于基于 20 世纪 80 年代特别是 20 世纪 70 年代的增长速度所预测的产出水平。这说明在一定程度上当前世界经济的增长相对于 20 世纪 70 年代和 80 年代而言，其产出趋势已经有所下滑。从这个角度来说，有关世界经济长期停滞的观点并非杞人忧天。但与此同时，也应该看到的是，世界经济实际的产出水平与基于 20 世纪 90 年代增速所预测的产出水平非常接近，并且在金融危机发生前的时期内还高于 20 世纪 90 年代甚至 20 世纪 80 年代的趋势性产出。因此，有关世界经济陷入长期停滞的结论还应该慎重得出，即便在金融危机之后，当前的世界经济增长趋势至少还延续了 20 世纪 90 年代以来的增长态势，比 20 世纪 80 年代以来的增长趋势也只低了 5.5 个百分点，现在产出水平的下降更多地还是来自 2008 年金融危机的影响。

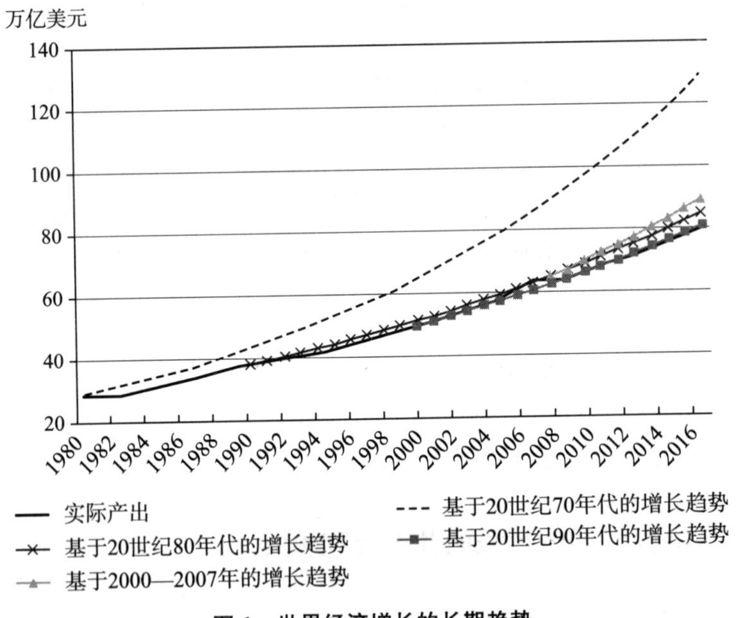

图 1　世界经济增长的长期趋势

注：图中数据对应的是以 2010 年为基期的美元数据。

资料来源：作者根据世界银行世界发展指数数据库的数据计算。

2. 世界经济增长的区域分化特征趋于明显

世界经济的整体增长并不必然意味着不同国家和地区同时获益，在世界经济的增长存在着显著的区域差异的条件下，分配性矛盾的出现和加剧也会在一定程度上影响世界经济的长期增长。因此，接下来，我们在就世界经济的整体增长状况进行考察的基础上，进一步分析世界经济增长过程中的区域特征，具体的分析结果见表1。

表1　世界不同国家和地区的经济增长状况（%）

国家和地区	1990—1999年	2000—2007年	2008—2017年
欧洲国家	1.8	2.6	0.9
拉美国家	2.8	3.6	1.9
中东和北非国家	3.0	5.3	3.2
撒哈拉以南非洲地区国家	1.7	5.7	4.4
发达经济体	2.7	2.9	1.3
日本	2.4	2.0	0.7
美国	3.6	3.0	1.6
OECD国家	2.8	2.8	1.4
新兴市场和发展中国家	2.5	6.4	4.6
中国	6.3	9.6	6.7
世界	2.6	4.4	3.0

资料来源：作者根据Conference Board-Total Economy Database的数据计算。

从表1可以看出，在世界经济整体增长的基础上，不同国家和地区的经济增速仍然存在着显著差异。在金融危机后，发达经济体以及新兴市场和发展中国家的平均增速分别为1.3%和4.6%，差异仍然非常明显。同时，这种差异也存在于不同发展阶段的国家内部。美国虽然较早受到2008年金融危机的影响，但复苏态势相对强劲，危机后的平均增速在发达国家内部仍然处于领先水平。相对而言，欧洲国家和日本的经济复苏相对缓慢，危机后的平均增速还不到1%。同样的情形也发生在发展中国家内部，中国经济虽然近年增速有所下滑，但仍然维持了相对较高的增速，而拉美国家的增速则相对有限。

同时，比较不同时期世界经济增长的非均衡特征，我们还可以发现如下两个变化。一方面，世界经济增长分化的局面主要形成于21世纪之后，在20世纪90年代，发达经济体以及新兴市场和发展中国家的平均增速并无显著差异，发达经济体的整体增速甚至还略微高于新兴市场和发展中国家的整体增速。只是进入21世纪之后，以中国为代表的新兴市场国家快速崛起，逐渐成为世界经济格局中的重要力量，发达经济体和发展中国家之间的增长差异才逐渐有所体现。另

一方面，20 世纪 90 年代信息和通信产业的繁荣极大地推动了美国经济的长期增长，使得美国成为世界经济增长版图中表现最好的国家之一。但在进入 21 世纪之后，正如 Fernald（2014）所言，伴随着信息和通信技术革命对生产率增长的促进作用的消失，美国经济的长期增速开始有所下滑，世界经济增长的红利开始更多地向发展中国家以及其他发达国家倾斜。

世界经济增长的区域分化特征以及增长差异的动态变化在反映了世界经济增长过程中红利分配的动态变化的同时，也必然会在一定程度上带来和加剧不同国家之间的分配性矛盾。这一点构成了未来世界经济发展过程中的不安定因素。

3. 从世界经济增长的源泉看未来世界经济增长的动力

在就世界经济的整体增长状况进行考察的基础上，我们将世界经济增长的源泉进行分解，进一步就未来世界经济增长的动力进行分析，具体的结果见表 2。结合表 2 的数据，我们可以发现，将世界经济增长进一步在劳动力就业和生产率增长两个层面分解之后，未来世界经济增长的前景还是存在一定的隐忧。具体来说，就世界经济中劳动力的投入而言，虽然金融危机后劳动力投入的增速仍为正值，但与金融危机之前的增速甚至 20 世纪 90 年代相比已经有所降低。这一点并未因经济发展阶段的不同和地区差异有明显的不同。在全要素生产率的增长方面，情况则更加严峻。在 2008—2016 年期间，世界经济平均的全要素生产率增长已为负值，远远低于金融危机之前的全要素生产率增长。这一点其实是与 Gordon（2014a，2014b，2014c，2015）的担忧相对应的。也就是说，即便全要素生产率增长的恶化并不能被完全证实，但全要素生产率的增速确实已经处于历史低位，世界经济未来增长的前景不容乐观。

表 2　　世界不同国家和地区经济增长的源泉分解（%）

国家和地区	劳动力投入增长率			全要素生产率的增长率		
	1990—1999 年	2000—2007 年	2008—2017 年	1990—1999 年	2000—2007 年	2008—2016 年
欧洲国家	−0.2	1.0	0.3	0.1	0.4	−0.6
拉美国家	2.1	2.5	1.6	−0.2	0.2	−1.3
中东和北非国家	3.0	3.3	2.7	−0.4	0.0	−2.0
撒哈拉以南非洲地区国家	2.7	2.8	3.3	−1.3	2.1	0.2
发达经济体	0.5	0.9	0.5	0.2	0.5	−0.3
日本	0.4	0.1	0.2	−1.1	0.1	−0.2
美国	1.3	0.9	0.6	0.8	0.8	0.0
OECD 国家	0.9	1.0	0.8	0.2	0.4	−0.4
新兴市场和发展中国家	1.6	1.6	1.3	−0.8	1.7	−0.2

续前表

国家和地区	劳动力投入增长率			全要素生产率的增长率		
	1990—1999 年	2000—2007 年	2008—2017 年	1990—1999 年	2000—2007 年	2008—2016 年
中国	1.4	0.7	0.3	1.2	2.6	0.2
世界	1.4	1.5	1.2	−0.2	1.1	−0.2

资料来源：作者根据 Conference Board-Total Economy Database 的数据计算。

4. 金融危机后世界经济反弹的力量相对较弱

在前文的分析中，我们强调，虽然与 20 世纪 70 年代和 80 年代相比，当前世界经济的增长已经呈现出一定的减速特征，但与 20 世纪 90 年代相比，当前世界经济的增速并未呈现出显著变化，只是金融危机的发生使得世界经济的长期增长路径有所下滑。随之而来的一个问题便是，如果金融危机只会在短期内影响世界经济的增长，那么在经历了短暂的衰退之后，世界经济是否仍有可能重回危机前的高速增长路径？为了对这一问题进行回答，我们对比了 2008 年美国金融危机时期以及 20 世纪 30 年代大萧条时期美国经济全要素生产率的变动情况，以对金融危机后美国经济和世界经济反弹的动力进行考察，结果见图 2。

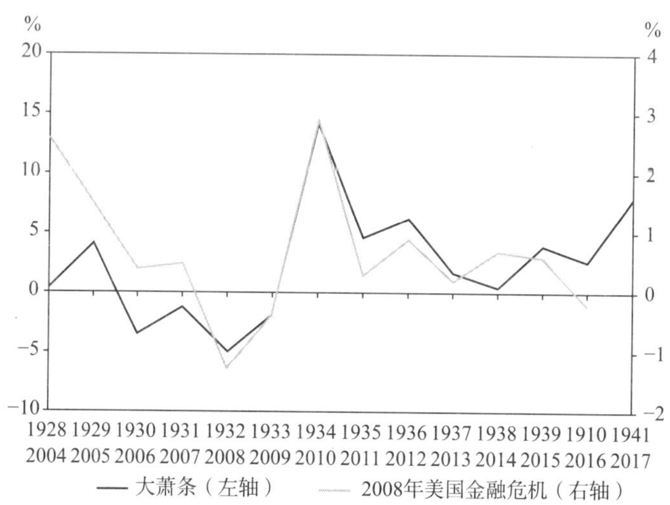

图 2　大萧条与 2008 年美国金融危机时期全要素生产率增速的对比

资料来源：Cohen-Setton，J.，2018，"Should We Expect a Rebound in TFP Growth? Insights from the 1930s"，Realtime Economic Issues Watch，PIIE.

从图 2 可以看出，在两次危机时期，全要素生产率的增速的变化呈现出高度的一致性。在两次危机发生之前，全要素生产率的增速都已经开始有所下降，并于金融危机时期达到阶段性的历史低点。在危机之后，伴随着经济的复苏，全要素生产率的增速也快速反弹，并在随后的年份趋于稳定。这一点其实是与生产率变化的顺周期特征密切相关的。但是，比较图2中两次危机时期全要素生产率增速变化的幅度，我们可以明显看出，在20世纪30年代大萧条时期，全要素生产率增速的反弹更为明显。在1932年和2008年，美国经济的全要素生产率的增长率达到阶段性低点，分别为－5.0%和－1.3%。在此之后，全要素生产率开始恢复增长，但20世纪大萧条时期生产率的增长更为快速，1934年的全要素生产率增速高达14%，危机后9年的生产率平均增速为2.9%。而美国金融危机发生之后的2010年，全要素生产率的增长率只有2.9%，危机后9年的全要素生产率平均增速只有0.4%。因此，从这个角度来说，金融危机后美国经济的反弹力度还相对较弱，能否回到危机前的高速增长路径还带有很大的不确定性。

5. 不断走低的世界实际利率

在上文的分析中，我们主要在供给层面就世界经济增长的前景进行了判断。接下来，我们将视角转向需求层面，通过聚焦于世界实际利率水平的变化，就世界经济实际产出与潜在产出的差异进行分析。图3和图4分别给出了发达国家和发展中国家实际利率和名义利率的变动情况。结合图3和图4，我们可以看出，对于发达国家而言，进入20世纪90年代之后，无论是名义利率还是实际利率都在不断走低。同时，在2013年之后，实际利率已经接近甚至低于零值。发展中国家的情形也与此类似。虽然名义利率水平仍然处于高位，但发展中国家的实际

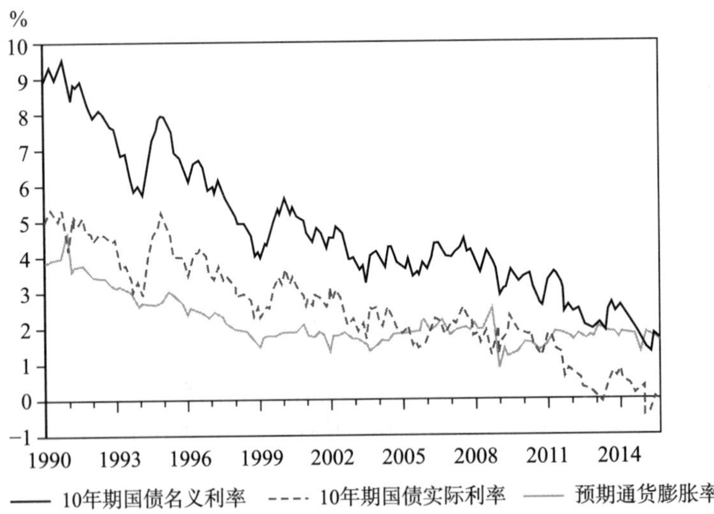

图3 发达国家的名义和实际利率的变动情况

资料来源：Rachel and Smith，2015，"Secular Drivers of the Global Real Interest Rate"，Bank of England Working Paper，No. 571.

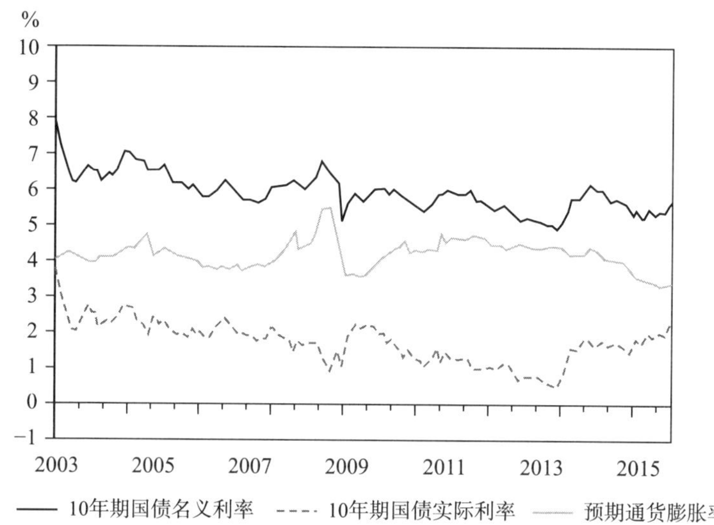

图 4　发展中国家的名义和实际利率的变动情况

资料来源：Rachel and Smith，2015，“Secular Drivers of the Global Real Interest Rate”，Bank of England Working Paper，No. 571.

利率也在不断下降，个别年份的实际利率水平也已经非常接近于零值。在名义利率水平存在零值约束的背景下，不断走低的实际均衡利率大大限制了中央银行的政策空间，将产出维持在潜在产出水平以实现充分就业的目标变得愈发艰难。

三、世界经济增长乏力的原因与经济全球化的挑战

在前文的分析中，我们从几个不同的方面就当前世界经济发展过程中的几个典型事实进行了分析。可以看出，即便没有充分的证据表明世界经济已经进入了增长的长期停滞，但世界经济增长乏力是基本的事实。对此，我们从经济全球化的视角加以切入，尝试解释世界经济增长乏力的原因，以对现有的研究做出补充。

经济全球化的实质是市场边界从国内向国际的拓展，在市场边界扩张的过程中，为了满足经济活动扩张的需要，商品和要素流动的障碍以及其他的政府管制措施逐渐消除，市场在资源配置中的作用得以提升。因此，从这个角度来说，作为社会大生产的产物，市场经济在更大的市场边界下可以更好地对全球范围内的资源加以配置，从而进一步促进经济全球化红利的产生。但是需要注意的是，在市场边界扩大的过程中，市场的盲目性、波动性以及分配的不公平性不但不会在经济全球化的过程中消失，相反，伴随着经济全球化的深入，市场机制在资源配

置上的缺陷还会得到进一步的体现，这无疑会限制全球化红利的产生，从而对世界经济的长期增长产生抑制效应。

1. 经济全球化的边界约束与世界经济的增长空间

就经济全球化演进的历程而言，真正意义上的经济全球化可以追溯到20世纪50年代。自欧洲美元市场出现以来，经济全球化的进程便在不断持续走向深入，限制商品和要素流动的障碍逐步消除，国际贸易和跨国资本流动规模也在不断增加。事实上，正是由于市场边界的不断扩张才使得经济全球化的红利不断产生，并继而使得全球化成为推动世界经济增长的重要力量。问题在于，市场边界的扩张并不是无限的，在市场边界的进一步扩张面临约束的条件下，全球化红利的实现也将变得愈发困难。从当前经济全球化的政策空间来看，市场边界进一步扩张的政策空间已经相对有限。

图5给出了20世纪80年代末以来世界平均关税的变动情况。从图5可以看出，在20世纪90年代之后，特别是在1994年乌拉圭多边贸易回合谈判之后，经济全球化的进程显著加快，限制商品流动的关税水平不断走低。世界平均关税从1994年的8.57%逐渐下降到了2017年的2.57%，工业制成品的关税更是从1994年的8.7%下降到了2017年的2.08%。关税水平的不断下降在为持续的全球化红利的增长创造了条件的同时，在零关税水平的边界约束下，也意味着市场边界扩张的政策空间已经越来越小。事实上，在2017年，世界进口的所有商品中，已经有54%的产品实现了零关税，工业产品中零关税产品的比重达到了55%。对于高收入国家而言，其对外贸易政策调整的空间更是相对有限。2017年，高收入国家的进口平均关税只有1.88%，零关税产品所占的比重达到67%，工业制成品的平均进口关税只有1.15%，零关税产品的比重接近70%（见图5）。

在世界平均关税已经较低的背景下，未来全球市场的边界扩张还存在着两种可能的路径。一是进一步就当前高关税产品的关税问题展开贸易谈判，进一步降低这些产品的关税水平。这一点事实上也是多边贸易体系多哈回合谈判的重要议题。但从结果来看，伴随着多哈回合谈判的失败，高贸易保护产品的贸易自由化进程还有很大的困难需要加以克服。另外一个则是在现有的贸易格局中引入服务贸易元素，但这一路径同样困难重重。相对于商品领域，发展中国家服务领域的改革开放进程相对滞后，整体竞争力也与发达国家存在着较大的差距。在这样的背景下，推动服务领域市场的开放无疑将面临着较大的阻力。而对于中心国家而言，虽然从表面来看其服务部门尚未进入全球市场，还带有很强的非贸易部门特征，但从其国内经济结构调整的路径来看，伴随着其国内实体经济部门的萎缩，资源不断从贸易部门向非贸易部门流动，在让渡了制造业部门的贸易利益之后，中心国家进一步加强了其全球金融中心的职能，并继而通过影响全球资本要素的

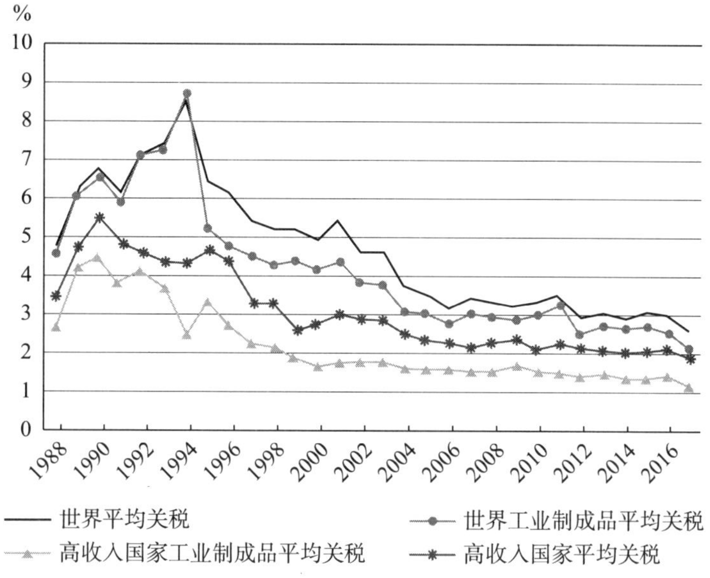

图 5 世界平均关税的变动情况

注：图中数据由作者根据 WITs-Trains 数据库中的数据计算，关税指的都是一国的经贸易额加权的加权平均关税。

流动格局来获取经济全球化的红利。在这样一个过程中，以金融业为代表的服务部门虽然表象上并没有直接融入经济全球化的进程，但其实已在事实上成为影响全球化红利的重要力量。也正是在这个意义上，即便中心国家未来服务贸易自由化的进程有所加快，其对全球化红利增长的持续贡献也是相对有限的。

2. 经济全球化与世界实际利率的走低

经济全球化不但存在着天然的边界约束，在全球化发展到一定程度之后，还会自发地产生对经济全球化进一步发展的抑制力量。其中，经济全球化对世界实际利率的压低是最为明显的一个渠道。在上文的分析中，我们已经就实际利率走低对经济长期停滞的影响进行了分析。可以看出，虽然实际利率的走低已经成为学界共识，但对于实际利率走低的原因还存在着很多的争论。我们认为，除去上文提到的期望寿命增加、人口增速下降、高增加值服务业发展等因素之外，经济全球化所带来的金融一体化也是世界实际利率走低的重要原因。

首先需要明确的是，世界金融一体化并不必然会导致世界实际利率的压低，在不同国家的金融发展水平无差异的条件下，金融一体化对世界实际利率的影响是中性的。资本只是从一个国家流向另一个国家，由于并不存在类似商品的偏好匹配问题，资本的跨国流动并不会改变国际资金市场的供需状况，自然也就不会

对世界实际利率产生影响。然而，在现实中，不同国家的金融发展水平往往存在着差异，在这一现实前提下，金融一体化所带来的世界实际利率走低将是必然的。我们结合图 6 对此进行说明。

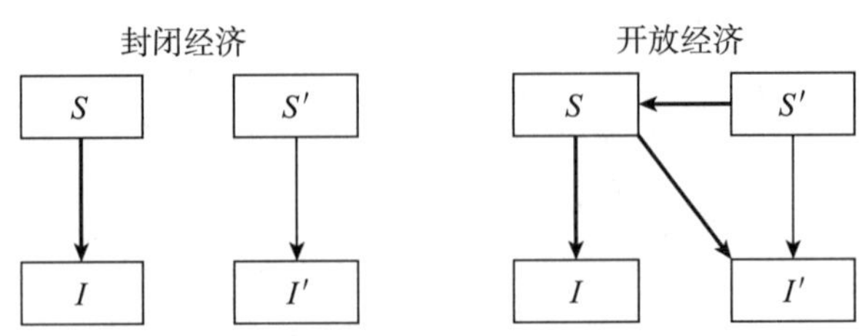

图 6　封闭和开放情形下储蓄向投资的转换途径

注：图中线条的粗细反映了储蓄向投资转换的难易程度，较粗的线条对应着有更多的储蓄转换成了投资。

图 6 给出了不同金融发展水平的国家在金融一体化前后资金市场供需状况的变动情况。在金融一体化之前（图 6 左半部分），由于缺乏国际资本的流动机制，在每一个国家内部，投资的实现只能依赖于本国的储蓄资源。由于不同国家的金融发展水平存在着显著差异，储蓄向投资的转化也有所不同。在金融市场相对发达的国家，储蓄向投资的转化机制完善，储蓄转化为投资的效率往往较高，相对较多的储蓄（图中粗实线）可以形成可贷资金市场上的有效供给。而相反，当一国金融市场发展水平较低时，在储蓄向投资的转化存在障碍的条件下，即便一国储蓄资源丰富，也难以在可贷资金市场上形成有效供给。在金融一体化之后（图 6 右半部分），世界的可贷资金市场成为一体，对于金融市场发展水平比较低的国家而言，虽然其国内储蓄向投资的转换存在困难，但其仍然可以通过购买金融发展水平较高国家的无风险资产的形式在全球范围内配置本国的储蓄资源。这相当于金融市场不发达的国家将本国储蓄资源的配置权交给了金融市场相对发达的国家。这一部分资源在发达国家的金融市场重新加以配置之后，不但会转换为发达国家本国的投资，也会以其他形式的资本形态回流到发展中国家。在这样一种资本的迂回流动机制中，发达国家的金融市场事实上起到了配置全球储蓄资源的职能，更多的储蓄资源成为有效资金供给，相对于封闭条件的可贷资金市场而言，全球整体的资金供给相应增加，世界实际利率也自然随之下降。不断下降的世界实际利率进一步带来了世界均衡产出的下降，在货币政策面临零利率边界的约束下，宏观政策对世界有效需求的刺激力度减弱，世界经济有效需求和整体经济持续增长的阻力相应增加。

3. 中心国家经济全球化意愿的逆转

作为全球经济分工体系的引领者和游戏规则的制定者，在美国经济发展的过程中，美国历届政府一直致力于市场边界的拓展，力求将自由开放的市场经济原则从国内市场引入全球市场。这样一种市场经济逻辑的推广在表象上是为了满足全球范围内经济红利创造的需要，但实质上对应的是利益分配过程中的强权逻辑。也就是说，在经济全球化的分工体系下，作为世界经济霸权国家的美国一定是全球化红利分配过程中最大的受益国。正是基于此，作为中心国家的美国一直以来扮演的都是经济全球化的推动者的角色。

但中心国家对经济全球化的推动意愿并不总是存在，在全球化走向深入的背景下，中心国家经济全球化的意愿有可能会发生逆转。

传统的霸权稳定论认为，世界经济体系的稳定运行需要霸权或者说一个具有经济影响力和控制力的国家的存在。这也就意味着，当霸权/中心国家在世界范围内的竞争力有所下降时，世界经济发展过程中的冲突就会加剧。此时，不但中心国家对经济全球化的推动意愿有所减弱，世界经济发展过程中的不稳定因素也会逐渐增多。这里所指的中心国家竞争力的下降，不但包括中心国家绝对竞争力的下降，也包括中心国家竞争力相对于其他国家竞争力的减弱，对应的都是中心国家对于全球经济控制力的下降，而后者更是引入了国家交往过程中“赶超”与“限制”的策略博弈。从当前世界经济发展的现实情况来看，虽然中心国家竞争力是否下降还存在着一定的争论，但中心国家政府对自身竞争力的焦虑却显而易见。“让美国再次强大”“重振美国制造业”“美国优先”等一系列政策主张的提出都是美国对自身竞争力存在焦虑的外在体现。在这样一种竞争力焦虑的氛围下，中心国家主动挑起一系列的贸易保护事件就成为一种必然，实质上对应的仍然是中心国家对于全球经济控制权的关注。需要提及的是，虽然中心国家对于经济全球化意愿的逆转可能来源于对全球化下利益实现的不满或对自身竞争力的担忧，但对全球化路径的偏离却会进一步损害中心国家的利益，使得其自身乃至世界经济的增长都会受到影响。

需要指出的是，中心国家对于经济全球化的意愿逆转并不总是发生在其竞争力衰退的时期，即便当中心国家的竞争力有所保障，或者说其仍然是经济全球化红利的最大受益者时，其对经济全球化的推动意愿也有可能发生逆转。一方面，在经济全球化的过程中，虽然几乎所有国家都对美国的产品、技术和市场存在着很强的依赖，但如果将全球经济视为一个整体来看，作为经济全球化最大的受益者，美国仍然是所有国家中对全球市场依赖最大的国家。这样一种依赖本身并不是问题，某种程度上这也是美国政府推动经济全球化的初衷所在。然而，当这种全球化红利的产生越来越集中于某个国家时，美国对全球化的依赖可能会越来越表现为对于单个国家的依赖。这一点显然是美国政府所不能接受的。从现实情况来看，在全球化发展的过程中，中国要素越来越成为美国全球化红利获取的重要

组成。在2000—2017年期间，美国向中国的出口比重从2.1%上升到了8.4%，从中国的进口比重从8.6%上升到了21.9%。在这种情况下，即便美国仍然是全球化红利的最大获取者，其对于全球化的态度也会出现变化。另一方面，经济全球化是典型的市场逻辑，在整体利益有所保障的前提下，利益分配的不均仍然可能会形成全球化的反向阻力，经济全球化的持续深入无疑是以国内利益分配体系的良好运转为基本前提的。也就是说，由于国内不同产业的经济条件和竞争力存在着差异，在整体利益得到保障的同时，国内不同群体之间仍然存在着获益不均甚至某些群体受损的情况。此时，政府可以通过运转良好的利益再分配体系，使得每个群体都成为经济全球化的获益者。但从近几年美国的现实经济情况来看，虽然美国整体上依然可以在外部的自由化过程中不断获益，但在国内收入差距不断加大和公共服务提升缓慢的背景下，国内不同群体之间的分配性矛盾日益突出，而金融危机的发生则进一步激化了美国精英阶层和普通大众之间的矛盾，美国国内反对经济全球化的声音有所增强。此时，特朗普又适时地将美国经济发展中存在的问题与所谓的“不公平贸易”加以联系，这进一步助长了原本就已存在的针对“不公平”的经济全球化的不满情绪。

四、结论

本文主要在经济全球化的视角下就世界经济增长的前景进行判断，所得出的结论和政策建议如下。

（1）当前世界经济的增长趋势相对于20世纪80年代特别是70年代来说，已经出现了明显的下滑，但仍然与20世纪90年代以来的增长趋势基本一致。世界经济陷入长期停滞的证据并不直接。但尽管如此，世界经济增长过程中全要素生产率增速的逐渐走低及危机后反弹力度的不足、世界实际利率的不断下降等特征仍然预示着当前世界经济增长的乏力。

（2）世界经济增长的乏力与当前经济全球化所面临的挑战是密切一致的。伴随着经济全球化的不断深入，在经济全球化面临市场边界约束的条件下，经济全球化的红利创造已经不能完全覆盖经济全球化过程中对应的成本。在这样的情况下，不但世界经济持续增长的动力有所不足，原本经济全球化的推动者——作为中心国家的美国对于经济全球化的意愿也出现了一定程度的逆转，这又进一步限制了未来世界经济的增长空间。

（3）在世界经济整体增长乏力的背景下，未来的政策选择应该在以下几个层面有所侧重。一是在世界经济整体增长乏力的背景下，不要过于追逐过高的国内经济增长速度。在世界经济整体减速的条件下，中国经济也不可避免地会出现

“结构性减速”的情形。此时，要理性对待经济增速的下滑，不可采取过于激进的短期政策来保证不必要的经济增长速度。二是要做好应对世界范围内贸易摩擦的长期准备。在世界经济增长乏力的背景下，对利益分配的关注一定会超越对利益实现的努力，贸易摩擦将成为常态。要理性看待当前乃至今后一段时间内出现的贸易摩擦，既要保持必要的防范甚至反击，也要理性克制，防止贸易摩擦引发的风险向经济领域的其他层面渗透。三是短时间内不要寄希望于发达国家重回经济全球化的路径。在发达国家贸易自由化的空间提升有限以及经济全球化意愿减弱的背景下，经济全球化的推动还需要发展中国家的共同努力。此时，可能是建立体现“中国要素”的规则设计的机会。可以考虑提取当前中国签订的多边、双边贸易和投资协定条款的核心规则要素，分阶段有步骤地在全球范围内加以推广。

参考文献

[1] Blanchard, O., Furceri, D. and Pescatori, A., 2014, “A Prolonged Period of Low Real Interest Rates?”, in Teulings, C. and Baldwin, R.(eds.), 2014, *Secular Stagnation: Facts, Causes and Cures*, London: Centre for Economic Policy Research (CEPR), 27－38.

[2] Eggertsson, G.B. and Mehrotra, N.R., 2014, “A Model of Secular Stagnation”, NBER Working Paper, n. 20574, Cambridge (MA): National Bureau for Economic Research.

[3] Glaeser, E.L., 2014, “Secular Joblessness”, in Teulings, C. and Baldwin, R.(eds.), 2014, *Secular Stagnation: Facts, Causes and Cures*, London: Centre for Economic Policy Research (CEPR).

[4] Gordon, R., 2012, “Is US Economic Growth Over? Faltering Innovation Confronts the Six Headwinds”, NBER Working Paper, n. 18315, Cambridge (MA): National Bureau for Economic Research.

[5] Gordon, R., 2015, “Secular Stagnation: A Supply-Side View”, *American Economic Review*, vol. 105 n. 5, pp. 54－59.

[6] Hansen, A. H., 1939,“Economic Progress and Declining Population Growth”, *American Economic Review* 29 (1): 1－15.

[7] Mokyr, J., 2014, “Secular Stagnation”, in Teulings, C. and Baldwin, R. (eds.), *Secular Stagnation: Facts, Causes and Cures*, London: Centre for Economic Policy Research (CEPR).

[8] Rachel, L. and Smith, T., 2015,“Secular Drivers of the Global Real Interest

Rate", Bank of England Working Paper, No. 571.
[9] Summers, L.A., 2013, "Remarks at the IMF Economic Forum", presented at The 14th Jacques Polak Annual Research Conference—Crises: Yesterday and Today, Washington (DC), 8 November.
[10] Summers, L.A., 2014a, "U.S.Economic Prospects: Secular Stagnation, Hysteresis, and the Zero Lower Bound", *Business Economics*, vol. 49 n. 2, pp. 65 - 73.
[11] Summers, L.A., 2014b, "Reflections on the 'New Secular Stagnation Hypothesis'", in Teulings, C. and Baldwin, R.(eds.), 2014, *Secular Stagnation: Facts, Causes and Cures*, London: Centre for Economic Policy Research (CEPR).
[12] Summers, L.A., 2015, "Demand Side Secular Stagnation", *American Economic Review*, vol. 105 n. 5, pp. 60 - 65.

美国经济逐步见顶回落的原因会出现在哪里?

——较强劲增长的 2018 年和增速回落的 2019 年美国经济

王晋斌

摘 要

从总需求角度看，2018 年拉动美国经济较强劲增长的边际因素是投资的增长和政府支出的增加。从总供给角度看，美国经济依然具备维持高位增长的能力。总需求放缓主要来自：可支配收入的增幅决定了消费难以在边际意义上进一步拉动美国经济的增长；第三季度净出口对 GDP －50.86％的贡献率显示贸易摩擦给美国经济带来了下行压力；11 月民主党重掌众议院将限制特朗普政府刺激财政计划的进一步实施，政府支出边际上难以进一步提高。尽管减税政策带来的投资上升将成为维持美国经济高位运行的关键，但税改的边际效应存在递减。

美联储加息的速度和幅度将决定美国此轮经济景气周期的扩张长度。因此，特朗普政府延长经济景气周期的要点是美联储放缓加息的速度和幅度。劳工市场工资上升在推动物价上升的同时，也会增加消费，提振总需求，但高油价对于特朗普政府能够延长经济景气周期来说是必须抛弃的。因此，特朗普会选择工资上涨＋油价中低位运行的组合来平滑物价水平的上升，减缓美联储加息的速度和幅度。考虑到 2018 年 9 月由于油价同比增幅大幅度下滑带来了 CPI 较大幅度的下降（9 月 CPI 为 2.3％，仍高于 2％），2018 年底美联储是否继续加息就存在一定的疑问。如果美联储 2018 年继续加息 1 次，那么 2019 年美联储的加息次数应该少于此前市场普遍预期的 3 次。

2018 年美国股市屡创新高，房价也创历史新高。股市过高的市盈率和市净率使得股票市场的风险在不断聚集。随着加息进程的推进和过度政府债务推高的市场利率水平，资产价格的重估效应会显现出来。金融市场长期债券和短期债券

利差的大幅度缩小可能显示投资者对长期增长前景的不乐观，而债券市场风险溢价补偿的大幅度缩小表明市场处于风险偏好调整的敏感时期，这些因素都会带来金融资产价格的大幅度波动。

因此，实体经济总需求的后动力不充足和金融周期的逐步逆转将决定2019年美国经济增速会出现回落，但实体经济较为健康的基本面决定了资产价格较大幅度的波动不会带来金融危机。

关键词：总需求；资产价格；景气周期

一、2018年美国主要宏观经济指标

从经济基本面重要的宏观指标来看，2018年美国经济增速相对强劲、通货膨胀处于温和水平、失业率处于历史新低。

1. GDP

依据美国经济研究局（BEA）的数据，2018年第一季度美国经济同比增速为2.2%，第二季度同比增速为4.2%，创下了自2014年第三季度以来的新高，第三季度GDP同比增速为3.5%，保持在高位运行（见图1）。从2016年第一季度开始，到2018年第三季度，美国经济增速持续了较好的运行态势。

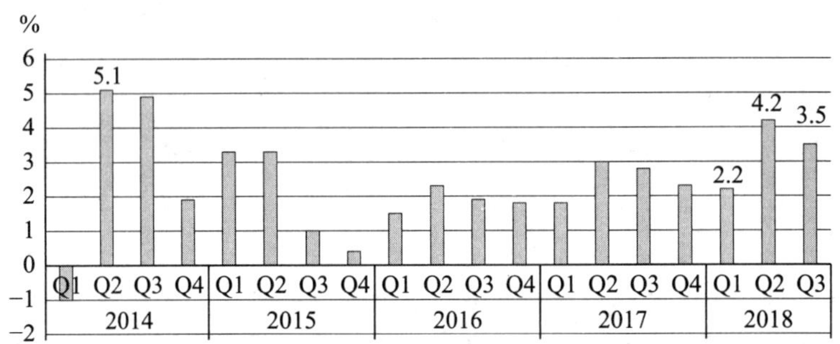

图1 美国的GDP同比增速（季度调整后的年增长率）

资料来源：U. S. Bureau of Economic Analysis (BEA).

2. CPI

2018年9月，美国的CPI同比涨幅为2.3%，增幅比8月的2.7%下降了0.4个百分点，比2018年6—7月同比增幅的高点2.9%下降了0.6个百分点。主要原因是能源价格从2018年7月高点同比12.1%的增幅下降到9月同比4.8%的增幅，拉低了CPI的增幅。食品价格相当稳定，基本维持在1.4%的同比增幅（见图2）。

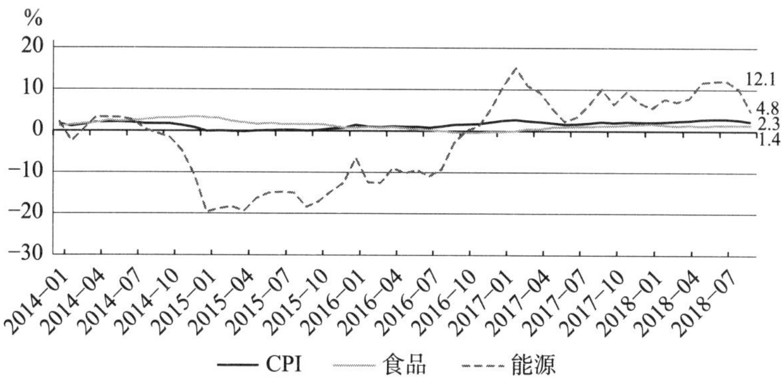

图 2　美国的 CPI、食品和能源价格同比涨幅（没有经过季节调整）

资料来源：U. S. Bureau of Economic Analysis（BEA）.

3. 失业率

2009 年 10 月美国经济中失业率高达 10%，此后基本呈现出下降趋势。2018 年 1—8 月美国经济中的失业率基本维持在 4%左右，7—8 月失业率均为 3.9%，9—10 月进一步降至 3.7%。目前的失业率水平处于 50 年以来的低值。

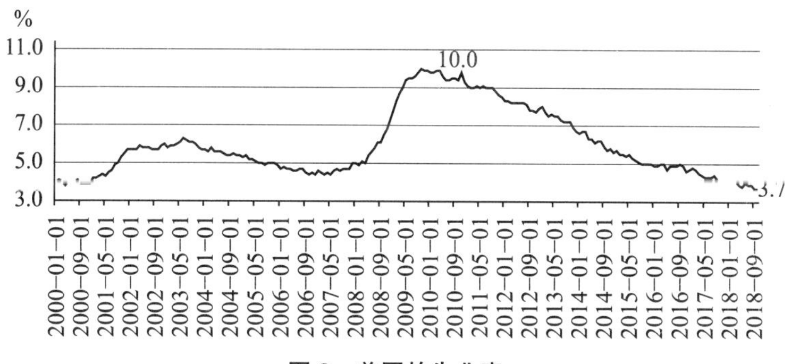

图 3　美国的失业率

资料来源：U. S. Bureau of Labor Statistics.

二、从总需求角度看美国经济增长的特点

从总需求角度看，2018 年拉动美国经济较强劲增长的边际因素是投资的增长和政府支出的增加。图 4 给出了 2000—2018 年第三季度消费、投资、净出口和政府支出在拉动 GDP 增长中的贡献率。剔除 2008—2009 年次贷危机时期，在 2000—2007 年间 GDP 年均同比增长 2.7%，其中消费、投资、净出口和政府支出对 GDP 的年均贡献率分别为 79.26%、17.52%、−12.25%和 15.23%；在 2010—2017 年间 GDP 年均增长 2.2%，其中消费、投资、净出口和政府支出对

GDP 的年均贡献率分别为 72.18%、45.11%、−11.03%和−6.67%。这两个时期拉动美国经济增长的动力主要为投资和政府支出两个方面。2010—2017 年投资的贡献率达到 45.11%，比 2000—2007 年增长了 27.59 个百分点，而政府支出相比 2000—2007 年下降了 21.9 个百分点。2018 年美国经济前三季度平均增速为 3.3%，其中消费、投资、净出口和政府支出对 GDP 的年均贡献率分别为 56.77%、36.06%、−5.86%和 12.73%。

因此，2018 年前三季度美国经济的强劲增长得益于投资依然维持在比较高的位置，对 GDP 36.06%的贡献率仍低于 2010—2017 年的 45.11%。但政府支出贡献了 12.73%，显著高于 2010—2017 年的−6.67%。净出口对 GDP 的贡献率为−5.86%，但好于 2010—2017 年的−11.03%。从前三季度单季度来看，第一季度主要靠私人投资（贡献率达到 73.18%）和政府支出（贡献率达到 12.27%），第二季度主要靠消费（61.19%）、净出口（29.05%）和政府支出（10.24%），第三季度主要靠消费（76.86%）、投资（58%）和政府支出（16%）。第三季度净出口对美国经济的贡献率为−50.86%。因此，投资和政府支出是边际意义上保证美国经济 2018 年维持较强劲增长的核心因素。

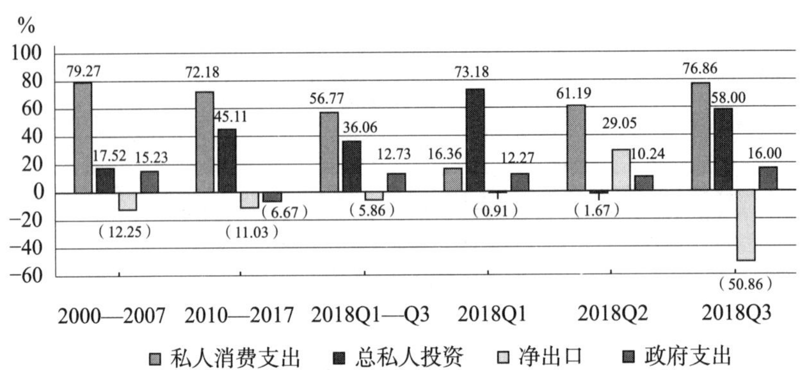

图 4　美国经济中需求（消费、投资、净出口和政府支出）对 GDP 的贡献率

资料来源：BEA，Table 1.1.2 Contributions to Percent Change in Real Gross Domestic Product；2018 年的数据来自 BEA，GDP，Current Release：October 26，2018。作者依据上述数据计算而来。

从最重要的消费来看，2018 年前三季度消费对 GDP 的贡献率只有 56.77%，低于 2000—2007 年的 79.27%和 2010—2017 年的 72.18%。主要原因是 2018 年第一季度消费对 GDP 的贡献率只有 16.36%，从而拉低了 2018 年前三季度的消费贡献率。但从第三季度的情况看，消费对 GDP 的贡献率仍达到 76.86%。

从更长期的视角来看，2000—2017 年美国经济中个人收入占 GDP 的比例基本维持在 83%～87%，年度均值为 85.81%，而 2018 年前三季度均值为 85.91%，第三季度为 85.58%（见图 5）。前三季度个人收入/GDP 的下降使得消费难以在边际上进一步拉动 GDP 的增长。从历史上拉动美国经济增长第一动力的私人消费支出来看，2018 年第三季度个人可支配收入同比增速为 4.1%，低于第二季度的同比增速 4.5%。实际可支配收入第三季度与第二季度持平，均为 2.5%，但低于第二、三季度实际 GDP（经过 GDP 平减指数调整）2.9%的增长率。因此，消费难以对美国经济增长有边际意义上的进一步贡献。

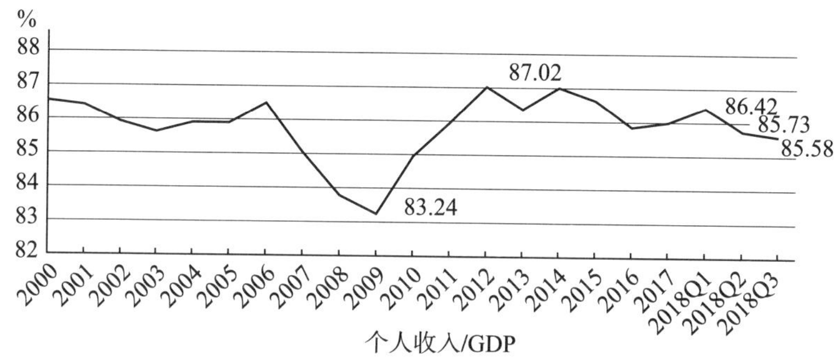

图 5 美国经济中个人收入在 GDP 中的占比

资料来源：BEA. 2000—2017 年数据来自 Table 1. 7. 5 Relation of Gross Domestic Product，Gross National Product，Net National Product，National Income，and Personal Income；2018 年数据来自 Table 8 Personal Income and Its Disposition。

三、从供给角度看美国经济增长的特点

从总供给角度看，美国经济具备维持强劲增长的能力。从供给端来看，劳动力市场薪酬水平维持了不错的正增长，设备使用率保持在正常区间，但仍未达到潜在产出水平的利用率，企业利润率处于上升态势，技术进步趋势在上扬，居民储蓄率保持在过去几年的平均水平，但仍处于较低的水平。

1. 工资

从整体工资和薪金（wages and salaries）来看，美国经济研究局（BEA）的数据显示近几年美国劳动力市场上的总体工资和薪金水平是上涨的。与 2016 第一季度相比，2018 年第二季度美国劳工总体工资和薪金上涨了 10.3%。其中，私人部门上涨了 9.8%；私人部门中的货物生产部门和服务业生产部门分别上涨了 12.1%和 10.9%；而货物生产部门中的制造业上涨了 9.9%。因此，2016 年以来，私人部门工资和薪金的增速快于美国 GDP 的增速。政府部门上涨了大约 6%，与 GDP 保持了大致同步的趋势。从劳动力的工资和薪金占 GDP 的比例来看，2016—2018 年该比例基本保持了平衡。

从单位时间（每小时）薪酬变化来看，所有私人部门雇员的工资在 2013—2017 年月度均值是每小时增加 0.05 美元，2017 年年度均值是每小时增加 0.06

美元，2018 年 1—9 月月度均值是每小时增加 0.067 美元（见图 6）。按照每月 20 个工作日、每天 8 小时计算，相当于雇员收入每月增加 10.6 美元。因此，从雇员每小时的收入来看，雇员薪酬收入基本保持了小幅度上升的态势。

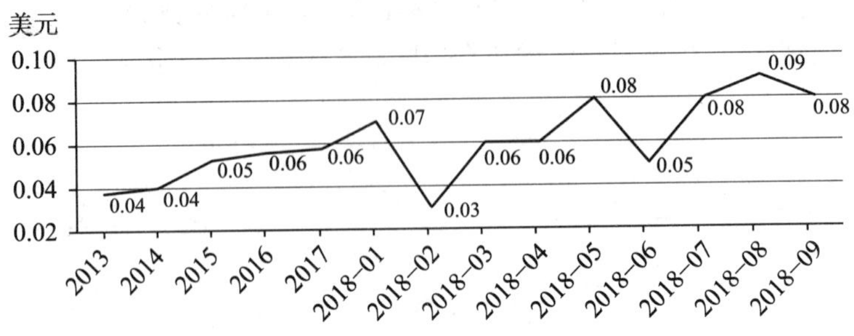

图 6　美国经济中所有私人部门雇员每小时薪酬的变化

注：2013—2017 年的数据是月度均值，2018 年是 1—9 月的数据。

资料来源：作者依据 U. S. Bureau of Labor Statistics，Employment，Hours，and Earnings from the Current Employment Statistics Survey（National）提供的原始数据计算。

2. 设备开工率

从设备开工率来看，2018 年 1—8 月的设备开工率接近于 1990—1991 年的低值，尚未达到 1972—2017 年的均值水平 79.8%。与 1988—1989 年和 1994—1995 年的高值 85%相比，还有超过 7 个百分点的差距（见图 7）。设备开工率数据显示进入 2018 年美国经济没有出现过热的迹象。

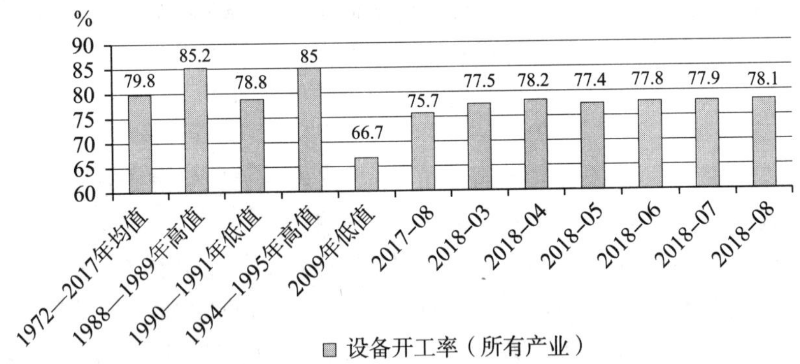

图 7　美国经济中的设备开工率

资料来源：The Federal Reserve Bank.

3. 技术冲击

从美联储圣路易斯分行给出的旧金山技术冲击指数来看，处于技术冲击衰退期的两个阶段非常明显：2001 年纳斯达克泡沫的破灭和 2008 年的次贷危机，金融危机对技术进步产生了显著的负面影响。从过去的情况看，2013 年 1 月—2017 年 12 月，旧金山技术冲击指数的均值只有 83.51。2017 年全年的月度技术冲击指数为 89.88，而 2018 年 1—8 月的月度均值为 98.59，尤其是 2018 年 6—8 月三个月均超过 100，到 2018 年 8 月上升到 102.03（见图 8）。从趋势上看，从 2016 年 5 月开始到 2018 年 8 月两年多的时间里，旧金山技术冲击指数一直是增长的。因此，从技术冲击的角度来看，这有助于美国经济继续上行。

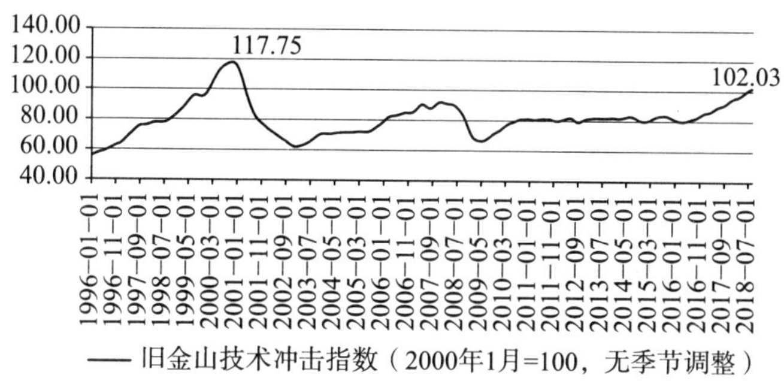

图 8　美国经济中的技术冲击指数

注：技术冲击指数是指美国信息技术部门行为的一致指数（coincidence index），该指数衡量美国技术部门的健康状态，指数构成包括在 IT 部门的投资、私人电脑和软件的消费、IT 部门的就业、信息部门的生产以及技术部门的设备。

资料来源：U. S. Federal Reserve Economic Data. https://fred. stlouisfed. org.

4. 储蓄率

相对于很多发展中国家的居民储蓄率，美国经济中的储蓄率一直很低。次贷危机爆发时的 2007 年 11 月美国经济中个人储蓄率达到低点，只有 3.1%，此后基本呈上升趋势，一直达到 2012 年 12 月的 12%；随后在 2013 年 1 月快速下降到 6.3%，之后基本稳定在 6%～7%。2018 年 1—8 月的月度储蓄率均值为 6.9%，8 月为 6.6%。从最新公布的季度数据来看，第三季度为 6.4%，比第二季度的 6.8%下降了 0.4 个百分点。

5. 企业利润率

从企业利润率来看，与 2011—2017 年企业利润季度均值相比，2018 年第一季度到第二季度企业利润总体上是上升的。其中，公司利润同比增幅是 2011—2017 年季度利润同比增幅的 2 倍多，达到 6.61%；非金融部门的利润同比增幅为 5.46%，高于 2011—2017 年的均值 3.60%；但金融部门利润同比增幅下降，2018 年前两季度利润同比增幅为 2.95%，低于 2011—2017 年利润同比增幅 4.19%（见图 9）。非金融部门较高的利润增幅有利于提高企业财务的稳健性。

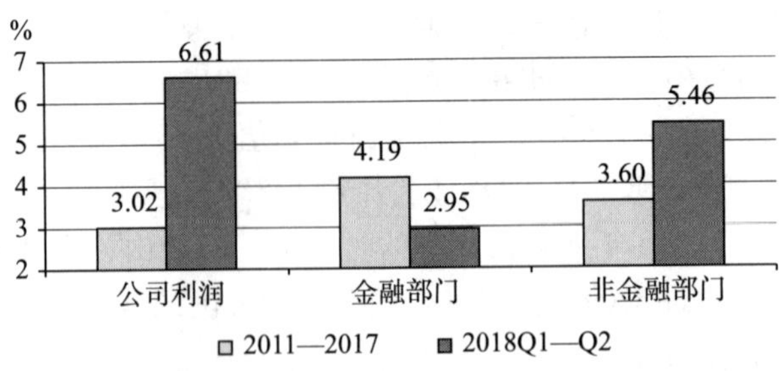

图 9 美国经济公司利润同比增幅

注：公司利润是考虑了存货估值和资本消费调整后的公司利润；金融部门是指保险、银行和其他金融控股公司。

资料来源：作者依据 BEA 的数据计算。

四、从资产负债表看美国经济增长的特点

从资产负债表健康情况来看，尽管债务总量在上升，但家庭和企业偿还债务的能力在提高，家庭和企业资产负债表处于改善的状态，这有利于美国经济中的消费和投资，但政府债务处于历史高位无疑成为金融市场的重要风险点，美国政府债券对国际投资者的吸引力在快速下降，这意味着美国政府债务的边际增加给金融市场带来的边际风险可能是急剧增加的。

1. 家庭债务服务比例

次贷危机爆发后，美国家庭的债务服务比例（=家庭总债务支付/家庭总可支配收入）是逐步下降的。从 2008 年的 12.93%一路下降到 2012 年 10.07%。从 2013 年开始美国家庭的债务服务比例一直保持较为稳定的态势，基本维持在 10%左右，2017 年为 9.97%。进入 2018 年第二季度这一比例进一步下降到 9.84%（见图 10）。这说明美国居民家庭财务状况有所改善，家庭偿债能力有所提高，这有利于美国居民消费的增长。

图 10 美国家庭债务服务比例

注：2008—2017 年是季度数据的年均值，2018 年是第一和第二季度的数据。

资料来源：The Federal Reserve Board，Household Debt Service and Financial Obligations Ratios.

2. 企业债务服务比例

次贷危机爆发后，美国经济中私人非金融部门的债务服务比例从 2008 年第三季度的高点 18.4%一直下降到 2013—2015 年的 14.2%。此后略有上升，但保持在 14%～15%的区间，到 2018 年第一季度为 14.9%（见图 11）。即使以 2013—2017 年季度均值 14.4%来看，当前美国经济中私人非金融部门的债务服务比例也不高。值得注意的是，从 2016 年第二季度的 14.3%开始，到 2018 年第一季度的 14.9%，这期间是缓慢上升的。这意味着美国经济经过 2008—2012 年的去杠杆，并在 2013—2015 年经过了 3 年的杠杆低值蛰伏，从 2016 年第二季度开始，企业开始了新一轮的缓慢的杠杆升级。因此，从企业债务服务比例可以看出，美国经济中企业债务风险可控。

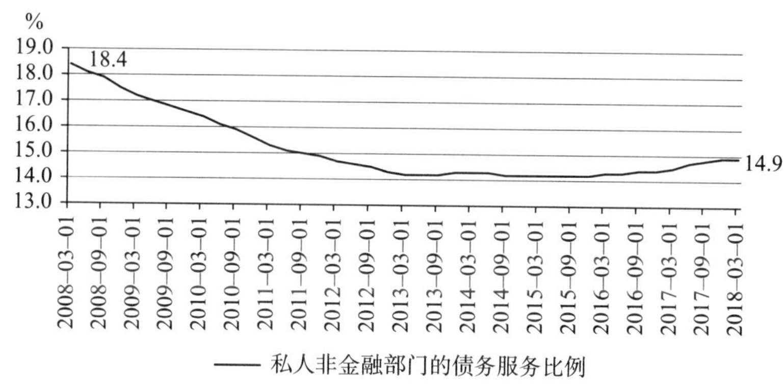

图 11 美国经济中私人非金融部门的债务服务比例

资料来源：BIS（2018），Debt Service Ratio for the Private Non-financial Sector.

3. 政府债务

反危机政策实施以来，美国政府债务不断攀升。2008 年第一季度美国政府债务/GDP 只有 64.4%，2012 年底首次突破 100%，达到 100.5%。经过 4 年的时间，美国政府债务/GDP 比例提高了 36.1 个百分点，平均每年提高 9 个百分点。此后这一比例基本维持在 100%～106%，在 2016 年底达到最高的 105.3%。2018 年第一季度为 105.2%，基本维持在历史高位（见图 12）。

虽然说 2016 年以来美国政府债务/GDP 比例变化不大，但债务总量增长速度还是相当快的。2018 年第一季度，美国政府债务总量为 9.44 万亿美元，第三季度突破 10 万亿美元大关，为 10.02 万亿美元；2011 年年度突破 15 万亿美元大关，为 15.22 万亿美元，2017 年第三季度突破 20 万亿美元大关，达到 20.24 万亿美元。到 2018 年第二季度达到了创纪录的 21.2 万亿美元。美国政府债务的高企成为影响美国甚至全球经济增长的重大风险。美国政府债券的主要持有者是

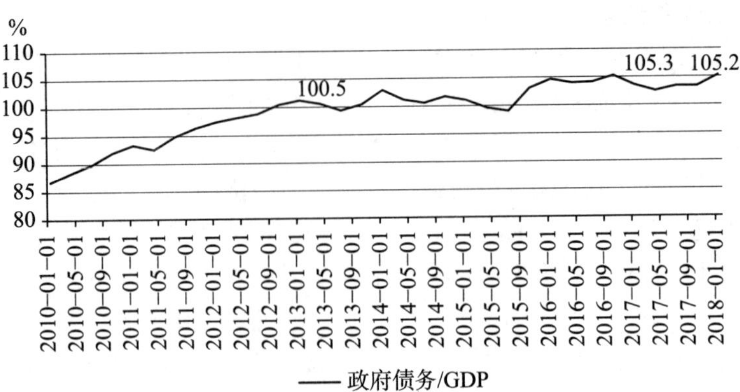

图 12　美国政府债务/GDP 的变化

资料来源：U. S. Federal Reserve Economic Data，https://fred. stlouisfed. org.

美国国内的银行和其他投资者，外国和国际投资者持有的比例最高时达到 1/3（2014 年第二季度最高达到 34.14%），此后有所下降，到 2018 年第一季度外国人持有的美国政府债券的比例为 29.48%（见图 13），下滑了 4.66 个百分点。换言之，当前 21.1 万亿美元的美国政府债务中有 6.22 万亿美元的政府债务是外国人持有的。尽管美国政府债券是美国提供国际流动性的重要方式之一，仍然是美国国内和国际投资者青睐的重要投资品种，但外国和国际投资者持有美国政府债券的比例自 2014 年第二季度以来出现的趋势性下滑，无疑增加了外国和国际投资者对美国政府债务高企的担忧，这种担忧也会转化为市场风险，推高市场利率水平。

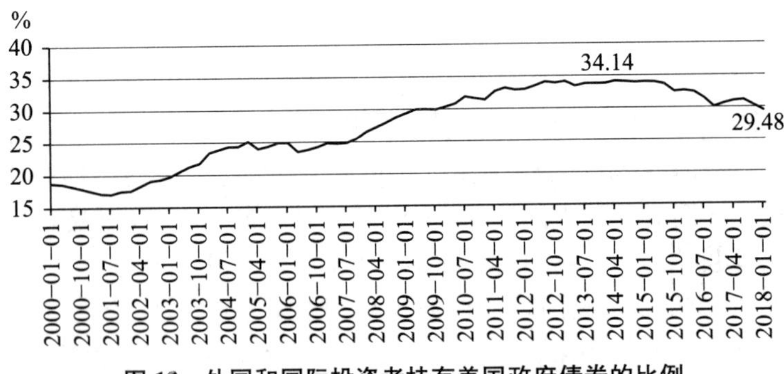

图 13　外国和国际投资者持有美国政府债券的比例

资料来源：U. S. Federal Reserve Economic Data，https://fred. stlouisfed. org.

2018 年 11 月 7 日，美国中期选举结束，民主党在 8 年后重新获得众议院多数党席位，这无疑会约束特朗普的财政赤字政策，一方面可以减缓美国的债务压力，也会影响特朗普增加基建支出计划的实施，这无疑会降低特朗普政府刺激经济的能力。

另一方面，我们看到，随着美国政府债务的不断增长，外国投资者持有美国政府债券的数量在边际上几乎没有变化。2017 年 8 月—2018 年 8 月，国外投资者持有美国政府债券的数量仅仅增加了 376 亿美元（见图 14）。其中第一和第二大持有国家的中国和日本在过去一年分别减持了 366 亿美元和 718 亿美元。因此，相比美国政府债务在过去一年增长了 1.32 万亿美元来说①，外国投资者对吸收美国政府债务的边际偏好发生了重大转变：美国政府债券对国际投资者的吸引力在急剧下降。这意味着美国政府债务的边际增加给金融市场带来的边际风险可能是急剧增加的。

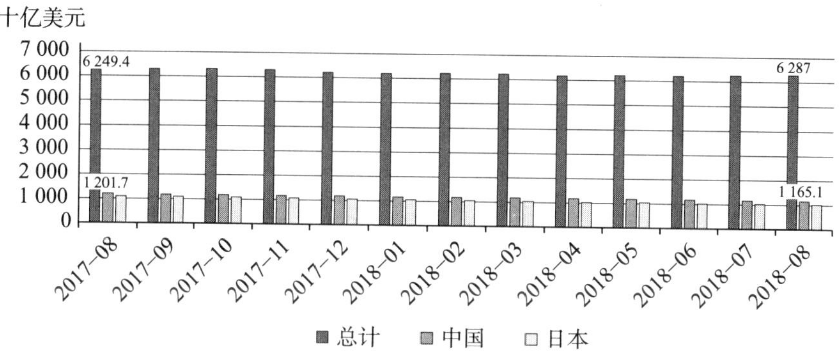

图 14　外国投资者持有美国政府债券的数额

资料来源：U.S. Department of the Treasury.

五、美联储加息的影响

美联储加息的速度和进度将决定美国此轮经济景气周期的扩张长度。2018 年美国股市屡创新高、房价也创历史新高。股市过高的市盈率和市净率使得股票市场的风险在不断聚集，随着加息进程的推进，资产价格的重估效应会显现出来，存在导致资产价格大波动的风险。

1. 股市

美国的金融系统是以市场为导向，直接融资是最重要的融资方式之一，美国股市的市值占全球的 50%左右，股市的好坏对美国经济影响很大。次贷危机之后，按照美国国家经济研究局（NBER）定义的美国经济衰退期结束时间（2009 年 6 月 1 日），美国股市已经走过了 9 年多的长牛市。从次贷危机导致的经济衰

① 2017 年 9 月—2018 年 9 月，美国政府发行在外的债务数量从 20.245 万亿美元增加到 21.561 万亿美元，增加了约 1.32 万亿美元。数据来自 https://www.treasurydirect.gov。

退期结束到 2018 年 10 月 3 日道琼斯工业指数的高点（26 828.39 点），道琼斯工业指数在 9 年时间里涨幅高达 207.6%，而标普 500 指数的涨幅（2018 年 9 月 20 日达到 2 930.75 点）则达到了 210.8%。次贷危机结束后，美国股市总体涨幅达到了 2 倍多。

从特朗普上台后的数据来看，2017 年 1 月 20 日到 2018 年 9—10 月，道琼斯工业指数和标普 500 指数分别上涨了 35.3%和 29%。到 2018 年 10 月 11 日，特朗普时期的美国股市的年度最大平均涨幅不及过去 9 年牛市的年度简单平均涨幅。考虑到 10 月 10—11 日的大跌，截至 2018 年 10 月 11 日，道琼斯工业指数和标普 500 指数分别上涨了约 21%和 20%。据特朗普说，他上任以来，道琼斯工业指数 70 次创新高。① 从 2018 年初至 2018 年 10 月 12 日，在全球主要股市中，相对于其他主要股市股指负增长的表现，美国的股市涨幅还是相当抢眼的（见图 15）。

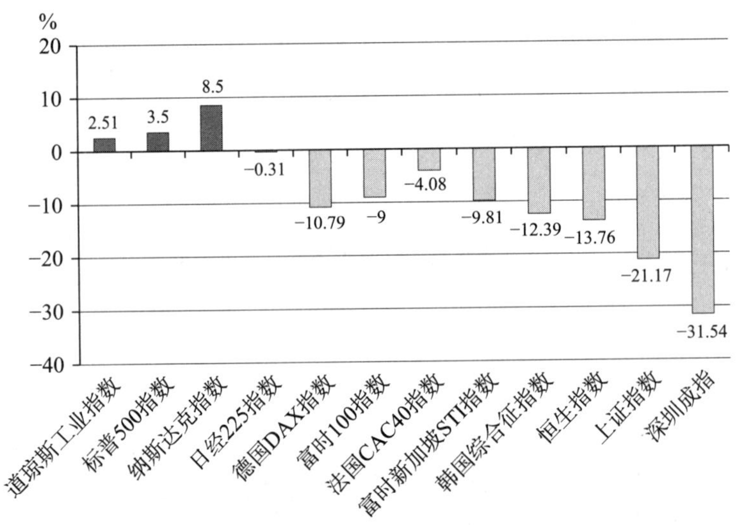

图 15　2018 年（截至 2018 年 10 月 12 日）全球主要股市指数涨幅

资料来源：Wind 资讯。

同时，我们看到美国长达 9 年多的牛市也导致了美国股市在全球主要股市中的估值是最高的。截至 2018 年 10 月 12 日，道琼斯工业指数、标普 500 指数和纳斯达克指数的市盈率分别为 22.4、22 和 45.1（见图 16）。尤其是纳斯达克指数的市盈率显示出过高的估值，基本进入了风险调整区域。

① 特朗普执政 20 个月成绩单，参见特朗普 2018 年 10 月 12 的推特。

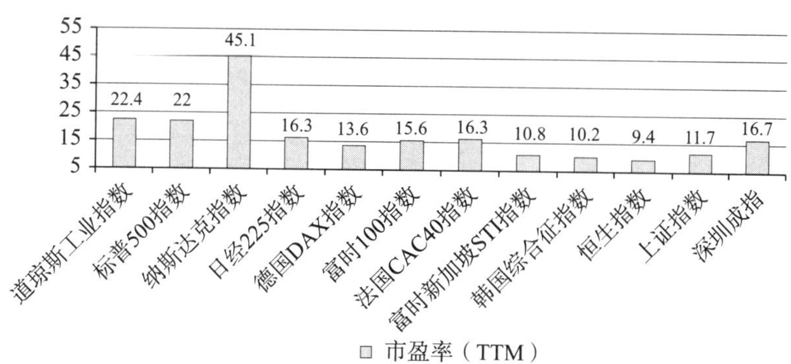

图16　2018年（截至2018年10月12日）全球主要股市的市盈率

资料来源：Wind资讯。

从另一个重要的估值指标来看，美国股市在全球主要股市中的估值是最高的。截至2018年10月12日，道琼斯工业指数、标普500指数和纳斯达克指数的市净率分别为4.08、3.22和4.47（见图17），相对于其他股市来说，存在明显过高估值的风险。

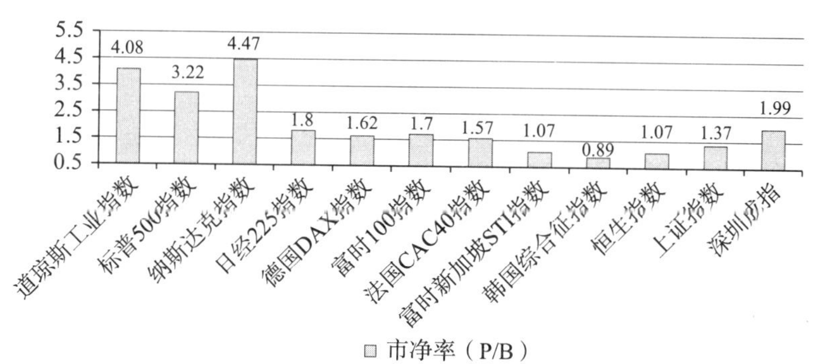

图17　2018年（截至2018年10月12日）全球主要股市的市净率

资料来源：Wind资讯。

2. 房地产市场

（1）整体房价指数。美国反危机政策实施以来充裕的流动性和低利率有助于美国房地产市场的复苏，也推高了房价。2007年第一季度美国全部交易的房价指数为378.25（1980Q1=100），危机爆发后，2011年第一季度下跌至近些年的最低点，下跌幅度达到18.7%。此后房价开始回升，到2018年第一季度房价交易指数达到414.22，上涨幅度达到36.7%（见图18）。目前的房价交易指数处于美国历史最高水平。随着2018年房价的逐步走高，住房投资的收益率在下降。

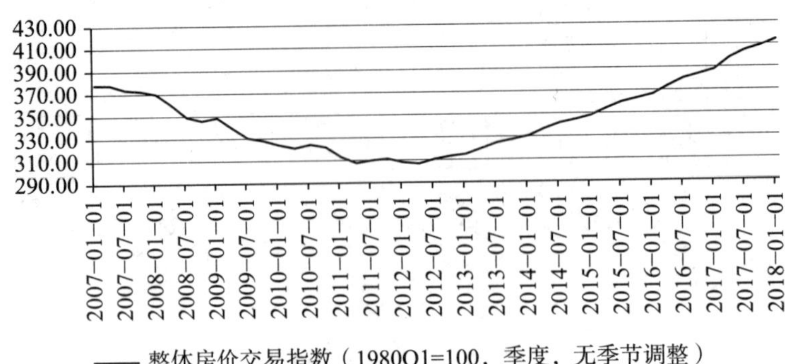

图 18　美国经济中的整体房价交易指数

资料来源：Federal Reserve Bank of St. Louis.

（2）房价/租金比。从房价/租金比来看，1980—2017 年这一比例平均为 1.268，2015—2017 年平均为 1.270，基本上保持在过去近 40 年的平均水平。进入 2018 之后，这一比例有较为明显的上升，2018 年前两季度均值为 1.325。这意味 2018 年前两季度的房屋投资收益率比过去近 40 年下降了 4.31%，比 2015—2017 年下降了 4.16%。与 2017 年四个季度的均值相比，2018 年前两季度房屋投资收益率下降了 2.09%（见图 19）。

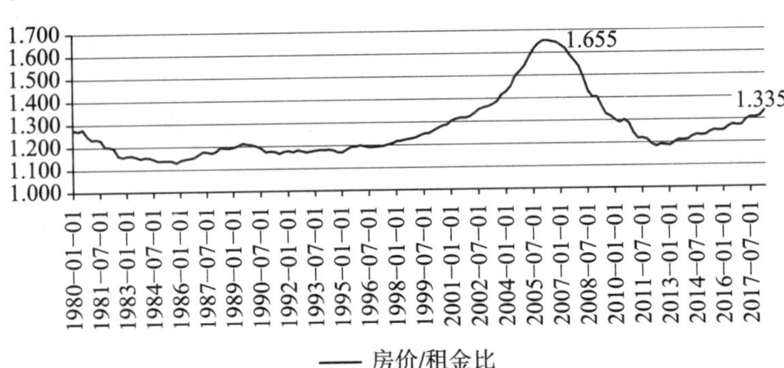

图 19　美国经济中的房价/租金比

注：房价指数数据来自 All-Transactions House Price Index for the United States；租金数据来自 Consumer Price Index for All Urban Consumers：Rent of Primary Residence。

资料来源：https://fredblog.stlouisfed.org.

（3）租金/收入比。从租金/收入比来看，美国各个地区租金/收入比的变化差异较大。和 2000 年第一季度相比，2018 年第一季度租金/收入比上涨最快的是迈阿密，上涨了 21.2%；阿拉斯加州城市则是下降幅度最大的，下降幅度达到 13.8%（见图 20），大多数中西部城市的房屋租金/收入比是下降的。

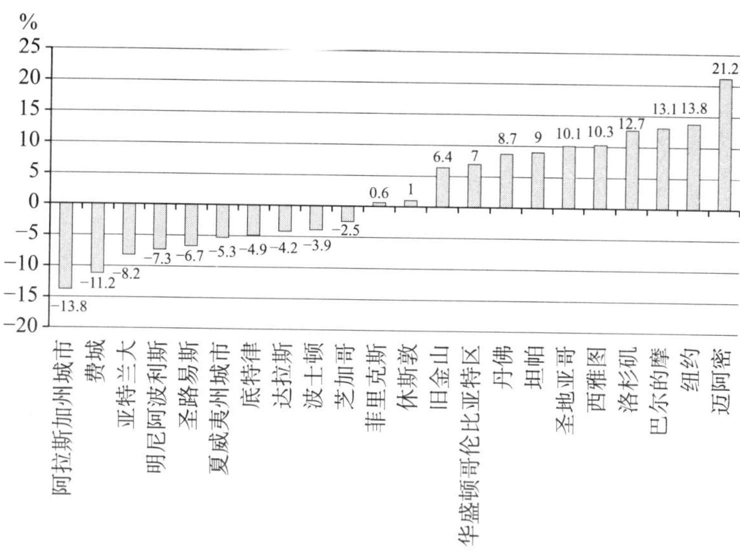

图 20　美国重要城市租房的租金/收入比的变化：2000Q1—2018Q1

资料来源：Federal Housing Finance Agency and Bureau of Economic Analysis，quoted in William R. Emmons，2018，“Which U. S. Major Metro Areas Now Offer the Best Housing Values?”，Federal Reserve Bank of ST. LOUIS.

（4）房价/收入比。从房价/收入比来看，美国各个地区房价/收入比的变化差异很大。与 2000 年第一季度相比，2018 年第一季度房价/收入比上涨最快的是洛杉矶，上涨了 68.6%；底特律则是下降幅度最大的，下降幅度达到 38.7%（见图 21）。

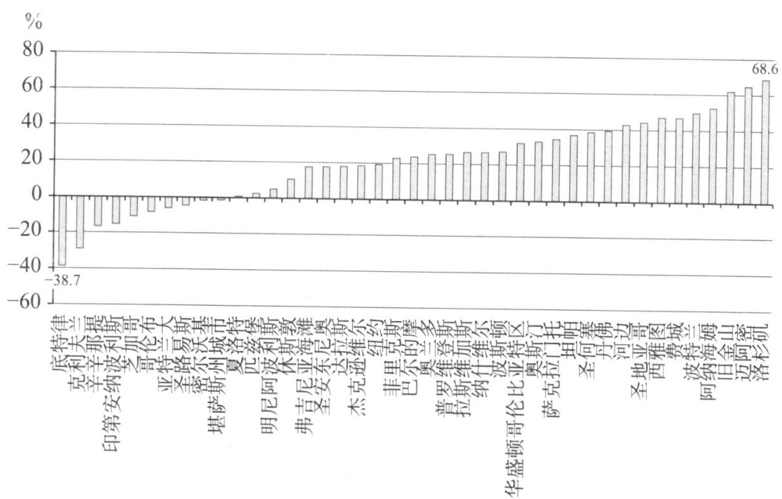

图 21　美国重要城市的房价（自有住房）/收入比的变化：2000Q1—2018Q1

资料来源：Federal Housing Finance Agency and Bureau of Economic Analysis，quoted in William R. Emmons，2018，“Which U. S. Major Metro Areas Now Offer the Best Housing Values?”，Federal Reserve Bank of ST. LOUIS.

大多数中西部城市的房屋房价/收入比是下降的，东部沿海城市的房价/收入比上涨的速度较快。

3. 债券市场

从 2015 年底开始，美联储进入货币紧缩阶段，截至 2018 年 10 月已经 8 次加息。联邦基金利率几乎从零利率走到了目前的 2%～2.25%区间。随着联邦基金利率的不断走高，美国国债收益率也不断上升。从 2016 年年中开始，10 年期国债收益率基本呈上升趋势，到 2018 年 10 月初基本维持在 3.1%～3.3%的区间。作为美国乃至全球最重要的长期基准利率，10 年期国债收益率的大幅度上升无疑会推高长期资本成本，引发资产价格重估的风险。随着长期利率上扬，短期利率上扬更快。从最重要的 10 年期和 2 年期国债利差来看，2013 年底以来不断收窄，从 2013 年底的 2.56 个百分点收窄至 8 月底的 0.25 个百分点（见图 22），甚至有利率倒挂的风险，引发了市场关于美国经济衰退的推想。

长短期国债利差收窄或者利率期限结构的平坦化是不是未来经济衰退的信号，对此存在争议。长短期利差可以表达为两个部分：中性利差＋期限溢价差。按照美联储主席鲍威尔的观点，这次长短利差的收窄主要是利率期限溢价差缩小，而中性利差依然维持在比较高的水平。此次利差缩小与以往的利差缩小存在结构性差异，不应过度解读为未来经济衰退的信号。

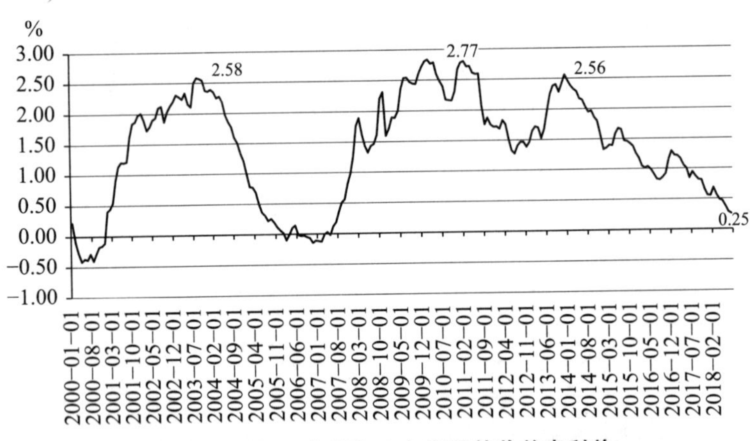

图 22　美国 10 年期和 2 年期国债收益率利差

资料来源：Federal Reserve Bank of St. Louis.

另一个市场利差收窄也揭示了投资者风险偏好补偿的重要信息。从穆迪 Aaa 债券收益率和美国 10 年期债券收益率利差不断收窄来看，市场投资者风险偏好在上升，且对风险溢价补偿的要求在下降，这也是推动股市、房市资产价格上涨的重要因素（见图 23）。但这种风险偏好补偿的下降极易引发市场情绪的逆转，导致金融市场资产价格出现较大规模的调整。

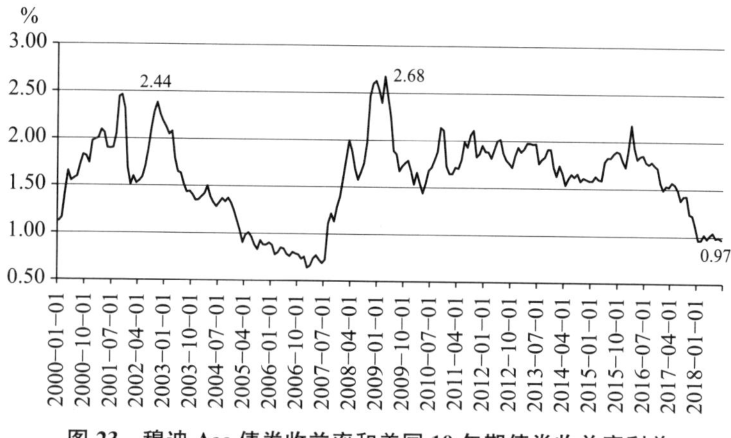

图 23　穆迪 Aaa 债券收益率和美国 10 年期债券收益率利差

资料来源：Federal Reserve Bank of St. Louis.

4. 油价

自 2016 年 1 月以来，作为国际油价最重要的指标，欧洲 Brent（布伦特）原油现货价格快速攀升。2016 年 1 月 Brent 原油现货价格为 30.7 美元/桶，到 2018 年 8 月底达到 72.53 美元/桶（见图 24）。在 2018 年 9 月 24 日，Brent 原油现货价格突破 80 美元/桶，达到 80.89 美元/桶，10 月 1 日达到 84.94 美元/桶。因此，从 2016 年 1 月到 2018 年 10 月的 34 个月的时间里，欧洲 Brent 原油现货价格的涨幅达到了惊人的 176.7%。

图 24　欧洲 Brent 原油现货价格

资料来源：U. S. Energy Information Administration（EIA）.

2016 年 2 月美国 WTI（西得克萨斯中质原油）原油现货价处于阶段性低点，价格为 30.32 美元/桶。此后，美国 WTI 原油现货价也是一路上升，到 2018 年 8 月达到 68.06 美元/桶（见图 25），并在 9 月达到了 70 美元/桶。到 2018 年 10

月 1 日，美国 WTI 原油现货价格达到了 75.37 美元/桶。在 2016 年 2 月—2018 年 10 月 33 个月的时间里，涨幅也高达 148.6%。

图 25　美国 WTI 原油现货价格

资料来源：U. S. Energy Information Administration（EIA）.

在长期中，油价将主要取决于经济的需求状况。一方面，2018 年油价的上涨与地缘政治关系很大，伊朗、沙特阿拉伯与美国的问题是推动 2018 年油价短期快速上涨的重要因素；当然美国经济的景气也是拉升油价的原因之一，这一点从 WTI 原油价格的上涨上得到了充分的体现。由于市场普遍预期美国、欧洲、中国和日本经济增速在 2019 年有不同程度的放缓，且原油的地缘政治风险来源已久，风险尚可控，影响油价短期快速上涨的因素并不完全具备。另一方面，美国国内面临一定的通货膨胀压力，尽管美国也是能源出口大国，但油价的上涨会加快结束美国的经济景气周期，特朗普也因此不会让油价大幅度上涨，这一点可以从特朗普对待沙特阿拉伯的“忍容”态度和对待 OPEC 的“抱怨”态度上得到充分体现。同时，进入 2018 年美国原油产量不断提高，平均日产量均在 1 000 万桶以上，库存充裕，美国成为原油出口国的概率较大（EIA，2018）。因此，油价不会出现持续性的上涨，未来一段时间油价更大的可能是维持在中低位运行。

六、总需求后劲不足是美国经济增大放缓的基本原因

美国经济中的金融资产价格，尤其是股票价格会出现大幅度波动，在“纠结”中高位调整，但不会出现金融危机以及由此引发的经济危机。金融周期的逐步逆转和贸易摩擦等因素带来的美国经济总需求后劲不充足是 2019 年美国经济增速放缓的基本原因。

历史表明，我们永远也无法精确知道资产价格在某年某月某日发生趋势性逆转，并出现持续的调整。金融资产这种随机游走的性质也验证了市场的有效性，即金融危机只能事后验证。但我们仍然坚持可以依据经济学、金融学等学科的基

本原理来对资产价格走势做一个大致的判断，或者是推测。毫无疑问，美联储对中性利率水平值的判断和加息的速度及力度将直接决定金融资产价格重估的速度。从美国实体经济的基本面来看，经济较快的增速、温和的通货膨胀温和创新低的失业率显示美国经济仍处于上升阶段。进一步从供给端和需求端以及居民和企业的财务稳健状况来看，仍然支持这一结论。因此，美国经济的基本面是相当好的。问题就在于，美国金融资产价格的高企将使得金融周期成为主宰实体经济周期的决定性力量，金融周期的逆转程度将直接决定美国经济增速的回落程度。而美联储加息的速度、力度将直接取决于美国经济通货膨胀的态势；而加息加到什么水平在很大程度上取决于美联储对美国经济中性利率水平的判断。

从中性利率水平来看，流行的（最常用的）中性利率水平是通过泰勒规则计算出来的利率水平。依据美联储泰勒规则模型计算出来的可以抵抗通货膨胀的中性利率水平为 4.6%，这相当于目前联邦基金利率的一倍。对这个数据我们要谨慎对待，因为反危机之后很长时间里美国经济一直面临低利率、低增长、低通货膨胀和高债务的困境。因此，依据泰勒规则测算出来的中性利率水平会由于经济潜在水平的下滑或者由于实施反危机政策后为了应对通缩提高目标通货膨胀率的容忍度而出现系统性的偏高。换言之，即使模型测算出来中性利率水平为 4.6%，仅仅只能算是模型给出的参考结果。进一步考虑到美国经济中债务总量急剧增大的问题，可以合理地推测美联储心目中的中性利率水平要大大低于这一数值。

从通货膨胀水平来看，目前美国经济面临通货膨胀向上的压力，但压力并没有那么大。主要取决于以下几个重要因素：国际原油价格，贸易摩擦（关税等）带来的价格上涨（目前测算大约增加美国 325 亿美元进口成本），量化宽松（QE）政策退出的滞后效应，住房、教育及医疗成本的上升以及美元汇率的变动等因素。按照美国经济研究局等的研究，2018 年的私人消费支出核心通货膨胀率为 2%，2019—2020 年平均为 2.3%（见图 26）。

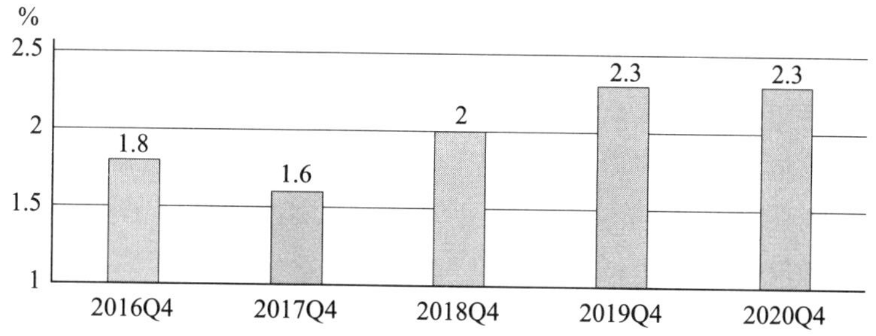

图 26　美国经济中私人消费支出核心通货膨胀率

资料来源：Bureau of Economic Analysis；Haver Analytics.

第一，由于私人消费支出核心通货膨胀率仍处于温和区间，通货膨胀及通货膨胀预期的压力并不足够大，美联储的加息速度将不会出现超过市场预期的速度。市场普遍预期 2019 年将加息 3 次，但考虑到油价处于中低位运行的概率较大，如果 2018 年底美联储继续加息 1 次（如果油价继续下行，2018 年底是否还加息存在疑问），那么 2019 年美联储的加息次数应该少于 3 次。第二，美国经济的基本面在 2018 年依然保持了相当健康的状态。第三，由于贸易摩擦，投资者对于美国经济未来增长的预期普遍下调（比如 IMF 将 2019 年美国经济增速下调至 2.5%。2018 年 9 月以来的贸易摩擦使得美国经济下降 0.3%；如果再对另外 2 670亿美元的从中国进口的商品征收 25%的关税，美国经济将下降 0.5%；如果进一步对汽车/零部件征收 25%的关税，美国经济将下降 0.9%），将引发投资者对企业盈余下降的预期，从而向下修正股票的估值。第四，美国股市过高的估值对加息极为敏感，这也会引发投资者对股票估值向下修正的强烈倾向。第五，从穆迪 Aaa 债券收益率和美国 10 年期债券收益率利差不断收窄来看，市场投资者风险偏好在上升，且对风险溢价补偿的要求在下降。这种风险偏好补偿的下降极易引发市场情绪的逆转，导致金融市场资产价格出现较大规模的调整。这五个基本原因决定了美国金融市场，尤其是股票市场价格（道指）必然在“纠结”中做出向下的调整。但由于健康的经济基本面、加息的速度不会超出市场预期、贸易摩擦等因素导致的经济下行还将取决于未来政策的变化等因素；同时如果政策能积极引导市场投资者的风险偏好不要急剧恶化，那么可以判断美国经济中的资产价格，尤其是股票价格会出现一个向下调整，但不会出现持续的、急剧的向下调整，也就是说不会出现金融危机。但金融周期的逐步逆转和总需求后动力不足两大因素将在经济的基本面上决定 2019 年美国经济增速会放缓。

七、简要结论

从总需求角度看，2018 年拉动美国经济较强劲增长的边际因素是投资的增长和政府支出的增加。从总供给角度看，美国经济依然具备维持高位增长的能力。总需求放缓主要来自：可支配收入的增幅决定了消费难以在边际意义上进一步拉动美国经济的增长；2018 年第三季度净出口对 GDP －50.86%的贡献率显示贸易摩擦给美国经济带来了下行压力；11 月民主党重掌众议院将限制特朗普政府刺激财政计划的进一步实施，政府支出边际上难以进一步提高。尽管减税政策带来的投资上升将成为维持美国经济高位运行的关键，但税改的边际效应存在递减。

美联储加息的速度和幅度将决定美国此轮经济景气周期的扩张长度。因此，特朗普政府延长经济景气周期的要点是美联储放缓加息的速度和幅度。劳动力市场工资上升在推动物价上升的同时也会增加消费，提振总需求，但高油价对于特朗普政府能够延长经济景气周期来说是必须抛弃的。因此，特朗普会选择工资上涨＋油价中低位运行的组合来平滑物价水平的上升，减缓美联储加息的速度和幅度。考虑到 9 月由于油价同比增幅大幅度下滑带来了 CPI 有较大幅度下降（9 月 CPI 为 2.3％，仍高于 2％），2018 年底美联储是否继续加息 1 次就存在一定的疑问。如果美联储 2018 年继续加息 1 次，那么 2019 年美联储的加息次数应该少于此前市场普遍预期的 3 次。

2018 年美国股市屡创新高，房价也创历史新高。股市过高的市盈率和市净率使得股票市场的风险在不断聚集。随着加息进程的推进和过度政府债务推高了市场利率水平，资产价格的重估效应会显现出来。金融市场长期债券和短期债券利差的大幅度缩小可能显示投资者对长期增长前景的不乐观，而债券市场风险溢价补偿的大幅度缩小表明市场处于风险偏好调整的敏感时期，这些因素都会带来金融资产价格的大幅度波动。

因此，实体经济总需求的后动力不充足和金融周期的逐步逆转将决定 2019 年美国经济增速会出现回落，但实体经济较为健康的基本面决定了资产价格较大幅度的波动不会带来金融危机。

债务周期与非金融企业信用风险演化

袁海霞　王秋凤　汪苑晖

摘　要

自20世纪后半期以来，一些经济学者深入了分析债务与经济周期的关系。众多研究成果的共识是，经济中的债务水平与经济周期之间存在明显关联。如伯南克和格特勒提出，企业资产负债表的变化能够引起投资的变化，投资的改变会引起下一期产量的变化，从而造成经济波动。明斯基的金融不稳定假说系统地论述了债务持续扩张对经济的影响，认为经济体系具有内在不稳定性和顺周期性，经济繁荣期投资者持续加杠杆，风险不断积聚导致收支不平衡，一旦投资资产遭遇损失，放贷人会尽快回收借出的款项，进而导致资产价值崩溃，出现“明斯基时刻”。桥水基金的Ray Dalio明确提出了“债务周期”的概念，并将债务周期列为带动经济增长的驱动力。他提出，经济运行的三大驱动力来自生产率的趋势性增长、短期债务周期、长期债务周期。

本文我们将着重分析非金融部门尤其是非金融企业部门债务增长及其与经济周期的关系，在理论上更接近于达里奥关于长债务周期的分析。也就是说，在本文中完整的债务周期主要指非金融部门（家庭、政府、企业）“加杠杆-去杠杆”的全过程以及与此过程相伴随宏观经济的波动。2008年以来，在“债务-投资”驱动模式下，中国经济经历了债务风险快速积累，宏观杠杆率尤其是非金融企业杠杆率快速攀升的加杠杆阶段。2016年下半年以来，随着对风险的重视，宏观调控转向以防风险为主，中国经济进入了从金融部门转向实体经济的去杠杆阶段，也就是债务周期的下行阶段，非金融企业部门的债务风险边际改善；2018年以来，中美关系发生了重大变化，经济下行压力加大，信用风险加快暴露，宏观政策在稳增长与防风险之间动态调整，“严监管、紧货币、紧信用”经过“严监管、稳货币、结构性紧信用”向“稳监管、宽货币、宽信用”转变，实际上，中国经济进入了结构性稳杠杆阶段；但同时，考虑非金融企业仍面临债务到期高峰压力，信用风险仍有加快释放的概率，尤其是房地产行业、融资平台及民营企业等重点板块风险较为突出，国有企业债务风险虽然可控但仍存在结构性风险，未来宏观政策层面仍需把握好稳增长与防风险的平衡，处理好风险局部释放与防范系统性风险的关系，并注重发挥好财政政策在去杠杆过程中的作用。

关键词：债务周期；信用风险；非金融企业

一、2008年以来我国债务周期概述[①]

改革开放以来，我国曾经出现过三次比较严重的债务问题，分别是1978—1981年的中央财政赤字、1988—1992年的企业间“三角债”、1997—1999年的国企经营问题造成的金融机构坏账等。但是，以上三次债务问题产生的原因和处理方式的市场化程度均不高，与其他市场化国家的债务周期没有可比性。我国真正意义上的市场化的债务攀升实际上是在2008年之后。在全球金融危机的冲击下，为了稳定经济增长，中国启动了以“四万亿元”为主的一系列经济刺激政策，中国经济由此进入“债务-投资”驱动模式，债务急剧膨胀，各非金融部门轮番加杠杆，持续推高宏观杠杆率。2016年下半年以来，随着宏观调控重心转向防风险，中国经济开启去杠杆进程，总杠杆率增长边际趋缓，债务周期或趋于见顶。

（一）2008—2016年，我国经历了三轮加杠杆过程，各部门轮番加杠杆

在2008年下半年至2016年的债务周期上行期，我国总杠杆率水平大幅上扬，从2008年底的141.3%快速攀升至2016年底的255.3%，增幅超过110个百分点。其中，非金融企业部门债务增长尤其突出，2016年底非金融企业部门杠杆率高达180%，位居全球首位，较2008年底攀升80.3个百分点；此外，政府部门、居民部门杠杆率同样增长较快，截至2016年底分别达到44.5%、44.4%，比2008年底提升17.4、26.5个百分点（见图1）。根据不同时期债务增长的不同影响因素及其表现，我们大致可以将此轮债务周期上行分为三轮加杠杆过程。

① 本部分关于杠杆率的测算数据中，2011年及之前的居民部门杠杆率数据来源于BIS，2011年之后的居民部门杠杆率数据来自中诚信国际的测算；2014年及之前的总杠杆率及非金融企业部门杠杆率、政府部门杠杆率数据来源于BIS，2014年之后的总杠杆率及非金融企业部门杠杆率、政府部门杠杆率数据来自中诚信国际的测算。

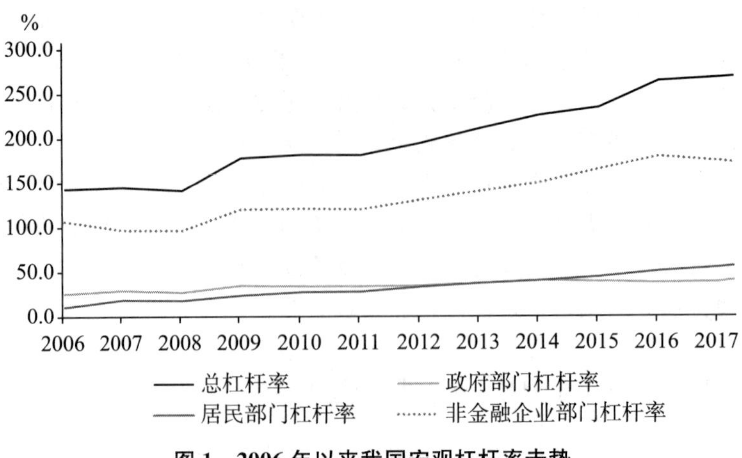

图 1　2006 年以来我国宏观杠杆率走势

1. 第一轮加杠杆

2008—2009 年金融危机后，在“四万亿元”刺激政策下宏观杠杆率快速攀升，企业债务规模扩张迅速。自 2008 年下半年开始，为了应对全球金融危机带来的冲击，中国启动了一系列经济刺激政策。一方面，推出“四万亿元”投资计划，另一方面，实行宽松的货币政策和积极的财政政策，此外，还推出了涉及多个领域的产业政策。在经济刺激政策的推动下，我国宏观杠杆率短时间内出现了大幅攀升，截至 2009 年底总杠杆率达到 177.8%，较 2018 年提升了 36.5 个百分点。非金融企业部门、政府部门和居民部门杠杆率均出现较大幅度攀升，其中以非金融企业部门杠杆率的增长最为突出，至 2009 年底杠杆率达到 119.9%，较 2008 年底提高 23.6 个百分点。政府和居民部门杠杆率分别达到 34.5%、23.5%，分别较 2018 年提高 7.4、5.6 个百分点。

2. 第二轮加杠杆

2012—2014 年，影子银行和融资平台快速膨胀，宏观杠杆率持续攀升。2010—2011 年，由于货币政策由“适度宽松的货币政策”调整到“稳健的货币政策”，边际收紧，债务增长有所放缓，与此同时，名义 GDP 出现明显回升。作为分子的债务增长放缓，作为分母的 GDP 增长加快，二者共同作用使总杠杆率有所回落。但是，2012 年之后再度进入第二轮加杠杆阶段，总杠杆率从 2011 年底的 181.1%快速攀升至 2014 年底的 225.7%，增幅超过 40 个百分点。在这一轮加杠杆过程中，非金融企业部门杠杆率继续保持较快增长，截至 2014 年底非金融企业部门杠杆率攀升至 149.9%，3 年内攀升幅度高达 30 个百分点。在此过程中，一个突出的特征是融资平台和影子银行的快速膨胀所带来的债务的迅速增长。从负债端来看，背靠地方政府信用的融资平台债务快速增长，根据国家审计署统计，截至 2013 年 6 月底，全国融资平台债务余额达到 6.97 万亿元，较 2010 年底增长 40.22%；同期，伴随直接融资渠道的快速发展，融资平台公开市场债券融资规模快速攀升，2012—2014 年城投债累计净融资额达到 3.2 万亿元。从资金端来看，2012 年以来，随着国内利率市场化持续推进，存款脱媒促使大量资金流向影子银行，如信托、基金子公司、P2P 平台等；此外，商业银行为规避监管将表内业务转移出表外，通过表外理财、银信合作等形式为地方政府融资平台提供资金支持。影子银行的发展进一步助推了融资平台债务的增长。虽然在本文的统计口径中，融资平台债务被纳入非金融企业债务进行统计，因此导致非金融企业部门杠杆率增长明显，但事实上，融资平台背靠地方政府信用，如果将其纳入地方政府隐性债务考量，则此轮以影子银行、融资平台为特征的加杠杆周期实际上反映的是地方政府债务尤其是隐性债务的快速膨胀。

3. 第三轮加杠杆

2015—2016 年，房地产价格大幅上涨，居民部门快速加杠杆。2015 年下半年尤其是 2016 年，在全国房地产行业去库存的大趋势下，我国的房地产交易市场持续回暖，一、二线城市交易量暴涨，带动房价持续飙升，居民杠杆买房的热情高涨，房地产贷款和个人购房贷款快速增长。在此背景下，2015—2016 年这一轮加杠杆以居民部门杠杆率快速攀升为主要特征。2016 年底，居民部门杠杆率攀升至 44.4%，较 2014 年底攀升 8.7 个百分点。出于对房地产泡沫化的担忧，2016 年 10 月多个城市出台限购、限贷政策，此后多个城市陆续出台了多轮房地产调控政策，打出限购、限贷组合拳，中央高层会议也多次强调“房住不炒”，并着手建立房地产调控长效机制。不过，由于房地产调控政策效果的显现存在一定时滞，2017 年居民部门杠杆率仍保持快速攀升态势，一路攀升至 48.4%，直到 2018 年以来增长才有所放缓。

（二）2016 年下半年以来，我国开启了去杠杆进程，债务周期或趋于见顶

根据达里奥的债务周期理论，杠杆的去化或者说债务危机的演进可以分为“通货紧缩去杠杆”“债务货币化去杠杆”“糟糕的通货膨胀去杠杆”三个阶段。但值得注意的是，不是所有经济体的去杠杆都必须经历这三个阶段，由于经济运行及政策调整等多方面的原因，大部分经济体的去杠杆只会经历其中一个或两个阶段。从 2016 年下半年至 2017 年我国的去杠杆进程在一定程度上显示出了达里奥的“通货紧缩去杠杆”的特征，但 2018 年以来，随着政策的及时调整，这种紧缩性的去杠杆阶段并没有完全延续，而是通过货币政策和监管政策的边际放松，呈现出“债务货币化去杠杆”的部分特征。但值得注意的是，高度抽象的理论与实践并非完全一致，且由于中国国情不同，我国的去杠杆虽然可以大概分为

两个阶段，但也不能完全简单地等同于"通货紧缩去杠杆"和"债务货币化去杠杆"。

第一阶段（严监管、紧货币、紧信用）：2016 年下半年至 2017 年，货币政策边际收紧，金融监管持续趋严，政策着力点主要在于推动金融机构去杠杆，但同时也带动了宏观杠杆率改善。在 2008—2016 年的债务周期上行期，长时间相对宽松的货币环境和金融机构表外业务的快速膨胀，导致宏观杠杆率不断攀升，债务风险不断累积，与此同时，大量资金在房市、债市、股市伺机流动，催生了资产泡沫。出于对风险的担忧，2016 年下半年起宏观调控转向防风险，2017 年监管政策进一步升级，货币政策转向稳健中性、边际收紧，对房地产领域和金融领域尤其是银行表外资金使用不规范、金融同业业务过度发展、地方政府债务等问题逐渐浮出水面，一行三会、财政部等相关监管机构频频发文，加快金融领域去杠杆，防范资产泡沫加剧等。综合来看，这一阶段的去杠杆政策以推动金融机构去杠杆为主，在政策的带动下，商业银行资产负债表无序扩张、影子银行快速膨胀势头得到了一定程度的遏制。资金端的收紧也给非金融部门信用扩展带来了制约，杠杆率增长放缓，截至 2017 年底总杠杆率为 267.8%，仅较上年提高 3.7 个百分点，而 2016 年较上年提高 29.7 个百分点。其中，非金融企业部门杠杆去化成效显著，截至 2017 年底杠杆率为 176%，较 2016 年回落 4 个百分点。但是，紧缩性的去杠杆政策尤其是监管政策出台节奏过快、力度过大也带来了一些负面影响，表现为利率中枢不断上移，流动性压力持续凸显（见图 2）；市场的恐慌情绪有所加重，金融产品流动性下降等。尤其是 2017 年 4—5 月，在监管机构持续出台监管措施的背景下，市场流动性收紧，市场情绪受到较大影响，股票及债权市场成交量大幅回落。

图 2　在"通缩去杠杆"政策影响下，货币市场和债券市场利率均明显上行

第二阶段（严监管、稳货币、实体经济去杠杆转向稳监管、宽货币、稳信用）：2018 年以来，政策边际调整，政策逐渐转向稳增长，同时防范系统性风险。2018 年以来，在中美贸易摩擦持续与内部风险不减的双重挑战下，经济下行压力有所加大，中国经济增长面临的环境尤其是外部不确定性有所上升。虽然上半年总杠杆率继续维持较低幅度的增长，同时非金融企业部门杠杆率继续下降，但如果继续实行严厉的紧缩性政策，经济持续下行，存在杠杆率被动攀升的风险。在此背景下，宏观政策再次调整，货币政策边际宽松，2018 年以来我国实施了 4 次降准，并通过再贷款、再贴现向金融机构累计提供流动性 3 000 亿元。此外，财政通过减税降费提振内需，资管新规实施细则力度边际放松，金融监管节奏和力度调整以减弱对市场的冲击。在此背景下，无风险利率有所下行，但是，货币信贷传导机制不畅的问题未有明显改善，截至 9 月底社会融资规模存量同比增长 10.6%，低于 2017 年同期 2.8 个百分点，尤其是民营企业依赖较大的表外融资持续下降，使得民营企业融资难问题再度凸显（见图 3 和图 4）。同时，在去杠杆的大背景下，金融机构风险偏好降低，资金更多投向国有企业，进一步挤出了民营企业融资，民企信用风险攀升。近期以来，缓解民营企业融资难等结构性问题的政策加速落地，或有助于短期改善民企“融资难”问题，但在民企经营环境和效益并未得到根本改善的情况下，民企“融资难”顽疾依旧难解。

图 3　社会融资规模低位增长

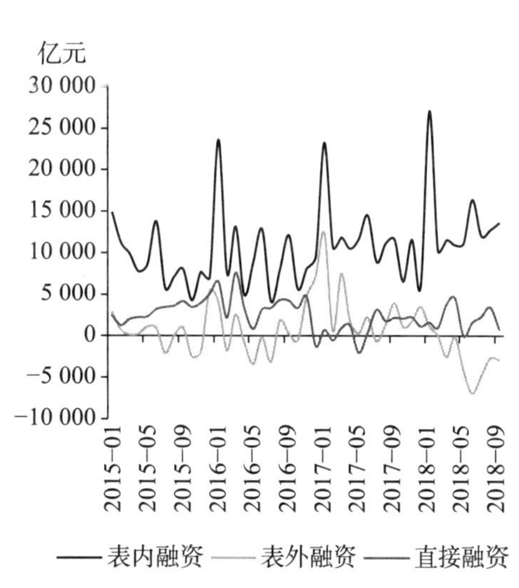

图 4　表外融资持续负增长

当前我国债务周期或趋于见顶，未来杠杆率或将高位企稳。2008 年前后的美国和 20 世纪 90 年代初期的日本相对经历了较为完整的债务周期。如图 5 所

示，美国的债务周期始于2000年左右，2008年金融危机前后达到顶峰，此后，随着美国经济增长的放缓和去杠杆进程的开启，杠杆率高位趋稳。如图6所示，始于20世纪80年代末的日本债务周期则在20世纪90年代初见顶，此后居民部门和非金融企业部门先出现了杠杆率快速下滑的过程。分析美日两国的债务周期可以发现，在加杠杆过程中，往往会出现政府通过宽松货币政策刺激经济增长，低利率环境鼓励非金融企业部门大肆举债，杠杆率快速攀升，由此导致房地产、股市等资产价格的大幅上涨。但随着债务的增加，债务周期顶部的来临不可避免，债务周期的顶部通常发生在：(1) 杠杆比例非常高；(2) 货币政策不能继续创造信贷增长。根据如上标准，大致可以判断我国债务周期初步显露出见顶的迹象与特征。但是，考虑到2018年以来在经济下行压力加大的情况下，去杠杆的节奏和力度有所放缓，未来我国总杠杆率或不会出现快速下行，总体或仍将保持高位趋稳运行。

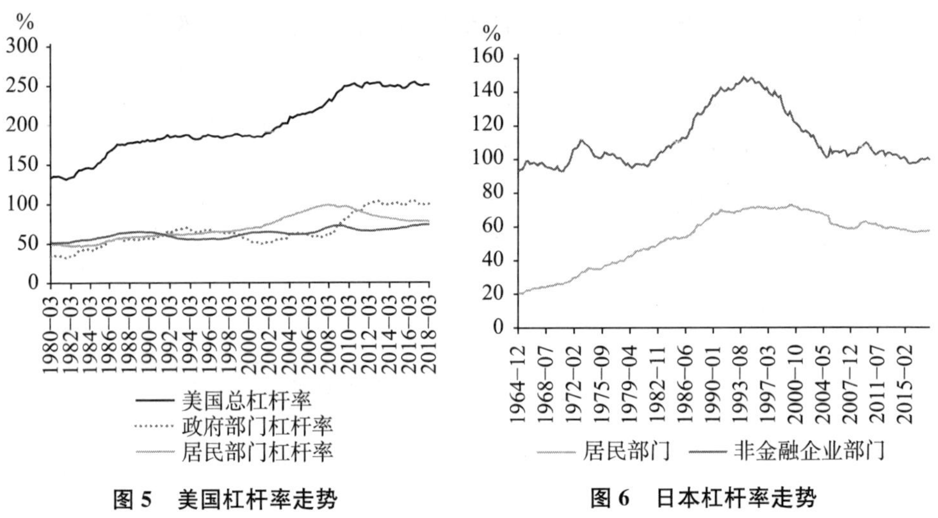

图5　美国杠杆率走势

图6　日本杠杆率走势

二、债务周期转换中我国非金融企业债务总体特点

根据中诚信国际的测算，截至2018年6月底，非金融企业部门债务占总债务的比例高达64.2%，非金融企业部门的债务增长是推升整体债务水平最为重要的原因。2018年以来，随着经济下行压力的加大，宏观风险再次出现抬升势头，非金融企业部门债务风险加速暴露，即便在市场流动性已经有所改善的情况下，信用利差仍然处于近年来的高位，民企、国企信用利差分化明显。虽然近期以来政策的边际调整有望在一定程度上缓释非金融企业部门的流动性风险，但经济下行叠加偿债高峰，非金融企业部门的信用风险仍将持续释放。

（一）经济下行压力加大，宏观风险压力仍存在

在外部贸易摩擦与国内去杠杆的双重挑战下，我国经济下行压力加大，经济运行的微观基础有所恶化，有可能导致杠杆率被动攀升。从外部环境来看，中美贸易摩擦一波三折，一方面加大了出口增长的不确定性，另一方面也暴露了中国在高科技产业与美国等发达国家的巨大差距，在一定程度上影响了市场主体的信心。从国内情况来看，在结构性去杠杆的背景下，地方政府和国有企业被列为去杠杆重点，对地方政府隐性债务的监管持续趋严，作为基建投资重要资金来源和投资主体的地方政府融资平台融资难度加大，从而使得基建投资增速持续探底；同时国有企业出于控制杠杆率的需要，投资冲动有所降温，国有及国有控股企业投资大幅下行。基建投资、国有控股企业投资等政策性投资的回落拉低了作为“稳增长”重要抓手的投资增速，在居民消费低迷、出口面临不确定性的背景下进一步加大了经济下行的风险。2018年前三季度，GDP同比增长6.7%，较上半年回落0.1个百分点，较2017年同期回落0.2个百分点，名义GDP持续回落。其中，第三季度GDP同比增长6.5%，较第二季度回落0.2个百分点，较2017年同期回落0.3个百分点，为2009年第二季度以来最低值（见图7）。与此同时，2018年以来，随着供给侧改革的边际放缓，工业企业利润增长较2017年同期明显放缓，工业企业亏损家数和亏损额持续保持较快增长，经济运行的微观基础有所恶化（见图8）。经济运行中不确定性因素增多，下行压力加大，企业经营基本面改善放缓，有可能导致杠杆率的被动攀升，加剧债务风险。

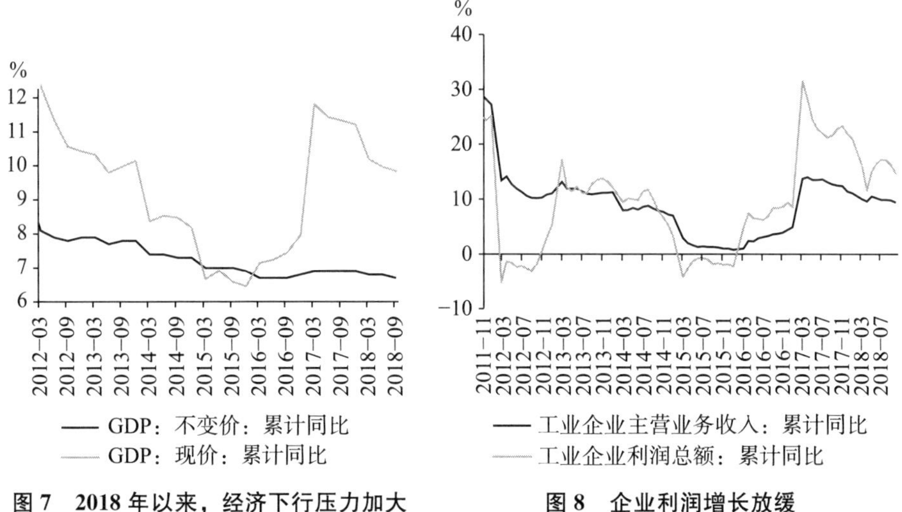

图7　2018年以来，经济下行压力加大　　**图8　企业利润增长放缓**

从融资的角度看，市场上投机性融资者、庞氏融资者持续增多，金融风险隐忧仍存。明斯基将债务融资分为三类：第一类是对冲性融资，即债务人的现金流能覆盖利息和本金，这是最安全的融资行为；第二类是投机性融资，即债务人的

现金流只能覆盖利息，这是一种利用短期资金为长期头寸进行融资的行为；第三类是庞氏融资，债务人现金流不能覆盖利息和本金，债务人只能靠融资所形成的资产升值、变现后带来财富的增加来维持自己对资金提供方的承诺，如果资产不能升值，那么只能将债务继续维持下去，这势必呈现出很高的财务风险，一旦资金链断裂，不仅债务无法偿还，而且借款所形成的资产价格也会出现暴跌，从而引发金融动荡和危机。虽然缺乏整体的非金融企业部门融资者结构的数据，但我们以发债的境内非金融企业相关财务数据为样本，近似地考察非金融企业部门融资者结构。在发债的境内非金融企业中，2017 年末现金到期债务比小于 1 的企业占总样本的比例达到 44%，近 3 年来占比呈持续攀升态势，说明债务融资中投机性融资者的占比不断增加（见图 9）。从现金流量利息保障倍数来看，2017 年末现金流量利息保障倍数比值小于 1 的企业为 1 507 家，在总样本中的占比为 52%，近 3 年来占比同样呈现持续攀升态势，旁氏融资者的占比同样呈攀升态势（见图 10）。

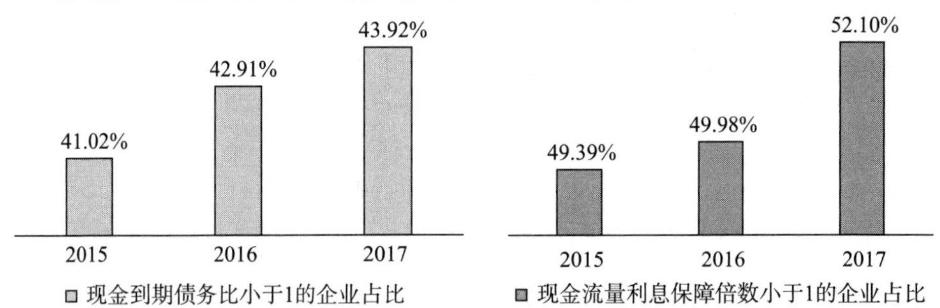

图 9　现金到期债务比小于 1 的企业占比　　**图 10　现金流量利息保障倍数小于 1 的企业占比**

（二）非金融企业部门债务水平过高，债务风险加速暴露

从国际比较来看，当前我国非金融企业部门债务水平过高，已经超越大多数国家经历金融危机时的水平。截至 2018 年 6 月底，不考虑城投企业的非金融企业部门杠杆率为 164.9%，如果将城投企业有息债务纳入考量，则非金融企业部门杠杆率达到 172.7%。虽然较 2017 年同期和 2017 年底均有所回落，但已经远高于全球平均水平（98%）以及新兴市场国家平均水平（107.7%），位居世界第一。从历史的角度来看，非金融企业部门这一杠杆率水平也已经远高过墨西哥比索危机前、泰国亚洲金融危机前、美国次贷危机前和西班牙金融与经济危机前的非金融企业部门杠杆率（见图 11）。虽然由于各国国情不同，且不少国家的债务危机也并非由于非金融企业部门的债务危机引发的，如 2008 年美国次贷危机主要是由于居民部门债务危机引发的，墨西哥比索危机主要源于外债危机等，与非金融企业部门债务的相关性相对较小，但非金融企业部门杠杆率水平过高，该部门债务风险的发酵会对整个金融体系产生连锁反应，有可能引发系统性金融危

机。因此，我国非金融企业部门债务水平依旧值得高度警惕。

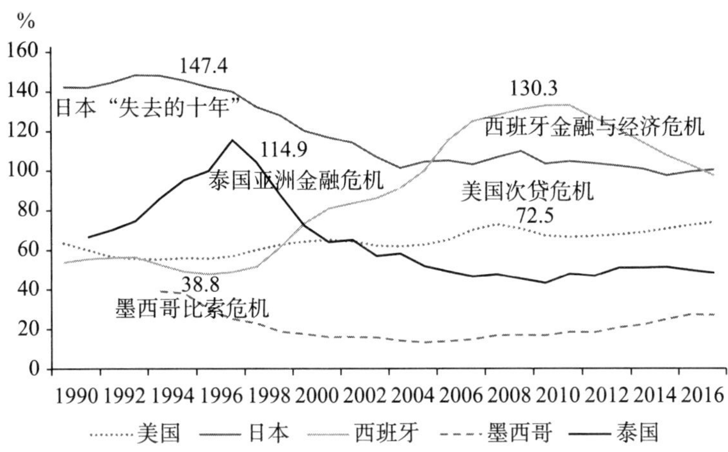

图 11　相关国家发生经济或金融危机时期非金融企业部门杠杆率

受宏观经济增速放缓、融资环境持续收紧的影响，非金融企业部门债务风险加速暴露。2018 年以来，信用风险事件明显增多。从债券违约看，2018 年 1—9 月，债券市场违约规模近 530 亿元，远超过去几年各年全年违约水平（见图 12）。其中第三季度债券违约爆发最为集中，单季度内共有 40 只债券发生违约，违约规模为 353.13 亿元，单季度违约规模已经超过 2017 年全年水平的 1.5 倍，第三季度内债券违约共涉及 24 家主体，除 9 家为此前已违约主体外，新增违约主体 15 家。与此同时，信托风险项目个数和规模明显攀升，截至 2018 年第二季度信托风险项目共 773 个，较 2017 年底大幅增加 172 个，涉及总金额为 1 913亿元，较 2017 年增加 599 亿元（见图 13）。

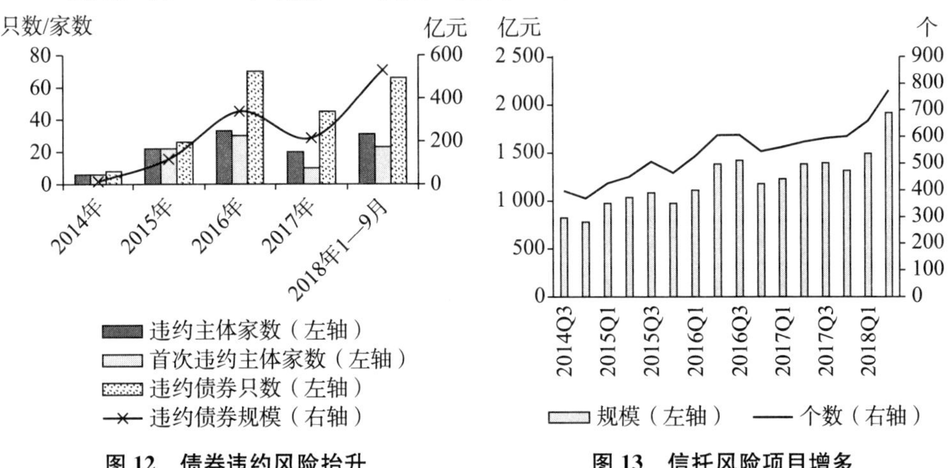

图 12　债券违约风险抬升　　**图 13　信托风险项目增多**

（三）政策调整下流动性有所改善，但信用利差仍处于高位且持续分化

我国货币政策从“稳货币”向“宽货币”转变，市场流动性有所改善（见表1）。相较于2017年稳健中性、边际趋紧的货币政策，2018年以来，随着宏观经济运行的变化，货币政策持续动态调整，从2017年的“紧货币”转向“稳货币”再转向边际趋松，截至2018年10月底，全年累计降准4次，共下调存款准备金率2.5个百分点。其中，10月9日降准1个百分点，释放资金总量达到1.2万亿元人民币，降准力度和规模均较大。此外，2018年以来，央行累计通过再贷款、再贴现为市场提供流动性3 000亿元。货币政策边际放松带动了市场流动性的改善，无风险利率有所下行，截至2018年10月底10年期国债收益率为3.51%，较年初和2017年同期回落近40个百分点。

表1　　2018年以来货币政策调整

时间	主要内容
1月1日	普惠制降准生效，符合条件的银行准备金率下调0.5个百分点
1月14日	上调中期借贷便利（MLF）利率5bp，达到3.25%
1月20日	推出临时流动性便利
3月22日	公开市场操作利率上调5bp至2.55%
4月25日	对部分金融机构降低存款准备金率1个百分点
6月1日	适度扩大MLF抵押品范围
6月20日	国务院会议提出，运用定向降准等货币政策工具，增强小微信贷供给能力；将部分小微企业贷款纳入MLF合格抵押品范围等
6月24日	央行宣布自7月5日起定向降准
6月25日	增加支小支农再贷款再贴现额度1 500亿元，下调支小再贷款利率0.5个百分点，将单户授信500万元及以下的小微企业贷款纳入中期借贷便利的合格抵押品范围
7月5日	央行下调人民币存款准备金0.5个百分点，定向降准支持债转股及小微企业贷款
10月15日	降准1个百分点
10月22日	再增加再贷款和再贴现额度1 500亿元
11月9日	央行货币政策报告提出：加强货币工具创新，为经营正常但暂遇困难的微观主体纾困

信用利差仍处于高位，国企、民企利差分化明显（见图14和图15）。虽然货币政策边际宽松，但“宽货币”向“宽信用”的传导机制并不畅通，市场风险偏好并没有实质性提升，信用利差仍然处于2015年以来的高位，尤其是企业性

质导致的利差分化明显，民营企业信用利差明显高于央企和地方国企。国有企业与民营企业信用利差的这种分化存在多方面的原因。一方面，不少民营企业信用资质相对较差。相对于国有企业，民营企业实际控制人风险可预测性差，公司治理风险较高，且部分民营企业经营较为粗放，在严监管的背景下面临较大的压力。另一方面，从外部支持来看，民营企业获得的政府支持相对较少，在经济下行压力加大、信用风险抬升的背景下，投资者更倾向于将资金投向获得外部支持较多的国有企业，从而加剧了中低资质民企融资的难度。

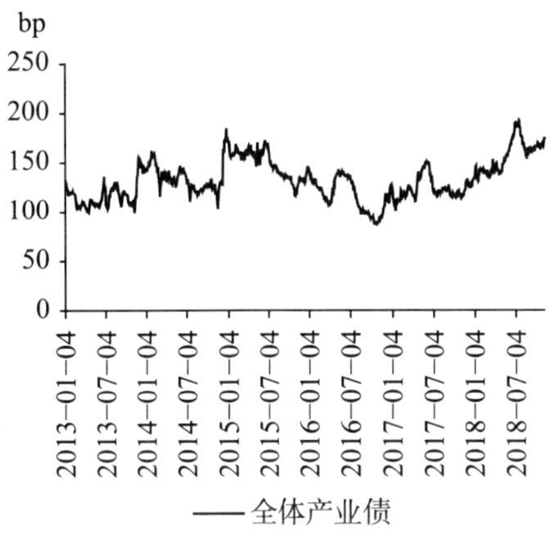

图 14　信用利差处于 2015 年以来高位

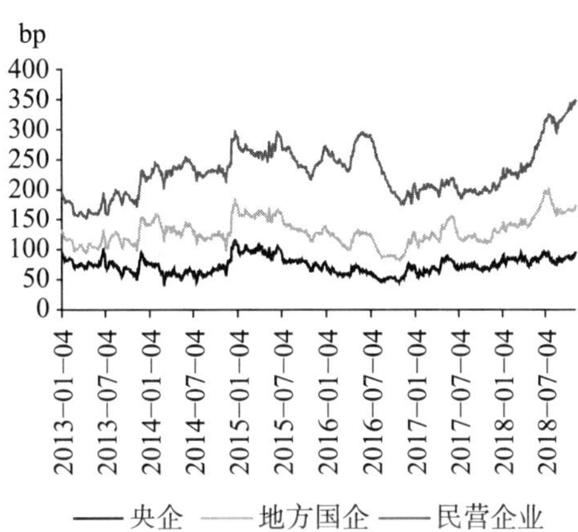

图 15　民企信用利差明显高于国企

（四）偿债高峰期企业面临的债务到期压力较大，加大信用风险释放概率

企业所面临的债务到期压力较大。由于我们无法获得信贷数据以及大量非标融资数据，难以准确估量整体的非金融企业部门债务到期压力，但从债券市场到期规模和信托到期规模来看，近两年非金融企业所面临的债务到期压力明显增大。从债券到期情况来看，2016 年以来我国债券市场已经进入偿债高峰，未来 3 年内在不考虑新发债的情况下，到期信用债总规模超过 10.98 万亿元，其中 2019 年、2021 年两年到期规模超过 4 万亿元（见图 16）。从信托到期规模来看，2018 年第二季度统计的未来一年信托到期只数和到期规模在 2017 年同期大幅上扬的基础上继续攀升，信托债务到期压力持续（见图 17）。

政策边际宽松虽然有助于缓释信用风险，但经济下行叠加债务到期高峰，信用风险或仍将保持高发势头。虽然 2018 年以来尤其是下半年以来政策出现调整，货币政策边际宽松，尤其是针对民营企业融资难、流动性风险高发的情况出台了一系列改善民营企业融资的政策措施，但是，在非金融企业经营基本面没有明显改善、企业“造血”能力没有明显提升的情况下，仅靠金融机构的“输血”难以保障企业的长远发展；且宏观政策仍需寻求稳增长与防风险的平衡，过度的货币宽松有导致“糟糕的通货膨胀去杠杆”的风险。综合来看，经济下行叠加债务到期高峰，未来一段时间内，信用风险尤其是民营企业的信用风险或依然保持高发势头。

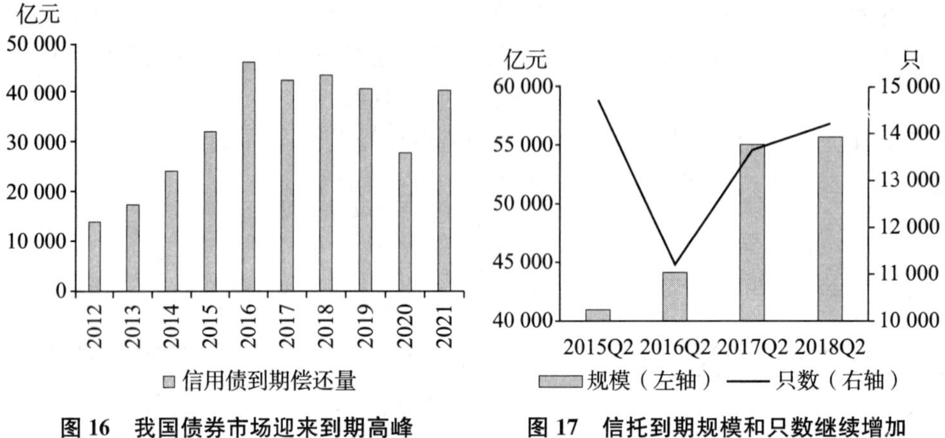

图 16　我国债券市场迎来到期高峰

图 17　信托到期规模和只数继续增加

三、债务周期转换中非金融企业重点领域信用风险分析

自 2016 年下半年以来尤其是 2017 年以来，随着去杠杆政策的推进，非金融企业部门杠杆持续去化，信用风险有所暴露。其中，不同类型的企业信用风险表现也有所不同：在地方政府债务监管趋严尤其是对地方政府隐性债务规范力度加大的情况下，背靠地方政府信用的融资平台信用风险凸显，并首次出现了债券违约。分所有制来看，国有企业负债规模增长趋缓，叠加地方政府及国有企业雄厚的资产规模为国企债务风险的妥善化解和处置提供了较强的后盾，国企风险总体可控，但结构性风险依然存在；民营企业经营基本面改善有限，且面临较大的再融资压力，处于偿债高峰期的民营企业迎来信用风险高发期。此外，处于行业调整期的房地产行业在非标市场多次曝出违约之后，房地产债券打破“零违约”。

（一）地方政府隐性债务风险不减，融资平台信用风险有所暴露

当前我国地方政府显性债务风险总体可控，隐性债务风险较为突出。根据全国各省财政决算报告及中诚信国际测算，2017 年我国地方政府显性债务规模为 16.47 万亿元，负债率为 36.2%，低于欧盟 60%的警戒线，以直接债务为主的显性债务口径下我国地方政府风险水平相对较低；但隐性债务较为突出，规模为 26.5 万～35.9 万亿元，为显性债务的 1.6～2.2 倍，考虑隐性债务的政府负债率直接上升至 68%～80%，大幅高于发展中国家平均水平。相比显性债务，隐性债务快速增长且偿还更具有不确定性，正逐渐成为我国地方政府面临的中长期风险。而地方

政府融资平台作为我国特有财税体制及经济发展模式的产物，在地方经济发展过程中依托政府信用快速扩张债务，已成为当前地方政府隐性债务的最重要载体。

2018年以来，受经济走弱影响，为了避免“一刀切”处置风险，地方政府债务监管政策出现了边际微调，2018年7月国务院常务会议明确提出“保障融资平台合理融资需求”；但对地方政府隐性债务的严监管基调仍未改变，4月中央财经委会议将地方政府和国有企业列为结构性去杠杆重点，“堵后门”操作持续。在此背景下，作为地方政府举债主体的融资平台再融资受阻，信用风险有所暴露。伴随7月“17兵团六师SCP001”的违约，城投债的刚性兑付信仰逐步瓦解，融资平台违约风险从私募向公募蔓延，对市场的冲击逐渐加大。1—9月共计10家融资平台涉及债务偿付危机，涉及金额共计30.4亿元；有5家融资平台主体评级下调、6家融资平台评级展望下调，下调原因包括区域财力较弱、短期偿债压力较大、营收情况恶化、资产质量较差且流动性较弱，应收款具有较大的回收不确定性等。从截至2018年9月底有存续期债券的融资平台财务数据看，融资平台资产流动性较弱，债务偿付依赖再融资与流动资产变现。从资产流动性情况看，超过六成融资平台非流动资产占总资产比值达到70%以上，资产流动性整体较弱；其中部分融资平台其他应收款占流动资产的比值高达90%以上，对政府回款的依赖较高。从短期偿债能力看，融资平台净现金流对短期有息债务的覆盖程度（=净现金流/短期有息债务）中位数为-3.6%，超过一半的融资平台净现金流为负，企业对再融资及流动资产变现的依赖较高。

从未来看，融资平台偿债高峰来临，风险总体可控，但分化态势加剧。从整体到期情况看，未来3年（2019—2021年）为城投债到期及回售高峰，其中，2021年到期及回售压力较为突出（见图18）。从信用等级看，处于到期高峰的城

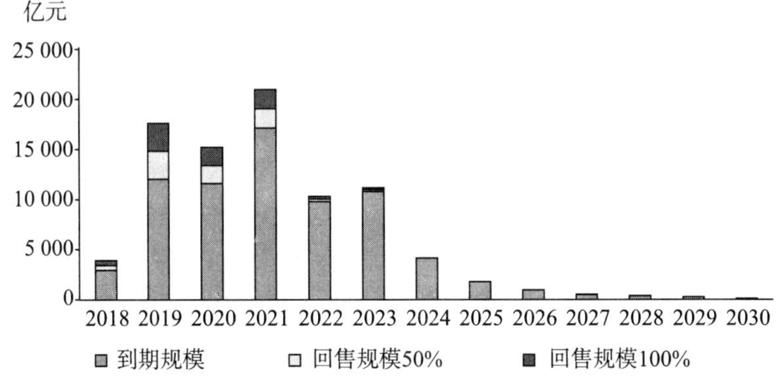

图18　2018—2030年每年城投债到期及回售规模统计

注：图中2018年统计的为第四季度到期的城投债，并非全年到期的城投债。

投债普遍资质较高，AA级以上主体到期及回售规模合计2.48万亿元，规模占比接近100%。从区域分布看，江苏省到期规模居首，债务率较高的省份如宁夏、青海、辽宁、贵州，到期及回售规模相对不高，偿债高峰期时的区域性信用风险整体可控。从到期及回售主体情况看，未来3年内到期及回售城投债券共涉及城投企业1 434家，融资平台资产流动性整体较弱，部分平台对政府回款的依赖仍然较高。

（二）国企杠杆有所去化，债务风险整体可控，结构性风险仍存

2018年以来，有关国有企业去杠杆的政策持续出台（见表2），4月中央财经委员会提出了结构性去杠杆，8月多部委联合出台《2018年降低企业杠杆率工作要点》，部署加快推进降低企业杠杆率工作，9月国务院《关于加强国有企业资产负债约束的指导意见》提出了2020年末国有企业平均资产负债率的去化目标。伴随着这些政策文件的相继出台，当前我国国有企业杠杆率得到一定程度的去化，正逐步进入更深层全面的“结构性去杠杆”阶段。

表2　　2018年以来部分国企改革及国企去杠杆政策梳理

时间	来源	政策名称	主要内容
2018-09-13	国务院	《关于加强国有企业资产负债约束的指导意见》	推动国有企业平均资产负债率到2020年末比2017年末降低2个百分点左右，之后国有企业资产负债率基本保持在同行业同规模企业的平均水平；分类确定国有企业资产负债约束指标标准
2018-08-08	国家发展改革委、中国人民银行、财政部、银保监会、国资委	《2018年降低企业杠杆率工作要点》	建立健全企业债务风险防控机制；深入推进市场化法治化债转股；加快推动“僵尸企业”债务处置；协调推动兼并重组等其他降杠杆措施；完善降杠杆配套政策
2018-07-30	国务院	《国务院关于推进国有资本投资、运营公司改革试点的实施意见》	实现国有资本所有权与企业经营权分离，实行国有资本市场化运作
2018-04-02	中央财经委员会	中央财经委员会第一次会议	提出“要以结构性去杠杆为基本思路”，分部门、分债务类型提出不同要求，地方政府和企业特别是国有企业要尽快把杠杆降下来

当前我国国有企业资产负债率稳中有降，国企风险总体可控。从盈利能力看，截至2018年9月底，国有企业利润达2.6万亿元，同比增速保持在近20%的高位。

从资产负债结构看，截至 2018 年 9 月底，国有企业资产规模超过 175 万亿元，负债规模为 113.82 万亿元且增速进一步放缓（见图 19），国有企业资产规模足以偿还现有负债。与此同时，考虑到地方政府还拥有规模庞大的矿产资源以及丰富的海洋及森林等资源，加上行政事业单位的资产和基础设施建设等资产，为妥善化解债务提供了有力保障，系统性债务风险爆发的可能性较低。从国有企业杠杆率看，自 2015 年底以来整体呈波动回落态势。截至 2018 年 9 月底，国企杠杆率为 65%，其中，央企和地方国企杠杆率均有所回落，但央企杠杆率仍居高位（见图 20）。

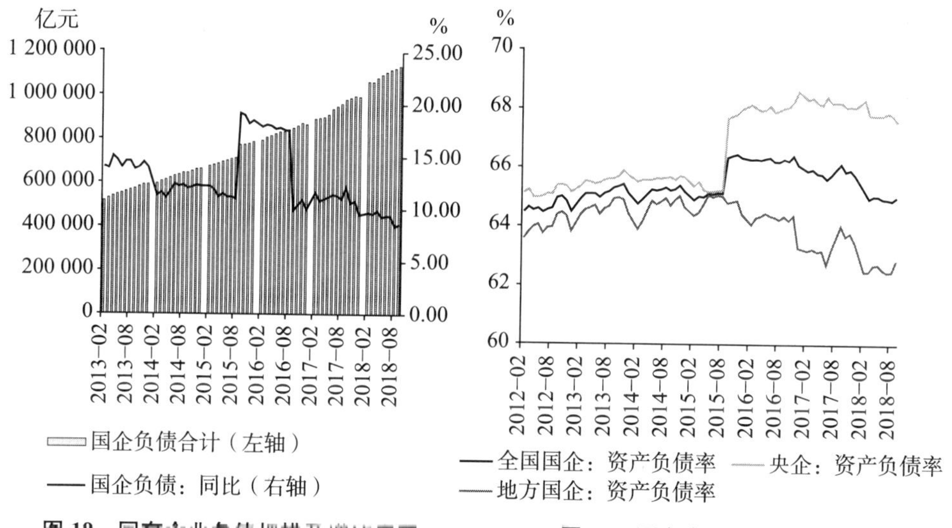

图 19　国有企业负债规模及增速走势

图 20　国有企业杠杆率走势

结构性风险仍存，基建类与过剩行业国企债务压力较大。2008 年以来“债务-投资”驱动的经济增长模式下，基建类企业尤其是地方基建类企业积累了较高债务，债务压力整体较大。对于煤炭、钢铁等过剩类行业，伴随宏观经济下行压力加大，去产能持续推进，该类国有企业面临较大的经营压力与债务压力。根据中诚信国际统计，截至 2018 年 9 月底，共计 16 家国有企业发生债券违约，包括 5 家地方国企、3 家央企子公司，属于煤炭、有色金属与钢铁等过剩行业的企业共 8 家，占比达一半。以上市非金融国企为代表，从所处行业类别①看，建筑装饰、房地产、公用事业、采掘等行业国企负债规模较高，第三季度负债规模均超 1 万亿元；钢铁、机械设备、有色金属负债规模均超 5 000 亿元；这些行业上市国企负债规模合计占总上市国企负债规模的比重超过八成，行业分化特点日益凸显。资产负债率方面，建筑装饰、房地产、家用电器、钢铁等行业国企资产负债率较高，食品饮

① 此处行业分类为申万一级行业分类（剔除银行及非银金融），共 26 个行业。

料、医药生物、传媒等行业较低；受去产能、去杠杆政策影响，钢铁、采掘等行业增长较慢；纺织服装、建筑装饰、农林牧渔等行业资产负债率增长加快（见图21）。从偿债能力看，通信、家用电器、采掘、国防军工、钢铁等行业国企货币资金/短期债务比率上升，短期偿债能力有所好转，传媒、休闲服务、医药生物、房地产等行业出现恶化（见图22）。交通运输、商业贸易、计算机、钢铁、有色金属等行业国企长期债务/营运资金比率下降，长期偿债能力有所提升，家用电器、建筑装饰、纺织服装等行业恶化（见图23）。

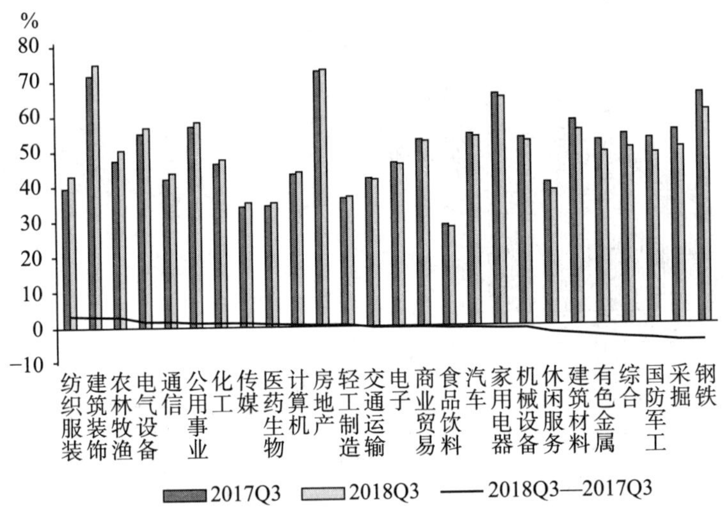

图 21　分行业上市国企资产负债率

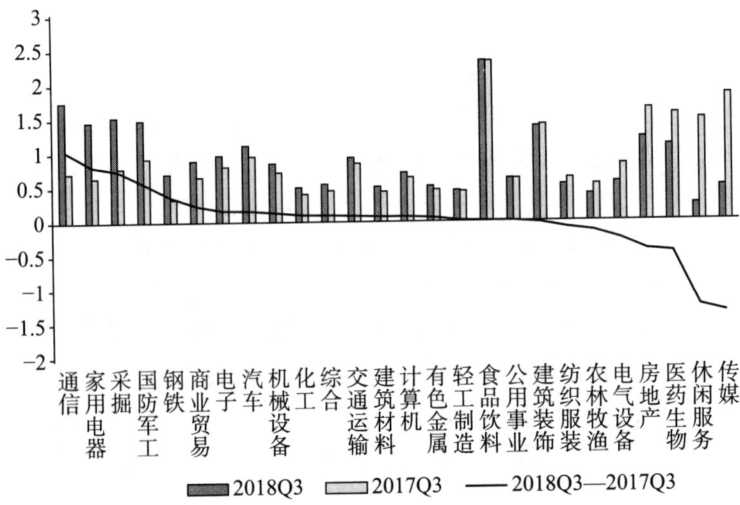

图 22　分行业上市国企货币资金/短期债务比率

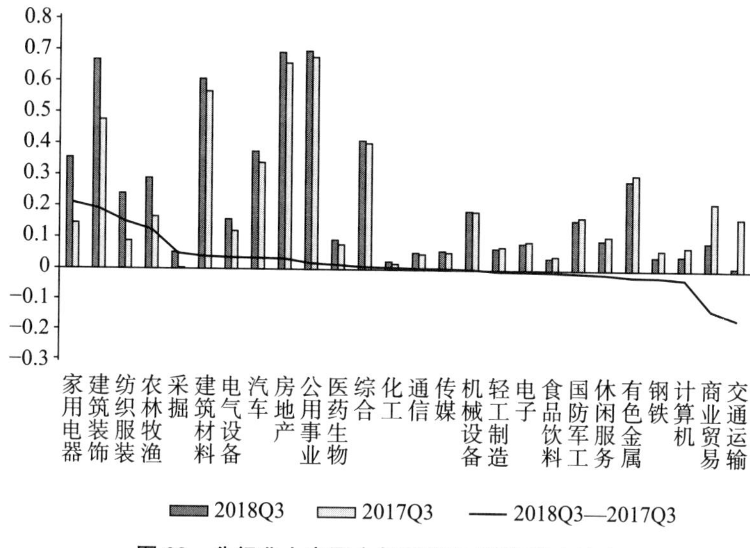

图 23　分行业上市国企长期债务/营运资金比率

（三）融资渠道收缩，民企信用风险加速释放

民企盈利增长放缓，杠杆率被动攀升。2017 年以来，在供给侧改革的推动下，非金融企业部门经营效益出现了一定程度的改善。但由于供给侧改革去化的主要是煤炭、钢铁等上游行业的产能，更利好在上游行业占比较大的国有企业，主要位于中下游的民营企业经济效益虽然有所改善但幅度有限。2017 年全年民营工业企业利润同比增长 11.7%，虽然较 2016 年增加 6.9 个百分点，但远低于同期国有企业 39.9%的同比增速。2018 年以来，随着供给侧改革的趋缓和经济下行压力的加大，企业经营环境有所恶化，工业企业利润增长总体放缓，1—9 月民营工业企业利润同比增长 9.3%，较 2017 年同期回落 5.2 个百分点（见图 24）。与此同时，2018 年民营工业企业负债增速持续低于资产增速，1—9 月民营工业企业总负债同比增长 8.8%，较同期总资产同比增速高 1.5 个百分点，这说明民营企业债务压力加大且资产扩张受限，导致杠杆率被动攀升，截至 9 月底民营工业企业资产负债率为 56.1%，较 2017 年同期提高 4.66 个百分点（见图 25）。

民企融资难凸显，信用风险加速暴露。2018 年以来，在严监管态势持续的背景下，信用收缩态势较为明显，尤其是民营企业依赖较多的表外融资维持持续下行态势。在融资收紧尤其是表外融资收缩的背景下，民营企业受到的冲击往往更大。一方面，银行信贷往往优先集中于大型央企和民企，在信贷收紧背景下尤其如此，银行的风险偏好选择不利于信用资质相对较弱的民营企业的表内融资；另一方面，2018 年以来虽然随着资金面回暖，债券融资有所回升，但在投资者风

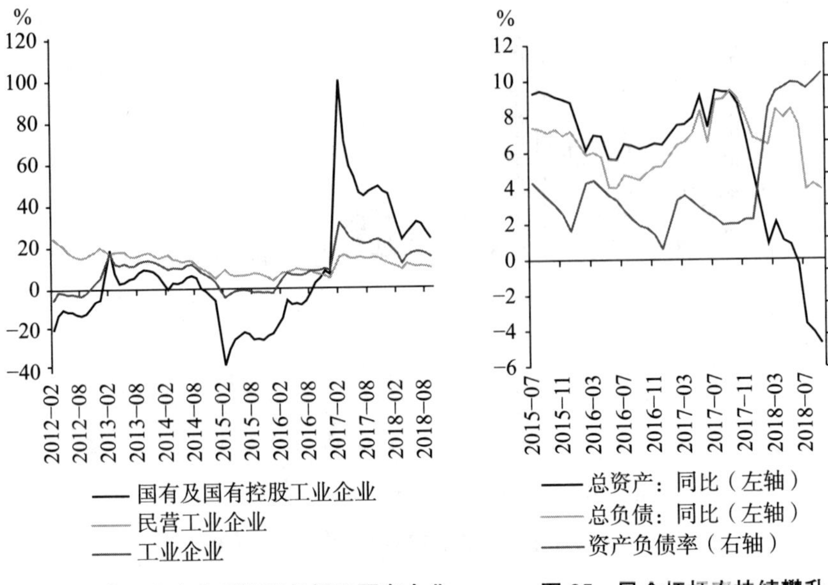

图 24　民营工业企业利润增长低于国有企业　　**图 25　民企杠杆率持续攀升**

险偏好降低的背景下，民企债券融资难度较大。2018 年 1—10 月，民企信用债共发行 7 371 亿元，较 2017 年同期低 510.6 亿元，但由于债券到期量大幅上扬，净融资额仅为 1 252.7 亿元，较 2017 年同期大幅下行 3 381.6 亿元（见图 26）。综合来看，虽然去杠杆将地方政府和国有企业作为去杠杆重点，但在现实情况下，由于市场普遍更为偏好政府支持力度大的国有企业，因此在去杠杆的过程中，监管趋严和融资政策的收紧，反而加大了对民营企业的约束，加剧了民营企

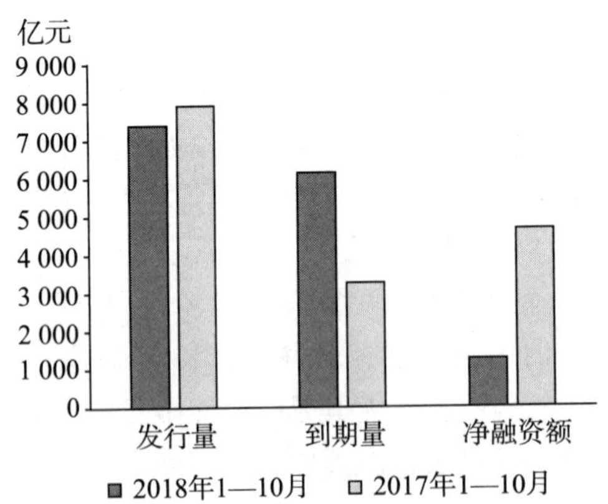

图 26　民企净融资明显低于 2017 年同期

业的融资难问题，导致信用风险的抬升。2018 年以来市场信用风险呈现加速释放态势，其中最为突出的就是民营企业信用风险的集中爆发。1—9 月，民企债券违约只数达到 59 只，违约金额为 487.34 亿元，远高于同期国企债券违约金额（见图 27）。尤为值得一提的是，从违约主体看，本轮违约高峰中，不少上市公司牵涉其中：包括富贵鸟、神雾环保、凯迪生态、中安消等多家上市公司债券实质性违约，此外旗下有两家上市主体的盾安集团被爆出违约风险，上市公司盛运环保公告了债券之外的其他债务违约，评级遭下调。

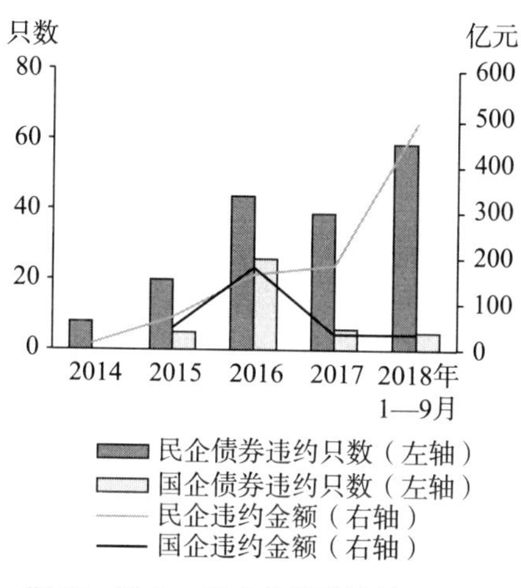

图 27　民企、国企债券违约情况分化

（四）房地产融资收紧，再融资压力加大，违约从非标市场向债券市场蔓延

严调控基调未改，房地产融资渠道收紧。近年来国家持续强调房地产行业健康稳定发展，加快建立促进行业稳定健康发展的长效机制，在“分类调控、因城施策”的思路下，2017 年以来多个城市房地产调控政策持续收紧。2018 年以来，虽然去杠杆力度有所缓和，货币政策边际宽松，有利于缓解流动性紧张，但在房地产严调控基调下，房企融资仍面临较大约束。从银行信贷看，房地产开发贷款余额与保障性住房开发贷款余额虽然持续增长，但同比增速较 2017 年持续回落。从非标融资看，非标融资渠道持续收紧，自 2017 年银监会发布的《关于规范银信类业务的通知》明确要求“不得将信托资金违规投向房地产、地方政府融资平台、股票市场、产能过剩等限制或禁止领域”后，2018 年伴随“资管新规”正式落地，在破刚兑、去通道的监管思路下，流向房地产领域的非标类资金进一步受限，通道类业务所受冲击更为明显，尽管“资管新规”过渡期延长至 2020 年且过渡期内非标监管要求较征求意见稿有所放松，但对于前期依赖非标融资的房企仍面临较大压力。从直接融资看，2016 年 10 月监管全面收紧房企境内发债，交易所发布《关于

试行实施房地产、产能过剩行业公司债券分类监管的函》，对房企发行公司债实行分类监管，提高发债标准，严格限制资金用途，2018 年以来监管层对于房企发债审批更为审慎。与此同时，5 月发改委和财政部下发《关于完善市场约束机制 严格防范外债风险和地方债务风险的通知》，房企海外发债收紧。虽然资产证券化快速增长，但相对于房地产行业巨大的融资需求而言，依然相对偏少。

房地产企业杠杆率持续攀升，短期偿债能力有所恶化。在监管的持续趋严下，前几年房地产价格大幅上涨势头得到一定程度的遏制，房地产销售增长放缓。市场环境的改变给房地产企业的生产经营带来了压力，以上市房企为代表的房地产企业偿债指标有所弱化。截至 2018 年第三季度，沪深 A 股 130 家上市房企（申万一级分类）总资产负债率高达 80.3%，绝对水平在申万一级 26 个行业（剔除银行业、非银行金融业）中高居首位，且 2018 年以来持续高位攀升 1.3 个百分点，同比增速也位居各行业前列（见图 28）。从短期偿债能力看，上市房企流动比率自 2016 年以来波动下滑，2018 年第三季度流动比率降至 1.5（见图 29）；从长期偿债能力看，2018 年第三季度上市房企长期债务与营运资金比率为 0.7（见图 30），在申万一级 26 个行业（剔除银行、非银金融）居前列，长期债务压力相对较大，但 2018 年以来该比值呈现下滑态势，表明上市房企长期偿债能力有所好转。值得一提的是，房地产行业股权质押融资规模余额占比达到 10%，同样在申万一级 26 个行业中高居首位，2018 年股权质押到期压力较高，且集中于第四季度，同时考虑到每年新增的股权质押规模仍在较高水平，未来上市房企的再融资压力不容忽视。

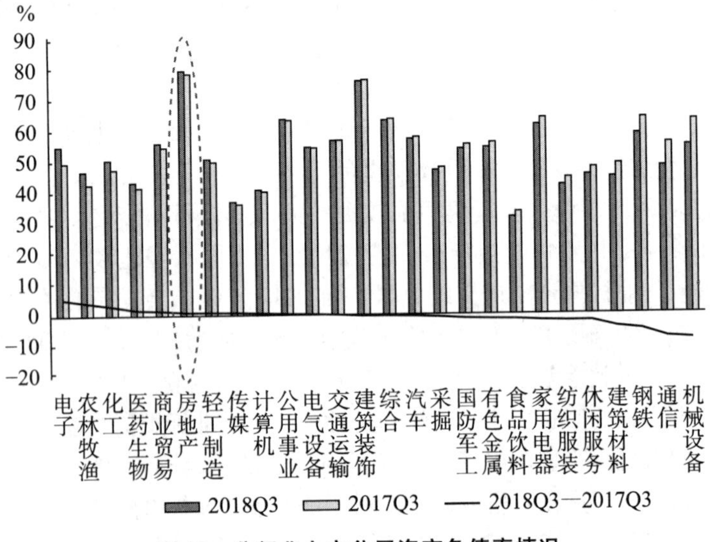

图 28　分行业上市公司资产负债率情况

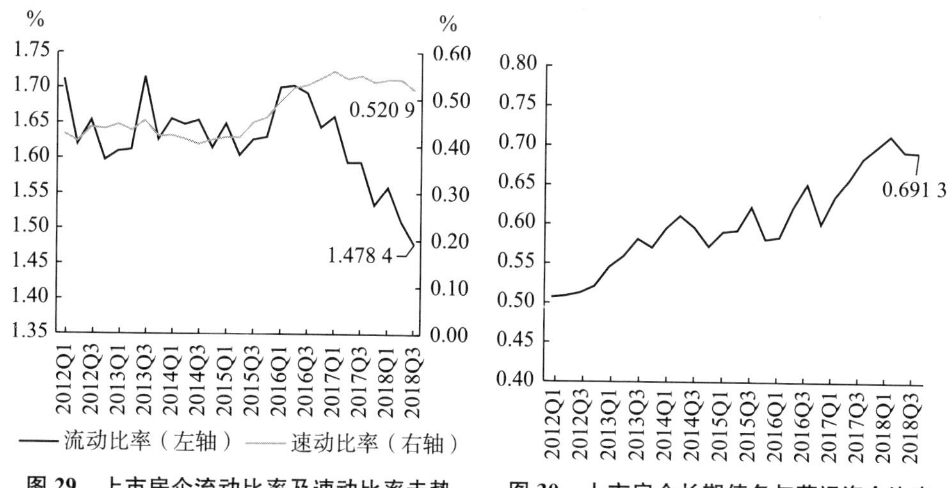

图 29　上市房企流动比率及速动比率走势　　**图 30　上市房企长期债务与营运资金比率**

房地产债券打破“零违约”，从非标向债券市场蔓延。受房地产调控周期影响，近年来房地产企业信用风险呈现上升态势，从非标债务违约逐渐向债券违约发展。2014 年受融资渠道收窄、资金成本上升影响，部分项目集中于三、四线城市的中小房企资金链断链问题集中暴露；2015 年后大型房企信用事件有所增加，如香港上市房企恒盛地产；2018 年以来，在监管趋严、融资进一步趋紧背景下，房企信用风险加速暴露，媒体报道多起房地产企业信用事件包括云南省房地产开发经营（集团）有限公司、中弘控股股份有限公司、天津房地产集团等。2018 年 10 月以来，继房地产非标债务违约频现后，房地产债券市场也频繁发生违约，华兴资本“17 华业资本 CP001”、上陵实业“12 宁上陵/12 宁夏上陵债”以及中弘股份“16 弘债 02”相继违约。在当前房地产调控持续且市场风险偏好尚未修复的背景下，房企违约及信用风险事件及极易引发市场敏感情绪，负反馈机制下易爆发房企债券的集中违约。

四、展望与政策建议

近两年来，在一系列防风险、去杠杆政策的推动下，当前宏观经济下行压力加大，叠加外部环境的动荡进一步增大了中国经济形势的复杂性及不确定性。在债务周期下行期，实体经济信用风险加速暴露，尤其是融资平台、房地产行业以及民营企业仍面临信用风险进一步抬升的压力。2018 年以来，在内部风险仍存的情况下，中美贸易摩擦一波三折，中国经济运行的外部不确定性有所加大，经济下行压力有所增加。在此背景下，宏观调控尤其需要注重稳增长与防风险的平

衡，既要避免经济失速，也要避免去杠杆“功亏一篑”，甚至重走“债务-投资”驱动的老路。

（一）风险展望：风险总体可控，仍需关注重点板块和结构性风险

在当前债务周期下行期，债务风险的局部释放不可避免。但在政策的及时调整和引导下，宏观杠杆率增长趋缓，非金融企业部门杠杆率出现下降态势，债务风险总体有所缓释。但是，仍需关注部分信用风险加速暴露的系统重要性板块及行业。

地方政府债务风险总体可控，融资平台风险分化态势将进一步加剧。当前我国地方政府显性债务风险可控，隐性债务风险较为突出，考虑到我国地方政府及国有企业拥有雄厚的资产规模，当前我国地方政府债务风险总体可控。2018 年以来，在地方政府债务严监管持续的背景下，作为地方政府隐性债务重要载体的融资平台信用风险有所暴露，未来在高压监管态势延续的环境下，不同资质的融资平台外部融资渠道松紧度将出现较大差别。2018 年 7 月底的国务院常务会议指出，有效保障在建项目资金需求，督促地方盘活财政存量资金，引导金融机构按照市场化原则保障融资平台公司合理融资需求，对必要的在建项目要避免资金断供、工程烂尾。长远来看这将加剧当前融资平台风险分化格局：承担公益性较强、重要性较高在建项目的融资平台将获得更多支持，财力较弱、行政层级较低区域的下辖融资平台所受支持仍将受限。因此，未来评级较高的融资平台会受益于国务院会议指出的要引导金融机构保障融资平台公司合理融资需求，从而缓解平台资金的流动性不足；但评级较低的融资平台流动性风险预计仍将持续暴露，需重点关注融资平台进一步分化带来的信用风险。

政策管控下国企杠杆有所去化，债务风险总体可控，应关注“僵尸企业”及过度依赖政府支持的国有企业。近年来我国国企改革取得显著成效，考虑到我国地方政府及国有企业的雄厚资产规模，以及国企改革的深入推进，未来国有企业整体信用风险整体可控，但仍需重点关注以下两类国有企业的信用风险变化：第一，关注国企改革持续推进下部分“僵尸企业”的违约风险。这些企业大多集中于产能过剩行业，行业不景气导致企业盈利能力不佳，叠加自身固定资产占比大、资产流动性差，偿债能力不容乐观，谨防出清过程中债务处置不当或引发的违约风险。第二，关注部分过度依赖地方政府支持的国有企业信用风险。未来伴随地方政府债务治理的进一步推进与规范，此前过度举债的地方政府将因更加严格的地方债务治理、自身财政收支压力等因素，逐渐降低对地方国企的支持力度，对于地方国企债务的救助意愿也存在较大的不确定性，进而导致部分过度依赖地方政府支持的高杠杆国有企业所隐藏的风险进一步显现。

“融资难”顽疾短期有望缓解，民企信用风险分化态势不减。近期以来，民企相关的利好政策不断出台，尤其是针对民企“融资难”问题，相关政策不断出

台：2018年10月22日，国务院常务会议决定设立民营企业债券融资支持工具，以市场化的方式支持民营企业债券融资；当日，央行发布公告《设立民营企业债券融资支持工具，毫不动摇支持民营经济发展》，对民营企业债券融资支持工具做出具体安排；11月1日，习近平总书记在民营企业座谈会上再次强调“解决民营企业融资难融资贵问题”；11月7日，银保监会主席郭树清在接受媒体采访时表示，争取3年以后银行业对民营企业的贷款占新增公司类贷款的比例不低于50%。但是，民营企业“融资难”问题是个世界性的顽疾，利好政策的出台在短期内有望改善民营企业的融资环境，对化解民营企业“融资难”有一定积极作用，但民企信用风险依然较高。一方面，金融机构对民营企业的支持按照市场化原则发挥作用，因此受益主体可能只是相对优质的企业，覆盖的范围或仍然有限；另一方面，虽然政策的利好有助于改善市场的投资偏好，但在民营企业信用风险高发的情况下，民企信用利差依然处于高位，对民企债的投资偏好后续能否明显改善仍需观察。更为重要的是，从当前民营企业经营基本面来看，民营企业经营情况并未出现明显改善。此外，未来几年内民营企业仍处于债务到期高峰，不考虑新发债情况下，2019—2021年民营企业信用债券到期规模达1.796万亿元，每年到期规模均超过5 000亿元（见图31）。综合来看，未来一段时间内，民营企业信用风险仍将持续释放。

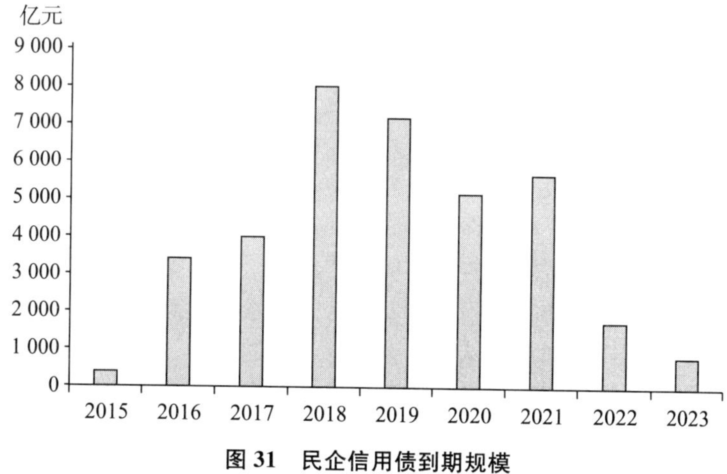

图31　民企信用债到期规模

房地产行业“强者更强、弱者更弱”格局持续，应关注房地产行业尤其是中小房企的信用风险演变。在当前房地产行业调控持续、融资渠道仍然偏紧的背景下，房企再融资成本及难度仍较高，能否顺利进行再融资成为房企资金周转的重中之重。在此背景下，房地产行业风险也将随之持续深入分化，既有行业及竞争格局下“强者更强、弱者更弱”的马太效应将进一步显现，中小房企生存空间或将进一步被压缩，行业内兼并重组大概率有所增加，房地产行业集中度提升速度将明显加快。尽管目前房地产企业尚未发生境内债券实质性违约，但伴随房地产债券到期高峰的到来，在房企尤其是中小房企资金链不断承压的情况下，房地产债券偿付风险有所上升，需关注偿债高峰下中小房企的信用风险演变，警惕房企贷款及其他非标债务违约或引发的交叉违约，以及该类事件触发房地产企业公信力下降所导致的再融资受阻。此外，在外部政策环境日趋严峻的背景下，部分房地产企业内部治理风险也将加速暴露，尤其对于股权较为集中的民营企业，法人治理结构、内部控制体系相对薄弱，使得企业在日常大额资金管理、对外投资、隐性担保等方面存在诸多漏洞，伴随外部环境收紧，前期盲目扩张中积聚的风险隐患将加速暴露，进一步加剧了企业经营的不稳定性及资金链紧张，引发债务偿付困境。

（二）政策建议：把握好稳增长与防风险的平衡

把握好稳增长与防风险既有政策及两者的平衡。当前中国经济内外部均面临较大不确定性。从外部看，中美贸易摩擦不断发酵升级且呈现长期化态势，叠加伊朗等地缘政治问题，外部环境持续动荡调整；从国内看，宏观经济在2016—2017年的短暂回暖后显得后继乏力，经济在投资与外贸的拖累下再度面临下行压力。因此，当前需进一步落实稳增长与防风险之间的平衡：避免防风险力度过大、节奏过快，加大经济增长的压力，导致杠杆率被动攀升；避免为了稳增长重回刺激政策老路，导致“糟糕的通货膨胀去杠杆”或再度进入“债务-投资”驱动增长模式。

把握好局部风险释放与防范系统性风险的平衡。债务减计、债务重组与债务核销是去杠杆的方式和手段。在当前去杠杆持续推进的环境下，局部风险的释放不可避免，如高风险区域的融资平台债券违约等，但需把握好与防范系统性风险之间的平衡。在始终坚持防风险大方向不变的背景下，需要正确看待局部的风险释放，允许风险的局部释放并从源头上注重风险的控制，在制度的建立和规范中创造风险局部释放的空间，从而对症下药推进金融改革逐步化解风险，避免风险的进一步累积，但对系统重要性行业、企业仍需加强信用风险的监测并做好预案，避免因风险局部释放和传导导致系统性的危机。

发挥好财政政策在去杠杆与稳增长过程中的作用。“好的去杠杆”实现了债务减记、紧缩政策、财富转移和债务货币化的良好平衡。因此，央行既收缩了货币，又容忍了债务违约的出现，同时央行又提供了基础货币，为实现完美去杠杆，未来还需完成广义货币的激活以及财富的再分配，这需要通过财政政策发力与配合，促进财富在不同群体间实现转移与流动，具体建议如下：首先，进一步加大减税降费力度。通过减税降费可以对冲居民部门先前巨额举债导致的利息负担，从而增加居民部门的消费潜力，同时增加企业部门利润以提高企业部门的创新能力，从而不断推进中国经济的转型。其次，深入推进扶贫攻坚工作。从经济学的角度来看，低收入群体的消费倾向相对更高。在中美博弈外部风险加剧的情况下，扩大内需尤为重要。继续深入推进扶贫攻坚工作，提高低收入人群的消费能力和水平，在改善相应群体的生活水平的同时，对于推动中国经济增长同样至关重要。

中国高技术产业发展状况分析

刘小鲁

摘 要

本文分析了中国高技术产业作为中国经济增长新动能的支撑作用和发展现状。研究表明，我国高技术产业在经济增长中的贡献日益突出，在国际贸易与技术活动中的影响不断提高，但产业发展质量和关键领域中的创新有待进一步提高。目前，在宏观经济增速放缓的背景下，高技术制造业在产出增速和盈利能力上总体较2017年同期均出现了一定幅度的下滑，中美贸易摩擦、环保压力和研发风险构成高技术产业的短期风险。

关键词： 中国高技术产业；宏观经济增速；短期风险

一、高技术产业作为中国经济增长新动能的支撑作用

（一）高技术产业对增长贡献突出

我国高技术产业总体上发展迅速。根据《中国高技术产业统计年鉴》数据，2016年，我国高技术产业主营业务收入为15.38万亿元，吸纳就业1 341.82万人，创造利润1.03万亿元。在2000—2016年间，高技术产业主营业务收入年均名义增速为18.60%，略高于规模以上工业17.81%的平均增速。

我国高技术产业对地区经济增长尤其是部分高技术产业较为密集的东部省份所起到的贡献日益突出。根据广东省统计局所公布的最新数据，2018年前三季度，该省高技术制造业实现增加值7 151.75亿元，占全省规模以上工业的比重为30.9%，对规模以上工业增加值增长的贡献率为46.8%。此外，根据江苏省

统计局数据，2018 年前三季度，江苏省高技术制造业增加值同比分别增长 11.7%，快于规模以上工业 6.2 个百分点；高新技术产业产值同比增长 9.6%，占规模以上工业总产值比重达 46.6%。根据《中国高技术产业统计年鉴》数据，2016 年，广东和江苏两省高技术产业主营业务收入占到全国所有高技术产业的 44.52%。因此，这两个省份的数据表明，高技术产业对地区乃至全国经济增长的意义日益凸显。

但是，高技术产业在全部工业中所占的比重仍有待进一步提高。根据《中国高技术产业统计年鉴》数据，2016 年，规模以上工业企业主营业务收入为 115.90 万亿元。与规模以上工业企业相比，高技术产业主营业务收入的占比为 13.27%。这一比重虽然较 2000 年的 11.92%有所提高，但仍有较大的提升空间。相应地，2016 年，高技术产业利润总额和就业人数占全部规模以上工业的比重分别为 14.32%和 14.16%，同样有较大提升空间。

（二）我国高技术制造业中，ICT 制造业规模突出

根据《中国高技术产业统计年鉴》，2016 年，我国高技术产业主营业务收入合计为 15.38 万亿元。其中，与 ICT（信息与通信技术）产业相关的电子及通信设备制造业、计算机及办公设备制造业主营业务收入分别为 8.73 万亿元和 1.98 万亿元，两者合计达 10.71 万亿元，占高技术产业的 69.61%。

从制造业出口的技术构成来看，ICT 产品的出口逐渐成为我国制造业出口的主要类别之一。首先，从总量上看，中国目前是世界最大的 ICT 产品出口国。图 1 列举了几个主要国家或经济体在 2000—2016 年间 ICT 出口的变化情况。在 2000 年，中国 ICT 出口总额为 509.14 亿美元，而到 2016 年，则增长至 6 176.01 亿美元，年平均名义增速达到 16.88%。相比而言，其他三个国家或经济体的 ICT 产品出口额变化较为平稳。自 2008 年起，中国的 ICT 出口额超过原欧盟 15 国的总和，成为世界最大的 ICT 出口国。

其次，从制造业出口结构来看，ICT 出口是我国出口的主要构成之一，也是世界许多发达国家主要的进口商品类型。2000 年，我国 ICT 产品出口占制造业产品出口总额比重为 21.40%。此后，该比重迅速提高，于 2003 年首次超过 30%，并于 2005 年达到 34.48%。在此之后，该指标虽呈现出一定的下降趋势，但在 2016 年仍高达 29.93%。这说明，ICT 产品的出口对于我国制造业出口有至关重要的意义。该类商品出口比重的变化与世界主要国家从中国进口商品的类型结构的变化相一致。2000 年，OECD 国家从中国进口的 ICT 商品占制造业进口额的比重为 21.98%，而截至 2016 年，则增加至 34.04%。因此，中国的 ICT 产品也是 OECD 国家进口的主要商品类型。

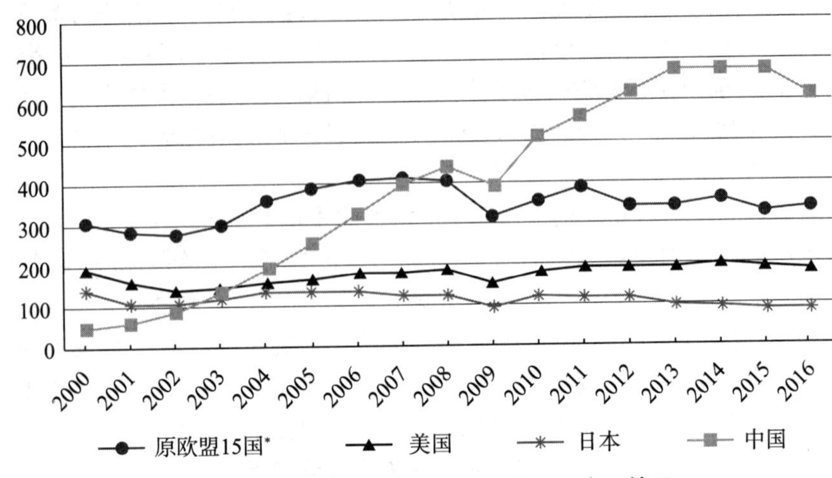

图 1　2000—2016 年主要国家与经济体 ICT 出口情况

* 指法国、德国、意大利、荷兰、比利时、卢森堡、英国、爱尔兰、丹麦、希腊、西班牙、葡萄牙、瑞典、芬兰、奥地利。

资料来源：OECD. stat.

（三）我国高技术产业仍具有较为明显的加工贸易特征

在发达国家向发展中国家转移传统制造业的过程中，中国的制造业及其出口得到了迅猛的发展，但自 2007 年以来，制造业出口在商品出口总额中的比重达到 95%，已经缺少进一步提高的空间。在这一背景下，制造业出口的产品和技术结构将是更有意义的分析指标。

在我国制造业出口比重迅速提高的同时，制造业出口内部的技术结构也在逐渐调整。从图 2 可以看出，在 2000—2008 年间，高技术制造业产品出口占比呈现出非常明显的上升趋势，而与此相对应的是中等（中高和中低）技术产品出口和初级产品出口比重的下降。但是，从图 2 同时也可以看出，2008 年起，我国制造业出口技术构成就基本保持稳定。2008 年，我国高技术产品、中高和中低产品以及初级产品出口占比分别为 30.70%、69.28%和 5.76%，而在 2016 年，这三个比重分别为 30.32%、69.68%和 5.27%，基本上没有发生太大的变化。这说明，在现有技术进步平缓推进的背景下，我国制造业出口的技术构成也趋于稳定。但是，近期中美贸易摩擦对高技术产品所施加的冲击可能使我国未来出口技术结构变化存在一定变数。此外，尽管高技术产品出口占比有所提高，但中等技术产品出口在我国制造业出口中始终保持着较高的比重。虽然在 2000—2005 年间，高技术产品出口的增加迅速降低了该类产品的出口比重，但其数值始终保持在 70%左右。

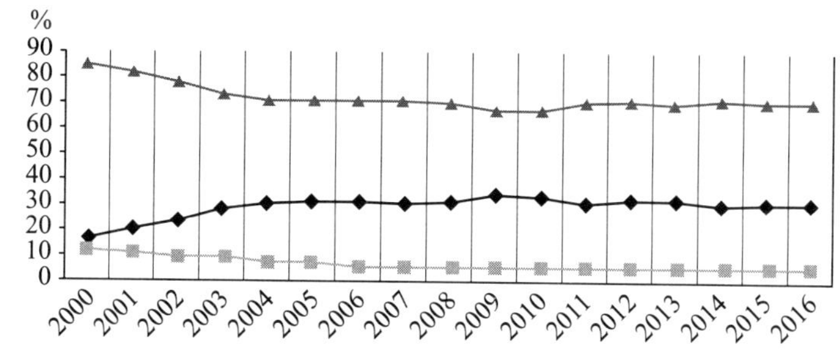

图 2　2000—2016 年我国制造业出口技术构成

资料来源：国泰安上市公司数据。

从进出口的产品结构来看，中国的高技术制造业仍然具有较强的加工贸易特征。图 3 报告了我国 2017 高技术制造业进出口产品的构成。从中可以看出，我国进口的高技术产品以中间品和资本品为主。这两类产品的进口额分别占总额的 70.9%和 20.6%。居民消费品和混合最终用途这两类产品的进口比重仅为 8.5%。相对而言，我国高技术制造业出口中，居民消费品和混合最终用途这两类产品的比重较高，合计达到 44.8%，而中间投入和资本品则分别为 34.2%和 21%。这一进出口结构，尤其是进口中中间投入品的极高比重，与加工贸易的价值链结构相吻合。

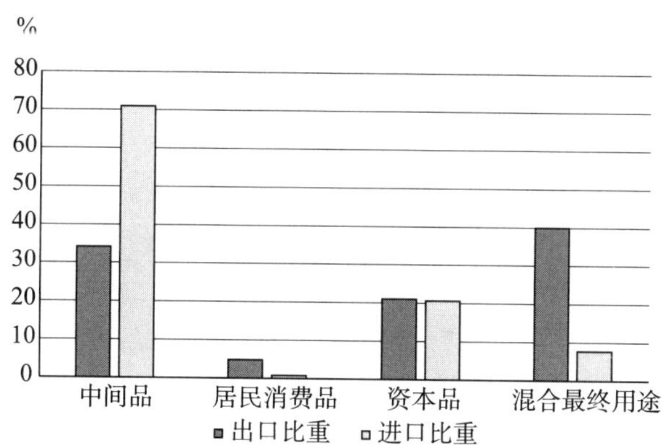

图 3　2017 年中国高技术制造业贸易中的产品构成

资料来源：OECD. stat.

（四）高技术领域专利申请活跃，但关键领域内的提升相对较小

表 1 对比了中国 2014—2016 年和 2002—2006 年年均专利申请量的两项结构指标，用于反映中国专利研发活动在各技术领域的分布情况，以及各技术领域中

我国专利申请数量在世界专利申请中所占的比重。从中可以得到如下结论：

表 1　　中国专利申请量的技术领域分布（%）

技术领域	2002—2006 年平均		2014—2016 年平均	
	占世界同领域总量比重	占中国申请总量比重	占世界同领域总量比重	占中国申请总量比重
电脑技术	4.17	5.49	29.80	6.83
电子机械和能源	4.28	4.76	31.38	6.76
测量仪器	5.06	3.98	41.01	6.13
数码通信	9.3	4.71	33.9	5.16
机械工具	4.72	2.02	52.13	4.67
食品化学	13.47	3.39	61.04	4.62
其他特种机械	4.96	2.94	42.18	4.48
制药技术	9.37	7.63	35.92	4.41
基本材料化学	7.99	4.06	45.85	4.39
材料与冶金	9.79	3.78	50.29	3.89
化学工程	5.11	2.5	42.55	3.09
操作	2.26	1.16	36.57	3.02
运输	2.09	1.6	20.26	2.58
控制设备	3.97	1.49	41.57	2.5
环境技术	6.42	1.87	46.92	2.43
机械原理	2.78	1.5	28.09	2.35
医学设备	7.25	8.78	16.22	2.2
有机化学精炼	4.4	3.02	28.46	2.15
高分子与聚合	4.77	1.88	39.07	2.13
视听技术	3.54	3.46	23.17	2.1
热加工仪器	7.64	2.22	40.31	2.05
电信	6.11	6.51	28.19	1.76
纺织面料	3.77	1.61	33.45	1.73
纺织造纸机械	3.53	1.69	36.71	1.72
生物技术	5.49	2.74	25.64	1.7
半导体	2.88	2.47	16.91	1.64
光学仪器	2.78	2.53	19.18	1.5

续前表

技术领域	2002—2006 年平均		2014—2016 年平均	
	占世界同领域总量比重	占中国申请总量比重	占世界同领域总量比重	占中国申请总量比重
引擎、泵、涡轮	3.09	1.46	19.12	1.5
IT 管理方法	2.03	0.48	22.52	1.15
生物分析仪器	4.06	0.77	23.32	0.43
基本通信过程	2.78	0.59	20.61	0.4
微观结构、纳米	5.22	0.17	36.75	0.21
其他技术领域	4.66	6.75	30.47	8.33

资料来源：WIPO 统计数据库。

首先，从国内专利申请结构来看，目前我国专利申请所侧重的技术领域虽有所变化，但仍以高技术领域为主。2014—2016 年，我国国内专利申请比重最高的前 5 个技术领域分别为电脑技术、电子机械和能源、测量仪器、数码通信和机械工具。在 2002—2006 年间，前 5 个专利申请最为集中的领域分别为医学设备、制药技术、电信、电脑技术以及电子机械和能源。对比可以看到，医学设备、制药技术以及电信已经不再是目前国内专利申请最为主要的技术方向，而电脑技术、测量仪器和数码通信这些高技术领域则成为新的重点领域。

其次，另一个很明显的变化是，我国专利申请活动在世界专利申请中的比重明显提高。在电脑技术、测量仪器、数码通信、制药技术等高技术领域，2014—2016 年间，我国专利申请的平均比重较 2002—2006 年间分别上升了 25.63%、35.95%、24.6%和 26.55%。

最后，需要注意的是，虽然 ICT 制造业在我国高技术产业中处于主要地位，但从专利活动的分布来看，与世界同技术领域专利申请活动相比，专利申请比重的提升幅度较其他技术领域相对较小。首先，从表 1 可以看出，专利申请活动占世界同技术领域的比重上升幅度最高的几个技术领域均与 ICT 行业无关，而是分别为食品化学、机械工具、材料与冶金、环境技术和基本材料化学。与 2002—2006 年相比，这 5 个领域的变化幅度分别为 47.57%、47.41%、40.5%、40.5%和 37.86%。此外，从表 1 可以看出，从我国专利申请活动占世界同技术领域专利申请总量的比重来看，2014—2016 年我国专利申请分布最为密集的前 5 大技术领域依次为食品化学、机械工具、材料与冶金、环境技术和基本材料化学，分别占到世界专利申请量的 61.04%、52.13%、50.29%、46.92% 和 45.85%。这些领域同样与 ICT 没有直接关联。

二、2018 年高技术产业的发展状况

(一) 高技术制造业的产出增速有所下降

在宏观经济增速放缓的背景下，2018 年，我国高技术产业的增速总体上有所下降。根据国家统计局的最新数据，2018 年 1—9 月，我国医药制造业，铁路、船舶、航空航天和其他运输设备制造业，计算机、通信和其他电子设备制造业以及仪器仪表制造业的主营业务收入较 2017 年同期分别增加 13.5%、1.3%、9.6%和 9.3%。①从表 2 的对比结果可以看出，除医药制造业外，其余三个行业的增速均较 2017 年同期有不同程度的下降，而医药制造业主营业务收入仅占这四个行业总和的 16.70%。在产出增速放缓的同时，高技术产业的利润增速也出现了较大幅度的下滑。在表 2 中，2018 年 1—9 月，4 个制造业行业的利润增速较 2017 年同期均呈现出不同程度的下降。这反映出我国高技术产业在产出增速放缓的同时，企业盈利能力也同时出现了较大程度的下降。

表 2　　高技术产业前三季度营业收入与利润总额的同比增长（%）

	2018 年前三季度		2017 年前三季度	
	主营业务收入	利润	主营业务收入	利润
医药制造业	13.5	11.5	12.1	18.4
铁路、船舶、航空航天和其他运输设备制造业	1.3	−2.2	6.7	3.0
计算机、通信和其他电子设备制造业	9.6	2.3	13.6	17.6
仪器仪表制造业	9.3	8.2	14.0	24.9

资料来源：国家统计局网站。

表 3 进一步对比了我国代表性省份和直辖市 2018 年前三季度高技术产业产出指标增速与 2017 年同期增速的比较结果。其中，省份与直辖市按照 2016 年各地区高技术产业产值降序排列。所列举的 10 个省份与直辖市高技术产业总产值在 2016 年占全国的 75.68%，在全国范围内具有较强的代表性。

从分省统计结果来看，表 3 中除重庆市由于 2017 年数据缺失无法比较外，河南、福建和北京高技术产业增速与 2017 年同期相比持平或略有上升，而其余省份与直辖市 2018 年前三季度高技术产业产出增长速度较 2017 年同期均出现了

① 根据《高技术产业（制造业）分类（2017）》，高技术制造业包含医药制造，航空、航天器及设备制造，电子及通信设备制造，计算机及办公设备制造，医疗仪器设备及仪器仪表制造，信息化学品制造等 6 大类。受数据的局限性，这里所列举的 4 个 2 分位行业在统计口径上并不完全等同于高技术制造业分类中所涵盖的范围，仅供粗略估算和参考。

不同程度的下降。由于福建和北京高技术产业产值占全国的比重较低，因此这两个地区产出增速的上升在总体上难以产生根本性的影响。此外，与所有工业部门的产出变化相比，表中所列举的各地区在高技术产业产出上的增速均明显更高。高技术产业相较于其他工业部门获得更快发展的基本趋势没有改变。

表 3　代表性省份和直辖市规模以上工业产出增速（%）

省、直辖市	2018 年前三季度		2017 年前三季度	
	高技术产业	工业	高技术产业	工业
广东	9.2[a]	6.0	14.1[a]	7.2
江苏	11.7[a]	5.5	14.5[b]	7.5
山东	7.5[f]	5.4[f]	10.2	7.0
河南	15.7	7.3	15.7	8.1
上海	3.5[c]	2.2[d]	7.9[c]	9.4[d]
四川	11.7	8.4	16.1	8.5
浙江	14.5	8.0	15.6	8.3
重庆	15.8[e]	1.6	—	9.6
福建	14.0	9.1	12.2	7.9
北京	16.8	7.2	16.7	6.0

注：本表中未标注的指标均为高技术产业增加值增速。对于未报告高技术产业增加值增速的省份和直辖市，使用其他指标代替：a. 高技术制造业；b. 高新技术产业产值；c. 战略新兴产业总产值；d. 工业总产值；e. 战略新兴制造业增加值；f. 2018 年 1—8 月。

资料来源：各省、直辖市统计信息网。

（二）高技术与高新技术制造业上市公司资产负债率仍处于较低水平

本文基于上市公司半年报中的财务数据，对高技术和高新技术制造业上市公司的资产负债情况进行分析。① 由于上市公司行业分类与高技术产业分类标准并不完全吻合，本文使用医药制造业，铁路、船舶、航空航天和其他运输设备制造业，计算机、通信和其他电子设备制造业，仪器仪表制造业这 4 个行业的数据来近似反映高技术上市公司的基本情况；高新技术上市公司则根据国泰安上市公司数据中的公司资质认定情况进行识别。

首先，高新技术制造业上市公司杠杆率长期低于上市公司的平均水平，但在 2018 年出现了较大幅度的上升。2015 年 10 月，党的十八届五中全会提出降低杠杆率的要求，年底的中央经济工作会议将去杠杆作为供给侧结构性改革的目标之一。在这一背景下，上市公司的平均资产负债率在 2015 年后呈下降趋势。从高新技术

① 高技术企业这一概念强调企业所在行业的技术特征，指的是位于高技术产业内的企业。高新技术企业是由政府进行认定，符合特定标准和条件的企业，这类企业的认定重在考察企业的规模与创新能力。两者在概念范畴上并不等价。

上市公司来看，2017 年之前，平均资产负债率长期低于制造业上市公司的平均水平。但是，在 2018 年 1—6 月，该指标上升至 37.44%，较 2017 年同期上升 7.19 个百分点，与全部上市公司 38.68%的平均水平相比，仅相差 1.24 个百分点（见图 4）。

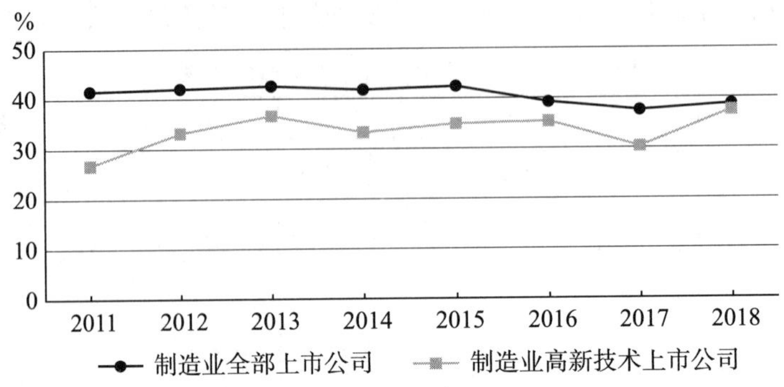

图 4　高新技术产业上市公司各年 1—6 月资产负债率

资料来源：国泰安上市公司数据。

其次，从高技术产业中的上市公司来看，2018 年 1—6 月，资产负债率较 2017 年同期总体上有所上升，但总体上仍处于较低水平。从图 5 的数据可以看出，除去铁路、船舶、航空航天和其他运输设备制造业，其余三个高技术产业上市公司的平均资产负债率均有不同程度的提高。2018 年 1—6 月，计算机、通信和其他电子设备制造业，仪器仪表制造业以及医药制造业上市公司的平均资产负债率分别为 29.08%、27.42%和 38.92%，较 2017 年同期分别提高了 0.31、3.21 和 2.94 个百分点，但总体上仍远低于 70%的警戒线水平。① 此外，铁路、

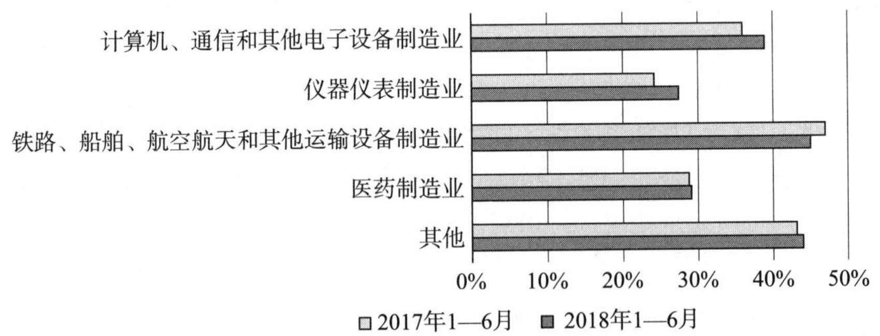

图 5　分行业高技术产业上市公司资产负债率

资料来源：国泰安上市公司数据。

① 根据国资委 2018 年初的行业标准，资产负债率管控警戒线分为三大类，工业企业为 70%，非工业企业为 75%，科研设计企业为 65%。

船舶、航空航天和其他运输设备制造业的资产负债率较 2017 年下降了 1.98 个百分点。

（三）高技术与高新技术制造业上市公司营业收入出现了一定程度的下滑

高新技术上市公司半年报主营业务收入在 2012—2017 年间呈加速增长趋势，总体增速变化趋势与制造业全部上市公司基本一致。2012 年，高技术上市公司 1—6 月营业收入同比增速为 9.40%，而 2017 年上半年增速则达到 32.70%。

但是，在 2018 年 1—6 月，在宏观经济增速总体放缓的背景下，高新技术制造业上市公司营业收入增速较 2017 年同期出现了较大幅度的下降。2018 年 1—6 月，营业收入平均增速为 18.80%，较 2017 年同期下降 13.9 个百分点。相比而言，制造业上市公司营业收入平均增速由 2017 年同期的 33.50%下降至 2018 年的 26.80%，仅降低了 6.7 个百分点（见图 6）。

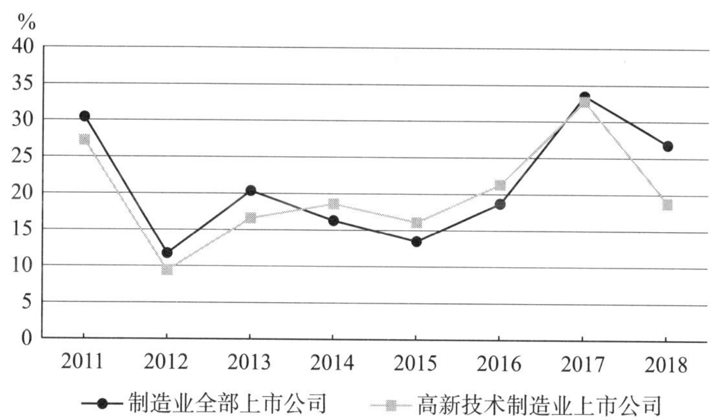

图 6　高新技术制造业上市公司各年 1—6 月营业收入同比增速

资料来源：国泰安上市公司数据。

从高技术产业来看，2018 年上半年，与 2017 年同期相比，除医药制造业外，其余三个行业上市公司营业收入增速均出现了不同程度的下降。具体来说，医药制造业营业收入增速由 2017 年 1—6 月的 27.58%上升至 2018 年同期的 33.08%；2018 年上半年，计算机、通信和其他电子设备制造业，仪器仪表制造业，铁路、船舶、航空航天和其他运输设备制造业主营业务收入的平均增速分别为 27.19%、20.92%和 39.44%，较 2017 年同期分别下降 4.29、7.39 和 11.15 个百分点（见图 7）。

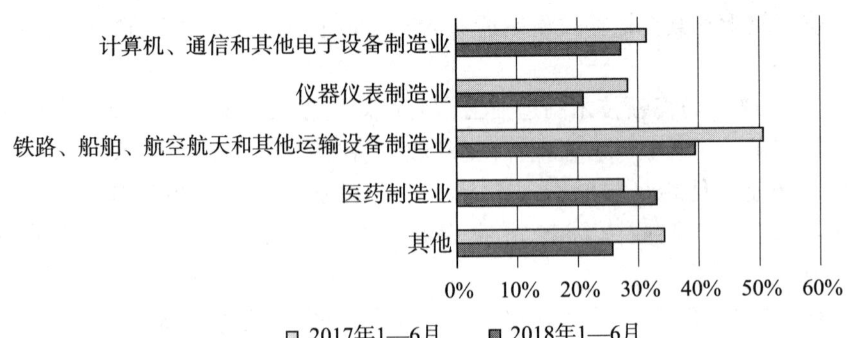

图 7　分行业高技术产业上市公司的营业收入增速

资料来源：国泰安上市公司数据。

（四）高技术与高新技术制造业上市公司的盈利能力存在下降与分化的可能性

在产出增速回落的同时，高新技术制造业上市公司的盈利能力也出现了一定的下降。从图 8 可以看出，我国高新技术制造业上市公司的盈利能力长期以来一直强于制造业上市公司的平均水平。此外，在 2013—2017 年间，高新技术制造业上市公司的盈利能力总体上不断增强。2013 年上半年，高新技术制造业上市公司的平均营业利润率为 8.77%，而 2017 年同期则提高至 13.25%。与 2017 年相比，2018 年同期，平均营业利润率略有下降，为 10.01%，仅略高于制造业上市公司 8.91%的平均水平。

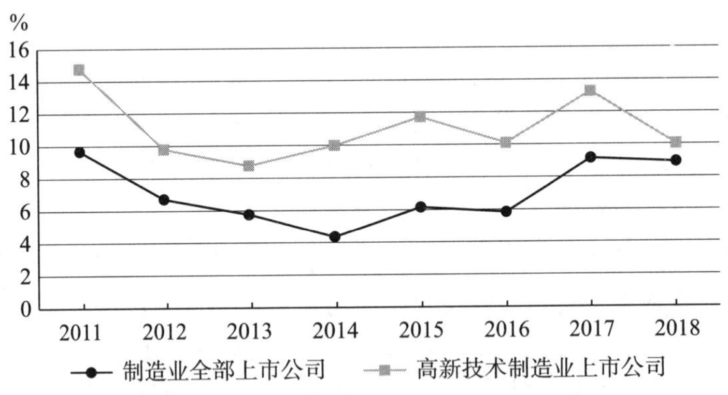

图 8　高新技术制造业上市公司各年 1—6 月营业利润率

资料来源：国泰安上市公司数据。

从高技术产业来看，上市公司盈利状况在不同行业间呈现分化。2018 年 1—6 月，医药制造业，仪器仪表制造业，铁路、船舶、航空航天和其他运输设备制造业，计算机、通信和其他电子设备制造业的营业利润率分别为 17.26%、6.41%、12.39%和 6.63%。其中，前两个行业的营业利润率较 2017 年同期分别下降了 3.30 和 1.43 个百分点，而后两个行业则分别上升了 4.23 和 1.45 个百分点（见图 9）。

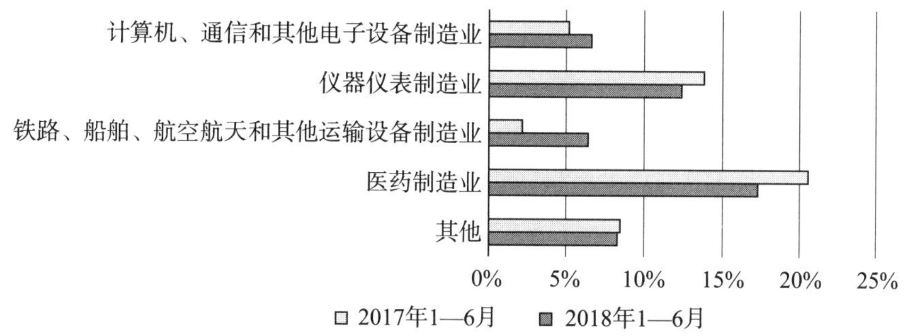

图 9　分行业高技术产业上市公司营业利润率

资料来源：国泰安上市公司数据。

三、高技术产业发展的风险因素

（一）警惕高新技术产业与创新的“虚假繁荣”

为促进高技术产业的发展和高新技术企业的成长，我国的产业政策长期以产业技术扶持政策为核心。政策扶持的主要方式是各种形式的研发补贴、专利资助和税收优惠。其中，研发补贴的主要形式通常是以财政拨款为基础所成立的各类专项资金。这些资金的使用常与政府科技计划的实施相联系。此外，《全国专利工作“十五”计划》提出了专利申请年均增长 14%的量化发展指标。在此背景下，越来越多的地方政府开始通过补贴或奖励形式对专利申请和授权进行激励。2000 年，全国仅有北京、上海和重庆三个直辖市对专利申请进行资助，而 2004 年，为专利申请提供补贴的省份即达到 25 个。在高新技术企业创新激励方面，科技部、财政部、国家税务总局在 2008 年 4 月 14 日联合发布《高新技术企业认定管理办法》，规定凡通过高新技术企业认定的（不论高新区内外），其企业所得税可在三年内从 25%减为 15%。在上述背景下，各级地方政府出于地方经济增长目标，围绕高新技术产业园区建设还实施了大量以廉价工业用地供给、补贴和税收优惠为主要形式的招商引资政策。

尽管上述政策在一定程度上促进了我国高技术产业的发展，但受信息不对称和多重委托-代理问题的影响，识别企业类型的真实信息往往成本高昂。为获得税收优惠，高技术企业资质认定中存在大量的虚假申报现象。早在 2009 年，财政部和国家审计署对北京、上海、广东、江苏等地高新技术企业进行抽查时发现，被抽查的 116 家中有 85 家不符合条件，不合格率高达 73%。从高技术产业

的研发倾向来看，根据《中国高技术产业统计年鉴》的数据，2000年，高技术产业内大中型企业的研发投入占营业收入比重为1.82%，而截至2016年，这一指标上升至1.98%，仅提高了0.16个百分点。许多高技术企业从事的仍然是进口基础上的组装。最后，从专利上来看，尽管我国已经成为世界第一大专利申请国，但受专利资助数量导向的影响，平均专利质量并不高。本文搜集了2000—2009年我国企业的所有专利申请数据。根据统计结果，2000年提交申请的专利中，发明专利的平均存续时长为8.655年，而2009年提交申请的专利中，发明专利的平均存续期则下降至3.429年。类似的现象也出现在实用新型和外观专利上。

（二）中美贸易摩擦的升级给市场带来的更多不确定性

目前，美国对华加税清单涉及的商品主要为高新技术和机电产品。在前两批清单中，仪器仪表、通用设备、专用设备、电气机械设备、电子通信设备分别占22.08%、19.79%、10.55%、10.05%和8.76%。受中美贸易摩擦升级的影响，2018年我国东部省份，如江苏和广东的出口同比增速下滑，高技术产品出口增速已经遭受到中美贸易摩擦的一定的负面影响。

目前，我国高技术产业总体技术密集型程度和研发强度还有待进一步提高，对国外先进技术还具有一定的依赖性，其发展在现阶段还需要广阔的海外市场。美国此次贸易摩擦中对知识产权保护上的诉求，对我国高技术产业发展将形成一定的冲击和影响。

（三）环保标准和行业监管所产生的经营压力

随着经济社会的发展，国家对环境整治力度不断加大，环保标准明显提高，这对高技术产业产生了较大的成本压力。首先，一些高技术产业本身的生产过程伴随着较为复杂的污染防治问题，治理起来在技术、资金上难度极大。医药制造业便是其中的一个典型行业。例如，江苏恒瑞医药股份有限公司有三家子公司属于环境保护部门公布的重点排污单位。其次，高新技术产业所依赖的许多上游产业原材料的生产属于典型的高污染产业。例如，多晶硅是人工智能、自动控制、信息处理等半导体器件的基础材料，也是太阳能电池最主要的原料。该产品生产不仅消耗大量电能，而且会产生大量易燃、易爆、高毒性的废液与废气。受环保标准提高以及上游结构性去产能的影响，上游原材料价格2018年上半年出现了一定程度的上升，这导致下游高技术产业盈利能力的下降和经营压力的上升。

（四）国内国际宏观经济环境变化所产生的研发风险

高技术产业具有典型的研发密集型特征，而研发投入的回收和生产成本的降低严重依赖于新产品的商业化和产品销售市场的开拓。受到宏观经济总体增速放缓和中美贸易摩擦的影响，相关行业的产品销售环境预计将趋于恶化。

对于高技术企业，尤其是研发强度较高的企业来说，在这一趋势下，新产品的初级市场开拓成本将趋于上升，使企业面临更高的资金压力、成本压力和研发风险。根据国泰安上市公司数据，2017 年，高技术产业中仪器仪表制造业以及计算机、通信和其他电子设备制造业的研发投入强度最高，研发支出占营业收入的比重分别为 7.79%和 7.53%，在上中游原材料价格上升，而下游需求增长放缓的背景下，这些行业未来可能会面临较高的研发风险和成本压力。

当前中国消费结构性变异的内在特征、发生机制与破解思路

张 杰

摘 要

进入2018年以来，中国出现了社会消费品零售总额同比增速下降及消费者信心指数和预期指数突然掉头向下的重大现象，这引发了中国是否发生“消费降级”“消费升级”“消费分级”现象的诸多争论。本文从“消费结构性变异”现象的界定和定义入手，通过对中国消费结构性变化的诸多方面典型事实的梳理和内在特征的分析，得出的一个判断是：中国可能正在发生“消费结构性变异”的重大现象，即表现为在某些群体的实际收入水平增长发生了绝对停滞或者相对停滞的情形下，这些消费群体的消费能力、消费预期和消费层次发生了短暂性或相对较长时期内的下移状态，形成了典型的“消费降级”和“消费升级”现象并存以及“消费分层”的重大事实。针对此现象，本文进一步从房地产泡沫对消费者消费能力带来的挤出效应和扭曲效应、吸收就业数量最多的制造业等相关行业工资水平长期的相对低水平、股市的跨长周期持续下行以及当前理财产品收益率的普遍下降导致的财富效应消失、中高端消费者甚至普通消费者国外消费品的直接需求增加对国内消费品的替代效应、“运动式”和“一刀切”式环保治理行动对特定区域必需品和日常消费品价格的推高作用等方面，着重探究了造成中国消费结构性变异现象的发生机制以及可能的深层次因素，并据此提出了相应的破解思路和具体对策。

关键词：经济下行压力；消费结构性变异；消费分级；发生机制；破解思路

一、当前对中国消费增速减缓现象的诸多争论和基本判断

当前，中国经济进入新常态的特定阶段，一个新现象引发了诸多的争论和思

考。自从进入 2018 年以来，中国社会消费品零售总额的同比增速，由 2017 年的两位数增速 10.2%以及 2018 年 3 月的 10.1%，下降到 2018 年 4 月的 9.4%、5 月的 8.5%、6 月的 9.0%、7 月的 8.8%、8 月的 9.0%以及 9 月的 9.2%。与此同时，图 1 的数据显示，中国消费者信心指数和预期指数，在自 2015 年以来持续上涨的情形下，在 2018 年 6 月突然出现了掉头向下的态势，这就凸显出中国消费的持续扩张能力在 2018 年以来可能受到了某些重大因素的影响作用甚至制约作用。针对中国社会消费品零售总额同比增速下降的这个重要结构性变化现象、消费者信心指数和预期指数突然调头向下的重要现象以及背后的动因理解，迅速蔓延成为中国社会广泛关注和讨论的热点问题，学者们对此现象产生了两种不同甚至对立性的认知和解释。

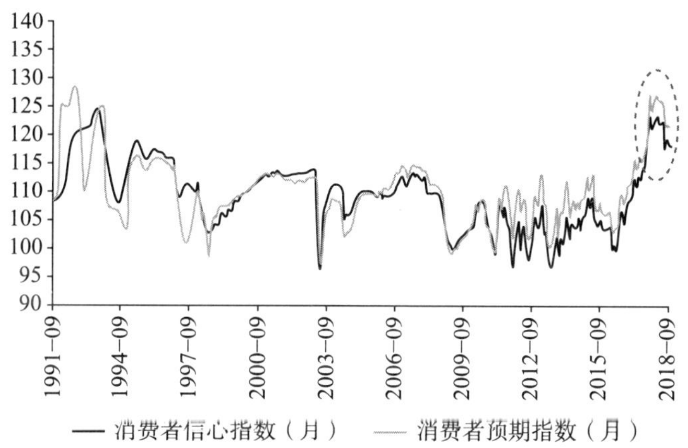

图 1　中国消费者信心指数和预期指数的月度变化趋势

一种代表性的观点是“消费降级论”。从“消费降级论”的基本内涵来看，就是认为中国多数或部分特定消费者群体的消费能力以及多样化消费意愿，正在发生下降和弱化的重要变化现象，这就必然会导致多数或者部分消费群体对特定类型产品的消费数量出现了下降现象，或者出现了消费产品结构向相对低端化的转移现象。最为典型的支持证据就是：一是袋装榨菜企业的供需关系发生变化，导致榨菜市场价格上涨和企业利润大幅度增加。比如，当前流行的说法是，涪陵榨菜公司 2018 年前三季度营业收入同比增长 25.94%，实现归属于上市公司股东的净利润同比增长 72.16%。二是方便面的突然回暖。如果以 2012 年为分界点，一个显著的对比是，2012 年之后中国市场方便面由快速增长转入缓慢下降态势，销售额由 2012 年的 581 亿元下降到 2017 年的 498.6 亿元。然而，2018 年上半年的方便面行业一举扭转了逐步下降的态势，销售量增长 4.5%，销售额增长 8.6%。三是拼多

多等低价电商平台的快速扩张，主打"优质+低价+高效"产品策略的10元店和名创优品日用百货店的快速兴起以及消费者的普遍认可。这些证据似乎在一定程度上至少印证了部分消费者群体的消费能力下降，导致对特定低端商品的需求短期内增加，进而造成一段时期内消费降级现象的发生。

另一种代表性的观点是"消费升级论"。从"消费升级论"的基本内涵来看，就是指在多数群体特别是中产阶层群体的实际收入能力和消费产品质量持续提高的双重基础上，多数消费者群体特别是中等收入阶层的消费偏好出现了由低端商品和服务消费占据主要比重，向高端商品和服务消费占据主要比重的升级，导致了消费结构持续性优化升级现象的发生。比较流行或者容易具有说服力的证据是：一是中国最终消费对GDP增长的贡献率在持续提升。图2的数据显示，特别是中国经济进入新常态阶段以来，最终消费对GDP增长的贡献率已经由2013年的47%迅速上涨到2018年前三季度的78%，这深刻表明最终消费对中国经济增长支撑作用的强化而非弱化，由此来证明中国消费结构的优化升级。二是中国多数重要消费品的确在发生由低端向高端逐步优化升级的趋势现象。具体来看，代表性的消费品有：(1) 酒类作为中国老百姓的日常消费品，正在发生消费层次升级的重要现象。图3显示，自从2017年下半年以来，低端白酒出现了价格下降而高档白酒出现了价格上升的现象，可能在一定程度上表明低端白酒出现了供给大于需求以及高端白酒出现了需求大于供给现象的发生。(2) 香烟作为中国老百姓最为主要的消费品之一，也在发生消费层次升级的重要现象。图4显示，自从2013年以来，相对低端的三类卷烟出现销售量占比持续下降，而相对高端的一类卷烟出现销售量占比持续上升的结构性变化现象。(3) 出行作为中国老百姓的主要消费品之一，也呈现出结构性变化趋势。图5显示，从长期趋势来看，公路客运量同比增速出现了持续下滑的基本态势，由此表明，中国多数消费者在"行"的方面，可能发生了一定程度上的消费层次提升的现象。

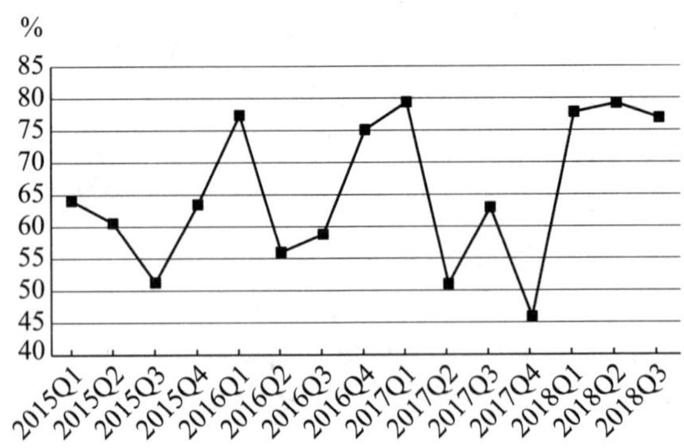

图2　最终消费对中国GDP增长贡献率的变化趋势

资料来源：依据国家统计局相关数据整理。

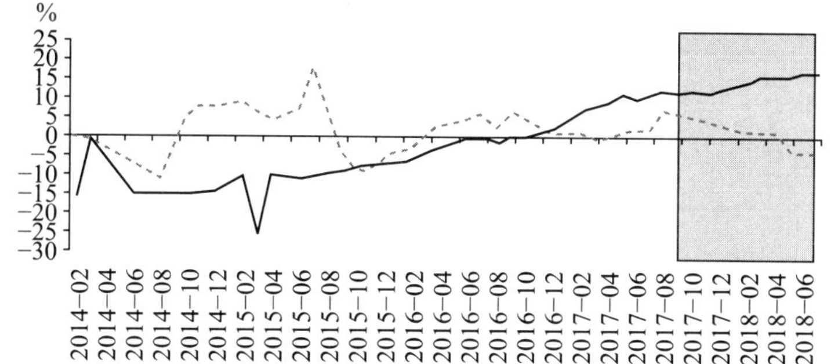

图3　中低档和高档白酒价格同比的变化趋势

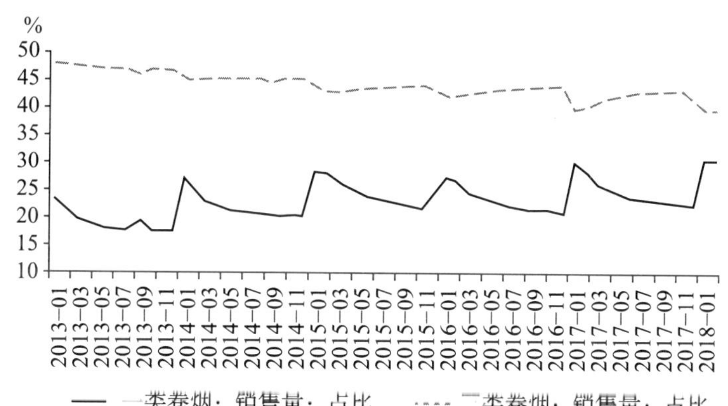

图4　一类卷烟和三类卷烟销售量占比的变化趋势

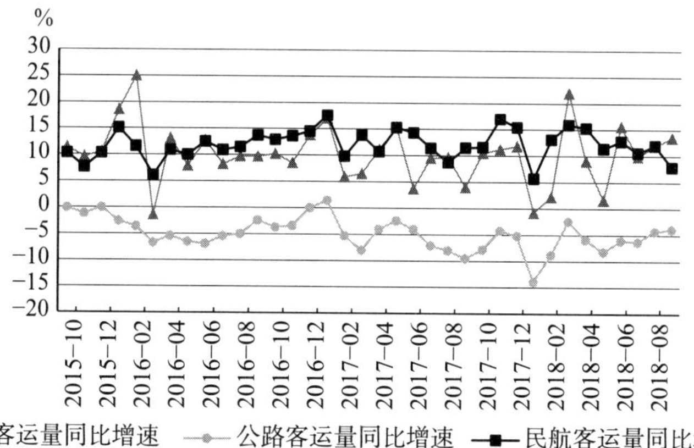

图5　铁路、公路和民航客运量同比增速的变化趋势

资料来源：依据国家统计局相关数据整理。

还有一种代表性的观点是“消费分级论”。从“消费分级论”的基本内涵来看，就是认为由于不同消费者群体自身收入的差异、消费文化的差异、地域的差异、代际的差异甚至自我身份认同的差异等一系列复杂的综合的因素，导致不同群体之间的消费偏好、消费意愿和消费层次出现了重要的分化演化现象，造成“消费降级”和“消费升级”现象同时并存的特殊状态。一方面，消费升级现象在中高收入阶层的消费者群体中正在普遍发生。从当前消费理念、消费模式、消费结构的变化趋势来看，对高质量产品、服务消费、文化消费、教育消费、旅游消费等方面的消费支出比重逐步增长，而且“互联网+”和电子商务平台等新兴市场交易模式，马上消费、提前消费、分期消费等新型消费方式和消费理念的逐步兴起，成为引领和推动中国城市和乡村消费结构优化升级的重要力量。另一方面，消费停滞、逆消费升级甚至消费降低的现象也逐步凸显，尤其是在特殊区域特殊群体中，这些现象的苗头也不容忽略。特别是逆消费升级，是指在产品综合性能和质量相差不大的前提下，收入受到限制以及部分趋向理性的消费者不再追求高价格、高感觉的品牌和优质服务，而是更多地追求物美价廉逻辑式的实惠消费。

客观事实是，无论是从“消费降级论”还是从“消费升级论”的立场以及证据来看，这些对立性观点的背后证据链以及相应的动因解释和分析，既经不起科学逻辑的认真和严肃推敲，也未必能够完全涵括和准确刻画中国当前消费结构变化特征的多元化、多样化、多变性和复杂性。比如，支持“消费降级论”的2018年中国榨菜市场的销售量增长以及企业利润增加，具有相当的片面性和欺骗性。如图6所示，实际上，至少从2013年开始，中国的包装榨菜市场销售额就

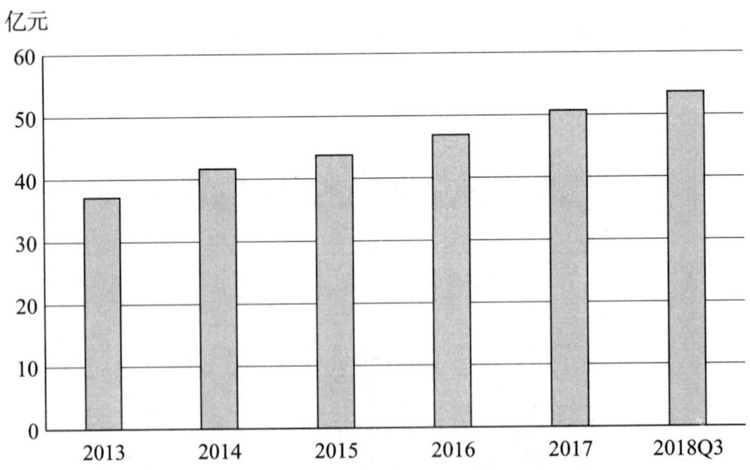

图6　2013—2018年中国包装榨菜行业市场销售规模的变化趋势

资料来源：2018年中国榨菜行业发展现状及市场前景预测．中国产业信息网，2018-05-05.

一直处于一个稳定的增长通道之中，并非市场供需关系的突然逆转。方便面行业市场在2018年上半年的突然回暖，也可以部分从方便面市场自身产品的高端化过程以及消费者对新产品的重新认可来加以解释。而拼多多等低价电商平台、名创优品日用百货店等的快速扩张以及消费者对这些营销模式的认可，既可以理解为“市场下沉”效应的综合作用，也可以从三、四、五线城市的低端需求从相对高成本、高价格的实体店向相对低成本、低价格的网上服务模式的转移这个重要变化现象来加以解释。

在我们看来，如果从逻辑机制的视角来加以理解和分析，“消费降级”现象和“消费升级”现象的矛盾均可以在“消费结构性变异”现象之中得到统一性的阐述和解释。消费降级或消费升级，本质上均是消费结构性变化的外部表现，而消费结构的演化，又会在不同群体内呈现出消费层次的相对降低、固化或优化提升等多样化特征。因此，仅仅讨论消费降级或消费升级的视角可能过于简单和狭隘，关键是要关注和把握中国当前消费结构性变异现象的发生点以及内在特征，关注和理解消费收入结构在不同群体之间的差异性变化趋势特征，关注和揭示消费结构性变异现象背后可能隐含的各种制度性扭曲性矛盾和机制体制性障碍。

需要重点关注的可能机制是，一方面，在某些群体的收入水平增长发生了绝对停滞或者相对停滞的情形下，这些消费群体的消费能力和消费意愿必然会受到自身收入水平的根本性制约，导致这部分消费者群体的消费层次发生了短暂性或相对较长时期内的下移状态，形成了典型的“消费降级”事实，或者进入了“消费停滞”甚至“消费恶化”类型的特定发展陷阱。另一方面，即便在存在多数特定群体的收入水平持续增长的前提下，由于这些群体的收入水平增长速度远远抵消不了房地产价格的上涨速度以及特定外生性因素导致的消费品价格的上涨速度，导致这部分消费者群体的实际消费能力以及消费层次发生了短暂性或相对较长时期内的相对下移状态，也必然就会造成“消费降级”事实的发生。而且那些实际收入水平没有受到根本性影响或出现根本性下滑的消费者群体对中国本土企业生产的众多消费品质量、安全和性能等方面的不信任感增强，对国外高端产品和日常消费品的偏好逐步强化和固化，造成了中国消费需求的外部转移效应，进一步造成了中国消费者的国外“消费升级”现象，也可能推动中国进入“消费降级”的陷阱，对中国经济内生动力造成了很大的负面效应。

二、当前中国消费结构性变异发生的判断依据与内在特征

针对中国当前的消费结构变化中出现了“消费降级”“消费升级”乃至“消费分级”等诸多现象以及由此引发的诸多争论，倘若只是停留在现象层面和问题

表面的讨论，并未深入这些现象的矛盾冲突点以及背后的引发诱发机制和制度性动因的探究，可能并不利于对中国当前消费结构性变异现象这个重大问题的清醒判断和科学认识。然而，要真正揭示和理解中国当前可能正在发生的消费结构性变异现象的具体表现以及内在特征，尤为需要从几个重要现象的判断和分析来入手，剥开掩盖在中国当前消费结构性变异现象表面的乱象和迷思。

第一，当前中国社会零售额增速的下滑，究竟是既定的趋势性规律所决定的，还是长期积累的经济结构扭曲效应导致的波动性？针对中国的现实状况而言，社会消费品零售总额可能会在一定程度上代表和反映中国普通消费者的消费行为以及消费支出的主要构成，因此，中国社会消费品零售总额增速的结构性下降现象，未必是所谓服务消费没有统计进去的简单原因，以为服务统计问题并不会导致趋势性变化，很有可能背后就包含和反映了中国消费结构性变化趋势的端倪和信息。仔细审视和观察图 7 和图 8 中最近以来的中国社会消费零售总额同比增速的月度和年度趋势变化信息，一个可能已经发生的基本事实是，在进入 2018 年之后，中国社会消费品零售总额增速很有可能正在经历一个特定的结构性变化趋势，核心表现就是从 2017 年以前的 10%以上的两位数高速增长平台，转移到 8%～9%的中高速增长平台。然而，从中国的经济发展水平来看，2017 年我国人均 GDP 为 8 582.94 美元，在世界排名只有第 74 位，2017 年全国居民人均可支配收入为 25 974 元。同期，美国 2017 年人均 GDP 为 59 501 美元，全国居民人均可支配收入为 5.77 万美元。最为关键的数据对比是，2017 年中国全国居民人均消费支出为 18 322 元，仍然只有美国的四分之一。对此，我们的基本判断是，在中国经济正处于由高速增长模式全面转入高质量发展模式的特定阶

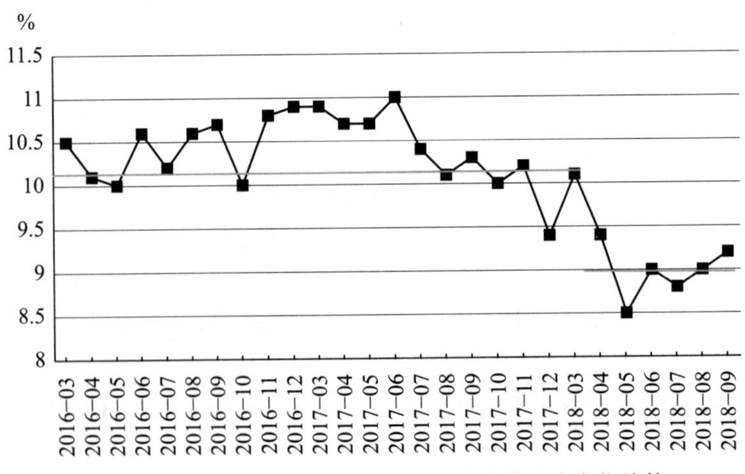

图 7　中国社会消费品零售总额同比增速的月度变化趋势

资料来源：依据国家统计局相关数据整理。

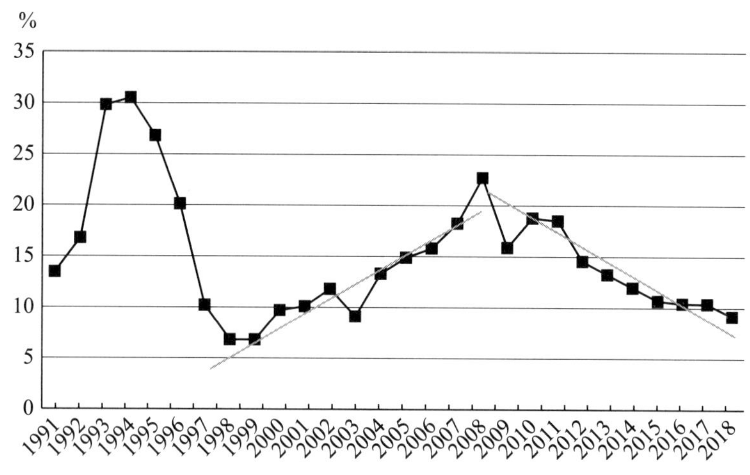

图 8　中国社会消费品零售总额同比增速的年度变化趋势

资料来源：依据国家统计局相关数据整理。

段中，人均 GDP 应该在未来一段时期内维持在中高速增长阶段，而人均消费支出也应该在相当长的一段时期内维持在相对较高水平。因此，在我们看来，2018 年以来中国社会零售额增速呈现出的平台式下滑态势，未必是既有的经济规律所决定的，很有可能是中国经济发展过程中长期积累的各种扭曲性效应叠加作用所造成的短期集中性爆发表现，换言之，如果针对这些经济结构扭曲性因素真正实施和推行全面改革，就有可能使得中国社会零售额增速重新恢复到 10%以上。

第二，中国是否出现了最终消费对 GDP 增长贡献率的“被动增长”问题和困局？图 9 显示，2017 年最终消费对中国 GDP 增长的贡献率为 59.8%，而 2018 年前三季度最终消费对中国 GDP 增长的贡献率突然上升到 78%。2017 年居民消费率为 39.1%，仍然较大幅度低于同期美国的 68.4%、英国的 65.5%、日本的 55.5%、欧元区的 54.1%，甚至远远低于 2016 年金砖国家（不包括中国）的平均居民消费率 58.5%。如果仅仅从该现象的表象来看，这似乎可以解读为中国消费规模的持续扩张以及背后隐含的消费结构优化升级对经济内生动力支撑效应的逐步强化。

然而，图 10 的数据显示，大约以 2010 年为分界点，2010 年之前，最终消费对 GDP 增长贡献率呈现出逐步下降的态势，而 2010 年之后，最终消费对 GDP 增长贡献率却呈现出逐步上升的态势。与此同时，2010 年之后资本形成额对 GDP 增长贡献率也呈现出逐步下降的态势，特别是进入 2016 年之后，最终投资对 GDP 增长贡献率呈现出大幅度下滑的基本态势。从中国的客观事实来看，自从 2011 年以来，无论是从工业部门固定资产投资额的同比增速来看，还是从

民间部门的固定资产投资额的同比增速来看，均呈现逐步下滑态势。综合以上数据信息，我们可得到的一个基本判断是：2010 年之后，最终消费对中国 GDP 增长贡献率呈现出的逐步上升态势，很有可能是由于工业部门和民间部门的投资意愿弱化和投资动力下滑，导致最终消费对中国 GDP 增长贡献率的“被动型”增长。特别是进入 2018 年以来，这种“被动型”增长可能到了一个关键的转折点甚至诸多经济结构扭曲中的核心矛盾累积的爆发点，由于工业部门和民间部门的

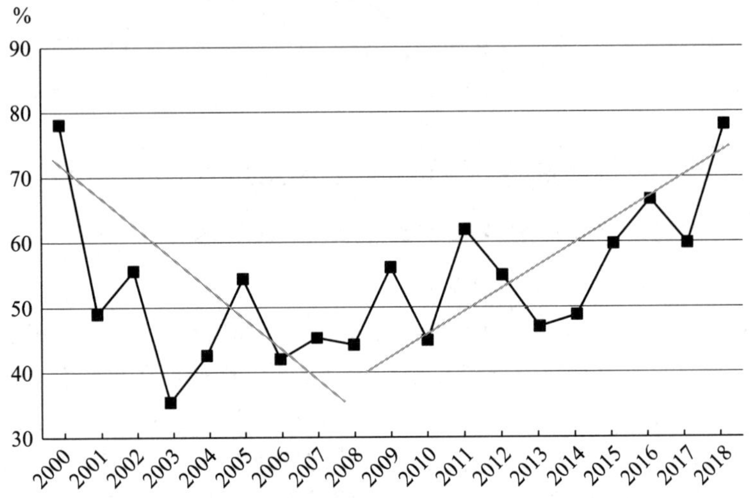

图 9　最终消费对中国 GDP 增长贡献率的变化趋势

资料来源：依据国家统计局相关数据整理。

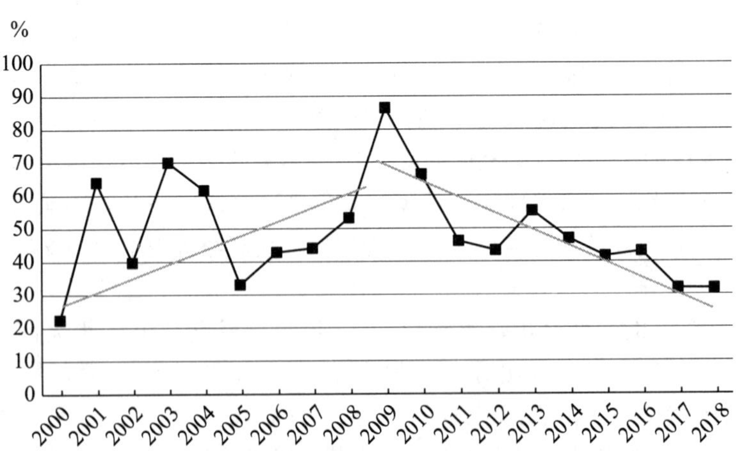

图 10　资本形成额对中国 GDP 增长贡献率的变化趋势

资料来源：依据国家统计局相关数据整理。

投资意愿弱化和投资动力下滑，已经到了由增长转换为下滑趋势的关键转折点，导致最终消费对中国GDP增长贡献率的“被动式”增长的矛盾集中凸显和发酵。而且，针对2017年农村消费品零售额增速开始超过城镇消费品增速的现象，2017年农村消费品零售额增速反弹至11.8%，但城镇消费品增速下滑至10.0%，我们就将之解读为在农村地区中“被动型增长”现象的发生。

第三，如何理解2018年中国汽车消费增速突然下滑背后的含义？2018年7—10月以来，中国汽车业出现了连续4个月同比销量增速下滑的重要现象，而且出现了负增长的特殊现象。依据全国乘用车市场信息联席会发布的《全国乘用车市场分析》报告，2018年10月，全国狭义乘用车零售销量同比下降13.2%，其中，轿车销量同比下降11.6%，SUV销量同比下降13.2%，MPV销量同比下降23.3%。2018年1—10月，全国狭义乘用车累计销量同比下降2.1%，并预计2019年增幅仅为1.2%。[①] 这些数据可能意味着，一方面，中国汽车市场自1990年以来的29年首次出现年度销量下滑现象，很有可能面临由高速增长向低速增长的关键转折期；另一方面，更为重要的是，中国不同城市、不同区域的汽车销售量的差异性变化特征，是与这些城市和地区的经济增长同比增速密切相关的。

可以观察到的重要事实是，此轮汽车销量的主要下滑地区，主要是那些经济增长增速下滑以及以制造业为主的实体经济部门可持续发展出现较大问题的部分三、四、五线城市以及北方的部分省份。就此，我们认为，中国此轮汽车销售量下滑背后的主要因素，很大程度上是与中国相当部分的三、四、五线城市以及北方部分省份的经济增长动力弱化以及实体经济可持续发展遇到障碍有着密切的内在联系甚至因果关系。依据公安部发布的相关数据，截至2017年底，中国汽车保有量已经达到2.17亿辆，而具有汽车驾驶证的人数高达3.42亿人，这就表明，中国还有大约1.25亿人拥有驾照而名下无车，这也意味着中国仍有相当数量的汽车需求。而且多数三、四、五线城市消费者以及农村地区消费者购买汽车的重要动机之一，是要标识和彰显自身的经济地位和收入阶层，甚至将之作为确立婚姻关系的重要必需品，而非仅仅把汽车当作代步的生活必需品。

综合以上信息，一个显而易见的逻辑是，地区的经济增长能力仍然是中国地区中多数居民收入水平以及消费能力和消费意愿的决定性因素。因此，2019年以及未来一段时期内中国汽车销售量的增长变化情况，可能再难以单纯依靠购置税优惠政策来加以大规模刺激，而是在一定程度上决定于未来的相对高收入岗位就业状况以及多数居民的收入增长预期情况。比如，一个重要的因素是，三、四、五线人口以及农村居民人口能否进一步流入一、二线城市就业以及获得稳定收入，因为大

---

① 乘联会：10月乘用车销量同比降13.2% 预计明年增幅仅1.2%. 搜狐网，2018-11-08.

多数三、四、五线城市以及农村地区的财富都是由出外务工人员来获得的。

第四，如何理解中国消费结构在短期内的变化态势所内含的重要信息？中国消费结构性的变化信息，一定程度上可以通过粮油食品、饮料酒类和体育、娱乐用品类占消费总额的比重的相对变化趋势来加以定义和理解，一个很显然的逻辑是，消费结构的优化升级，必然会表现为粮油食品、饮料酒类等必需品所占消费总额的比重的持续下降，且体育、娱乐用品类占比的持续上升意味着中国恩格尔系数的普遍下降。然而，图 11 的数据信息显示，2018 年 3 月以来，粮油食品、饮料酒类占比突然开始经历一个迅速攀升的过程，由 3 月的 12.49%快速增长到 9 月的 14.41%。与此同时，体育、娱乐用品类占比，从 2018 年 6 月的 52.54%逐步下降到 9 月的 43.18%。这些数据的对比变化信息可能表明，一方面，由于部分地区的粮油食品、饮料酒类等必需品的价格发生了较大幅度上涨的现象；另一方面，更有可能是由于部分地区特别是部分三、四、五线城市的部分居民收入增长出现了下滑态势，以及部分农村地区居民在城市打工机会的逐步减少以及农民收入的短期减少，导致了消费能力、消费意愿和消费预期的短期下降和弱化现象的发生，进而造成了短期内的粮油食品、饮料酒类占比的“被动式”增长局面和困局。

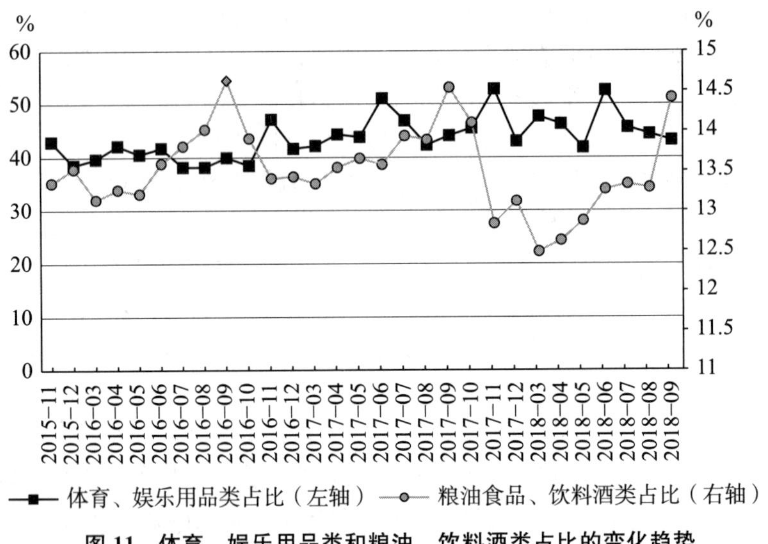

图 11　体育、娱乐用品类和粮油、饮料酒类占比的变化趋势

资料来源：依据国家统计局相关数据整理。

第五，中国居民存款增速快速下滑意味着什么？央行公布的数据显示，2018 年 8 月，中国金融机构各项存款余额同比增长 8.3%。而在之前的 39 年间，中国金融机构各项存款余额同比增速从未跌破过 9%。更为重要的现象是，中国居民存款增速下滑最为关键的证据是，在2008—2018年的这10年间，中国城乡居民存款增速从18%逐步下滑到了大约7%。

如果要深究中国居民存款增速快速下滑的成因，公认的一种解释是认为消费者自身消费需求结构的优化升级需求、对相对高收益理财产品的投资偏爱以及对购房的居住和投资投机需求，成了中国居民存款增速下降的主要通道以及形成动因。然而，依据我们的观察，这可能与中国多数商品的价格水平过快增长，导致多数消费者的实际收入水平下降或者对未来实际收入下降的预期这个因素密切相关。中国多数商品价格水平的过快增长，逐步改变甚至扭转了相当部分消费者的旧有消费习惯和消费信念，既包括青年一代的消费习惯，也包括部分中生代以及老年一代的消费习惯，比较形象的比喻就是，“有钱就得花，花了才是自己的钱”，“挣钱赶不上花钱快，不挣钱也得花钱”。

因此，针对当前中国居民存款增速快速下滑现象的核心成因，一方面，既可以解读为从短期角度来看，近期内银行存款利率较快下降造成的银行存款转移效应，也可解读为从中长期角度来看，多数消费者自身消费需求结构的优化升级、普通消费者对相对高收益理财产品的投资偏爱以及对购房的居住、投资、投机需求这三大因素带来的银行存款的转移效应。另一方面，需要高度关注的是，中国最近一段时期以来快速上涨的部分生活必需品价格水平，以及部分三、四、五线城市和部分农村居民的实际收入增速放缓甚至下降，已经较为显著地削弱和抑制了部分消费者群体的实际收入增长空间，也改变和扭曲了部分消费者群体的“永久生命周期”消费习惯，转变为“即时消费”“马上消费”的消费习惯。

第六，中国当前阶段的居民人均可支配收入和居民人均消费支出之间的差距逐步扩大现象意味着什么？图12的数据显示，在2013—2017年间，中国居民人均可支配收入和居民人均消费支出之间的差距不仅没有缩小，相反还有逐步扩大的态势。这个重要现象背后可能反映出的重要事实是，一方面，针对中国部分甚至多数居民的消费行为特征来看，居民在自身的可支配收入中，用于消费支出的比重正在缓慢下滑，由此表明中国居民的边际消费倾向可能正在逐步下降，这可能表明总体上来看，中国消费者可能已经进入了边际消费倾向递减的特定阶段。另一方面，需要搞清楚的基本问题是，中国当前发生的边际消费倾向递减现象，究竟是中国经济水平发展到相当高的阶段时所呈现出的合理的经济规律，还是中国当前各种经济结构扭曲现象的叠加效应导致的多数居民人均消费支出的增长动力逐步弱化，从而造成前阶段的居民人均可支配收入和居民人均消费支出之间差距的“被动型”逐步扩大？

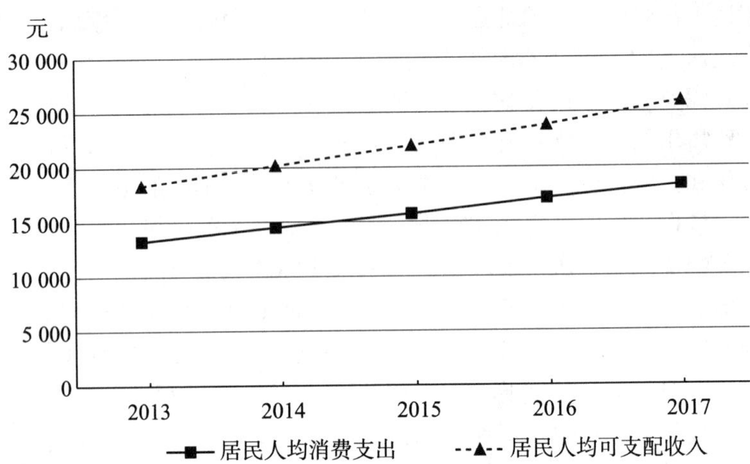

图 12　中国居民人均消费支出和居民人均可支配收入的差异性变化趋势

资料来源：依据国家统计局相关数据整理。

第七，中国居民人均可支配收入体系中的诸多固有矛盾得到有效解决了吗？无论是从中国居民人均可支配收入的同比增速来看，还是从城镇居民人均可支配收入和农村居民人均可支配收入来看，自从进入 2010 年以来都处于持续增长的通道之中，这是推动中国居民消费水平持续增长的根本性保证。然而，这却无法掩盖中国居民人均可支配收入体系中的固有矛盾，甚至在新的形势下出现了新的问题和新的矛盾，这具体表现在以下三个方面：

首先，图 13 的数据显示，2013—2017 年间，全国居民人均可支配收入同比实际增速出现了逐步下滑的态势，由 2013 年的 8.1%逐步下降到 2017 年的 7.3%，这就表明，中国居民收入增长动力已经出现了逐步弱化的重要苗头。

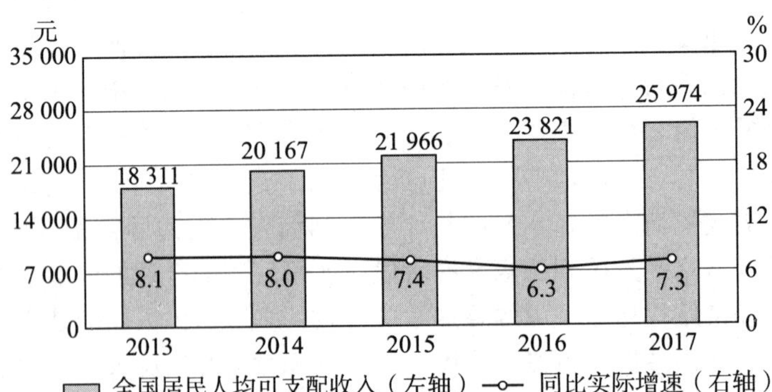

图 13　2013—2017 年全国居民人均可支配收入及其增速的变化趋势

资料来源：依据国家统计局相关数据整理。

其次，从中国各省份的农村居民人均可支配收入和城镇居民人均可支配收入的比值来看，表1提供的数据显示，2013—2016年间，无论是从发达的省份还是相对不发达的省份的角度来看，中国绝大多数省份的农村居民人均可支配收入与城镇居民人均可支配收入的比值，不仅没有随着经济发展得到逐步缩小，相反却呈现出缓慢扩大的趋势。这就表明，中国人口数量规模占相对多数的农村地区居民可支配收入虽然得到持续增长，但是与城镇居民的收入差距不仅没有缩小，反而呈现出固化甚至逐步扩大的态势。

最后，从国家统计局发布的历年《农民工监测调查报告》数据来看，在2009—2017年间，中国农民工月均收入水平一直处于相对快速增长的轨道之中，然而，其中也暴露出的一个重要现象是，2015年以来，中国农民工月均收入增速出现了相对缓慢甚至停滞的现象。然而需要特别注意的基本事实是，中国农民工的劳动技能和人力资本却处在不断提升之中，这具体表现在：2017年新生代农民工占比首次过半；大专及以上学历农民工所占比重逐步提高，2017年外出农民工中的大专及以上文化程度的人员所占比重已达13.5%，本地农民工中的大专及以上文化程度的比重为7.4%；接受过农业或非农职业技能培训的农民工所占比重为32.9%。而且，同期农民工在外的生活成本也出现了较大幅度的提升，比如房租。因此，在农民工劳动技能和人力资本处于稳步提升时出现农民工收入增速逐步下降，这样的巨大反差就很有可能说明，农民工在外打工收入的真实购买力可能已经处于下降通道之中。

更为值得警惕的重大现象是，图14显示，依据国家统计局的相关数据，2018年上半年中国农村地区的农村居民非外出务工收入净收入总额约为1 854亿元，同比下降32.13%，而农村居民人均非外出务工收入约为1 031元，同比下降31.33%，而且，2015年以来，中国农村地区的农村居民人均非外出务工收入连续四年下降，2015—2018年每年1—9月的农村居民人均非外出务工收入分别为2 294元、1 954元、1 501元、1 030元，分别下降了53.78%、14.84%、23.21%、31.33%。2018年上半年农村居民的非外出务工收入只有2014年的21%，下降幅度高达71%。这些数据信息说明，在中国多数农村地区中，依靠自身经济内生动力和自主产业体系来支撑农村居民收入增长的可持续发展机制体制尚未得到有效的构建和释放，这也就意味着，如果仅依靠农村地区自身的产业体系，城乡收入差距扩大的势头难以遏制，农村居民的消费能力在未来可能发生弱化。

表1　中国各省份中农村居民人均可支配收入与城镇居民人均可支配收入的比值（%）

省份	2013年	2014年	2015年	2016年
北京	38.37	38.88	38.91	38.95

续前表

省份	2013 年	2014 年	2015 年	2016 年
天津	52.98	54.00	54.20	54.10
河北	41.34	42.19	42.25	42.19
山西	35.71	36.60	36.60	36.86
内蒙古	34.55	35.19	35.22	35.21
辽宁	38.06	38.48	38.74	39.18
吉林	45.85	46.43	45.49	45.69
黑龙江	44.94	46.23	45.84	45.97
上海	42.80	43.39	43.81	44.24
江苏	42.81	43.55	43.73	43.85
浙江	47.18	47.96	48.32	48.41
安徽	38.83	39.92	40.17	40.20
福建	40.48	41.18	41.45	41.65
江西	41.09	41.62	42.03	42.33
山东	39.75	40.66	40.99	41.03
河南	41.25	42.10	42.43	42.95
湖北	42.76	43.65	43.78	43.30
湖南	37.08	37.86	38.12	38.14
广东	37.47	38.09	38.44	38.51
广西	34.35	35.20	35.84	36.57
海南	39.27	40.48	41.20	41.62
重庆	36.83	37.74	38.57	39.00
四川	37.70	38.57	39.10	39.54
贵州	28.68	29.59	30.05	30.25
云南	29.94	30.68	31.25	31.53
西藏	32.13	33.43	32.38	32.71
陕西	31.74	32.55	32.89	33.04
甘肃	28.12	28.79	29.18	29.02
青海	31.75	32.65	32.33	32.38
宁夏	35.38	36.12	36.21	36.28
新疆	37.20	37.58	35.87	35.78

资料来源：依据国家统计局相关数据整理。

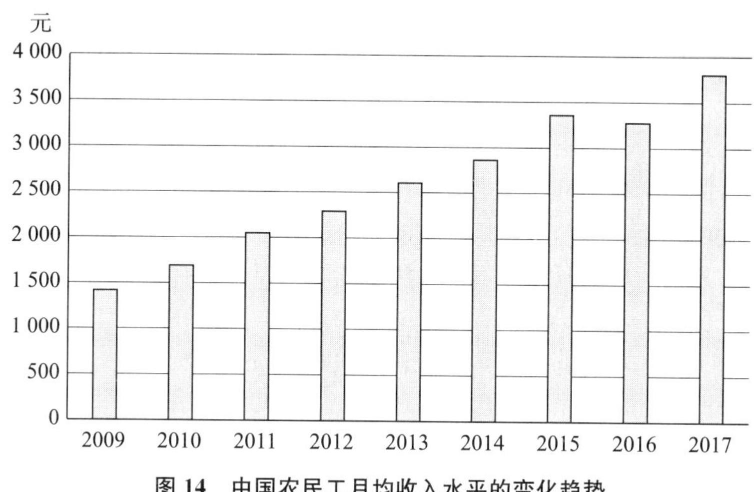

图 14　中国农民工月均收入水平的变化趋势

资料来源：依据国家统计局相关数据整理。

综合以上分析，我们的基本判断是：中国当前的消费者结构可能正在堕入一种典型的以“二元分化”和“阶层锁定”为主要特征的发展陷阱中。“二元分化”就是指相对低收入群体的消费能力逐步弱化，与相对高收入群体的消费能力向国外转移并存的现象，而“阶层锁定”就是指相对低收入群体的收入遇到增长“天花板效应”，中产阶层群体的消费能力被盛行的房地产投资投机行为锁定和抑制的现象。在这些现象的影响和制约下，中国的消费结构可能正在发生一种我们定义为“消费结构性变异”的突出现象，这种“消费结构性变异”现象的含义，主要就是指中国的消费结构虽然在整体上正在发生优化升级，但是，由于当前阶段中国经济发展过程中所累积的各种结构性扭曲效应以及叠加作用，导致了中国不同消费者群体的消费能力、消费行为、消费意愿和消费预期发生了明显的分化演变现象。集中表现为在部分一、二线城市中的相对低收入者，三、四、五线城市的多数消费者以及绝大多数农村地区的消费者，甚至特定的北方区域广泛性消费者，由于实际收入增长面临较为长期的持续经济下行压力、制造业为主的实体经济部门可持续发展动力不足、部分地区的产业空心化、部分生活必需品价格较大幅度上涨以及房地产泡沫拉动的房地产价格和房租价格过早过快上涨等一系列因素的阻碍和制约，导致这些特定群体的实际收入增长，面临一定程度的“天花板效应”和阶层固化效应，从而对中国当前消费结构的优化升级产生了一定程度的机制体制性障碍，造成了中国当前阶段中“消费结构性变异”现象的发生甚至发酵，如果得不到足够重视和根本性解决的话，很有可能会迅速扩张和蔓延成为阻碍中国经济可持续增长的突出因素。

三、中国消费结构性变异现象的发生机制与深层次因素分析

在我们看来，中国当前特定的消费结构性变异现象的发生，在很大程度上既是中国现阶段经济转型升级中的结构性矛盾以及由此产生的扭曲效应的深层次体现和爆发效应，也是当前各种机制体制性障碍以及由此引发的改革和发展困局的叠加效应和累积效应。具体来看，这些可能的主要因素有：

第一，房地产泡沫给消费者带来的巨大负担，锁定和压缩了多数消费者群体的消费能力，极大地扭曲了消费者的普遍消费行为和消费结构。需要关注的重要事实是，在一、二线城市中，由于迅速攀升的房地产价格、房租价格以及生活必需品价格，部分中低收入群体的消费能力和消费意愿受到了根本性的制约，实际收入提升空间出现了相对停滞现象。而在三、四、五线城市，特别是在那些以传统制造业为主的众多县域或乡镇地区，一方面，其面临产能过剩和国际竞争力快速弱化的发展困局，加之制造业产业空心化和虚拟经济的泡沫化，导致就业机会持续收缩和工资水平上涨能力逐步弱化。另一方面，迅速增长的房地产价格必然会提高首付款和月供支出，也就必然会快速消耗家庭储蓄，这也已经在很大程度上对这些地区居民的消费能力产生了挤压效应，对消费预期产生了抑制效应。

而且，当前房地产泡沫对中国多数消费者的影响效应在一定程度上并未得到弱化，相反还有延续强化的基本特征。2018 年中国商业银行发布的半年报数据显示，银行房地产贷款的投放规模仍居高不下，在 26 家上市商业银行中，共有 19 家银行房地产行业贷款余额高于 2017 年同期，只有 7 家以中小银行为主的房地产贷款余额略有下降。最为重要的信息是，2018 年上半年三、四、五线城市房地产个人贷款额的增长尤为明显，其产生的复杂效应是，一方面，房价上涨的财富效应以及农村居民入城，推动了部分三、四、五线城市消费增长。这其中的可能逻辑是，房地产价格上涨对三、四、五线城市的财富效应可能更为明显，而对一、二线城市的挤出效应更为明显，这就是对当前部分三、四线城市的消费增速高于一、二线城市的可能原因之一。此外，部分三、四、五线城市大量农村居民迁移进入城市后，必然会逐步带来生活方式和消费行为的改变，进而促进三、四、五线城市消费规模的扩大。另一方面，三、四、五线城市的消费增长在未来会呈现放缓趋势。这是因为，虽然随着中国城镇化的深入推进，部分三、四、五线城市的消费规模扩张可能还有空间和机会，但是，在以往的多轮房地产价格持续上涨后，部分城市的房价-收入比过高，居民债务杠杆率过大的风险就必然会暴露出来，房地产泡沫的挤入效应也将逐步转化为挤出效应。

第二，中国吸收就业数量最多的制造业、建筑业、生活服务业等相关行业工资水平长期的相对低水平，使得多数消费者群体的收入增速相对滞后，严重制约了多数消费者的消费能力提升。一个引发深思的客观事实是，依据《中华人民共和国 2017 年国民经济和社会发展统计公报》的相关统计数据，2017 年全国居民人均可支配收入月均为 2 164 元，从具体的群体分组来看，第一组是“高收入组”，占人口比重的 20%，人均可支配收入月均为 5 412 元。第二组是“中等偏上收入组”，占人口比重的 20%，人均可支配收入月均为 2 879 元。第三组是“中等收入组”，占人口比重的 20%，人均可支配收入月均为 1 875 元。第四组是“中等偏下收入组”，占人口比重的 20%，人均可支配收入月均为 1 153 元。第五组是“低收入组”，也占人口比重的 20%，人均可支配收入月均为 500 元。只有 20%的人群月均可支配收入在 5 000 元以上，而从统计口径更为狭窄的工资收入角度来看，中国可能只有 3 000 万人的工资收入超过 5 000 元。

图 15 和表 2 提供的数据显示，制造业（4 893.8 万人），建筑业（2 724.7 万人）以及与生活服务业相关的批发零售业（875.0 万人），住宿餐饮业（269.7 万人），居民服务、修理和其他服务业（75.4 万人），这些行业的人均工资水平，与工资水平相对较高的金融业、信息传输软件和信息技术服务业、科学研究和技术服务业这三个行业的人均工资水平之比，在 2012—2016 年期间，呈现出相对停滞的现象，而在 2012 年之前，这一比值则多数呈现出逐步下降态势（见图 15）。这些变化信息说明，一方面，中国的制造业部门，在多数产业特别是传统制造业面

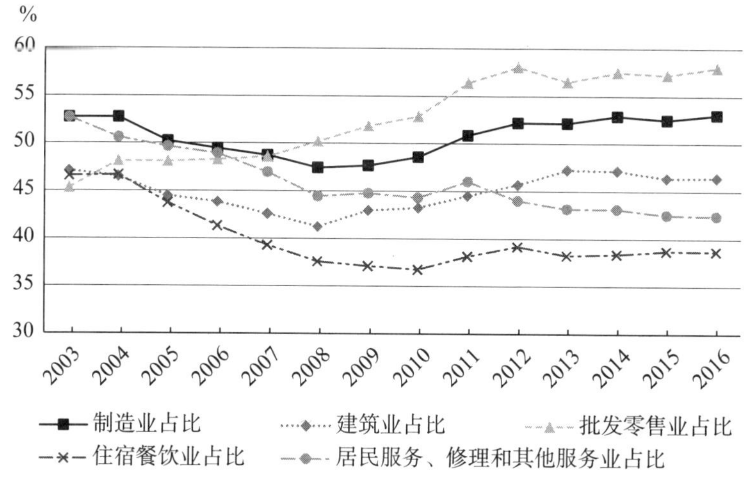

图 15　部分行业人均工资水平与工资水平相对较高的三个行业* 人均工资水平之比的变化趋势

* 三个行业指金融业、信息传输软件和信息技术服务业、科学研究和技术服务业。

资料来源：依据国家统计局相关数据整理。

表 2 中国各行业就业人数变化情况

单位：万人

	2003 年	2004 年	2005 年	2006 年	2007 年	2008 年	2009 年	2010 年	2011 年	2012 年	2013 年	2014 年	2015 年	2016 年
农林牧渔业	484.5	466.1	446.3	435.2	426.3	410.1	373.7	375.7	359.5	338.9	294.8	284.6	270.0	263.2
采矿业	488.3	500.7	509.2	529.7	535.0	540.4	553.7	562.0	611.6	631.0	636.5	596.5	545.8	490.9
制造业	2 980.5	3 050.8	3 210.9	3 351.6	3 465.4	3 434.3	3 491.9	3 637.2	4 088.3	4 262.2	5 257.9	5 243.1	5 068.7	4 893.8
电热燃气及水的生产和供应业	297.6	300.6	299.9	302.5	303.4	306.5	307.7	310.5	334.7	344.6	404.5	403.7	396.0	387.6
建筑业	833.7	841.0	926.6	988.7	1 050.8	1 072.6	1 177.5	1 267.5	1 724.8	2 010.3	2 921.9	2 921.2	2 796.0	2 724.7
批发零售业	628.1	586.7	544.0	515.7	506.9	514.4	520.8	535.1	647.5	711.8	890.8	888.6	883.3	875.0
交通运输仓储和邮政业	636.5	631.8	613.9	612.7	623.1	627.3	634.4	631.1	662.8	667.5	846.2	861.4	854.4	849.5
住宿餐饮业	172.1	177.1	181.2	183.9	185.8	193.2	202.1	209.2	242.7	265.1	304.4	289.3	276.1	269.7
信息传输软件和信息技术服务业	116.8	123.7	130.1	138.2	150.2	159.5	173.8	185.8	212.8	222.8	327.3	336.3	349.9	364.1
金融业	353.3	356.0	359.3	367.4	389.7	417.6	449.0	470.1	505.3	527.8	537.9	566.3	606.8	665.2
房地产业	120.2	133.4	146.5	153.9	166.5	172.7	190.9	211.6	248.6	273.7	373.7	402.2	417.3	431.7
租赁和商务服务业	183.5	194.4	218.5	236.7	247.2	274.7	290.5	310.1	286.6	292.3	421.9	449.4	474.0	488.4
科学研究和技术服务业	221.9	222.1	227.7	235.5	243.4	257.0	272.6	292.3	298.5	330.7	387.8	408.0	410.6	419.6
水利环境和公共设施管理业	172.5	176.1	180.4	187.0	193.5	197.3	205.7	218.9	230.3	243.8	259.2	269.1	273.3	269.6
居民服务、修理和其他服务业	52.8	54.2	53.9	56.6	57.4	56.5	58.8	60.2	59.9	62.1	72.3	75.4	75.2	75.4
教育	1 442.8	1 466.8	1 483.2	1 504.4	1 520.9	1 534.0	1 550.4	1 581.8	1 617.8	1 653.4	1 687.2	1 727.3	1 736.5	1 729.2
卫生和社会工作	485.8	494.7	508.9	525.4	542.8	563.6	595.8	632.5	679.1	719.3	770.0	810.4	841.6	867.0
文化体育和娱乐业	127.8	123.4	122.5	122.4	125.0	126.0	129.5	131.4	135.0	137.7	147.0	145.5	149.1	150.8
公共管理、社会保障和社会组织	1 171.0	1 199.0	1 240.8	1 265.6	1 291.2	1 335.0	1 394.3	1 428.5	1 467.6	1 541.5	1 567.0	1 599.3	1 637.8	1 672.6

资料来源：依据国家统计局相关数据整理。

临产能过剩、劳动生产率和全要素生产率提升速度相对停滞、税费水平相对过高等一系列因素的综合作用下，即便发生了低技能劳动力供需关系由劳动力供给相对过剩转向供给不足的逆转现象，由于制造业部门支撑劳动力工资持续上涨的内生能力不足，最终导致制造业部门的员工工资水平增长动力不足。另一方面，中国当前以“互联网＋”、共享经济和数字经济引发的生活服务业的快速扩张，可能尚未大范围地对全要素生产率造成可持续的促进效应，在这种情形之下，可能会产生一定程度上的“互联网＋”泡沫效应、共享经济泡沫效应和数字经济泡沫效应，最终由“索洛悖论”产生了“拉低工资效应”，即在增加类似物流等行业的就业岗位和就业机会的同时，最终造成对工资水平持续上涨的拉动能力不足，进而在一定程度上造成特定产业领域以及特定群体的实际工资水平增速相对停滞现象。

第三，中国股市的跨长周期持续下行以及当前理财产品收益率的普遍下降，深刻影响和抑制了中国中产阶级乃至低收入群体的财富创造能力以及消费意愿，再加上各种金融泡沫破灭以及相当数量非法甚至合法金融平台的集中倒闭，对三、四、五线城市居民财富能力产生了不可忽略的负面效应，成为导致消费增速放缓以及不同地区、不同城市、不同群体的消费能力大幅度缩水的核心因素。

一方面，事实上，在中国股市投资者基本是以散户为主的情形下，中国股市指数的跨长周期持续下行，必然会对多数投资者的财富积累能力造成持续的负面冲击效应，显著地影响消费者的消费能力以及扭转消费预期。2018 年中国股市持续下跌，从年初最高 3 587 点跌到最低点 2 449 点，跌幅超过 1 100 点，市值又蒸发了将近 40 万亿元人民币，投资者人均亏损额高达 14 万元。因此，中国当前消费结构性变异现象的发生，与中国股市跨长周期持续下行传导到对多数投资者和消费者产生的财富消灭效应，必然有着特定的内在联系。

另一方面，在中国当前经济持续下行压力以及中美贸易摩擦引发的中国出口增速下滑风险的双重负面冲击下，货币政策的调整重心转向适度宽松和定向宽松，中国的基础利率处于持续下调通道之中，这就造成金融机构存款利率以及其他形式投资收益的持续下降，进一步对多数普通消费者财富积累能力产生了负面冲击效应，降低甚至抑制了多数消费者的消费能力和消费意愿。

此外，一个不可忽略的重要现象是，当前阶段针对政府和市场合理关系和各自功能边界的认知和理解仍然处于一个相对模糊的探索过程中，尤其表现在政府和金融体系、金融结构以及金融功能之间复杂关系的系统性认知和协同性改革方面。事实上，中国的金融体系改革，在一定程度上已经落后于现代化经济体系和创新型国家的全面建设战略目标，金融监管制度也在诸多层面严重落后于发展现代化金融体系的基础性需求。在中国存在金融抑制体制的现象和金融市场化监管

制度相对落后的情形下，必然会催生各种正式或非正式的以及合法或非法的互联网金融、P2P 金融平台、金融公司、小额信贷公司、企业融资集资平台以及各种民间金融中介组织，特别是在不少金融市场体系发展相对滞后、金融抑制程度较大的二、三、四、五线城市，各种形态的非法金融公司、集资融资平台以及高利贷组织快速兴起和迅速蔓延。这些非法金融机构的运行机制要么是依靠“庞氏骗局”，要么是与房地产行业的投机机会有着各种直接或间接的资金通道和利益分享联系。在房地产价格上涨趋势受阻以及房地产泡沫逐步被控制的前提下，在中国政府打击非法金融组织和控制系统性局部性金融风险的情形下，这些非法金融机构出现了经营运行难以为继和金融风险集中爆发的困局。最为关键的问题是，这些分布在二、三、四、五线城市中的各种合法和非法金融组织、金融平台吸收的多数是普通消费者的储蓄资金，随着相当数量的合法和非法金融组织、金融平台的老板跑路和相继破产，由于涉及的普通投资者范围非常广泛，必然就会对这些城市的普通投资者财富造成极大的消灭效应和破坏效应，极大地抑制了这些城市的收入增长能力以及消费能力，最终在相当程度上扭转了中国多数普通消费者的消费预期和消费动力。

第四，中国中高端消费者甚至普通消费者对国外消费品的直接需求增加，必然会逐步对国内消费造成显著的替代效应，对国内消费品的质量、性能和品牌提升动力造成无法忽略的阻碍效应。随着中国中高收入阶层规模的快速增长，人们对以高质量、高品质、安全性、多样化和个性化产品为特征的消费的需求在逐步增长。然而，无论是从产品质量、产品性能以及品牌效应的角度来看，还是从满足消费者多样化、个性化的角度来看，中国供给侧的企业部门的先进生产制造能力以及自主创新创造能力，均明显滞后于消费者需求结构的变化和升级，这就刺激和导致了中国的中高端消费者逐步向国外高端消费品的转移和偏好形成。相关的支持证据是，2017 年中国居民去境外购物消费总额约为 2 000 亿美元，这些消费品既包括高档商品，也包括日用消费品。依据《中国日用消费品对外贸易报告2017》的相关统计数据，2017 年中国日用消费品进口额也已经高达 2 020.5 亿美元，同比大幅度增长 53.0%，占全国进口总额的 11.0%。其中，东部地区进口日用消费品占比为 90.7%，同比增长 56.3%，中部地区占比为 5.0%，同比增长 23.1%，西部地区占比为 4.3%，同比增长 32.3%。依据世界旅游联盟和中国旅游研究院发布的《世界旅游发展报告 2018》的相关统计数据，2017 年中国公民出境旅游人数达到 1.31 亿人次，比 2016 年同期增长 7%，中国的出境游消费额已经增长到 2017 年的 2 580 亿美元，中国游客占全球出境游客总消费额的比例超过 1/5，而排名第二的美国游客消费额大约相当于中国游客的一半。

然而，在我们看来，这些数据和信息可能引发的担忧和问题是，一方面，中国的中高端消费者甚至普通消费者对国外高档商品和日用消费品的直接需求增加，必然会逐步对国内消费需求造成显著的替代效应，也必然对国内企业部门消费品的产品质量、安全标准、功能性能和品牌提升动力造成无法忽略的阻碍效应。而且，令我们担心的是，中国各级政府正在大力推动的进口开放策略和鼓励中国企业从国外进口商品，是否会进一步强化国外消费品对国内消费品的竞争效应和替代效应，弱化和抑制国内企业部门对产品质量和自主创新能力提升的能力和动力。

另一方面，从传导机制来看，一国国内的高质量消费品或高端消费品，对高收入的就业岗位创造以及工资水平的可持续增长，往往具有基础性的决定作用。一个易于理解的传导机制是："高质量产品＋高端消费品→企业先进制造能力体系＋自主创新能力→创造高人力资本高收入的就业岗位→中等收入阶层规模扩张→消费能力整体提升＋消费结构优化升级→内需驱动型创新体系形成→进一步拉动企业先进制造能力体系＋自主创新能力→供给更多的高质量产品＋高端消费品"的良性循环发展机制。然而，如果中国国内消费者对国外高质量产品和高端消费品形成了特定的偏好效应或一定程度的主导效应，就有可能在"中等收入阶层规模扩张→消费能力整体提升＋消费结构优化升级"传导渠道的环节之间打入一个楔子，阻碍甚至掐断中国国内需求侧和供给侧二者之间的"需求拉动供给"和"供给创造需求"的内生型循环式运转机制，最终对中国的消费结构优化升级造成无法忽略的障碍效应。

第五，中国不少地方政府在落实中央环境保护政策的过程中，面对中央多轮次生态环境保护督察行动压力，采取"运动式"和"一刀切"形式的污染整治和环保治理行动，导致部分地区的中小企业生产成本较大幅度上涨，对特定地区的部分居民生活必需品和日常消费品价格起到了持续的推高作用，这也在一定程度上造成了中国特定区域居民的实际收入水平下降，抑制了特定区域特定群体消费者的消费能力释放空间。2017 年习近平总书记在十九大报告中特别提出，要坚决打好"防范化解重大风险、精准脱贫、污染防治"的三大攻坚战。2018 年 3 月 5 日提交十三届全国人大一次会议审议的政府工作报告，将三大攻坚战中的"推进污染防治取得更大成效"任务进行了具体的工作部署。其中，通过实施中央和省级政府的生态环境保护督察行动以及"回头看"督察行为，作为落实中央部署的"污染防治"的攻坚战战略任务的具体手段。

然而，中国不少地方政府在面对中央和省级的多轮生态环境保护督察行动的压力下，并非主动积极考虑如何制定合理有效的系统性解决措施以及采取有效举措来突破制约环保治理和改善的技术短板问题，从而倒逼和促进地方的中小企业或产业集群治理和防控污染能力的提高，而是倾向性地短视性地采取了"运动

式”和“一刀切”形式的污染整治和环保治理行动，在短期内以罚款或查封或强制企业停产等手段，来应对中央和省级政府的生态环境保护督察行动。这就造成了部分地区的中小企业特别是传统产业中的中小企业出现了经常性地被罚款、整顿和停产现象，一方面，这导致了这些区域内中小企业的正常经营活动受到了严重干扰，最终造成生产成本较大幅度上涨，进而对特定地区的某些原材料产业、部分居民生活必需品和日常消费品价格起到了持续的“被动型”推高作用，这也在一定程度上造成了中国特定区域居民的实际收入水平下降，对特定地区的特定消费者群体的消费能力造成了不可忽略的抑制效应。另一方面，特定地区的中小企业由于中央和地方政府的生态环境保护督察行动而造成的较大范围停产现象，必然会对三、四、五线城市的就业机会和工资增长空间造成难以忽略的负面冲击效应，这也必然会在相当程度上对特定地区的特定群体的收入增长机制造成突出的抑制效应。

第六，中国相对高昂的综合性制度性交易成本造成了特有的“价格倒挂”现象，即美国市场上部分生活消费品价格低于生产国——中国的市场销售价格，这深刻反映了中国当前普遍面临的过高制度性交易成本，对企业特别是民营企业的生产成本、房地产成本、流通成本和税负成本形成了过高推动效应，造成了部分生活消费品价格的相对高企，这进一步挤压了中国普通消费者的消费能力，对消费结构优化升级内生动力产生了抑制效应，进而形成一定范围内的发展困局。在我们看来，这种中美市场上同类消费品销售价格的特定“倒挂”现象，与中国制造业企业部门特别是作为出口主力军的民营企业，在外部融资、生产经营、产品流通以及税费负担水平等各个环节各个方面所面临的高昂制度性交易成本和营商环境成本有着直接或间接的内在联系，这些可能的产生因素具体表现在：

首先，中国特有的公路运输体系和政府经营性收费系统、条块行政分割的非一体化市场体系以及流通传导链条过长、流通环节过多过于复杂、较为分散分割的国内流通流转企业体系，必然会加大中国多数消费品的流通成本，推高多数消费品的终端市场销售价格。图 16 显示，2017 年全国物流总费用为 12.1 万亿元，占 GDP 的比重为 14.6%，虽然该比重从 2008 年的 18.1%逐步下降到 2017 年的 14.6%，但是，即便在 2017 年也仍然显著高于发达国家 8%～9%的平均水平。具体来看，在 2017 年的社会物流总费用中，运输费用占比 54.7%，保管费用占比 32.4%，管理费用占比 12.9%。更为值得关注的事实是，中国当前的物流保管费用是发达国家的 2 倍，管理费用为 3～4 倍，而中国物流成本占产品成本的比重为 30%～40%，其他发展中国家的比重为 15%～25%，主要发达国家的比重为 10%～15%。

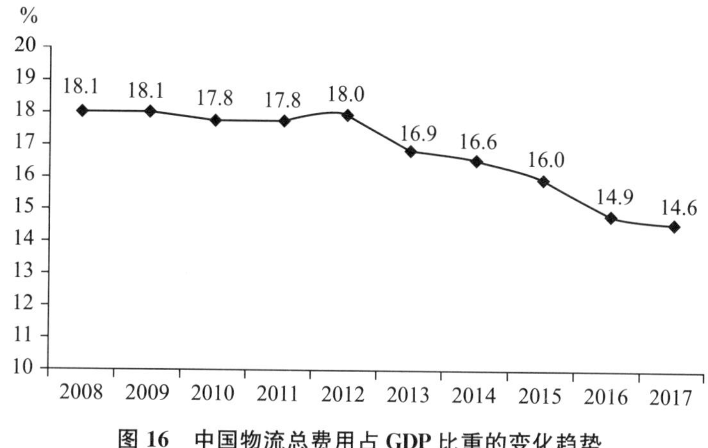

图 16　中国物流总费用占 GDP 比重的变化趋势

资料来源：依据国家统计局相关数据整理。

其次，中国多数地区快速增长的房地产价格甚至房地产泡沫，必然会通过推高各种销售终端的房地产成本和房租成本等渠道机制，最终大幅度推升多数消费品的市场价格。特别是在中国流通体系的经营主体形式多样化、所有制性质多元化所导致的商品流通面临多级批发、多级零售现象的特定困局下，过快过高的房地产价格和房租价格的叠加效应，必然会通过流通流转体系各个环节的加价效应最终转嫁到终端零售价格，导致每个环节的成本和价格加成幅度增高达 5%～10%，严重推高了众多原材料、农产品和日常消费品的最终市场价格。

再次，中国当前发展阶段针对制造业部门的以增值税等间接税为主的税费承担水平，事实上已经超过了制造业为主的实体经济部门的附加值创造能力和盈利能力。而且，进入 2016 年以来，中央和地方政府税收收入增速超过 GDP 增速的重大现象愈加凸显，这就意味着，在中国以制造业为主的实体经济部门的转型升级，在面临国内外诸多复杂因素冲击下的经济下行压力持续加大，各种经济金融风险累积和爆发进入临界点的特定情形下，企业承受的相对过高税费负担水平，最终必然传导和转移到企业产品成本之中，迫使中国不少消费品的价格陷于畸高困局之中，进一步对中国多数消费者的实际收入水平和消费能力释放产生负面效应。

最后，中国的中央、省级、地级市、县市、乡镇、村队的六个层级政府机构，以及各级政府功能持续扩张和组织架构日益繁杂的各种形式政府专业机构，导致中国各级政府的财政供养人口规模陷入了“越治理越膨胀”的螺旋式扩张轨道之中，这既激化和加剧了相对庞大的财政供养人口规模与经济发展阶段财政承受能力之间的矛盾，也刺激了不少地方政府权力对市场功能的持续侵蚀和干扰，使得中国不少地方的政府和市场各自功能定位和边界始终处于一个认识模糊和混乱的困局之中，甚至诱发了“政府不合理干预行为→创造和放大市场失灵领域→诱使政府进一步强化干预→创造和放大更多的市场失灵领域”的恶性循环发展困局（张杰等，2017）。

四、主要破解思路与具体对策

第一，高度重视中国当前阶段可能正在发生的消费结构性变异重大现象以及背后蕴含的诸多短期和长期成因，要客观认识到消费结构性变异现象是中国经济转型升级过程中逐步累积和暴露出来的诸多结构性矛盾和机制体制障碍因素的扭曲效应和叠加效应综合作用的结果。一方面，自从中国经济进入新常态以来，特别是 2018 年以来，我国面临宏观经济下行压力持续加大、中美贸易摩擦持续发酵、股票市场等资本市场继续下行、部分民营企业和相当数量的中小微企业面临生存转型困境、环保风暴导致部分区域企业经营能力恶化等一系列内外因素的负面冲击效应，造成中小微企业以及创投企业破产数量逐步增加、金融业和房地产业以及相关产业等裁员降薪发生、一些区域的就业机会萎缩等一系列突出现象，逐步使得部分居民收入增速随经济增速减速换挡而放缓，相当部分居民对未来收入预期转弱转差，导致中国消费者的信心指数和预期指数在 2018 年 6 月以来出现明显回落。另一方面，在中国经济转型升级过程中，逐步出现了贫富差距拉大和阶层分化固化的现象，特别表现在特定区域、特定群体的实际收入增速出现了逆转和转弱的重要现象，导致了中国部分消费者群体的消费行为、消费预期逆转和消费降级现象的发生。

第二，冷静看待和科学评估对中国 GDP 增长贡献率快速提升的一些现象，高度警惕中国当前发展阶段可能正在发生的“被动型”消费贡献率增长现象以及消费结构性变异的现象，真正落实和贯彻中共中央 国务院发布的《关于完善促进消费体制机制 进一步激发居民消费潜力的若干意见》的核心精神，加快构建以消费升级引领供给创新、以供给提升创造消费新增长点的循环动力持续增强，实现更高水平的供需平衡，居民消费率稳步提升的新型良性循环发展机制。要高度重视中国当前发展阶段中供给侧和需求侧二者之间的固有的内在联系，特别要重视供给侧结构性改革，对推动多数居民特别是中低端阶层的消费者收入可持续增长的基础性作用，必须始终坚持将有效激励和促进“机器替代简单劳动力”型投资、高质量投资、自主创新能力提升型投资，作为促进中国以制造业为主的实体经济部门的劳动生产率和全要素生产率可持续提升的核心手段。要坚持将通过劳动生产率和全要素生产率可持续提升的自主能力的塑造，作为促进中国普通劳动者收入可持续增长的基础性前提条件，打造基于实体经济部门的劳动生产率和全要素生产率可持续提升的劳动者工资收入增长机制，进而构建GDP增长、投资增长和劳动者工资收入增长协同和谐发展的全新局面。

第三，强化财政资金支出结构改革和优化支付转移安排等方面的改革，特别要重视在促进农民收入全面且稳步提升方面的改革举措。一方面，基于居民边际消费倾向与社会保障体系的完善程度有着密切联系的基本规律，必须在逐步合理地增加各级财政对社保的支出力度、稳住和提升中低收入阶层居民的边际消费倾向等方面，加大综合改革力度。当前阶段，造成中国多数居民群体消费动力不足的重要原因之一，就是对子女教育、医疗、养老等领域的预防性储蓄动机较高，这就深刻表明中国当前的社保体系仍存在较大改进空间。今后需要着力推行的重点改革方向是，全面改善政府的财政支出结构，通过引入市场化机制来降低各级政府基建支出比例，通过行政体制改革、取消与经济发展水平不相适宜的部分乡镇政府编制以及各级政府规模的取消和缩小，来逐步降低各级政府的财政供养人员规模，彻底扭转和消除“吃饭财政”的压力和风险，进一步促进各级政府的财政支出中教育、养老、医疗所占比重的提升。另一方面，在中央和地方统筹安排的制度设计下，逐步加大政府对城乡低收入人群的转移支付力度。在全面落实中央提出的精准扶贫攻坚战任务的基础上，加大对城乡低收入人群的保障范围和力度。同时，打造和强化一、二、三产业的融合发展新格局，推行鼓励农村居民转入二、三、四线城市的户籍制度计划，彻底解决农民工、农村居民的子女教育、医疗等问题，将农村居民的彻底市民化作为提升收入的重要途径。逐步探索和强化农村土地市场化流转的制度性创新，探索实施农村宅基地的流转制度，作为促进农村居民财产性收入提升的重要途径。

第四，要将中国各级政府的改革重点和工作重心逐步转向或偏向针对居民收入分配结构改善，推出针对消费者的综合性减税政策。加快全面变革和构建有效促进和释放消费者实际收入增长能力的系统性税收体制体系，破解重点要落在两个方面：一方面，按照消费者消费结构的动态变化特征和物价水平的动态变化来调整基本扣除额，要科学定义和扩大强化基本扣除额和专项附加扣除的合理范围和力度，切实降低不同群体的个人所得税，特别是要真正降低中低收入群体的个人所得税，促进居民可支配收入和实际收入水平与经济发展水平的协同式地可持续增加。另一方面，切实降低增值税税率，同时，加快完善消费税的制度设计。既要通过降低增值税来促进多数消费商品价格的普遍下降，进而促进多数居民群体的实际收入增长和消费能力提升，又需要针对普通日常消费品取消征收消费税，前瞻性地研究将高污染、高耗能行业产品纳入消费税税目并稳妥且合理地提高税率的改革措施。

第五，加快深入推进供给侧结构性改革，特别要将改革重点落在促进供给端的企业生产部门对高质量、高安全性能产品的生产制造能力，以及对满足消费者个性化、多样化、批量化的消费需求新特征的自主创新能力的提高方面。一方面，以“供给创造需求”机制来推动中国消费结构的优化升级，促使国内消费者提升对国内本土消费品质量和安全性能等的信任和信心，以及在中国本土产品消费市场上的回流，进而促进中国国内供给侧升级和需求侧优化战略任务内在协同性和统一性的形成。另一方面，积极促进“需求拉动创新”机制和“创新创造高收入岗位”机制的加速形成，通过供给侧结构性优化升级所包含的高人力资本、高技术技能、高收入就业岗位的创造能力提升，以及所包含的促进普通劳动力收入可持续增长的基础性机制强化，来构筑和夯实中国以制造业为主的实体经济部门中多数劳动者的实际收入稳步增长的良性循环机制的形成。

参考文献

[1] 姜超．中国经济结构系列——从结构分化看消费升级．搜狐网，2018-01-31.

[2] 任泽平．消费升级降级并存 贫富差距拉大 分级特征明显．金融界，2018-11-12.

[3] 张杰，吉振霖，高德步．中国创新链“国进民进”新格局的形成、障碍与突破路径，经济理论和经济管理，2017（6）.

资源和农产品的外源性成本冲击对我国物价水平的影响分析

林　晨

摘　要

本文在测算煤炭、石油和天然气、金属矿、非金属矿等资源类产品以及农业、畜牧业和渔业产品的价格变化对我国各部门生产成本影响的基础上，预测了2019年我国发生成本推动型通货膨胀的可能性以及PPI和CPI的变化趋势。本文认为煤炭、石油和天然气、金属矿、非金属矿价格上涨风险较小，有小幅下调趋势。若中美贸易摩擦持续，农业、畜牧业和渔业产品价格有小幅上升的可能。叠加上述各种因素的计算结果显示，2019年我国出现大幅度外源性成本冲击的可能性较低，外源性成本变化对PPI和CPI产生的影响比较小。然而，我们依然不能排除发生影响油价的国际重大政治事件的风险。一方面，由于美国逐渐从石油净进口国向出口国转变，美国压制油价的动机已大不如前，若中东地区发生重大政治事件，石油价格依然存在继续冲高的可能。计算结果显示石油等能源价格上升会对石化和钢铁行业的生产成本产生较大影响。石化和钢铁行业分别是美国对中国加征关税第一批和第二批清单的重点打击对象。若石油价格上升和中美贸易摩擦同时发生则会产生叠加效应，分别从成本和需求两端对石化和钢铁行业施加较大压力，并让我国陷入滞胀风险。另一方面，中美贸易摩擦所导致的农产品价格上涨风险虽然不会对CPI整体产生大幅度影响，但是会推高食品价格，对城市低收入阶层的生活状况产生一定影响。

关键词：成本冲击；外源性；物价水平

一、引言

一方面，中国的资源类产品高度依赖进口。2017 年，中国石油进口依存度升至 72.3%，包括原油、成品油、液化石油气和其他产品在内的石油净进口量达到 4.188 亿吨，比 2016 年上升 10.7%。2017 年中国原油进口超过美国成为全球最大的原油进口国（田春荣，2017）。2017 年中国铁矿石进口 10.75 亿吨，对外依存度超过 80%（辜海芳，2018）。由于资源类产品高度依赖进口，国际市场上的资源类产品价格波动会对国内的生产成本产生较大冲击。另一方面，我国农业、畜牧业产品进口近年来呈现较快的上升趋势。“食品及主要供食用的活动物”进口额除 2016 年小幅下降以外，近 10 年来维持了年均超过 13%的增长速度，至 2017 年底达到了 542 亿美元的水平。[①] 随着越来越多的农牧业产品成为我国工农业生产的原材料和消费类最终产品，国际农牧业价格的上升成为新的外源性成本冲击的来源。

由于外源性成本冲击会引发滞胀风险，因此有必要研究进口资源类产品和农牧业产品价格冲击对我国生产成本所产生的影响。更为重要的是，由于各种产品使用资源类产品和农牧产生产品的强度有差异，资源类产品和农牧业产品的价格上涨对不同生产部门所产生的成本冲击是不平衡的。因此，资源类产品和农牧业产品的价格上涨不仅会造成整体物价水平的上升，还会改变国民经济各部门产品之间的相对价格变化。为了研究资源价格对不同部门所产生的有差异的成本冲击，本文采用了多部门线性一般均衡模型，即投入-产出价格影响模型。由于投入-产出模型精确地描述了各产品生产过程的中间投入结构以及产业之间的关联关系，投入-产出价格影响模型可以较为准确地估计外生成本冲击的传导机制及其对各产品生产成本的最终影响。

国际原油价格自 2016 年 1 月跌至谷底以来，经历了一个缓慢上升的过程。布伦特原油价格在 2018 年 10 月探至 83 美元/桶左右之后开始了小幅下降。[②] 由于近日来沙特阿拉伯局势趋于稳定，市场上对石油价格有小幅下降的预期。美国能源信息署（EIA）等国际机构预测 2019 年原油价格依然会呈小幅下降趋势。[③] 金属矿方面，2017 年以来，黑色金属和有色金属等矿产品价格小幅上升。而全球经济指标数据网（Trading Economics）[④]、中商产业研究院[⑤]等机构预测 2019

① 根据国家统计局数据整理。

②③ 数据来自 EIA 网站 https：//www.eia.gov。

④ 参见全球经济指标数据网，https：//tradingeconomics.com。

⑤ 中商产业研究院.2018—2023 年中国有色金属行业市场前景及投资机会研究报告，2018.

年金属矿价格会呈现下降趋势。另一个值得注意的因素是当前的中美贸易摩擦。来自美国的农产品在中国进口农产品总量中占比较高。例如，2017 年我国 34% 的进口大豆来自美国（七目，2018）。若在此轮中美贸易摩擦中，中方对美国农产品征收惩罚性关税，则会提高国内农产品采购价格。这也是另一种值得关注的外源性成本冲击。为了度量 2019 年原油、金属非金属矿以及农牧业产品价格变化对我国生产和消费成本的冲击，本文结合上述机构的预测和投入-产出价格影响模型对成本冲击传导机制的估计，计算了上述外源性成本变化对我国各个部门生产成本的影响，并最终度量 2019 年原油、金属非金属矿以及农牧业产品价格变化对我国物价总水平（即生产者价格指数（PPI）和消费者价格指数（CPI））的潜在影响。

虽然 2019 年石油价格保持平稳或是下行的可能性较大，但是我们依然不能忽视中东政治局势突变所带来的风险。20 世纪 70 年代以来，由于中东政治局势的突变，全球范围内发生了若干次石油危机。例如 1973 年由于第四次中东战争爆发所导致的第一次石油危机令石油价格上涨至战争爆发之前的 3 倍左右，导致了西方主要经济体的滞胀危机。其后的几次石油危机的强度及其对经济的影响呈现了递减的趋势。尤其是在 OPEC 组织内协同能力减弱和在世界石油供给中的占比大幅下降的大背景下，发生大规模的石油危机的风险已经大幅下降。然而，我们依然不能忽视中东政治局势变化对石油价格的冲击能力。2019 年中东政治局势依然存在一定的不确定性，伊朗制裁问题和沙特阿拉伯政局稳定问题都会对国际油价产生一定影响。为了考虑这种风险，本文采用情景分析的方式预测当发生特定的国际政治冲击时，油价变动对我国物价水平的影响程度。

二、资源和农牧业产品价格变化对各产业生产成本的影响

为了评估资源和农牧业产品价格变化对我国国民经济各部门生产成本的影响，本文采用投入-产出价格影响模型计算某种矿产品价格变化 1%时，其他产品成本变化的程度。在此以石油和天然气产品的价格影响模型为例，介绍本文中所采用的价格影响模型（Miller and Blair，2009）。其他资源和农牧业产品的价格影响模型同理可得。用下标 c 表示投入-产出表中的石油和天然气部门，用下标 s 表示除石油和天然气部门以外的所有投入-产出部门。另外，令 Δp 代表石油和天然气价格变化所导致的其他部门生产成本变化，即石油和天然气价格变化 1% 时其他各部门成本变化的百分比。Δp 可由下式计算得到：

$$\Delta p = A_{c,s}(I - A_{s,s})^{-1} \tag{1}$$

其中，$A_{c,s}$代表以价值单位计量的除石油和天然气部门以外的所有部门的生产过程中直接使用的石油和天然气产品的中间投入系数。$A_{s,s}$则是以价值单位计量的除石油和天然气部门以外的所有部门之间的中间投入系数。

采用上述价格影响模型和 2012 年中国投入-产出表所给出的中间投入系数，本文依次给出煤炭采选产品，石油和天然气开采产品，黑色金属矿采选产品，有色金属矿采选产品，非金属矿采选产品，农、畜牧、渔业产品价格变化 1%时国民经济各部门生产成本的变化。2012 年中国投入-产出表是截至笔者撰写本文时最新版的投入-产出表，而且中间投入系数代表技术关系是相对稳定的，因此用它来模拟当前的情况是较为稳健的。图 1 给出了煤炭价格上涨 1%时成本变动前 20 位的部门。我们发现当煤炭价格变化时，受影响最大的是炼焦产品。煤炭价格上涨 1%时，炼焦成本上涨 0.45%。其次是电力、热力生产和供应部门，当煤炭价格上涨 1%时，电力生产成本上涨 0.28%，煤炭价格的变化可以通过电力生产成本的变化传导至国民经济各个部门。除此之外，其他用煤大户，如水泥、石灰和石膏，基础化学原料，砖瓦、石材等建筑材料，肥料，钢、铁及其铸件，玻璃和玻璃制品等行业也会受到煤炭价格变动的较大冲击。由于煤炭是我国的主要能源种类，截至 2017 年煤炭占我国能源使用的 62%(BP，2018)。煤炭价格变化

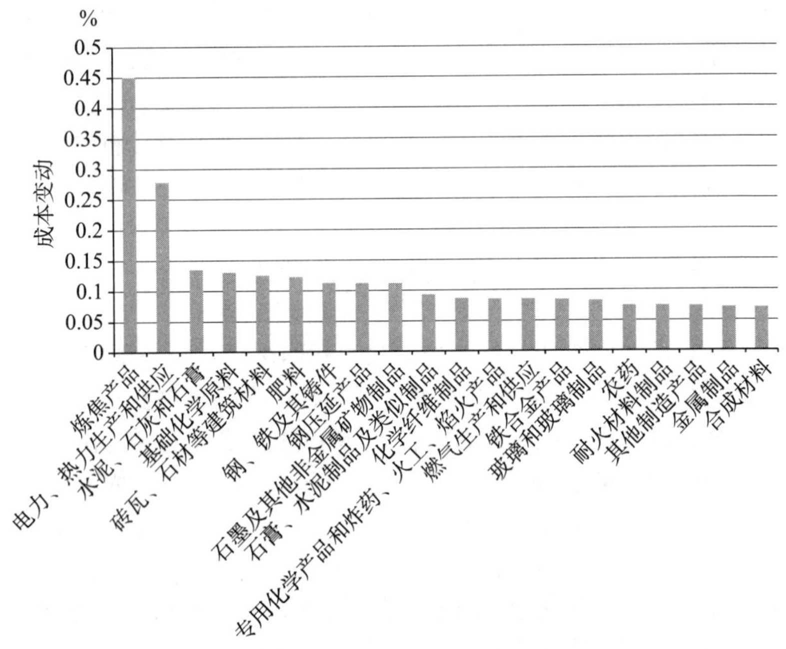

图 1　煤炭价格上涨 1%时成本变动前 20 位的部门

会对国民经济整体成本水平产生较大冲击。近年来煤炭在能源结构中的占比有所下降，其对国民经济总成本的影响也有所下降。虽然我国煤炭的自给率较高，国内的供给和需求因素是决定煤炭价格的主因，但是，煤炭与其他能源类矿产具有一定的替代性，煤炭价格依然会受到国际能源市场波动的影响。

图 2 给出了石油和天然气价格上涨 1%时成本变动前 20 位的部门。若采用能量单位计量，石油和天然气在我国能源结构中的占比要低于煤炭。2016 年，石油和天然气占全国能源使用总量的 25%（BP，2018）。然而，一方面，由于石油和天然气单价较高，石油和天然气的价格变动对我国国民经济总成本的冲击更大。另一方面，由于近一段时间以来石油和天然气国际价格变动幅度较大，并且我国的石油和天然气自给率较低，石油价格变化对生产成本的冲击是业界和政策制定者更为关心的话题。受石油和天然气开采业产品价格波动影响最大的是精炼石油和核燃料加工品、燃气生产和供应部门。当石油和天然气开采业产品价格上涨 1%时，精炼石油和核燃料加工品、燃气生产和供应部门成本分别上升 0.7%和 0.52%。精炼石油和核燃料加工品、燃气生产和供应部门是石油和天然气开采产品的直接使用者。石油和天然气开采业产品价格上升通过对上述两个部门价格的影响传导至国民经济其他部门。交通、化学品生产部门是石油精炼产品的主要用户，因此会通过对石油精炼产品价格变动的响应受到石油和天然气开采业产品价格上升的较大冲击。在运输行业中受影响最大的是航空运输，当石油和天然气开采业产品价格上涨 1%时，航空运输成本上升 0.23%。而水上运输和道路运输成本上升幅度则分别为 0.18%和 0.14%。

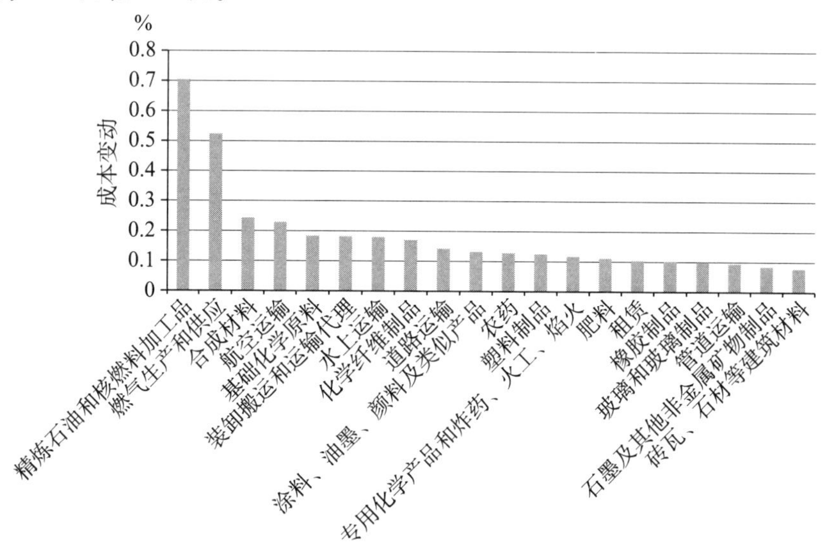

图 2　石油和天然气价格上涨 1%时成本变动前 20 位的部门

图 3 和图 4 则给出了黑色金属矿和有色金属矿价格上升 1%时成本变动前 20 位的部门。由图 3 和图 4 可以看出，除了直接受金属矿价格变动影响的金属延压业以外，机械制造业受到金属矿价格变动的较大影响。此外，房屋建筑业受到黑

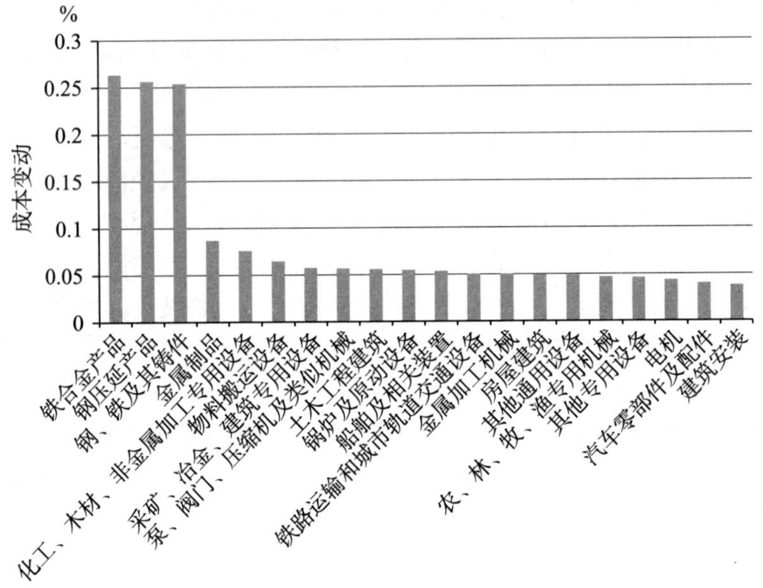

图 3　黑色金属矿价格上涨 1%时成本变动前 20 位的部门

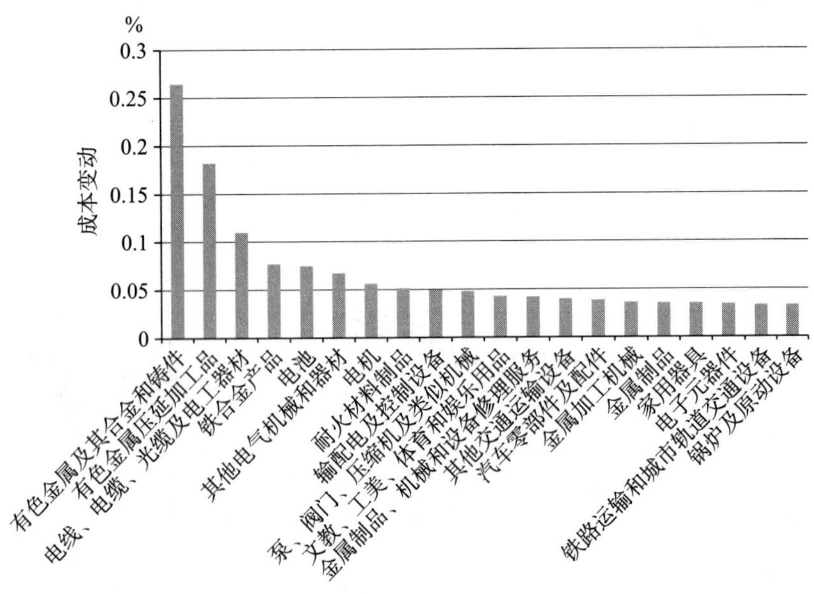

图 4　有色金属矿价格上涨 1%时成本变动前 20 位的部门

色金属矿价格上升的较大影响。黑色金属矿价格上升1%时，房屋建筑成本上升0.05%。与黑色金属矿有所不同的是，由于铜和铝是电线、电缆的主要原材料，有色金属矿价格上升会对电线、电缆、光缆及电工器材成本产生较大影响。有色金属矿价格上升1%时，电线、电缆、光缆及电工器材成本上升0.11%。虽然从图3和图4可以看出，金属矿的价格变动会在一定程度上影响国民经济各部门的生产成本，但是相比图1和图2所展示的能源价格对各部门生产成本的影响要较小。换句话说，国民经济各部门成本对于金属矿价格变动的弹性要小于其对能源价格变动的弹性。能源类产品的成本控制对于我国有着更为重要的意义。

图5给出了非金属矿价格变动对各部门的生产成本的影响。总体上来说，非金属矿对各部门生产成本的影响要小于能源和金属矿对各部门生产成本的影响。除了陶瓷制品和水泥相关部门以外，其他部门对非金属矿价格变化1%的响应水平都小于0.1%。受非金属矿价格变动影响的部门以建筑材料部门为主，因此非金属矿价格变动会对房屋建筑业的成本产生影响。具体而言，非金属矿价格上升1%时，房屋建筑成本上升0.3%。

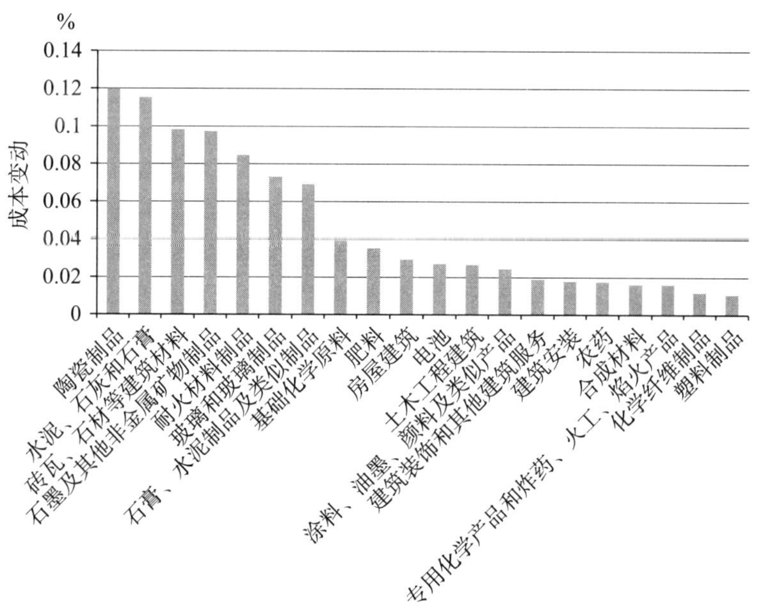

图5 非金属矿价格上涨1%时成本变动前20位的部门

由于中美贸易摩擦，中方对来自美国的农产品加征关税。由于来自国际市场的供给下降，国内农产品价格有一定程度的上升风险。针对这种类型的外源性成本冲击，本文也同时研究农、畜牧、渔业产品价格上升时给其他行业成本所带来

的冲击。图 6 给出了农、畜牧和渔业产品价格上涨 1%时成本变动前 20 位的部门。农副产品和食品加工是受影响最大的部门。与之前的能源、金属矿及非金属矿价格变动主要影响生产原材料价格有所不同的是，农、畜牧、渔业产品价格上涨所影响的部门主要是生产消费者日常采购商品的部门。因此能源、金属矿及非金属矿价格变动会对生产者价格指数（PPI）产生较大影响，而农、畜牧、渔业产品价格变动则会对消费者价格指数（CPI）产生较大影响。本文之后的章节会计算能源、金属矿及非金属矿，以及农、畜牧、渔业产品价格上涨对 PPI 和 CPI 所产生的具体影响。

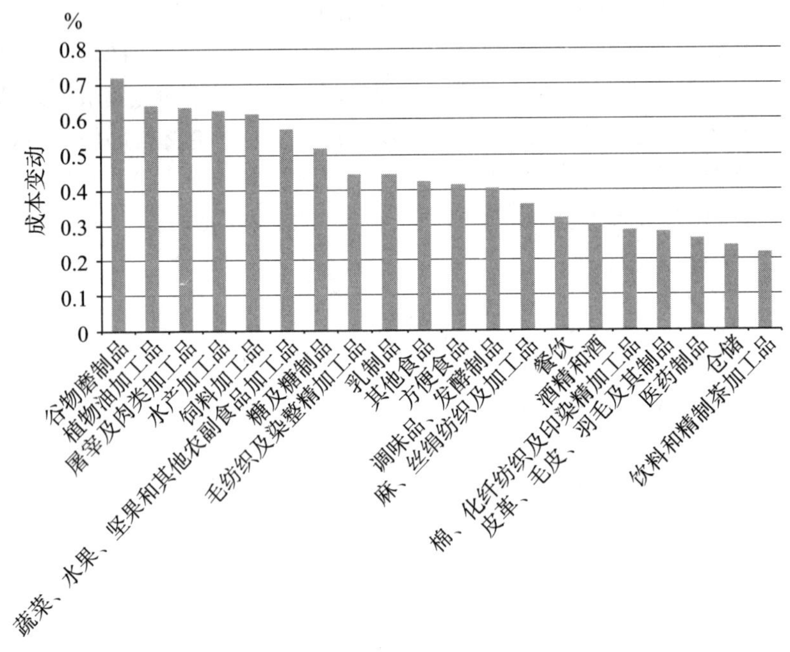

图 6　农、畜牧和渔业产品价格上涨 1%时成本变动前 20 位的部门

三、预测与情景分析

上节中计算了能源，金属矿，非金属矿，农、畜牧和渔业产品价格变化 1%的情况下国民经济各部门成本变动的情况。在此基础上，本小节结合上述几类产品 2019 年前三季度国际国内市场价格预测，分析上述几类产品价格变动对国民经济整体物价水平的影响。在开展预测分析之前，本文首先探讨近一段时间以来资源和农牧业产品价格的历史走势。图 7 给出了 2017 年以来包含煤炭开采和洗选产品、石油和天然气开采产品、黑色金属矿采选产品、有色金属矿采选产品、非金属矿采选产品在内的资源类产品生产者价格指数变化趋势。图中令2017年1月的生产者价格指数水平为1，此后的月度价格水平为相对于2017年1月生产者价格指数的相对变化程度。从该图中我们可以看出，2017年以来，金属矿、非金属矿价格相对稳定，虽然有小幅上升的趋势，但是上升的幅度较小。与此相对应的是，2018年初以来石油和天然气价格则有较大幅度上升。从2018年1月到9月，石油和天然气开采产品价格指数上升了17.9%。由此可以看出，石油和天然气价格波动是这一轮成本冲击的主要因素。

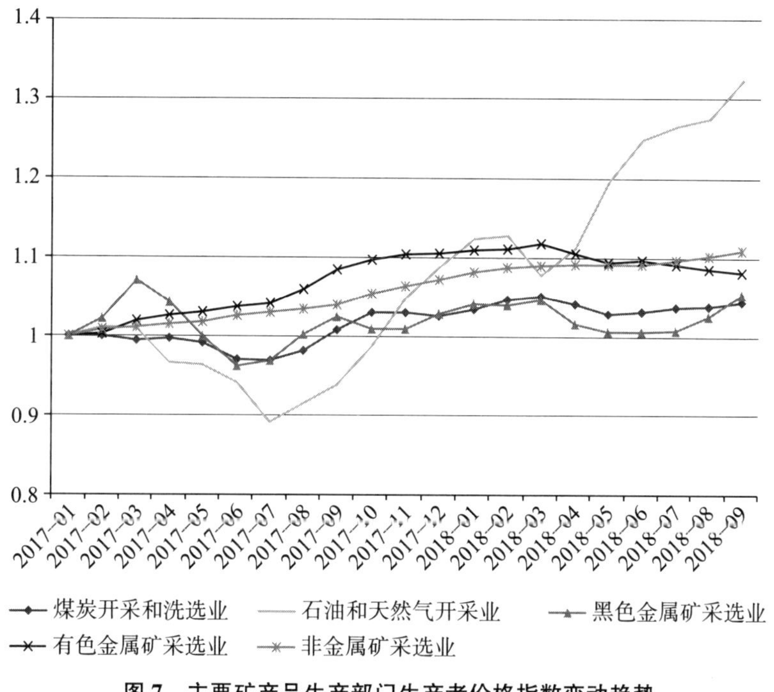

图7　主要矿产品生产部门生产者价格指数变动趋势

资料来源：Wind资讯。

2019年能源，金属矿，非金属矿，农、畜牧和渔业产品的价格波动会对中国整体的物价水平产生冲击。其中，能源，金属矿，非金属矿，农、畜牧和渔业产品要区分来看。中国对能源、金属矿、非金属矿进口的关税和非关税壁垒较低，而对农、畜牧和渔业产品的关税和非关税壁垒较高。因此，中国市场上的能源、金属矿、非金属矿的价格变化趋势和国际市场的价格变化趋势保持一致。而农、畜牧和渔业产品类产品的国内市场价格变化趋势与国际市场价格变化趋势有差异。尤其是在中美贸易摩擦的背景下，中国会对从美国进口的农产品加征关税。美国农产品进口下降会导致国内农产品供给下降而价格上升。在测算上述产

品的价格冲击对中国整体物价水平的影响时，对于能源、金属矿、非金属矿价格，我们取国际机构对于该类产品的国际价格预测，而对于食品价格，我们取国际机构对于该类产品的中国国内价格预测。具体而言，对于石油和煤炭，本文采用美国能源信息署（EIA）的国际市场价格预测。[①] 对于金属矿和非金属矿，本文则采用全球经济指标数据网的国际市场价格预测。而对于食品，本文采用全球经济指标数据网对于中国国内食品成本的预测。[②] 根据 EIA 的预测，2019 年前三季度的国际石油和煤炭价格相对于 2018 年第四季度有小幅下降趋势。具体而言，2019 年第三季度相对 2018 年第四季度，原油价格下降了 9%左右，煤炭价格下降了 15%左右。同时，根据全球经济指标数据网的预测，从 2018 年第四季度开始到 2019 年第三季度，国际金属矿和非金属矿价格有大约 10%以上的下降空间。具体而言，2019 年第三季度相对 2018 年第四季度，黑色金属矿价格下降了 20%左右，有色金属矿价格下降了 16%左右，非金属矿价格下降了 13%左右。根据全球经济指标数据网的预测，中国国内农、畜牧和渔业产品类产品则有小幅上升的趋势。2019 年第三季度相对 2018 年第四季度，农、畜牧和渔业产品价格上升了 1.5%左右。

根据上述机构对几类产品价格变化的预测，并结合上节中所给出的价格影响模型的计算结果，以及本文根据投入-产出表中所给出的消费结构和生产投入结构估计的 PPI、CPI 商品权重结构，计算出了 2018 年第四季度到 2019 年第三季度能源，金属矿，非金属矿以及农、畜牧和渔业产品价格变化对经济整体 PPI、CPI 的影响。最后，在此基础上计算出外源性成本冲击对我国 PPI、CPI 的整体影响的预测。

图 8 预测了 2018 年第四季度到 2019 年第三季度能源，金属矿，非金属矿，农、畜牧和渔业产品的价格波动通过成本冲击对生产者价格指数的影响。图 8 中令 2018 年第四季度的 PPI 水平为基准值 100，图中每一条曲线代表由于单个产品的价格波动对经济总体生产者价格指数所产生的影响。由于煤炭、石油和天然气、黑色金属矿、有色金属矿、非金属矿价格都有下降预期，因此上述几类矿产的价格变动会对 2019 年 PPI 水平产生负向冲击。具体而言，从 2018 年第四季度到 2019 年第三季度，煤炭、石油和天然气、黑色金属矿、有色金属矿、非金属矿价格的下降分别会导致 PPI 下降 0.988%、0.896%、0.765%、0.415%、0.189%。需要强调的是，这里所给出的价格影响模型考虑了完全的产业关联关系，因此上述这些产品的价格变动是通过完全的产业关联传导到国民经济各个部

① 参见 EIA 网站，https://www.eia.gov。
② 参见全球经济指标数据网，https://tradingeconomics.com。

门中，并最终对 PPI 形成影响。因此图 8 中所给出曲线并非传统意义上的煤炭、石油和天然气、黑色金属矿、有色金属矿、非金属矿价格指数，而是煤炭、石油和天然气、黑色金属矿、有色金属矿、非金属矿价格变化对经济整体 PPI 的影响。由于煤炭、石油和天然气的 1 单位价格变化对成本的冲击程度较高，即使煤炭、石油和天然气价格只有小幅度下降，也会对经济整体的成本产生一定程度的影响。结合上一节的分析，我们可以知道电力、交通运输、石化行业会成为这一轮成本下降的主要受益者。由于中美贸易摩擦因素的影响，国内农、畜牧和渔业产品价格有小幅上升预期。至 2019 年第三季度，这一轮农、畜牧和渔业产品价格上升这会导致 PPI 上升 0.15%。

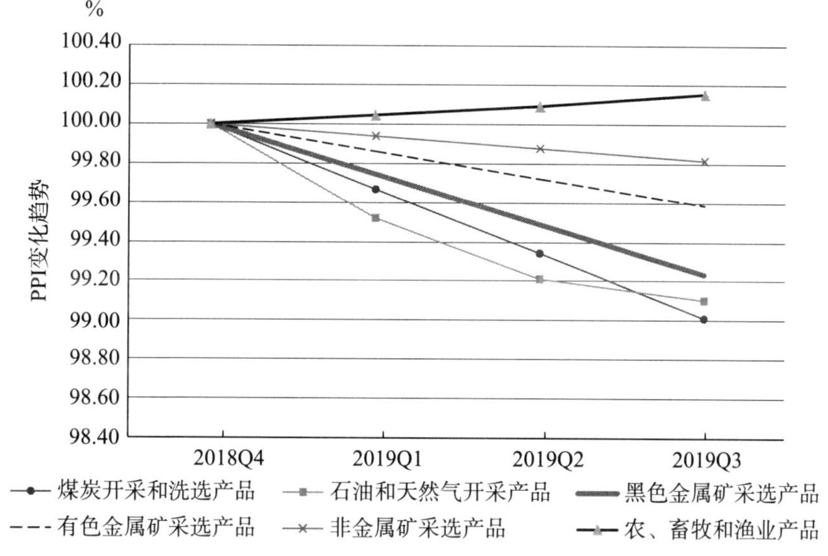

图 8　成本冲击对 PPI 的影响

图 9 则给出了 2018 年第四季度到 2019 年第三季度能源，金属矿，非金属矿，农、畜牧和渔业产品的价格波动通过成本冲击对消费者价格指数的影响。与之前 PPI 的预测一致，煤炭、石油和天然气、黑色金属矿、有色金属矿、非金属矿价格的价格下降会导致 CPI 下降，而农、畜牧和渔业产品价格的上升预期则导致 CPI 的上升。从 2018 年第四季度到 2019 年第三季度，煤炭、石油和天然气、黑色金属矿、有色金属矿、非金属矿价格的价格下降分别会导致 CPI 下降 0.307%、0.483%、0.093%、0.094%、0.037%。由于石油和天然气价格变化对交通运输成本有较大影响，因此石油和天然气价格变化对 CPI 会产生较为显著的影响。而煤炭价格的下降对 PPI 的影响较大，对 CPI 的影响则会相

对较小。黑色金属矿、有色金属矿和非金属矿价格变化对CPI的影响则更为有限。至2019年第三季度，农、畜牧和渔业产品价格上升会导致CPI上升0.28%。如图6所示，农、畜牧和渔业产品价格变动影响的主要是消费品的价格。因此农、畜牧和渔业产品价格变动对CPI的影响程度大于对PPI的影响程度。

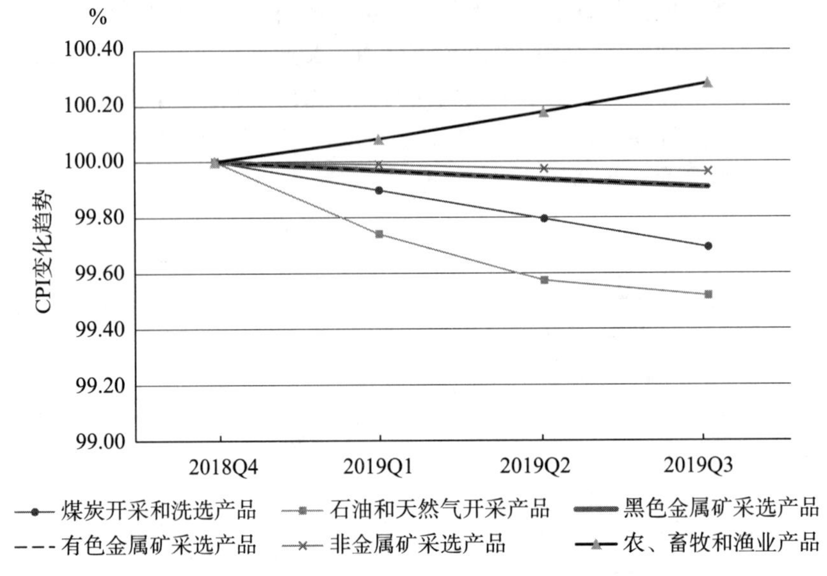

图9 成本冲击对CPI的影响

图10则加总了上述产品价格变化对PPI和CPI的影响，即资源及农产品价格变化对PPI及CPI的总影响。因资源及农产品价格变化，2018年第四季度到2019年第三季度，PPI预期下降0.517%，而CPI则预期下降0.122%。因此，如果市场如预期般平稳，2019年中国经济发生成本推动型滞胀的风险较小。当然，值得注意的是，我们的分析排除了货币、其他行业的生产周期等因素，单独探讨资源及农产品价格变化的影响。

由于中东局势趋缓，全球石油供给稳定，根据EIA的预测，2019年油价会小幅回调，因此本文得出了2019年成本推动型滞胀风险较小的结论。然而，政治事件的发生具有突然性和不可预测性，尤其是沙特阿拉伯和伊朗政局出现变数的可能性依然存在。为了分析这种潜在的风险对我国物价水平的影响，在之前的预测分析之外，本文还设定了四个情景，用于模拟不同程度的油价冲击对我国物价水平的影响。20世纪70年代以来，全球范围了发生了四次比较大的石油危机，分别是第四次中东战争引起的1973年石油危机、伊朗伊斯兰革命所引起的1978年石油危机、第一次海湾战争所引起的1990年石油危机以及巴以冲突所引

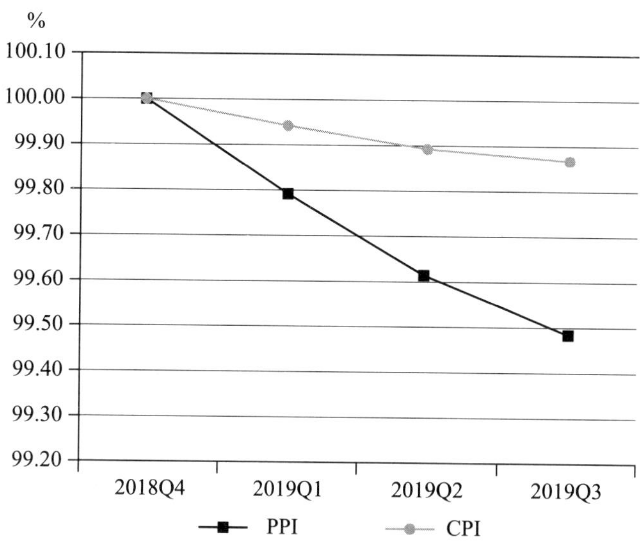

图 10　成本冲击对 PPI 和 CPI 的加总影响

起的 2003 年石油危机。如表 1 所示，这四次石油危机对油价的冲击是递减的。1973 年和 1978 年石油危机分别令油价上涨 217.26%和 102.48%。在吸取这两次教训之后，西方社会对石油价格的控制能力有所加强，因此 1990 年和 2003 年的石油危机只令石油价格分别上涨了 23.50%和 12.65%。由于这四次石油危机均是由中东局势突变所引起的，本文将这四次危机所引起的油价变化程度作为 4 个情景，并在此基础上计算这 4 个情景下的 PPI 和 CPI 变化程度。作为基准情景，情景 0 则代表的是不发生大的政治事件前提下的 EIA 所给出的油价预测。在这种情况下 2019 年油价下降 9%。

表 1　　特殊事件对中国物价水平冲击的情景分析

情景	事件	油价上涨幅度
情景 0	无与石油价格相关的重大政治事件发生，基于 EIA 对 2019 年油价的预测	−9%
情景 1	1973 年石油危机，第四次中东战争	217.26%
情景 2	1978 年石油危机，伊朗伊斯兰革命	102.48%
情景 3	1990 年石油危机，第一次海湾战争	23.50%
情景 4	2003 年石油危机，巴以冲突	12.65%

图 11 给出了情景分析结果。根据情景 1 的结果，若发生 1973 年石油危机规模

的石油价格上涨，以现阶段我国的能源使用水平和强度，会导致我国PPI和CPI分别上涨15.32%和4.75%。这种级别的石油价格冲击会导致我国产生非常严重的滞胀危机。冲击如此之大的一个重要原因是当前我国能源使用效率不高，依然存在大量高耗能的产业。情景2则相对于情景1有所缓和，会导致我国PPI和CPI分别上涨7.23%和2.24%。日本在经历了20世纪70年代的两次石油危机之后开始努力提高能源使用效率并提倡低耗能的生活方式。此后石油价格波动对日本的冲击程度开始逐渐减小，我国由石油净出口国转变为石油净进口国以来，尚未经历过如此大规模的石油价格上涨，因此石油价格上涨给国人的教训并不深刻。本文的模拟分析发现，石油价格大幅上涨事实上会对中国的总成本产生非常大的冲击。中国需要进一步提升能源使用效率以规避石油价格上涨所带来的风险。

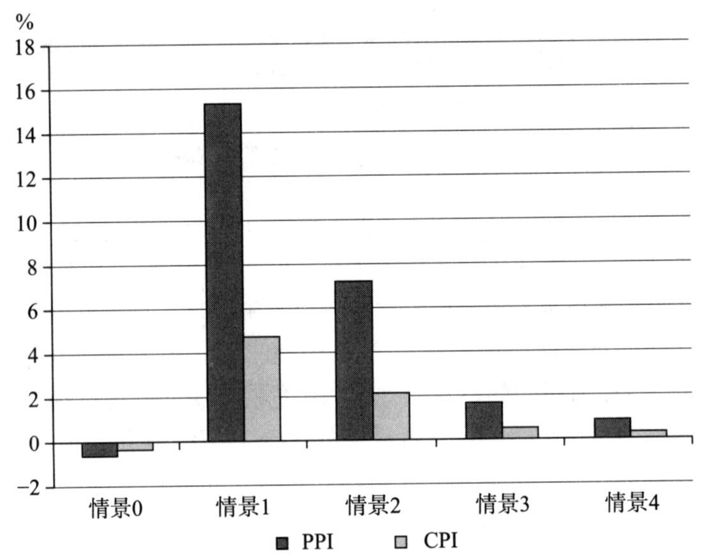

图11　石油价格冲击的情景分析

进入20世纪80年代以来，西方社会对于石油价格的控制能力进一步加强。同时OPEC的内部协调能力和对于全球石油价格的操控能力都大幅下降。因此，之后的两次石油危机的剧烈程度有所下降。根据情景3和情景4的结果，若石油价格上涨23.50%，PPI和CPI分别上涨1.66%和0.51%，若石油价格上涨12.65%，PPI和CPI分别上涨0.89%和0.28%。当前中东形势错综复杂，若沙特阿拉伯等国发生政治变局，发生与情景3和情景4规模类似的石油价格上涨的可能性依然存在。因此，情景3和情景4的结果更有现实意义。若石油价格从现在每桶70美元升至85美元以上，即上涨20%左右，则会造成PPI 1%以上的涨幅。若石油价格从现在每桶 70 美元升至 100 美元以上，即上涨 40%左右，在其他条件不变的情况下，则会造成 PPI 2%以上的涨幅。

四、结论与政策建议

综上所述，2019 年煤炭、石油和天然气、金属矿、非金属矿价格上涨风险较小，有小幅下调趋势。若中美贸易摩擦持续，农、畜牧和渔业产品价格有小幅上升的可能。叠加上述各种因素的计算结果显示，2019 年我国出现外源性成本冲击的可能性较低，煤炭、石油和天然气、金属矿、非金属矿价格的下降会抵消农、畜牧和渔业产品价格上升的影响，并降低 PPI 和 CPI 水平。然而，我们依然不能排除发生影响国际油价的国际重大政治事件的风险。若中东地区发生重大政治事件，石油价格依然存在继续冲高的可能。同时，美国逐渐成为石油和天然气产品的主要输出国。国际能源署（IEA）预测，美国将在 2023 年前超越俄罗斯成为全球最大石油生产国，并从石油的净进口国转变为石油净出口国（IEA，2018）。20 世纪 70 年代以来的四次石油危机的规模和损害都是递减的。这是因为以美国为首的主要西方国家过去一直是石油的净进口国。美国吸取石油危机的教训之后，采用了介入中东政局和瓦解石油输出国组织协调能力的方式加强了其对国际油价的掌控能力。日本则因缺乏对国际油价的控制能力，采取了发展节能技术和提倡低能耗生活方式的双重手段降低对能源的需求。当美国是石油净进口国时，美国有压低石油价格的动机。然而，随着美国由石油净进口国转变为净出口国，美国则会有利用政治力量拉抬油价的动机。这将使 20 世纪 70 年代末以来所形成全球油价形成机制发生重要变化。因此我们不能排除由美国主导的油价进一步上升的风险。

若美国成为石油净出口国，美国国内的政治法则会发生变革。如果美国在发起贸易战的同时推高国际油价，则会在美国的利益集团中形成对冲机制。贸易摩擦有利于底层劳工的利益，损害了精英阶层的利益。而推高国际油价则有利于石油和金融精英的利益。与此同时，如果美国在发起贸易战的同时推高国际油价，则会在遏制我国外需的同时，推高我国的生产成本，在我国制造滞胀的局面。因此，我们需要防范美国采取上述一举两得的手段遏制我国经济发展。

根据本文的分析，一方面，石油等能源价格上升会对石化和钢铁行业的生产成本产生较大影响。同时，钢铁产业是美国对中国加征关税第一批清单的重点打击对象，而石化行业是美国对中国加征关税第二批清单的重点打击对象。若石油价格上升和中美贸易摩擦同时发生则会产生叠加效应，对石化和钢铁行业产生较大压力。因此，在对美贸易谈判的过程中应考量石油价格的下一步走向对相关行业生存环境所造成的影响。另一方面，中美贸易摩擦所导致的农产品价格上涨风险虽然不

会对CPI整体产生大幅度影响，但是会推高食品价格。由于城市低收入阶层的恩格尔系数较高，食品价格上涨会对城市低收入阶层的生活状况产生一定的影响。

我国在1993年时由石油净出口国转变为石油净进口国。在这之后，我国尚未经历过类似于1973年和1978年石油危机规模的石油价格大幅上涨。因此石油价格上涨给国人的教训并不深刻，国人对石油危机的认识不够深刻。若发生1973年石油危机规模的石油价格上涨，以现阶段我国的能源使用水平和强度，会导致我国PPI和CPI分别上涨15.32%和4.75%。这种级别的石油价格冲击会导致我国产生非常严重的滞胀危机。

1993—2023年之间，中美同是石油净进口国，在石油价格上有着共同利益，我国可以在美国稳定油价的政策中“搭便车”。若从2023年开始美国成为石油净出口国，则中美是国际油价的利益冲突方，我国应主动加强自身在国际石油定价体系中的话语权。具体建议如下：一是加强对主要产油国的政治影响力，保证稳定的石油供给；二是积极参与国际主要石油交易所的定价过程；三是扩大国内商品交易所的石油交易规模；四是积极推进以人民币结算石油交易。在确保石油稳定供给的同时，我国应继续提升能源使用效率，并大力推进核能等替代能源的开发。提升我国在国际石油定价体系中的话语权是治标之法，而提升能源效率和提升国产能源的供给能力则是治本之法。提升能源使用效率的具体建议如下：一是大力推进能源使用环节先进技术的应用和推广。我国在能源使用领域的高端技术较为先进，但是平均水平较低。现阶段应着力于先进技术的普及为推广，而不是盲目推进前沿技术的研发。二是推广节能的生活方式，让低耗能生活方式成为时尚。我国是一个能源类自然资源相对匮乏的国家。我国拥有禀赋优势的煤炭在使用过程中又会产生比较严重的环境污染。因此我国国内所能生产的清洁可靠的能源来源选项较少。在风电和太阳能技术尚不成熟的情况下，解决我国能源供给问题的治本之道是大力发展核电。

参考文献

[1] BP, BP Energy Outlook，2018.

[2] IEA. Oil 2018，2018.

[3] 辜海芳. 近年我国进口铁矿石现状分析及2018年展望. 冶金经济与管理，2018 (1).

[4] Miller，R. E.，Blair，P. D.，2009，*Input-Output Analysis*. Cambridge: Cambridge University Press.

[5] 七目. 贸易战下大豆进口格局之变. 互联网周刊，2018 (18).

[6] 田春荣. 2017年中国石油进出口状况分析. 国际石油经济，2018 (3).

当前中国就业面临的挑战与对策

丁守海　吴　迪

摘　要

自 2018 年以来中国经济遇到多重因素的干扰，下行压力加大，虽然目前就业形势基本平稳，但隐患似已显现，就业景气指数出现异动。未来一段时间内干扰中国就业最大的因素有二：一是外部贸易环境恶化使加工贸易等劳动密集型产业的就业承压。初步测算表明，如不采取任何反制措施，中美贸易摩擦将使直接从事对美出口生产的就业岗位损失不下 300 万个；如采取竞争性贬值等反制措施，在 5%的贬值幅度下，损失或可控制在百万个内。近几年第二产业加速排斥劳动力，每年在 500 万人以上，叠加中美贸易摩擦的影响，预计 2018—2019 年，第二产业的就业排斥量达到 600 万～800 万人。二是服务业出现周期性放缓，就业创造功能有所衰减。与 2013 年的峰值相比，服务业新增就业岗位减少近半，2018—2019 年估计在 1 200 万人左右。过去几年中国就业之所以能逆势上扬主要就是靠服务业的强劲拉动作用，可以说，服务业一直在补第二产业的就业窟窿，但现在似已力不从心。把第二产业的就业损失量扣掉，2018—2019 年非农产业就业增量可能只能剩下 400 万～600 万人，如果按 1 000 万人城镇新增就业标准计，是远不能满足就业需要的，但 2016—2017 年以来出现了一个奇怪的统计现象，那就是，对应于 1 300 万人的城镇新增就业，非农就业仅增加 600 万人左右，换言之，若非农就业增加 600 万人，似也能满足新增就业的需要，若按这一口径来计算，那么，在人民币 5%竞争性贬值幅度下还能勉强维持就业需要，但若不采取任何反制措施，就业风险就会暴露。可以说当前中国就业正处于安全线的边缘，这是自 2009 年以来所没有出现过的，应引起警惕。从本质上说，当前就业隐患主要源于产业结构变迁过程中的空档，一方面，传统产业在各种内外部

因素的夹击下困境重重，民营企业特别是民营中小企业的就业海绵功能弱化；另一方面，新兴产业步履维艰，没有及时成长起来，创新型企业大量倒闭。传统产业和新兴产业在双向排斥劳动力，就业压力全靠服务业来化解已越来越难，因此当前必须抓紧给工业部门止血，减缓其劳动力排斥速度。为此，我们提出几点建议：第一，对民营企业要切实减负，同时加大融资支持，放水养鱼。第二，在把社保转交国税后，多数民营企业的人工成本必然加重，应制定相应的对冲机制。第三，参照美国20世纪80年代的做法，各地暂停提高最低工资标准。第四，对于中美贸易摩擦要积极制定有效的应对措施，在必要情况下可考虑通过货币的竞争性贬值等手段来缓解出口冲击。第五，做最坏打算，为应对可能出现的大面积失业，应完善消极就业政策，加强社会安全网建设。

关键词： 中美贸易摩擦；服务业放缓；产业断档；失业风险

一、2018年以来我国的就业形势

2018年以来经济下行压力骤增，就业指标却仍保持稳健，城镇新增就业等指标仍稳中有升，但隐患似已出现，第三季度就业景气度指数出现异动，从2017年同期的2.43降为1.97，无论同比还是环比，都出现了自2011年以来的第一次下降。第三季度招聘需求人数也出现了自2011年以来的第一次下降，降幅高达27%。对于未来的失业风险点，我们应未雨绸缪，目前来看，主要有两个：一是中美贸易摩擦带来的冲击；二是服务业的周期性放缓。

2018年以来中国经济发展面临诸多因素的挑战，中美贸易摩擦、消费不振、民营企业困境等，可谓险象环生，人们也由此担心就业会不会出问题。在最近召开的中央政治局会议上习近平总书记提出要做好“六稳”工作，其中摆在第一位的就是稳就业，可见潜在的就业风险已引起决策层的警惕。①

但从目前公布的数据来看，就业形势尚未出现异常，仍保持稳中有升的态势，这主要表现在四个方面：首先，2018年上半年城镇新增就业752万人，较2017年同期增加17万人，超额完成全年任务的近2/3。其次，城镇失业率保持在低位，第二季度末，城镇登记失业率为3.8%，同比下降0.12个百分点，城镇调查失业率降至4.8%，均维持在近年来的最低水平。再次，市场运行活跃有序，国家监测数据显示，第二季度劳动力市场的求人倍率为1.23，同比增加0.12。最后，各重点就业群体的就业平稳，就业困难人员实现再就业91万人，

---

① 中央政治局召开会议分析研究当前经济形势和经济工作 习近平主持．新华网，2018-10-31.

农村外出务工劳动力达 1.8 亿人，比 2017 年同期增加 149 万人。①

可以说，目前经济增长与发展中的不利因素尚未传导到就业领域，但我们也不能掉以轻心，一些局部调查数据揭示了就业形势的不同运行轨迹，似乎预示着一些潜在的风险。

中国人民大学就业研究所与智联招聘联合发布的《2018 年第三季度中国就业市场景气报告》显示，2018 年第三季度就业景气指数为 1.97，已出现同比下降的趋势，明显低于 2017 年同期 2.43 的水平，主要源于招聘需求人数下降，不仅是环比下降，而且首次出现了同比下降的异常现象。具体来说，在环比方面，除 2015 年外，2011—2017 年各年第三季度招聘需求人数都是呈环比上升趋势的，唯有 2018 年第三季度招聘需求人数环比大幅下降，降幅达 20.79%。同比方面，2018 年第三季度招聘需求人数也出现了自 2011 年以来的第一次下降，降幅达 27%。

招聘需求下降是企业经营困境的折射，也是失业风险的前兆。2018 年以来小企业倒闭潮加剧了人们的担心，甚至对华为、阿里、京东这样的行业巨头来说也相继传出停止社招的传闻。②

就业是民生之本，牵一发而动全身。在当前经济形势扑朔迷离的背景下对于未来就业形势的判断必须冷静，既不能捕风捉影、过度悲观，也不能掉以轻心、盲目乐观。即便当前就业形势平稳，也应理性地分析未来可能出现的潜在风险点以及最坏的结果，并未雨绸缪地及时采取对策化解它们，确保就业大局无虞。

目前来看，最大的就业风险点有两个，一是中美贸易摩擦的冲击；二是服务业发展的周期性放缓，服务业就业创造速度放慢，第二产业劳动力排斥速度加快。当前失业风险的本质在于产业结构变迁中的断档，新旧产业交接不上，传统产业和新兴产业双向排斥劳动力。

二、中美贸易摩擦对就业的影响

目前中美贸易摩擦已进入“斗鸡博弈”状态，短期内似乎难以结束，并且有可能会扩大至全部商品领域。如果美国对中国全部商品加征 25%的关税，那么在没有任何反制措施的情况下，很可能会直接导致从事对美出口商品生产的就业岗位损失不下 300 万个；如采取反制措施，比如使货币竞争性贬值 5%，则损失或可控制在百万个以内。

---

① 人社部 2018 上半年工作进展情况新闻发布会．新浪财经，2018 - 07 - 23.

② 华为阿里京东被曝全面停止社招．新浪新闻中心，2018 - 10 - 25.

（一）中美贸易摩擦可能会扩散到全部商品领域

2018 年震撼全球的最大经济事件莫过于中美贸易摩擦。3 月 8 日美国政府宣布对进口钢铁和铝制品分别加征 25%、10%的关税。6 月 15 日美国政府根据 301 调查结果，宣布对从中国进口的 500 亿美元商品加征 25%的关税，其中 340 亿美元商品从 7 月 6 日起实施，160 亿美元商品自 8 月 23 日起实施，产品主要涉及医疗器械、高铁设备、生物医药、新材料、农机装备、工业机器人、信息技术、新能源汽车、航空设备等高科技行业。7 月 11 日宣布对从中国进口的 2 000 亿美元商品加征 10%的关税，8 月 2 日又宣布提高到 25%，这一批商品涉及化学品、纺织品、食品、服饰及手袋、电子产品、金属制品和汽配产品等行业。

如果说第一批贸易摩擦主要涉及资本密集型行业的话，那么从第二批开始，贸易摩擦已向劳动密集型行业延伸。根据 HS 编码的一级行业分类，前两批贸易摩擦涉及的重点行业及分布比例如表 1 所示。

表 1　　前两批贸易摩擦涉及的重点行业及分布比例

编号	商品	在 2 500 亿美元商品中的占比（%）	加征关税覆盖率（%）
1	机电、音像设备及其零件、附件	50.2	47.6
2	杂项制品	12.0	48.2
3	贱金属及其制品	9.6	66.3
4	车辆、航空器、船舶及运输设备	6.2	94.6
5	塑料及其制品；橡胶及其制品	4.9	60.3
6	化学工业及其相关工业的产品	4.1	65.9

资料来源：详解美国 2500 亿加征关税清单．搜狐财经，2018－07－12.

进一步分类表明，在这 2 500 亿美元商品中，通信、电子、机械设备、汽车、家具等劳动密集型产品成为最突出的征税领域，比如电话通信设备占比接近 10%，计算机自动数据处理设备及零附件占 6.3%，车辆及零附件占 5.7%，家具占 4.3%，坐具及零件占 4%，自动数据处理设备、数据记录机器占 3.8%，塑料及制品占 3.5%，钢铁制品占 3.5%，皮革制品等占 3.0%。

美国政府对各类产品是否征税主要考量三个因素：首先不能对美国民众生活消费产生太大影响，所以像纺织原料及纺织制品、鞋帽伞等、已加工的羽毛及其制品等的征税覆盖率尚不足 10%。其次是除中国外拥有其他替代产品，正是基于这一层考虑，像机电、音像设备及零附件类产品，虽然在 2 500 亿美元清单中数值最大，但征税覆盖率并不高，只有 47.6%。最后是压制中国制造业升级，像车辆及其零附件这样的高端制造业，征税覆盖率达到 90%。

2018 年 10 月 9 日，特朗普重申，如果中国采取反制措施，美国将对额外

2 670 亿美元中国商品加征关税，与此前的 2 500 亿美元合并，共计达 5 170 亿美元，这也意味着对中国全部商品加征关税。

目前美国正值中期选举的关键时期，特朗普的“美国优先”执政理念、国内民粹主义的根基、中国作为第二大经济体的据理力争等决定了贸易摩擦不太可能在短时期内结束，目前双方似乎进入了“斗鸡博弈”的僵持状态，未来可能还会进一步升级，对此我们应有充分的思想准备。

（二）一般认为，中美贸易摩擦会造成不下 300 万个工作岗位流失

无论如何，贸易摩擦对中美经济乃至全球经济的影响都是深远的，尽管影响有滞后性，但已初露端倪。据统计，2018 年前三季度我国货物贸易进出口总值为 22.28 万亿元，同比增长 9.9%，其中出口为 11.86 万亿元，同比增长 6.5%，进口为 10.42 万亿元，同比增长 14.1%，贸易顺差为 1.44 万亿元，收窄 28.3%。这些数据与 2017 年相比都出现了较大的下滑，2017 年前三季度我国进出口总值的同比增速是 16.6%，出口增速为 12.4%，进口增速为 22.3%，贸易顺差收窄 17.7%。①

对于中美贸易摩擦的最终后果，不少研究机构进行了评估，具体如表 2 所示。

表 2　相关机构对中美贸易摩擦影响的预测

机构	影响	美国对中国所有商品加征关税税率			
		15%	25%	30%	45%
摩根士丹利	中国对美国出口	−21%		−46%	−72%
	中国总出口	−4%		−8%	−13%
摩根大通	中国 GDP		−1.3%		
	就业人数（万人）		−300～−550		
兴业证券	中国对美国出口	−21%		−46.5%	−72%
	中国总出口	−3.9%		−8.6%	−13.3%
	中国 GDP			−0.64%	
	工业增加值			−1.39%	
	就业人数			−0.55%	
清华大学	中国对美出口		−11%		
	中国 GDP		−0.4%		
中金公司	中国总出口			−8%	

资料来源：我们并非无比强大，但也绝非不堪一击．搜狐科技，2018－07－16；中美贸易战对就业的影响分析．恒信贵金属，2018－06－26.

① 2018 年前三季度中国进出口呈七大特点．今日中国，2018－10－19.

由表 2 可见，除清华大学外，众多机构认为，如果美国对中国全部商品加征 30%的关税，中国对美出口将减少近 46%，并使中国总出口减少近 8%，最终拉低中国经济增速 0.64～1.3 个百分点。需指出的是，这些预测都是在 2017 年做出的，摩根士丹利等是根据 15%、30%、45%等三档假设的加征税率做出的。结合多种因素，一般认为美国不太可能加征 45%的关税，加征 25%的关税是最有可能的，如确实如此，那么结果将与加征 30%的关税下的结果相接近。

关于对就业的影响，摩根大通预测，如果美国对全部中国商品加征 25%的关税，中国将损失 300 万～550 万个就业岗位。兴业证券预测了加征 30%的关税的情形，据估算，将会造成 0.55%的就业岗位损失，这些岗位主要集中于非农就业岗位，以 2016 年为例，当年我国非农就业人数为 5.6 亿人，0.55%的就业损失也就意味着近 300 万个就业岗位流失。

（三）竞争性贬值可使就业损失控制在百万个之内

下面我们将测算贸易摩擦对就业的具体影响，并分货币竞争性贬值和不竞争性贬值两种情况进行比较。

根据美国商务部统计，2017 年美国从中国进口的货物总额为 5 056 亿美元，占其进口总额的 21.6%①，按当年美元对人民币平均汇率 6.75 计算，折合 34 128 亿元人民币。中国对美出口主要是货物出口，且主要是工业产品出口。2017 年中国工业增加值为 28 万亿元，因此对美出口货物占工业增加值比重为 12.2%。当年第二产业就业人数为 22 350 万人，减去建筑业就业约 4 500 万人，工业部类的就业人数为 17 850 万人，由此可算出，直接从事对美出口产业的就业人数约为 2 000 万人，这构成了后续计算的基础。

按最坏打算，假如 2019 年美国政府果真对全部中国商品加征关税，从目前情况来看，加征 25%的关税的概率最大。下面我们将通过三步推导来计算其影响。

（1）第一步，从加征关税到出口商品价格。

即使加征关税，出口商也未必会全部转嫁到价格上。按学术界的普遍测算，关税对出口商品价格的传导率是 13%～30%，考虑到目前中国出口行业面临较大的成本压力，利润率薄，只有将关税中相当一部分成本转嫁到出口商品价格中才能实现正常利润，我们取上限 30%。那么出口商品价格将上涨 25%×30%=7.5%。

（2）第二步，从出口商品价格到出口需求。

根据需求法则，当商品价格上涨时美国对进口商品的需求会下降，但反应程度究竟有多大？人们对此并无定论。从理论上说，像服装、食品这样的生活必需

① 2017 年中国与美国双边贸易概况．东方财富网，2018－03－07.

品，需求价格弹性应该比较小；像电机、机械、汽车等附加值较高的产品，需求价格弹性应该较大。实证计算结果表明，中国出口商品的需求弹性分布较广，最低的近乎为0，最高的接近于－2，甚至更高（张芝萍，2007；高凌云和程敏，2013）。同样，按最坏原理，我们取－2作为出口需求弹性，那么中国对美出口商品数量将减少7.5％×2＝15％。

（3）第三步，从出口下降到就业减少。

劳动需求是引致性需求，对美出口数量减少势必会导致就业岗位流失，假设在短短的一两年时间内不会发生明显的技术变化，要素投入结构不变，那么就业人数的降幅应该与出口商品量的减幅相当，即减少15％，以2 000万人为基数，共减少300万人。这只是从事对美出口生产的就业人数减少幅度，是直接效应，尚未考虑它对其他产业所带来的波及效应。

以上结果也进一步验证了目前流行的中美贸易摩擦至少导致中国损失300万个就业岗位的结论，但这个结果是可以控制的，那就是货币的竞争性贬值。加征关税是通过出口商品价格来影响出口的，相应地，我们也可以通过让人民币贬值来平抑这种加价效应。正如当年麦金农提出的斯堪的维纳工资模型，如果一国工资上涨会导致出口商品价格上涨，那么通过本币贬值可以在相当程度上抵消这种影响。

如果人民币在现有基础上贬值5％，即从2017年6.75元人民币/美元的均值水平上涨到7.1元人民币/美元左右，那么上述测算结果就要改写：

（1）第一步，从加征关税到出口商品价格。

仍令美国对全部中国商品加征25％的关税，它对出口商品价格的传导率为0.3，则当人民币对美元贬值5％时，出口商品价格涨幅为（1＋0.25×0.3）×（1－0.05）－1＝2.1％，把原来的价格涨幅消化掉一大半。

（2）第二步，从出口商品价格到出口需求。

仍令美国对中国进口商品的需求价格弹性为－2，则中国对美出口商品将减少2.1％×2＝4.2％。

（3）第三步，从出口下降到就业减少。

在要素投入结构不变的前提下，中国直接从事对美出口产品生产的人数也将减少4.2％，以2 000万人为基数，合计减少84万人，也就是说，能将贸易摩擦的就业冲击控制在百万人之内。

这个结果与摩根大通的研究报告相近，他们指出，如果美国对2 000亿美元中国商品加征25％的关税，中国将损失300万个就业岗位，如果中国以人民币贬值5％作为报复，就业岗位损失量将降到70万个。① 与之不同的是，我们是以

① 摩根大通称贸易战可能让中国付出70万工作岗位流失的代价．彭博网，2018－09－13.

美国对中国全部商品加征 25%的关税为前提进行测算的，所以冲击程度比摩根大通报告的要小一些。

三、服务业发展周期性放缓对就业的影响

过去几年中国就业之所以能逆势上扬，主要依托服务业的强劲增长，但从近年来的情况下，服务业发展似乎已进入周期性的放缓阶段。服务业的就业增量从 2013 年的峰值水平已降落近一半，2018—2019 年预计会在1 200 万人左右。服务业放缓有两个原因：一是工业困境拖累了生产型服务业的需求；二是居民收入与消费放缓制约了消费型服务业的发展。

(一) 2017 年以来服务业就业增长出现了周期性放缓

近年来中国经济增速不断下滑，就业还能维持强劲的增长势头，主要还是靠服务业的带动作用（丁守海，2014），截至 2017 年底，服务业在 GDP 中的占比达到 51.6%，远超过第二产业的 40.5%，服务业在就业中的占比达到 44.9%，远超过第二产业的 28.1%，服务业已成为吸纳就业的主要引擎。[①]

但任何一个行业的发展都是周期性的，服务业也是一样，在经历了早期的快速增长后也会陷入相对停滞期。究其原因，在行业发展早期充斥着各种机会，行业边际利润大，刺激企业扩大生产，但随着行业的纵深发展，边际利润越来越薄，在马克思社会利润率平均化规律的作用下企业开始止步，投资放慢，扩张变缓。表 3 显示，在经历了前几年的快速发展后，现在服务业已进入阶段性的相对停滞期，扩张速度变缓，在这一过程中就业创造功能也随之弱化。

一个非常值得我们关注的数据就是服务业的 GDP 占比，根据 2016 年和 2017 年的《国民经济与社会发展统计公报》的数据，2017 年第三产业的 GDP 占比与 2016 年持平，都是 51.6%，这是结束此前强劲增长势头的一个重要表征。

表 3　　服务业就业增长的放缓趋势

年份	服务业			生产型服务业		消费型服务业	
	增加值增速（%）	就业人数（万人）	增加量（万人）	就业人数（万人）	增加量（万人）	就业人数（万人）	增加量（万人）
2004	10.1	22 725	—	2 199	—	6 025	—
2005	12.4	23 439	714	2 334	136	6 484	459

① 人社部：截至 2017 年末我国就业人员超过 7.7 亿人，第三产业就业人员超四成．新华社，2018-05-22.

续前表

年份	服务业			生产型服务业		消费型服务业	
	增加值增速（%）	就业人数（万人）	增加量（万人）	就业人数（万人）	增加量（万人）	就业人数（万人）	增加量（万人）
2006	14.1	24 143	704	2 474	140	6 881	398
2007	16.1	24 404	261	2 622	148	7 321	440
2008	10.5	25 087	683	2 801	178	7 872	551
2009	9.6	25 857	770	3 066	265	8 831	959
2010	9.7	26 332	475	3 192	127	9 488	658
2011	9.5	27 282	950	3 448	256	10 915	1 426
2012	8.0	27 690	408	3 998	550	11 482	568
2013	8.3	29 636	1 946	4 393	395	13 101	1 618
2014	7.8	31 364	1 728	4 850	457	14 881	1 781
2015	8.2	32 839	1 475	5 433	583	16 492	1 611
2016	7.8	33 757	918	5 820	387	18 035	1 543
2017	8.0	34 860	1 103	—	—	—	—

资料来源：根据各年《中国统计年鉴》整理得出。

从表 3 可以看出，2004—2009 年是服务业发展最快的几年，服务业增加值年均增速在 10%以上，此后逐年下滑，2009—2011 年尚能维持在 9.5%以上，从 2012 年开始，出现了一个较大的断层，增速迅速掉到 8%左右，近两年则滑向 8%以下，虽然 2017 年勉强维持在 8%，但 2018 年以来形势又有了新的变化，上半年服务业增加值增速仅为 7.6%①，预计全年又会回到 8%以内。

服务业扩张放缓的一个重要表征就是投资增速，我们知道，投资增速是行业利润率的晴雨表，也是未来发展动力的指示器。2018 年上半年服务业固定资产投资增速仅为 6.8%，而上一年为 11.3%，如此明显的回落说明服务业利润率及行业吸引力可能正在加速回调。

2018 年 8 月财新服务业 PMI 为 51.5，较上个月的 52.8 出现大幅下滑，创造了自 2017 年 11 月以来的新低，说明服务业需求状况仍不甚理想，需求端走弱趋势仍在加剧。② 服务业发展的周期性停滞必然会传导到就业上，以 2018 年 9 月为例，非制造业从业人员指数为 49.3%，环比回落 1.1 个百分点，已掉至荣

① 2018 年上半年经济成绩单发布，GDP 同比增长 6.8%. 中国经济网，2018－07－16.

② 2018 年 8 月财新服务业 PMI 降至 51.5. 中国金融信息网，2018－09－05.

枯线以下，服务业的就业颓势已现。①

实际上，服务业就业增长放缓趋势从2016年开始就已经表现得非常明显。如表3所示，服务业就业增长最迅猛的是2013年，达1 946万人，2014年仍有1 728万人，2015年滑至1 475万人，2016年则降至千万人以内，只有918万人，2017年虽回升至1 100万人，但与此前的强劲势头相比，已不可同日而语。

（二）制造业困境和技术革新使生产型服务业就业增长遭遇瓶颈

服务业一般可分为生产服务业、消费服务业、公共服务业等三大类（格鲁伯和沃克，1993），其中，与经济形势密切相关的是前二者。

顾名思义，生产服务业是为生产型企业提供服务的，包括咨询、设计、金融、营销、物流配送、售后服务等，是社会分工在生产领域细化的表现。生产服务业依托于制造业，只有制造业繁荣，生产服务业才能获得持久的繁荣，制造业萧条迟早会殃及服务业（丁守海，2016）。

2018年以来，源于中美贸易摩擦、国内需求不振、要素成本上升、税负负担加重等多重因素的影响，中国制造业遭遇了较大的困境。2018年9月财新制造业PMI为50，比8月回落0.6个百分点，创下16个月来的新低②，制造业的下行压力在就业中也有反应，当月制造业从业人员指数为48.3%，环比回落1.1个百分点，掉至荣枯线以下。③

因引致性需求减少，制造业困境必然会遏制服务业的就业增长，这一趋势在2016年表现得尤为明显，如表3所示，以交通运输和仓储邮政、信息传输和计算机、金融业、租赁和商业服务业、科学研究技术、地质勘探等为代表的生产型服务业自2012年开始快速增长，当年增加550万人，2015年增加583万人，2016年则仅增加387万人，为近5年来的最低。

许多新兴的生产服务业企业在经历了早期的迅猛扩张后，都开始步入平稳期，雇佣人数也趋于稳定，甚至步入下行通道。以近年来大热的快递业为例，它是创造就业的一个重要发动机，据称，我国快递业已连续三年位居世界第一，从业人数超过200万人。④ 很多巨型快递企业雇佣规模庞大，顺丰的员工有14万人，快递员就有5.28万人。京东的员工超过16万人，其中物流从业人员超过12万人。如此庞大的雇佣规模不可能再快速增长，特别是高昂的人工费用给营运成本带来了很大的压力。2018年上半年，顺丰、申通、圆通、韵达四大快递公司的营业成本增速

① 如何看待目前中国的就业情况？. 华尔街见闻，2018-10-12.

② 9月财新制造业PMI为50，创16个月新低. 新浪财经，2018-09-30.

③ 如何看待目前中国的就业情况？. 华尔街见闻，2018-10-12.

④ 我国快递业连续三年世界第一，从业人数超过200万. 人民网，2017-10-18.

分别为35.98%、20.50%、46.33%、40.85%，营业收入增速却只有32.2%、19.4%、47%、37%。营业成本中很大一部分来自人工成本，德邦财报提到人工费用和运输费用占这些企业的营业成本高达80%以上，降低人工成本势在必行。

正因为如此，这些新兴企业都开始加大科技投入，通过人工智能、机器人等新技术来实现无人化，降低人工成本，比如京东正在大力发展无人机，希望通过这一手段在未来10年内把员工数量从16万人降到8万人。① 申通则在加速快递自动化分拣设备的开发，并期望通过此举节约70%的人工成本。②

最近中国人民大学就业研究所与智联招聘联合发布的就业景气指数也显示了生产型服务业就业增长的停滞趋势。以IT/互联网行业为例，2017年以来一直高居就业景气度指数榜首的互联网/电子商务优势不再，景气度指数不断下滑，2018年10月已降至4.2，大大低于上一季度的4.76，也远低于2017年同期，招聘需求全线下降，降幅高达57%。计算机硬件、IT服务等其他互联网岗位的招聘需求则分别下降46%和27%。互联网招聘需求下降在新一线城市最为明显，幅度超过60%。③

当前"技术吞噬就业"的趋势在很多生产型服务业中蔓延，再以金融业为例，2018年第三季度，金融行业招聘需求下降46%，其中，基金、证券、期货、投资行业的招聘职位数下降50%，是降幅最大的。银行招聘的职位数下降17%，信托下降38%。④ 以上只是招聘需求减少，现在随着机器人取代人工，很多银行还在大面积地裁员。据称，仅2018年上半年四大行就裁员3.2万人。⑤

（三）消费不振拖累消费型服务业的就业增长

消费服务业主要包括批发和零售业、住宿和餐饮业、居民服务、修理和其他服务业、房地产业、文化体育和娱乐业等，它们与居民的日常生活密切相关，涉及衣、食、住、行各个方面。

消费服务业增长源于居民的消费需求，后者又取决于收入水平。根据凯恩斯消费理论，消费取决于平均消费倾向和收入的乘积，其中任何一个变量下降都会导致消费下滑，但2018年以来这两个变量都出现了不理想的运动趋势。

首先看边际消费倾向。近年来随着房价快速上涨并向三、四线城市蔓延，很多家庭背负了高昂的贷款，还款压力巨大，这直接导致人们不敢花钱。据测算，2008—2017年，短短8年时间内居民杠杆率从20%上升至近50%，已高于发展中国家的平均水平。发达国家居民杠杆率从20%提高到50%一般要40年时间，

① 再见了，快递员．搜狐科技，2018－07－09.

② 用工成本高企 快递行业寻求摆脱人的束缚．中国商网，2018－10－29.

③④ 2018年第三季度中国就业景气报告．中国人民大学就业研究所，2018.

⑤ 银行大变局，四大行半年裁员3.2万人．搜狐财经，2018－09－04.

我国只用了不到10年时间，加杠杆速度之快令人担忧。① 上述杠杆率是用家庭部门的贷款余额占GDP的比重来表征的，实际上，对消费影响最大的还不是这种表征方式，应该用居民贷款余额占可支配收入来表示，按这一指标，中国家庭部门的杠杆率已接近110%，甚至已超过美国，美国家庭杠杆率只有108%。② 试想，我国的社会保障体系远没有美国完善，居民消费的底气原本就不足，这也是多年来我国消费不振的主要原因，现在还贷压力又如此之大，对消费率的损害是显而易见的。

下面再来看居民收入水平。这几年随着经济下行压力加大，各行各业都面临较大的困境，居民收入增速放缓趋势愈加明显。就以近几年为例，2015年城镇居民人均可支配收入实际增长6.6%，2016年为5.6%，2017年由于经济的超预期反弹，恢复到6.5%，但到了2018年，随着经济下滑，城镇居民人均可支配收入又大幅下降，实际增幅只有5.8%，而2017年同期为6.5%，降幅由此可见一斑。

上述两个因素使当前消费更加萎靡，如图1所示。

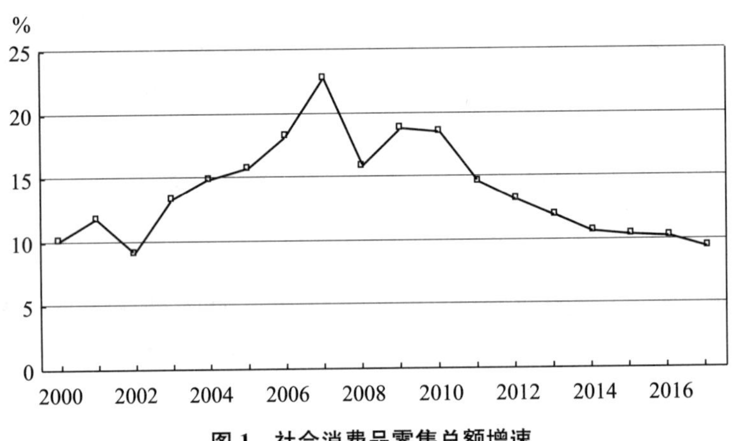

图1　社会消费品零售总额增速

从图1可以看出，社会商品零售总额增速的下降趋势非常明显，其峰值大约出现在2008年，接近23%，其后开始下降，但至2011年仍能维持在18%以上，自2015年开始降至10%左右，2018年上半年更是降至9.4%，与2017年同期相比，回落了近1个百分点。③

一般而言，商品消费与服务业消费为正相关关系，商品消费的萎靡必然也会

① 中国居民杠杆率从20%上升到50%仅用了10年. 搜狐财经，2018-05-23.

② 中国家庭部门杠杆率高达110.9%，已经超越美国. 搜狐财经，2018-07-26.

③ 国家统计局网站.

拖累服务业的发展，2018 年上半年服务业增速为 7.6%，比 2017 年同期的增速下降 0.1 个百分点。在这一过程中消费服务业的就业增长也会放缓，这一趋势在 2015—2016 年已初露端倪，2014 年消费服务业从业人数比上年增加 1 781 万人，2015 年增速开始回落，比上年增加 1 611 万人，2016 年进一步减少到 1 543 万人。

四、我国就业风险的本质是产业升级的断档

当前中国就业风险的本质在于产业升级的断档，新旧产业交替不畅，一方面，传统产业在内外部各种不利因素的夹击下困境重重，民营企业特别是民营中小企业的就业海绵功能弱化；另一方面，新兴产业在美国封堵及国内多种限制因素下步履维艰，大批创新型企业倒闭，把上百万劳动力重新抛向市场。可以说，在产业升级的断档期，新旧产业在双向排斥劳动力，这些劳动力如果都靠服务业来吸纳并满足新增就业需求，将力不从心。

（一）与 2008 年和 2015 年相比，此次缓冲就业冲击的产业空间已大大收窄

2008 年金融危机大约从第四季度开始传导到中国，影响主要在 2009 年显现。当时美国是中国第二大贸易伙伴国，国内消费率达 73%，美国国内经济衰退导致消费严重下降，直接冲击中国对美出口，进一步，由于人民币对美元被动升值，出口冲击又波及其他地区，2009 年中国对欧洲出口下降 22.9%，对拉丁美洲出口下降 20.4%。当年中国出口总额从 1.13 万亿美元降至 1 万亿美元，降幅达 12%，进出口总额从 1.43 万亿美元降至 1.20 万亿美元，降幅达 16%，冲击之大由此可见一斑。

当时中国产业结构高度依赖出口，外贸依存度高达 56%，出口占 GDP 的比重达到 25%，出口中加工贸易的占比超过 50%，从事加工贸易的企业有 12.5 万家，吸纳就业近 3 600 万人。金融危机重击加工贸易，2009 年加工贸易的进出口总额同比下降 13.7%，出口下降 13.1%。从事加工贸易的多是中小型企业，它们是吸纳就业的主要场所，外贸订单减少，再加上银行为了保全资金，减少对这些企业的授信，使它们步履维艰，大量企业倒闭，直接释放出劳动力，特别是农民工。2009 年前三季度，共约 2 000 万农民工失业返乡，其中，1 200 万人是直接受金融危机冲击而失业的（吴健虎，2010）。

当时中国政府应对金融危机冲击尚有足够的产业空间，第二产业和第三产业之间、第二产业内部基础产业和制造业之间都存在较大落差，这为弥补出口萎缩创造了很宽松的条件。可选择的手段有二：一是通过投资来弥补基础产业特别是基础设施与其他产业的落差；二是通过发展服务业来创造新就业岗位。政府最终选择了第一个手段，2018 年 11 月中国政府推出扩大内需的十项措施，初步匡算

到2010年底之前共需投资约四万亿元人民币。此前中国基础设施底子薄，以交通为例，当时的铁路营运里程不足8万公里，公路里程只有370万公里，薄弱的底子使基础设施投资得以顺利地推进。从一定意义上说，“四万亿元”投资计划就是保900万个就业岗位，因为基础设施建设需雇用大量农民工，它对解决低端劳动力的失业问题起到了很好的效果。

到了2015年提出供给侧改革，随着“三去一降一补”，传统产业受到较大冲击，经济下行压力进一步加大，为保就业，此次采取了第二个手段，即通过大力发展服务业来创造新的就业岗位。我们知道，服务业的就业弹性更大，通过发展它来刺激就业效果会更明显。从国际经验来看，每当经济下行时，服务业都能较快地发展就是这个道理。2015年在“大众创业，万众创新”的口号带动下，许多新兴服务业企业如雨后春笋般地冒出来，带动了自雇佣等形式的就业。据报道，每天新注册企业就超过1万家。① 服务业占GDP的比重在2015年一年就提高了2.4个百分点，这在之前是不可想象的，在之前的多数年份服务业占比一年只能提高不足1个百分点，2016年服务业占比又提高了1.4个百分点，达到51.6%。可以说，在这几年经济下行背景下就业之所以还能保持强劲的增长势头，主要就得益于服务业的迅猛发展（丁守海，2014）。

2018年以来在国内供给侧改革、消费不振、要素成本上升、中美贸易摩擦等多重因素的夹击下，中国经济再次面临巨大的下行压力。此次要再刺激经济增长可动用的手段已大大压缩：首先，第二产业与第三产业之间的落差不再像之前那么明显。2008年第二、三产业占GDP的比重分别为46.9%和42.8%，第二产业比第三产业高出4.1个百分点，到2017年末，第二、三产业占GDP的比重已变为40.5%和51.6%，在不到10年时间里，第三产业比重已反超第二产业11.1个百分点。尽管与发达国家相比，我国第三产业还比较滞后，还有较大的提升空间，但如前所述，在经历前几年快速发展后，服务业已进入阶段性的缓冲带，至少在短期内不太可能再有迅猛的发展了。其次，随着这些年的大规模建设，基础设施的底子已经补足，甚至出现过剩，基建投资的空间已经不大。2016年铁路营运里程数达到12.4万公里，是2008年的1.55倍；公路里程达到470万公里，是2008年的1.27倍；高速公路里程数达13.6万公里，位居世界第一，全国公路网密度达到近50公里/百平方公里，位居世界前列。② 再以机场为例，中国目前有机场近200个，位列世界第一。③ 根据边际递减原则，在基础设施已

---

① 今年新注册企业每天超万家，双创渐起风潮．搜狐财经，2015-12-24.

② 中国高速公路通车里程全球第一，路网密度突飞猛进．人民日报，2018-08-17.

③ 中国机场数量已全球第一，至2025年将再建124个．环球时报，2017-04-18.

近乎饱和的情况下再加大基础设施建设，效益堪忧，投资的内在动力不足。这一趋势可以从最近的投资数据中看出来，2018 年上半年固定资产投资增速仅为 6%，2017 年同期为 8.6%，回落近 2.6 个百分点。

可以说，在这次经济下滑中要提振经济并缓冲可能出现的就业冲击，不能再依托传统手段，单纯地通过刺激投资或拉动服务业发展来实现，还要寻找其他机会点，特别是通过产业升级来实现，但从目前情况来看，这一形势并不理想，传统产业困境重重，新兴产业也步履维艰，这种新旧产业交替中的青黄不接，很容易放大失业风险。

（二）传统产业困境重重，民营中小企业的就业海绵功能正在弱化

民营企业特别是民营中小企业是国民经济的就业海绵，吸纳了近 80%的就业。它们很多都集中在传统制造业，但在供给侧改革、去杠杆、治理环境污染、要素成本上升、美国加征关税、国内税负高企不下等因素的夹击下遇到巨大的困难，以至于前段时间社会上传出“民企退出历史舞台”的奇怪论调。

2016 年以来，在环保风暴下，数十万家民营企业被强制关停，尤其是产业链中下游小企业受冲击最大，但很多国企幸免。

2018 年以来在去杠杆背景下民营企业融资难问题更加突出。2018 年上半年，民企净融资额仅为 188.47 亿元，相较 2017 年的 576 亿元大幅减少。①

对民营企业而言，人工成本和生产资料价格持续上涨，直接侵蚀企业的利润。首先，过去 10 年制造业工资翻了 10 倍，扣除物价因素，年均实际增速为 5.0%②，低成本优势正在快速减弱。其次，自 2016 年起，原材料价格大幅上涨，例如，天然橡胶价格从 2016 年的 9 000 多元/吨攀升至 2017 年的 2 万元/吨，涨幅高达 122.2%；钢材综合均价同比上涨 42.4%。最后，源于需求不足，成品价格却不能同步上涨，在成本的挤压下，民营企业的利润空间丧失殆尽。

另一个绕不开的问题就是税负。目前企业所得税税率为 25%，基本增值税税率为 17%，美国没有增值税，企业的基本税负只有 21%左右，这样来看，中国企业的税负是美国的 2 倍。较低的企业税负正是美国认为制造业能回流的筹码，例如，中国的“玻璃大王”已将部分生产线移至美国，这减少了国内就业机会。与其他国家相比，我国企业税负也处于较高水平。2016 年世界银行公布的全球企业税负报告显示，190 个国家的企业平均税率为 40.6%，我国高达 68%，比世界平均水平高近 28 个百分点，比德国、美国、英国等发达国家分别高出近 20%、44%、38%（刘明彦，2018）。很多企业已不堪重负，只能靠打税收擦边球来获得喘息的利润。

---

① 为什么民营企业融资那么难？. 人民日报，2018－08－24.

② 参见国家统计局网站。

2018年7月20日，中央办公厅、国务院办公厅印发了《国税地税征管体制改革方案》，明确自2019年1月1日起社会保险费由税务部门统一征收，这犹如平地起炸雷，在社会上引起了巨大的反响。毕竟，过去很多微利企业、中小企业为节约人工成本，都不是按实际工资标准来缴纳社保，而是参照当地最低标准来缴纳的。把社保划转给税务部门，这些企业将无处可遁。毫无疑问，这一举措对规范社保缴纳、保护员工利益有积极作用，但也会大幅提高企业的人工成本。

2017年，有76%的企业没有按照职工工资实际核定标准缴费，11.3%的企业扣除奖金部分仅按固定工资缴纳社会保险。① 若完全按参保标准缴纳社保，那么用工成本将至少上涨30%，总成本将上涨10%，一些企业的利润可能会所剩无几。② 就在这种极度艰难的环境下美国又发动了"贸易战"，真可谓雪上加霜。

根据海关总署的数据，2017年中国外贸出口结构中民营企业占46.5%，贸易摩擦势必会殃及民营企业的运营，这些企业的规模普遍较小，议价能力差、利润薄，一旦加征关税，冲击甚至是致命的。2018年3月，中国出口金额环比成断崖式下跌，同比增速为－9.8%，③ 其中，鞋类出口同比减少37.58%④，这敲响了警钟。

2018年10月31日，国家统计局发布的采购经理指数显示，10月制造业PMI为50.2%，比9月回落0.6个百分点，并创下年内最低值，重灾区是中小企业，其PMI分别为47.7%和49.8%，分别比9月回落1个和0.6个百分点，低于荣枯线。中小企业的困境已显而易见。现在很多地区已出现大量的民营企业倒闭潮，有些甚至是过去的明星企业，注销企业屡见不鲜。⑤ 如果吸纳近80%就业总量的民营企业一蹶不振，失业风险就会骤然增加。

（三）新兴产业步履维艰，失败的创新企业不断释放新的劳动力

在传统产业遭遇困境时，新兴产业也将面临不小的困境，未来的产业升级很可能会遇到较大的阻力。这种可能性源于内部外不利环境的影响。

从外部环境看，美国301调查旨在遏制中国制造业升级。作为世界头号科技强国，美国的一些蛮横的遏制行动无疑会对中国高科技产业的发展带来巨大的不确定性。对此中兴事件已敲响了警钟。最近美国商务部又声称自2018年10月30日起正式对福建省晋华集成电路有限公司实行禁售。该公司是我国"十三五"集成电路重大产能布局规划的企业，这无疑是对中国自主创新的再次打击，高新

①② 社保征收制度改革将实施 劳动密集型上市公司受冲击．新浪财经，2018－09－19.

③ 参见中华人民共和国海关总署之海关统计。

④ 2018年3月中国鞋类出口数据分析．中商情报网，2018－04－15.

⑤ 2018中国民营企业倒闭潮来袭．财视网，2018－08－07.

企业发展面临的外部环境日益严峻。

从内部环境讲，税收负担过重，缺乏扶持政策，不利于创新型企业的生存。美国为扶持创新型企业，一般会对创新型企业进行税收减免，同时会加强对知识产权的保护，确保创新收益内化。我国在这一方面还做得还远远不够，盗版侵权现象频发，企业创新积极性严重受挫。

从严格意义上讲，创新、创业属于高风险行为，当然成功了也会获得高收益，但从实际情况来看，成功概率极低，一家成功的创新企业背后很可能是数十家甚至上百家失败的企业，据称，双创成功概率不足 5%。

在 2015 年双创潮中成立的很多创业型公司，由于抗风险能力弱、商业模式不成熟、经营不善等原因遭遇生存危机，一批孵化器或众创空间已经倒下。① 据统计，2016 年全国约有 30%小微企业倒闭。② 2017 年创业中最火的“共享经济”是双创倒闭的重灾区。截至 2017 年底，共有 19 家“共享经济”企业倒闭，包括 7 家共享单车、2 家共享汽车、7 家共享充电宝、1 家共享租衣、1 家共享雨伞、1 家共享睡仓企业。③ 2017 年共有 100 万家创业型中小企业倒闭，平均每分钟有 2 家倒闭。④ 一家倒闭的企业背后是几个、几十个，甚至上百个失业员工，他们将被重新抛向市场，需要新的工作岗位来接纳。如此算来，仅双创潮中新设企业倒闭所带来的失业人口增量应不下百万人。

五、中国就业处于安全线的边缘

测试表明，如果贸易摩擦使中国工业增速回落 2 个百分点并降至 4.1%，那么 2018—2019 年中国经济增速将回落 6%左右，对应于这一水平，第二产业排斥的劳动力数量将达到 600 万～800 万人，600 万人为货币竞争性贬值 5%的失业水平，800 万人为不采取任何反制措施的失业水平。第三产业的新增就业量大约为 1 200 万人，二者相抵，非农产业的新增就业量为 400 万～600 万人。若按 1 000 万人城镇新增就业的标准来看，无论如何满足不了就业需要，但近年来中国出现的一个异常统计现象告诉我们，非农就业增加 600 万人左右似也能满足就业需要。若对照这一标准，在对贸易摩擦不采取任何反制措施的情况下，中国就业风险已经暴露；但在货币竞争性贬值 5%的前提下尚能满足就业需要，可见中国当前就业正处于安全线的边缘，这是自 2009 年以来所没有出现过的，应引起

① 双创仍处在活跃期，正式创业失败问题．央视网，2016－08－25.

② 为什么扶持小微企业 15 年一直不见成效．和讯网，2017－10－09.

③ 2017 年这些创业公司失败了．央视新闻，2017－12－19.

④ 2017 年创业公司死亡名单，每分钟 2 家企业倒闭．搜狐网，2017－12－10.

警惕。

2017 年三次产业在 GDP 中的占比分别为 7.9%、40.5%、51.6%，从这几年三次产业构成的变化速度来看，第一产业每年下滑 0.2 个百分点左右，但 2018—2019 年因为第二产业受国内外多种因素的冲击，第一产业的占比可能会被倒逼相对提高，预计在 8%左右。第二产业占比可能会出现一定的下滑，预计在 40%左右，第三产业占比则会有一定幅度的提高，达到 52%左右。

现在来预测三次产业的增速情况。2017 年第一产业增速为 3.9%，过去发展一直较稳，按过去 3 年平均数计，2018—2019 年第一产业增速预计为 3.6%。至于第三产业，2015—2017 年增速分别为 8.2%、7.7%、8%，2018 年发展放缓的势头已比较明显，上半年仅为 7.6%，预计 2018—2019 年的增速为 7.8%。至于第二产业，则因贸易摩擦的影响，受冲击程度较大。现在普遍估计贸易摩擦会使中国 GDP 增速下降 0.4～1.2 个百分点，取其中位置即 0.8 个百分点，因第二产业占 GDP 的比重约为 40%，这也意味着第二产业自身将回落 2 个百分点。在 2017 年 6.1%的基础上，第二产业增速将回落至 4.1%。

以三次产业的 GDP 占比为权重，结合上述三次产业的增速预测，可以测算出 2018—2019 年中国 GDP 增速为：3.6%×8%+4.1%×40%+7.8%×52%=6%。

那么对应于 6%的经济增速，能否保证就业的需要呢？这主要看非农产业的就业增长情况。从近 5 年来的情况看，非农产业一直在延续着“第二产业排斥劳动力，第三产业吸纳劳动力”的趋势，可以说，第三产业一直在补第二产业的窟窿，只不过由于第三产业的就业创造能力较强，就业一直没有出什么问题。

首先看第二产业的就业情况。自 2013 年以来，它就开始绝对排斥劳动力，就业增量不增反减，而且愈演愈烈，2013—2014 年，每年减少 71 万人，2015 年随着供给侧改革的推进，大量中小企业倒闭，第二产业加速排斥劳动力，当年就业量减少 406 万人，2016 年延续这一趋势，减少 343 万人，2017 年则达到 526 万人。即便没有贸易摩擦，就目前企业特别是民营中小企业的生存状况来说，绝不会比 2017 年的情况好，可以预测，2018—2019 年第二产业排斥劳动力的速度不会放慢，即便按与 2017 年持平的速度算，也要排斥 500 万劳动力。这还是在没有考虑贸易摩擦这一外部利空因素情况下的估计结果，若考虑到贸易摩擦的影响，如前所述，如果美国对中国全部商品加征 25%的关税，而中国不采取任何措施，那么，至少会带来额外的 300 万人的就业损失，第二产业将合计排斥不下 800 万的劳动力。相反，如果中国采取反制措施，比如人民币竞争性贬值 5%，那么贸易摩擦会带来 100 万人以内的就业损失，第二产业合计排斥劳动力在 600 万人左右。

现在看第三产业的就业情况。以近 3 年点弹性的均值计算，目前第三产业的就业弹性约为0.45，2017年第三产业就业人数为34 872万人，若按7.8%的增速计算，在要素投入结构不变的情况下，2018—2019年第三产业可创造约1 224万人的就业，与2017年相比略有增加，但与2013—2015年巅峰时期相比，已放缓很多。

将第二、三产业合计，在对贸易摩擦不采取任何措施的情况下，2018—2019年非农产业的就业增量为1 224－800＝424万人；如果人民币竞争性贬值5%，则就业增量能达到1 224－600＝624万人。那么，这个数字能否满足就业之需呢？

往年我们都是以城镇新增就业1 000万人来衡量的，对照这个数字就会发现，即便采取竞争性贬值等反制措施，也不足以满足新增就业的需要，失业风险已经显现出来。但我们也不必过于悲观，因为2016—2017年中国出现了一个奇怪的统计数据上的差异，那就是城镇新增就业与非农就业的较大偏差，我们无法解释。

直到2015年之前，我国每年城镇新增就业都是1 000万人以上，非农就业增加也是1 000万人以上，两个数字基本吻合，但2016年城镇新增就业1 314万人，而根据国家统计局的数据，当年非农就业只增加了575万人。2017年城镇新增就业1 351万人，当年非农就业只增加了589万人。也就是说，从这两年的情况看，只要非农就业达到600万人左右，就基本能满足就业之需。如果对照这个标准来看，在货币竞争性贬值5%的情况下，尚不会出现失业风险；如果不采取任何措施，那么即便按600万人的标准算，失业风险也必然会出现。

可以说2018—2019年的就业处于可与不可的边缘，这是近10年来没有过的，应该引起警惕。

六、政策建议

要化解可能出现的失业风险，当务之急是要给工业部门止血，不能再大面积地排斥劳动力，同时减缓贸易摩擦的冲击，否则服务业将独木难支。对于民营企业特别是民营中小企业，要活水养鱼，恢复其就业海绵的功能，对此，要切实减税减负，要研究社保划转国税后民营企业的负担对冲机制，同时暂停提高最低保准。为缓解贸易摩擦的冲击，可考虑必要的竞争性贬值手段。当然，为应对可能出现的大面积失业，应完善消极就业政策，加快社会安全网建设。

进入2018年以来，中国经济发展面临诸多因素的挑战，下行压力骤然增加，尽管到目前为止就业形势还算平稳，但隐患似已显现。在未来一段时间内对中国就业威胁最大的两个因素是中美贸易摩擦和服务业的周期性放缓。

初步估测表明，中美贸易摩擦可能会直接导致300万人左右的就业流失，如果中国采取竞争性贬值手段进行反制，并使人民币贬值5%，就业损失尚能控制在百万人之内。近几年来，第二产业就一直在绝对排斥劳动力，数量达500万人之巨，叠加贸易摩擦的影响，2018—2019年其劳动力排斥速度可能达到800万人；如果中国采取竞争性贬值等反制手段，排斥速度会放缓一些，但也有600万人。

如果把就业比喻成一个水池，第二产业就像出水管，第三产业就像进水管。近年来第二产业排斥的劳动力基本靠第三产业来弥补，依托第三产业强劲的发展势头及就业创造能力，中国就业一直没出问题。但在经历前几年的快速增长后，最近第三产业似乎进入周期性疲态，就业创造能力有所减弱，与2013年的峰值水平相比，跌幅近一半。

中国当前就业所面临的问题实际上是产业发展的问题，本质上是新旧产业的断档问题，一方面，传统产业在内外部各种不利因素的挤压下困难重重，特别是民营中小企业生存环境恶化，就业海绵功能弱化。另一方面，新兴产业也步履维艰，国外受到美国的封堵，国内受到重税的压制，很多创新型企业倒闭，把数百万劳动力重新抛向市场。可以说，传统产业和新兴产业在双向排斥劳动力。

要确保中国就业无虞，就必须采取果断的措施给第二产业止血，否则，仅靠第三产业可能已无法弥补其就业损失并创造足够的新增岗位。对民营企业特别是民营中小企业要休养生息，恢复其就业海绵的活力。对此我们建议：

第一，切实给企业减税。减税不能停留在口头上，要有实际行动。在把社保划转国税后，很多中小企业的实际负担必然加重，对此，要有对冲机制。

第二，暂停提高最低工资标准。20世纪80年代，美国经济陷入低谷，为保证就业，在长达10年的时间内冻结了最低工资标准。2009年面对金融危机的冲击，我国也曾宣布暂停提高最低工资标准。今天应该重启这一应急措施。

第三，对民营企业特别是民营中小企业要加大融资支持。资金是企业的血液，在去杠杆背景下，很多民营企业因为资金短缺而奄奄一息，及时输血还不至于关门大吉，也能对就业起到一定的缓冲作用。

第四，面对贸易摩擦的外部威胁，应及时制定有效的应对措施，防止其持续性施害与扩大。在必要情况下可以考虑通过竞争性贬值来减缓出口冲击。

第五，也要做好最坏的打算，那就是万一发生大面积失业，消极就业政策要及时跟上，通过完善失业救济制度，构建一张社会安全网。

参考文献

[1] 丁守海，陈秀兰，许珊．服务业能长期促进中国就业增长吗？．财贸经济，

2014 (8).
[2] 丁守海．新常态背景下服务业就业的滞后风险. 中国软科学，2016 (9).
[3] 高凌云，程敏．出口弹性估计：批判性回溯与未来方向．世界经济，2016 (6).
[4] 格鲁伯，沃克．服务业的增长：原因与影响．上海：上海三联书店，1993.
[5] 刘明彦．中国需要大刀阔斧的税收改革应对贸易战．银行家，2018 (8).
[6] 吴健虎．金融危机对我国外贸出口的影响．商场现代化，2010 (3).
[7] 张芝萍．我国纺织品出口需求弹性的区域性比较．国际贸易问题，2007 (10).

新挑战下的货币政策选择[①]

于　泽

摘　要

2018 年，通过四次降准并置换中期借贷便利（MLF），货币政策执行模式正在逐渐消除自身“双高”带来的扭曲，是一大进步。在本年度内，货币政策较好地应对了美联储加息，在保持独立性的基础上基本保证了提供合理的市场流动性。但是，上半年审慎性监管和货币政策的配合不充分，金融机构调整资产负债表过于激烈，引起社融供给总量和结构有所波动。2019 年的货币政策和审慎管理需要重点关注六个方面。第一，在外汇占款减少、居民储蓄率结构性下滑的背景下，货币供给增速维持低位运行。面对日益稀缺的存款，商业银行负债结构进一步调整，经营成本上升，风险加大。中央银行可进一步降低准备金置换 MLF，改善商业银行资产负债表，维持稳定的市场流动性和信贷增速。第二，虽然有着较大的地缘政治不确定性，但 2019 年原油价格有望维持在较为合理的水平，CPI 增长率能够继续控制在 3%左右，货币政策存在进一步微调的空间。第三，面对美联储持续加息和进一步深化开放的要求，资本跨境流动压力加大，非透明化的行政管制不是长远之计，建议逐步采取开征托宾税等更加市场化的手段。第四，为了维护人民币汇率基本稳定，建议加大发行离岸人民币国债，一方面增加人民币计价的安全资产供给，拓宽政府融资渠道，抵消减税压力，另一方面提高离岸汇率的市场化控制程度，维持汇率基本稳定，为国内金融改革等创造稳定环境。第五，我国当前处在传统制造业向先进制造业转型升级的关键时期，经济结构调整必然带来资产价格的大规模重估，当前金融机构集中持有的传统制造业相关资产估值下降，容易引发金融风险。建议审慎管

① 本文基础数据来自中国宏观经济论坛、国家统计局、Wind 资讯。

理不易过严，适当允许风险暴露，通过长期资金介入，完成资产价格调整期。第六，把握好货币政策的总量和结构性特征，从我国经济长期着眼，规划短期货币政策。

关键词：准备金；汇率；宏观审慎管理

一、2018 年货币政策特征

（一）逐渐纠正原有的“双高型”货币政策模式

2018 年 1 月、4 月、7 月和 10 月央行四次降低准备金，并利用降准资金置换中期借贷便利（MLF）。这在一定程度上扭转了原有高准备金、高公开市场投放的双高模式。在原有模式下，一方面是银行资产方收益率低，长期需缴存高额准备金，另一方面是银行短期流动性来自高利率的短期公开市场投放。从图 1 可以看出，2010 年之前，通过逆回购、MLF、常备借贷便利（SLF）等一系列手段的公开市场投放数量很少。① 2010 年后，投放量开始快速增加，特别是在 2016—2017 年公开市场投放数量巨大。与高公开市场投放对应的是原来一直平稳的准备金数量开始持续攀升，特别是在 2015 年之后急速放大（见图 2）。

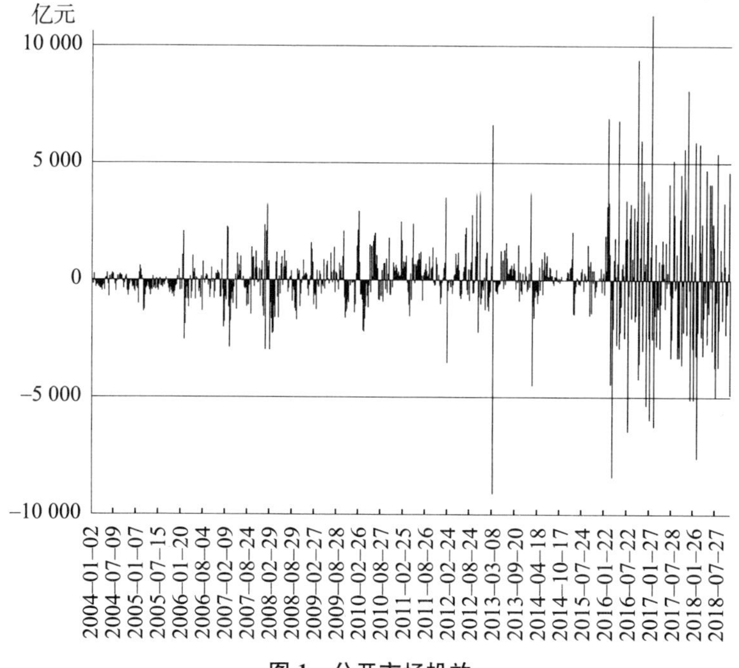

图 1　公开市场投放

① 这些公开市场操作工具并不是同时存在，而是逐步引入的，相对重要性在不同时期也不相同。此处只关注总量，对于各种公开市场操作数量进行了加总。

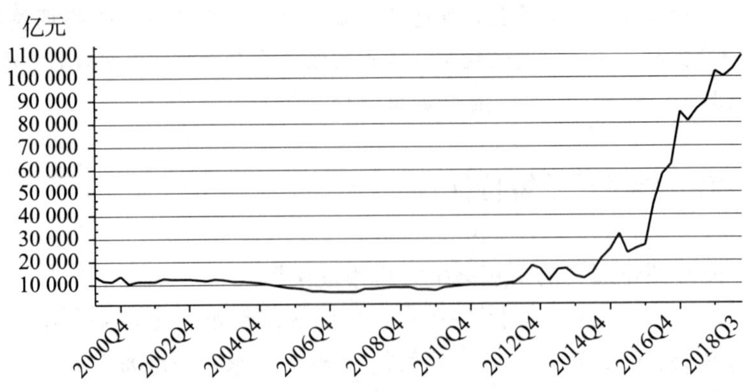

图 2　存款类金融公司准备金数量（季度）

这种“高公开市场投放、高准备金”的双高模式通过短期借贷资金缴纳长期资金，产生了巨大的期限错配，对银行的流动性管理提出了巨大挑战，增加了银行资金不确定性，导致市场利率在个别时点波动较大，不利于市场稳定。由图 3 和图 4 可以看出，在 2010 年之后，银行间市场在季度末最后一天的利率波动性显著增大。这种市场的不稳定性当然有多种体制、机制、经济运行特征等原因，但是，双高模式对原有波动产生了较大的放大作用。人为构造的借短存长进一步放大了本就脆弱的中国金融市场波动性，试图稳定经济的货币政策反而对经济产生了不良影响。

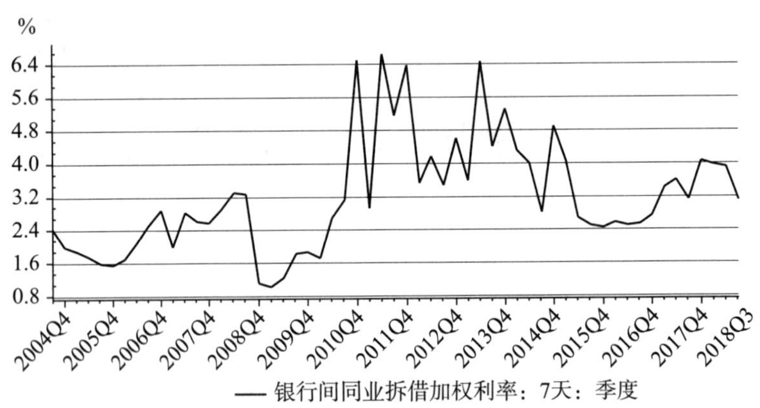

图 3　银行同业拆借利率（季度）

同时，由于公开市场操作利率远远大于商业银行持有准备金的利率，这就导致了商业银行总经营成本上升，进一步推动了对企业的贷款利率和贷款标准。在经济下行压力持续较大的宏观环境中，对企业融资产生了抑制作用。

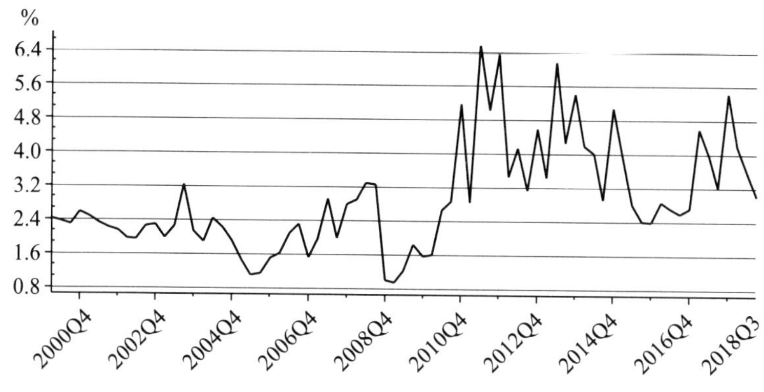

图4　银行同业回购利率（季度）

从这个意义上看，2018年四次降低准备金，并利用降准资金置换MLF具有稳定市场和经济的重要意义。这种操作可以看成是一种“中国式缩表”，这种缩表减弱了货币政策执行带来的负面效应，有利于稳定金融市场和经济。

（二）较好地应对美联储加息，保持货币政策独立性和市场流动性稳定

2017年以来，我国与美国经济周期的非同步性越发明显。美国在财富效应提升消费和“税改”推动了企业投资的作用下，经济持续高涨。得益于世界经济复苏带来的国际贸易提升和国内供给侧结构性改革对市场的持续性出清，我国经济增速企稳。但是，深化供给侧结构性改革需要时间，重构改革激励体制尚待完成等因素使得我国经济增长的内生动力不足，经济更多是在稳中调整。面对日益脱钩的经济周期和美联储加息的环境，我国保持了货币政策的相对独立性，货币市场利率中枢适当下行，银行间市场存款类金融机构以利率债为质押的7天期回购利率（DR007）从2017年末的2.9%左右下降到2018年10月末的2.53%左右，维持了稳定的市场流动性（见图5）。

（三）审慎管理与货币政策配合还需加强

金融去杠杆和防风险是2018年上半年的主题。从大的趋势来看，控制杠杆增速和金融系统性风险是非常必要的，关键问题是怎么落实这些大的思路。2018年的调整规模过大、速度过快，这种节奏和力度是货币政策无法对冲的，导致了金融机构震荡，对实体经济支持不足。

从2018年初的《关于规范金融机构资产管理业务的指导意见》（即“资管新规”）开始，一系列监管要求使得金融机构全行业面临着超常规的资产负债表调整要求。最大的调整发生在商业银行表外业务大量急剧收缩，表外信贷快速回表。这次金融体系资产负债表调整的两个关键特征是总量大、速度快。从图6可

以看出，商业银行面对剧增的审慎管理要求，大幅度调整资产结构，在对非金融结构贷款增速上升的情况下，其他资产增速急剧下降，将表外信贷转为表内信贷。这种结构调整对 2018 年社会融资总额产生了巨大影响。

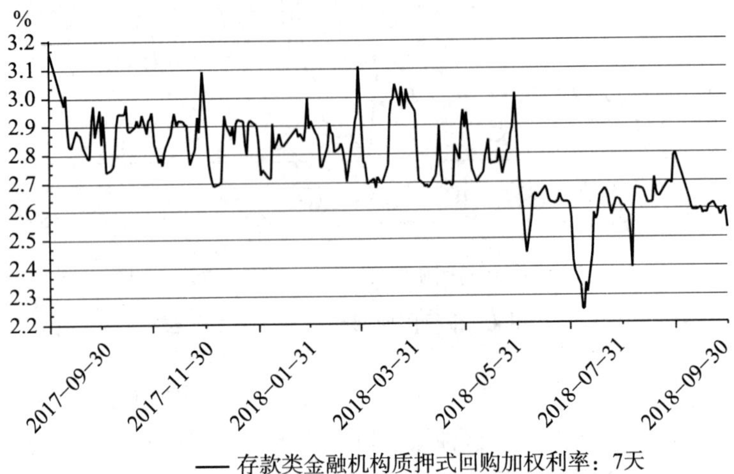

图 5　存款类金融机构回购利率

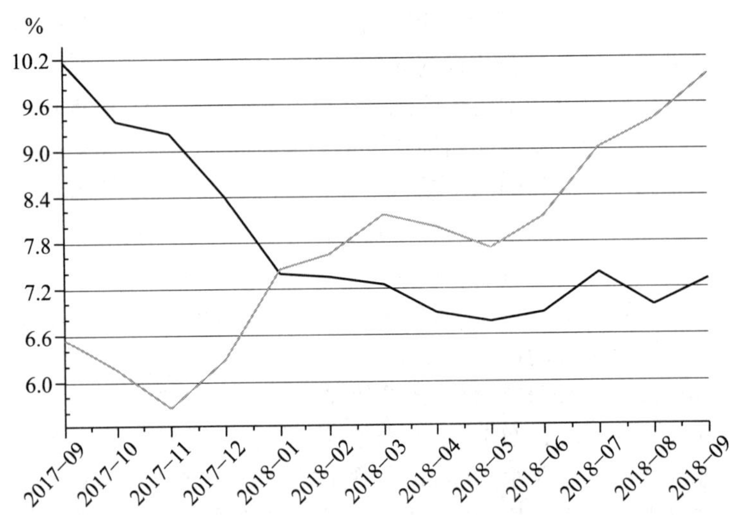

图 6　其他存款性公司资产

2018 年 9 月新增社会融资总额累计下降 13%，其中银行表内新增人民币贷款上升 11.68%，传统影子银行的新增委托贷款累计同比下降 269.42%，新增信托贷款累计同比下降 126.05%，融资结构从表外急剧转向表内（见图 7）。从存量角度看，2018 年以来委托贷款和信托贷款等增速急剧下降，由正转负，表内银行贷款增速持续高于社会融资总额增速（见图 8）。

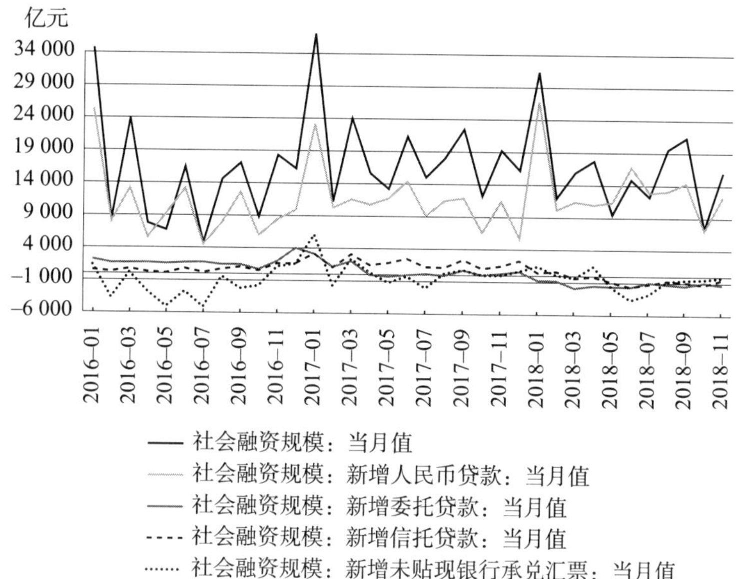

图 7　社会融资规模

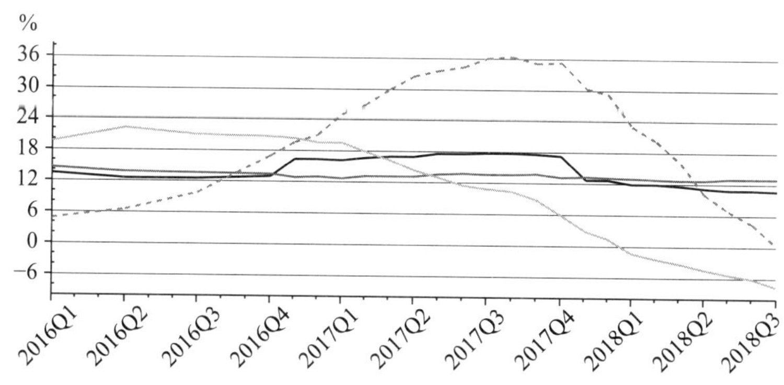

图 8　社会融资存量增速

这种快速大规模的金融机构资产负债结构调整不亚于一次金融危机。从金融对实体经济传导的信贷渠道来看，由于原来券商和信托等资管部门对投资标的风险筛查标准与银行不尽相同，为大量中小企业提供了融资。在“资管新规”等一系列政策下，标准逐渐统一，表外资金向表内转移提升了贷款标准。这使得大量民营企业，尤其是中小民营企业无法获得有效的融资。由于我国金融体系中没有

风险市场，只能依靠不同金融主体自持，这使得资金在回表后金融主体的单一性加大，大量向无风险资产聚集。同时，这种大规模、快节奏的资产调整是微调的货币政策无法对冲的。这两个原因导致我国 2018 年上半年出现了宽流动性紧信用的情况，金融对实体的经济支撑进一步下降。

二、2019 年新挑战

（一）面对基本参数变化，货币供给增速维持低位，商业银行经营压力加大

2018 年一个较大的变化是货币供给 M2 的增速下降，10 月同比增长 8%，又一次达到了历史最低水平。直接从存款类金融公司资产负债表来看，支撑我国高货币供给增速的因素包括国外资产和国内信贷。从图 9 可以看出，2009 年之后，存款类金融机构持有的国外资产增速持续下降，特别是在 2015—2016 年持续负增长。在这段时期，货币供给的主渠道已经转移到了国内信贷供给。2018 年以来货币供给增速持续下降的主要原因是在全行业统一监管下，金融资产回表，金融机构总资产增速大幅下滑导致的。实际上，2018 年有赖国外资产持有量的上升，货币供给增速下降已经被部分缓解。

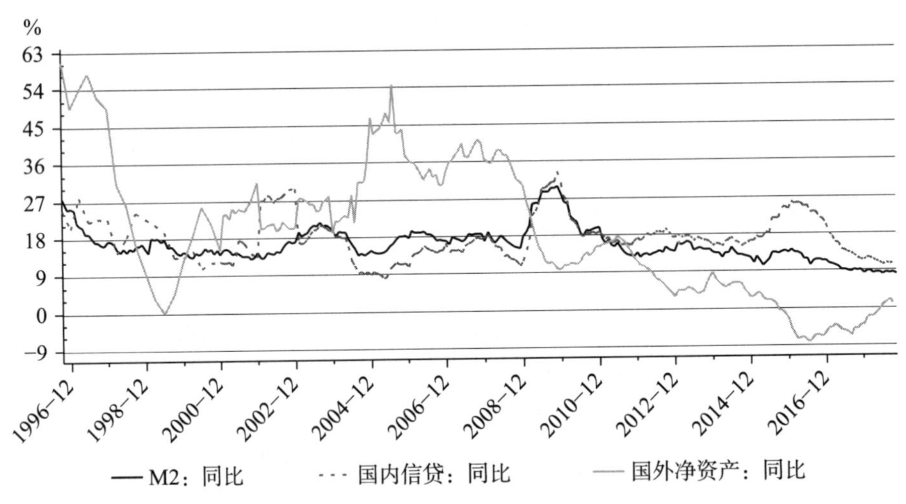

图 9 货币供给增速

2019 年的货币供给增速将会维持在低位运行。这是由于国内信贷和国际资产的微观基础发生了变异。从国内信贷来看（见图 10），存款类金融机构对非金融部门的债权增长总体上是比较平稳的，主要波动来源于对政府部门和其他金融部门债权。在全行业统一监管、套利减少、金融稳杠杆的大环境下，对其他金融部门的债权增长不会重现 2015 年的高峰。但是随着监管常态化，对其他金融部门

的债权增速会有所回升。对政府债权的变化与地方政府行为模式有很大关系，在当前激励体制还需要完善的情况下，地方政府投资冲动大幅下降。同时，在治理地方政府债务的压力下，地方政府债务增速会进一步降低。总体来看，综合三个因素的变化，2019 年国内信贷总体增速会和 2018 年大体持平，总体略有上升。

在国内信贷以外，2018 年国外资产增速回升对货币供给起到了很大的拉动作用。图 11 显示，我国的国际收支正在逐渐走向平衡。2008 年之前，我国经常账户顺差加大，在此次金融危机之后，顺差逐渐减少。随着我国进口战略的大力推进，未来经常账户将会维持较为平衡的状态。非储备性金融账户在 2013 年后面临着较大挑战，资金流出国内。在 2016 年外汇强监管下，这个趋势得到了缓解。

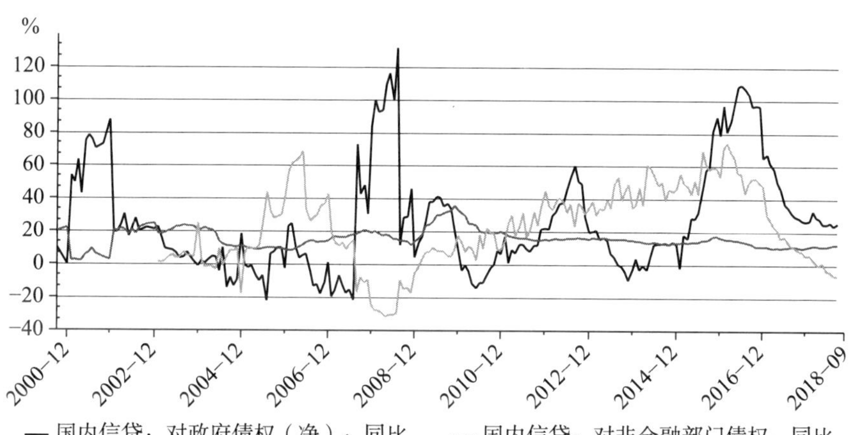

图 10　国内信贷

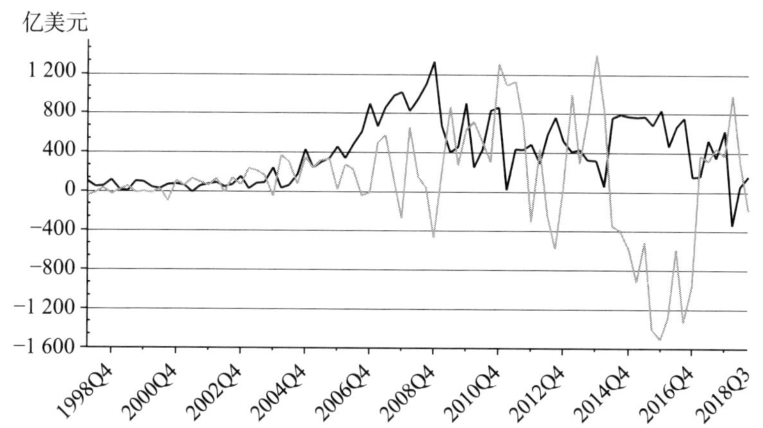

图 11　国际收支

但是，随着中美经济周期逐渐脱钩，美元升值，资金流出压力较大。这两个方面的变化导致了我国原来货币供给最重要的来源——外汇占款在2013年大幅减少（见图12）。综合判断，2019年国际资产增速将会和2018年大体持平。

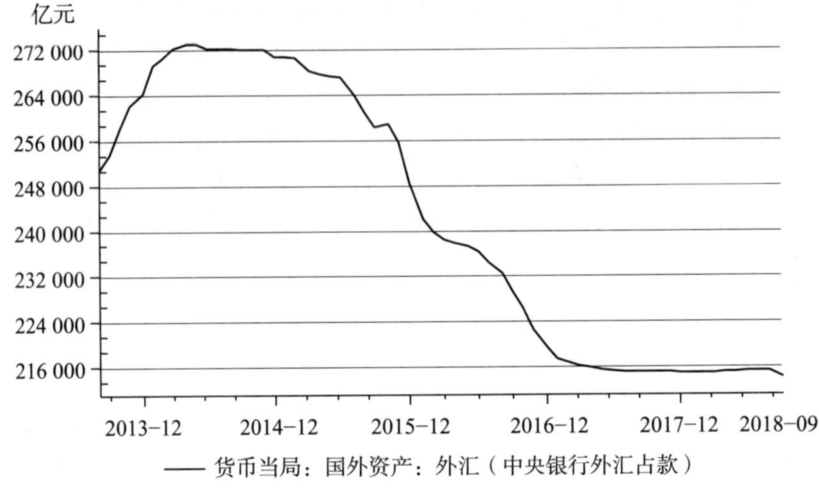

图12　外汇占款

2019年在国内信贷和国际资产两方面增速大体持平、略有上升的环境下，决定货币供给的主要力量就来自居民储蓄和储蓄中银行存款的比例。从图13可以看出，与M2走势最为一致的就是个人存款。总体来看，这两个比例都将会稳中有降，个人存款增速面临下降压力。首先来看居民储蓄率，在2009年达到顶峰后已经开始逐渐回落。这种回落与我国经济转型、消费成为经济增长的基础动力有密切联系。同时，快速上升的居民部门债务，尤其是短期消费型债务加大了居民还款负担。2017年，短期居民消费债务增长37.9%，远远高于居民部门总体债务增长率。居民部门债务占比不断提升，2008—2017年末，该比例从7.3%增至16.8%。2008—2017年，我国居民部门债务-收入比从43.2%增至112.2%，10年间上升了69个百分点。债务还款优先于居民进行消费。在债务持续上升的情况下，居民保持同等消费水平就会使得储蓄下降。伴随着消费升级，储蓄率将会进一步下降（见图14）。与此同时，居民为了获得更多收益，储蓄理财化日益明显。银行存款更多体现了交易职能和预防性职能。

综合上述因素，在2019年国内信贷和国际资产两方面增速大体持平、略有上升的环境下，居民储蓄率持续下行和储蓄理财化会导致货币供给增速持续承压，维持在低位运行。但是，由于存款类金融机构资产方增速的支撑，货币增速不会出现快速下降。

货币供给增速维持低位运行对于中国经济有着重要影响。银行存款，尤其是非金融部门存款是商业银行负债的主要来源。与货币供给低位运行相伴相生的现象是银行存款在总负债中的占比持续下降（见图 15）。由于存款是成本最低的资金来源方，随着存款比例下降，银行成本上升，同时流动性管理压力加大，风险上升。

图 13　M2 分项增速

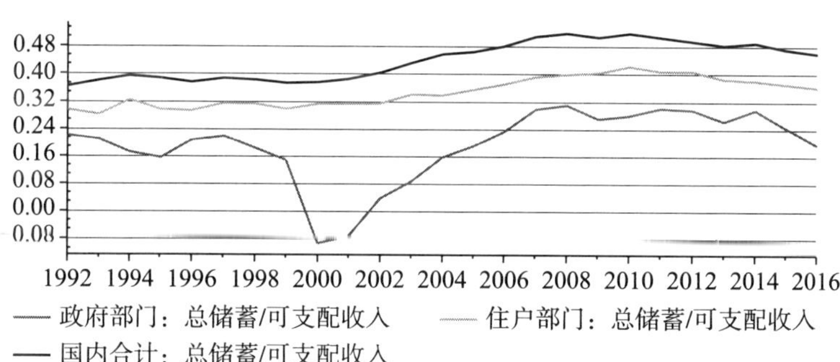

图 14　储蓄率

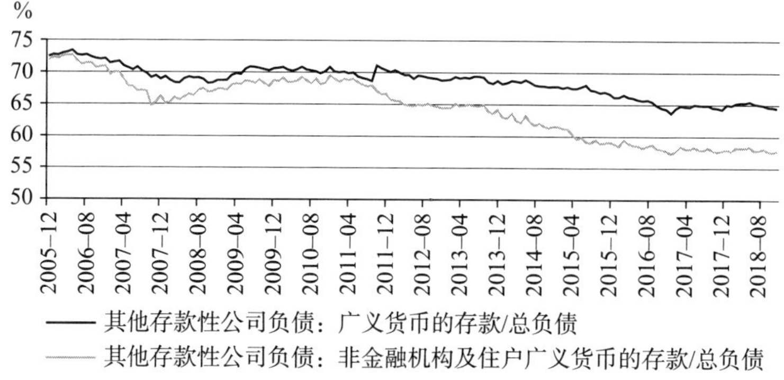

图 15　银行负债结构

(二) 原油价格有望稳定在较为合理的区间，通货膨胀率可控

如图 16 所示，2018 年 CPI 一个显著的特点是与核心 CPI（不包含食品和能源）的“剪刀差”发生了方向性变化。2017 年核心 CPI 持续高于 CPI，2018 年 CPI 持续高于核心 CPI，同时差值在不断扩大。这种“剪刀差”的方向性变化表明 2018 年 CPI 的核心力量在于食品和能源价格，同时，差值不断扩大，表明了能源价格的作用逐渐加大。

从食品价格来看，目前 CPI 的主要推动因素是鲜菜、鲜果和急剧缩窄的猪肉价格跌幅（见图 17）。由于 2017 年较低的基数，2018 年鲜菜价格持续处在高位运行，前三季度累计同比上涨 7.7%。2017 年以来，鲜果价格持续处在较高水平运行，前三季度累计同比上涨了 3.7%。10 月，鲜果和鲜菜价格又分别上涨了 11.5%和 10.1%。受到非洲猪瘟的影响，猪肉供给减少，推升了价格快速回升。展望 2019 年，推动鲜菜价格上涨的夏季高温可能是常态化的，由于 2018 年价格基数上升，2019 年的涨幅并不会过度扩大。鲜果价格持续高位运行必将推升果品供应，2019 年价格涨幅空间有限。非洲猪瘟疫情对猪肉价格的推升是 2019 年一个较大的价格影响因素，随着生猪生产的工业化，生猪的出栏周期在快速缩短，对价格的影响会比以往有所减弱。综合上述三个因素，2019 年食品价格上涨幅度和 2018 年相比并不会有大幅上升，甚至会稳中有降。

在食品类价格涨幅总体有限的情况下，未来对 CPI 影响较大的是非食品行业中石油价格的波动。2018 年我国 CPI 涨幅重要的影响因素是汽柴油价格变动。同时，石油价格不仅仅是 CPI 的推动因素，还是 PPI 的主要推动因素。

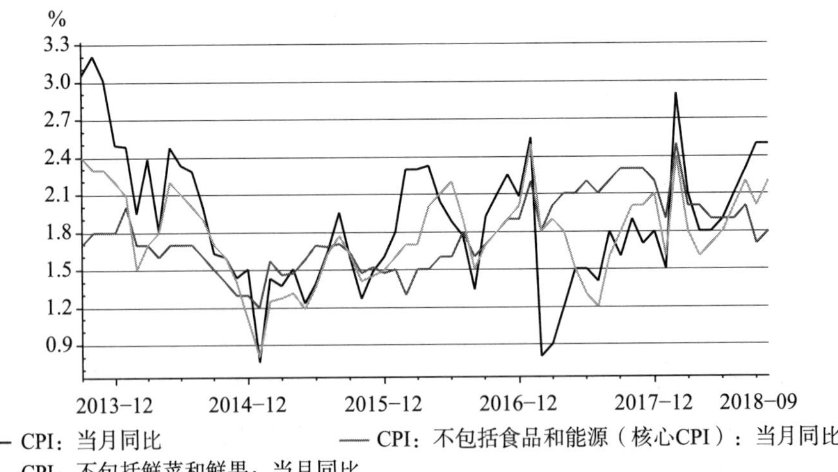

图 16　CPI 与核心 CPI

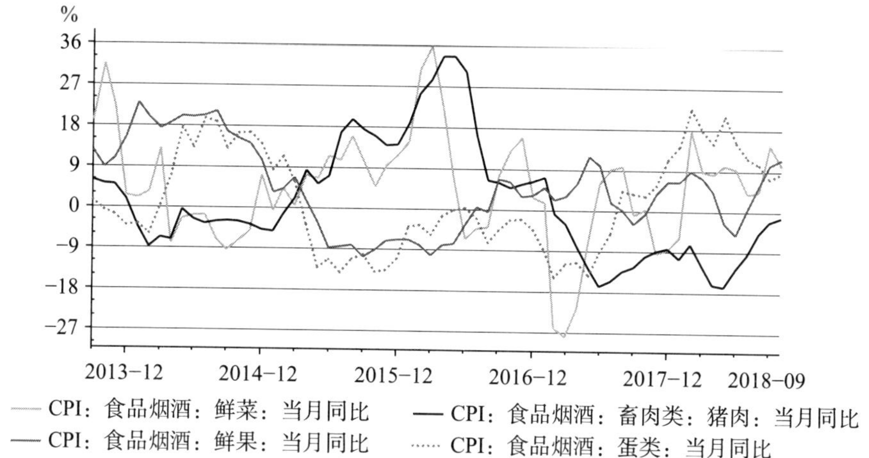

图 17　食品类价格

2018 年 10 月 PPI 上涨 3.3%，其中，生产资料价格上涨 4.2%，生活资料价格上涨 0.7%。在主要行业中，涨幅扩大的有石油和天然气开采业，上涨 42.8%，扩大 1.6 个百分点。在更长时期，从当月同比和累计同比都可以看出，PPI 的涨幅相对于 2016 年都有明显的回落。推动 2016 年 PPI 快速上涨的是采掘业和原材料工业的产能变化和国际石油价格波动。PPI 这种回落趋势在 2018 年有所放缓，之后涨幅又开始上升，主要动力还是受到国际油价的上行压力。可以看出，冶金、建筑材料、煤炭及炼焦工业等总体价格水平在持续回落，石油行业价格持续上升（见图 18、图 19和图 20）。

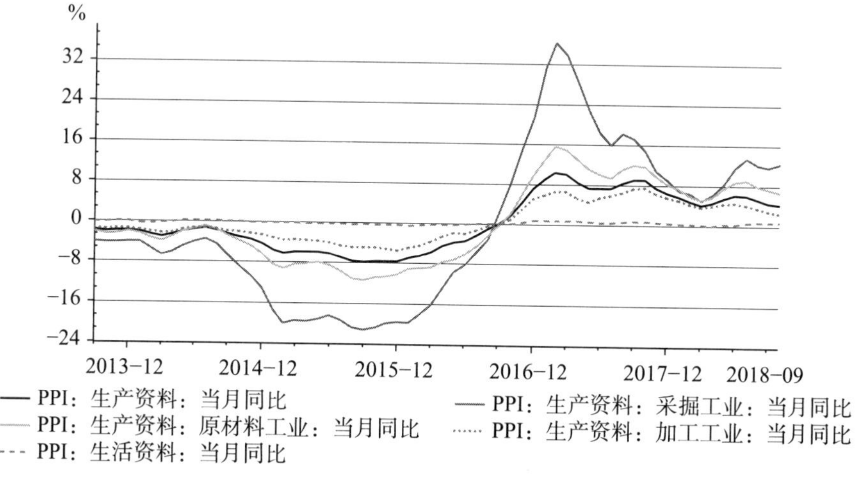

图 18　PPI 变化

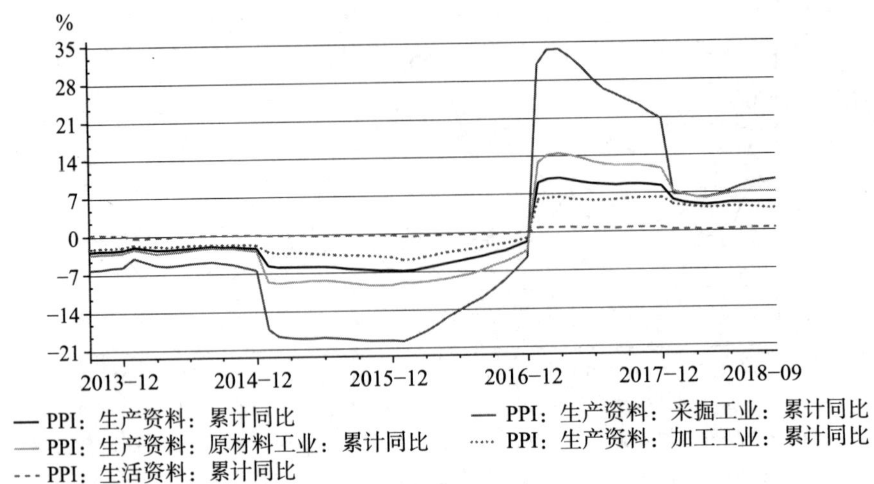

图 19　生产资料价格变化

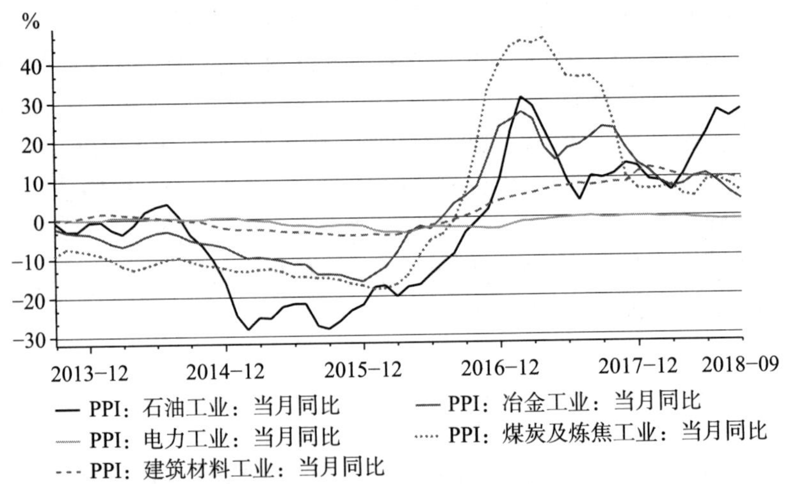

图 20　部门价格变化

因此，对 2019 年 CPI 的判断主要变化还是在未来的石油价格。虽然石油价格面临较大的地缘风险，但是原油市场的稳定力量依然强大。第一，沙特阿拉伯对美国的政治依赖加大。第二，俄罗斯有较强意愿稳定油价。第三，新能源对油价产生了制约。第四，我国煤制油在 75 美元以上有较大盈利空间，供给加大，对国内市场稳定会起到作用。第五，美国产能持续上升。在世界原油市场能大体平稳的情况下，CPI 和 PPI 涨幅可控。

（三）资本跨境流动压力持续较高，汇率稳定难度加大

在美联储加息、美元强势的大环境下，本就持续加大的跨境资本流出压力会进一步提升，汇率稳定工作较重。随着美国和中国经济周期脱钩，美国在 2019 年会维持加息，我国需要适度维持利率下行。这就进一步拉大了中美利差，这会导致资金向国外流出。

从中长期来看，中美贸易摩擦的大环境是世界产业链的重塑。由于面对着数字化技术的蓬勃发展，各国需要重新调整产业链以适应先进制造业。数字化时代，技术进步方向发生了改变，从单纯的规模导向型技术逐步走向个性定制基础上的规模导向型技术。在这个方向上，全球价值链会逐渐缩短。一方面，个性定制基础上的规模导向型技术必须借助数字化，这就将原有的产品逐渐变成复杂系统，各子系统的借口需要非常精细，需要在生产能力相似的国家进行。另一方面，当前数字化技术还处在技术生命周期的早期，在这个阶段，技术中的“默知识”非常重要，需要技术人员不断面对面交流调节生产。这就意味着全球配置成本越来越高，本地化和有相似背景的区域化会更为凸显。在这样一个趋势下，即使没有贸易摩擦，全球价值链也会逐步缩短，各国会逐步提升国内价值链长度，最终可能产生几个区域价值链，产成品贸易比重会逐步上升。

在这样的调整过程中，美国有较大优势。一方面，美国是目前在数字化技术方面最为领先的经济体。另一方面，也是更为重要的，美国可以借助美元在国际贸易支付体系中的基础性地位进行产业调整。国际贸易的进行需要一个全球统一的支付体系。在第一次世界大战之前，这种支付体系是金本位制。但是，金本位制有着天然的缺陷，这些缺陷实际上导致了第一次世界大战战前各国在贸易和生产上的巨大冲突，最终导致了两次世界大战。第二次世界大战后，金本位制被美元取代，目前美元是 SWIFT 支付体系中的核心，美元的资产安全性是世界标杆。当前的国际贸易体系是建立在贸易成本下降和技术进步之上的，但是日常运行依赖于美元的支付地位。在这样的条件下，美国调整空间较大。通过贸易、能源等政策，美国可以在客观上促使制造业重构。这次重构不仅仅是制造业的简单回流，而是在数字化生产上的再生。这种产业链调整在未来 2～3 年都将持续存在。

在短期利差和中长期产业链布局调整的过程中，我国会面临着较大的资金流出压力，这对于我国的汇率产生了较大压力。2018 年总体人民币处在一个对美元贬值的大趋势中，这个趋势在未来一段时间还会延续（见图 21）。

（四）国内经济结构调整引发资产价格大规模重估

我国根本性的结构性问题是传统制造业，尤其是生活必需品制造业生产率快速提升后，没有产生相应的产业升级。在我国特有的产能扩大型创新模式下，必需品部门的技术快速进步降低了产品价格，这原本会使得资本转移向新行业。但

图 21　美元对人民币汇率

是我国产业升级缓慢，资源转移不畅，在这种情况下，产品价格的降低直接导致企业利润下滑，效益不佳。为了应对这种状况，企业策略是扩大生产，期望通过自身产能提升挤出其他对手来生存。这种市场行为模式导致产能过剩，效益进一步下降。这就带来了工人收入下降和为了扩大产能背负高杠杆的利息负担加重。这使得我国投资和消费不振。伴随着乘数效应，全社会的收入和产出下降，经济下行。

因此，我国收入增速缓慢和高杠杆都是表面现象，是结构调整迟滞的反映。为什么我国产业转型会很缓慢呢？根本原因是目前将行业升级过多交给市场，试图依靠竞争来推动转型是不可行的。斯蒂格利茨等人发现 20 世纪 20 年代的大萧条和 2008 年金融危机依靠市场进行大转型是不可行的。从本质上来看，罗斯福新政不是简单的凯恩斯宏观经济学，而是一次美国政府通过社会化影响产业转型的行动。里根经济学看似自由放任，实际上对产业的政府引导是非常巨大的。

大规模产业结构转型面临着巨大的固定成本，是高风险行动。市场竞争是在消除了固定成本之后的市场形态能够容纳和促进小的产业转型和升级，但是面对资产价格重估、人力资本培训和高额的固定成本，市场不能有效完成大规模的转型。大规模转型还需要在政府的积极参与下进行。产业转型必然涉及资产重估，旧有行业资产价值会大幅度下降。例如，美国在 20 世纪 20 年代农业转型为工业的过程中，大量农村土地价值下降，农村住宅废弃。这使得大量相关资产贷款成为坏账，银行风险加大。

三、政策建议

面对2019年突出的四方面挑战，货币政策可以在以下六个方面进行调整：

（1）进一步降低准备金，置换MLF，改善商业银行资产负债表，维持稳定的市场流动性和信贷增速。随着货币供给渠道的改变，原来为了锁定大量外汇占款的准备金意义越来越小。在货币供给增速低位运行的大趋势下，建议进一步降低准备金，并持续置换MLF，继续改变现有货币政策的“双高”模式，回归正常的资产负债表结构。同时，通过释放准备金，也可以弥补存款下降带来的部分压力，维持更为健康、稳定的银行资产负债表，降低实体经济融资成本。

（2）面对可控的国内通货膨胀和美联储持续加息，前瞻性小幅调整利率。由于美国和我国经济周期逐渐脱钩，需要保持我国货币政策的独立性，不必过度跟随美联储政策。在脱钩的环境中最需要保持央行意图的透明性，需要加强对于市场预期的引导，小幅进行利率调整，可以考虑适度降息，维持国内流动性平稳。

（3）逐步采取开征托宾税等更加市场化的手段控制跨境资本流动，维持汇率稳定。面对中美经济周期脱钩、利差和国际价值链调整，保持人民币汇率稳定是非常重要的。没有稳定的汇率就不会有稳定的国内金融市场，就难以保证国内经济发展和产业调整。为了维持稳定汇率，需要加强资本流动监控。但是，长期的行政化管制不是解决办法，可以考虑引入托宾税等市场化手段，通过增加市场机制、调节价格更好地完成私人信息交换，提升监管效率。

（4）加大发行离岸人民币国债。为了维护国内金融市场稳定，需要稳定国际人民币市场。中国经济是世界经济的一部分，我们不能通过仅仅调控国内市场来维护经济稳定。为了维护人民币汇率基本稳定，建议加大发行离岸人民币国债，一方面，增加人民币计价的安全资产供给，拓宽政府融资渠道，抵消减税压力；另一方面，增加离岸汇率的市场化控制程度，维持汇率基本稳定，为国内金融改革等创造稳定环境。

（5）审慎管理不易过严，适当允许风险暴露，通过长期资金介入，完成资产价格调整期。我国当前的核心挑战是从传统制造业向先进制造业转型，这涉及资产重估，旧有行业资产价值会大幅度下降。现在我国信贷风险增大部分原因也与此有关，这是必然的，因此，需要在一程度上加大金融机构的风险容忍度。此时不宜在外部进一步紧缩信贷条件，降低金融机构贷款意愿。需要在内部加强金融机构治理结构建设，提升风控水平，加大风险定价和相关金融产品的开发。

（6）把握好货币政策的总量和结构性特征，从我国经济长期着眼，规划短期货币政策。一般认为宏观政策主要关注总量，实际上总量的宏观政策都会落实到具体的产业。货币政策会通过不同行业的融资依赖度影响融资密集型企业的发展，所以要特别关注货币政策结构性后果。货币政策在 2019 年尤其要坚持从中长期看短期，注意把握好短期政策可能产生的长期后果。

利用基建投资补短板，投资增速回稳或可期

秦 聪

摘 要

2018 年 1—9 月，全国名义固定资产投资累计同比增长 5.4%，较 2017 年同期增速下降 2.1 个百分点，低于 2017 年全年增速 1.8 个百分点。在剔除投资价格上涨因素的影响后，前三季度实际投资增速仍保持了 2016 年以来的下行趋势。三大类固定资产投资中，制造业投资增速回升，基建大幅下行，房地产基本保持稳定。基建投资增速在下行区间运行主要是因为在“防风险、去杠杆”的政策基调下，2018 年前三季度出现了三个现象：一是宏观经济下行、微观主体信心不足；二是微观主体融资成本较高、房地产企业承压较重；三是中央财政筹资能力下降，地方基建投资融资困难。为解决投资不足的问题，从下半年开始，在“以稳应变”的宏观政策思路下，“稳投资”被明确确定为当下宏观政策的重要组成部分。进一步，《关于保持基础设施领域补短板力度的指导意见》的出台表明，基建投资补短板成为短期投资的重点，用来对冲当前外部环境的影响和国内经济的下行压力。在以基建投资为主导的基调下，为实现短期内提振经济、长期中优化结构的目的，本文提出如下政策建议：第一，理清重点投资项目，补短板为长期服务；第二，以投资促进区域发展，深入推进西部开发；第三，储备重大项目，对冲未来冲击；第四，保障项目融资，支持项目推进；第五，鼓励民间资本参与，为中长期发展蓄力。

关键词： 基建投资；短期对冲；中长期蓄力；重大项目储备

一、2018年投资情况概览

总体而言，作为需求侧主导中国短期经济走向的投资，在2018年前三季度延续了前一年的下行趋势。2018年1—9月，全国固定资产投资（不含农户）为483 442亿元，名义固定资产投资累计同比提高5.4%，较2017年同期增速下降2.1个百分点，低于2017年全年增速1.8个百分点；但是，较1—8月提升0.1个百分点，年内首次小幅回升。

在剔除投资价格上涨因素的影响后，我国2018年前三季度实际投资增速仍保持了2016年以来的下行趋势。前三季度，实际固定资产投资累计同比增速为−0.19%，较2017年同期下滑2.38个百分点，且该指标首次出现负值。尽管实际投资增速仍在下行区间运行，但剔除价格因素后，实际民间投资和实际房地产投资增速在经历了2017年的下滑之后有所反弹：前三季度实际民间固定资产投资增速为2.97%，比2017年同期高出2.21个百分点，其中第三季度增长3.74%；实际房地产开发投资增速为4.07%，比2017年同期高出2.31个百分点，其中第三季度增长4.65%（见图1）。

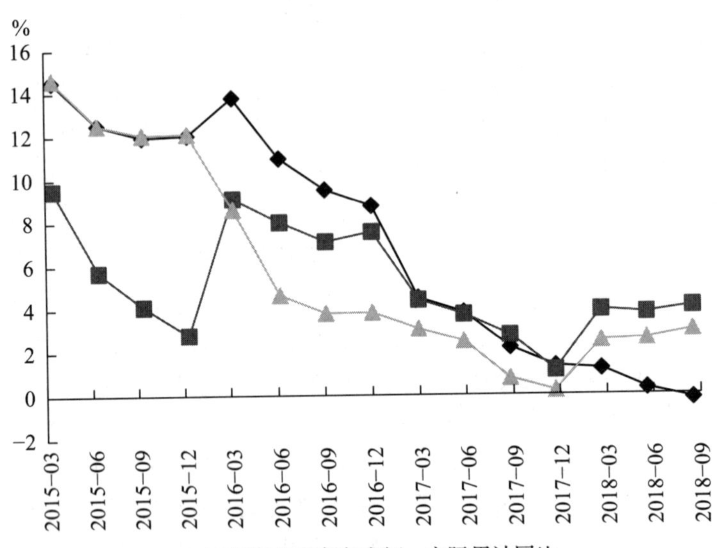

图1　固定资产投资完成额同比变化趋势

分产业看，第三产业投资增速下滑严重，成为拖累投资增速的主要原因。具体而言，第一产业投资额为 16 724 亿元，同比增长 11.7%，较 2017 年同期增速下降 0.1 个百分点，较前 8 个月下降 2.5 个百分点；第二产业投资额为 180 734 亿元，同比增长 5.2%，较 2017 年同期增速提高 2.6 个百分点，涨幅近一倍，较前 8 个月加快 0.9 个百分点；第三产业投资为 285 984 亿元，同比增长 5.3%，较 2017 年同期增速回落 5.2 个百分点，跌幅近一半，较前 8 个月增速回落 0.2 个百分点（见图 2）。

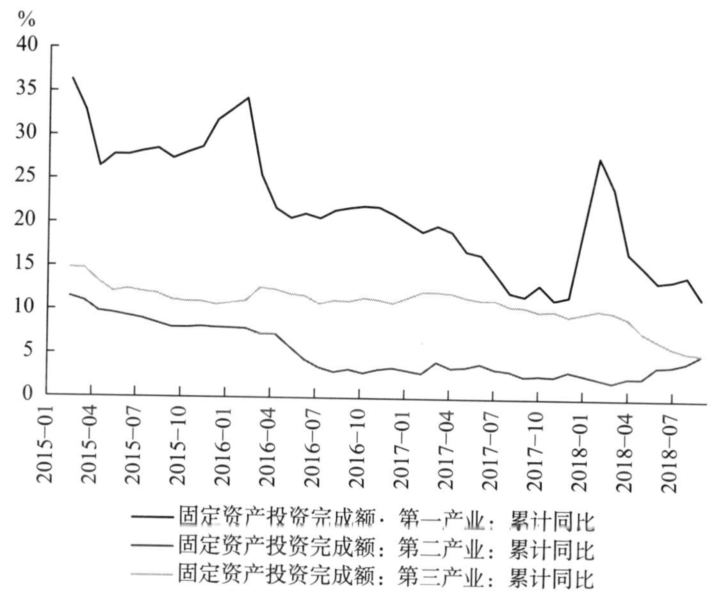

图 2　固定资产投资完成额：分产业变化趋势

三大类固定资产投资中，制造业投资增速回升，基建大幅下行，房地产基本保持稳定（见图 3）。制造业投资增速回升。前 9 个月累计同比增长达 8.7%，增速较 2017 年同期加快 4.5 个百分点，较 2018 年 1—8 月加快 1.2 个百分点。细分来看，非金属矿物制品业、黑色金属冶炼及压延加工业、专用设备制造业和废弃资源综合利用业等行业是拉动制造业投资增长的主要因素。

基建投资增速持续回落。前 9 个月基建投资（不含电力）累计同比增速为 3.3%，较 2017 年同期大幅下滑 16.5 个百分点，较前 8 个月再度回落 0.9 个百分点。细分来看，公共事业拖累基建投资增速下滑，电力、热力、燃气及水生产和供应业投资累计同比增速为－10.7%，较 2017 年同期下滑 13.3 个百分点，但较前 8 个月回升了 0.7 个百分点；铁路运输业投资累计同比增速为－10.5%，较 2017 年同期下降 14.7 个百分点；道路运输业投资累计同比增速为 8.9%，较

2017 年同期下降 15.2 个百分点。

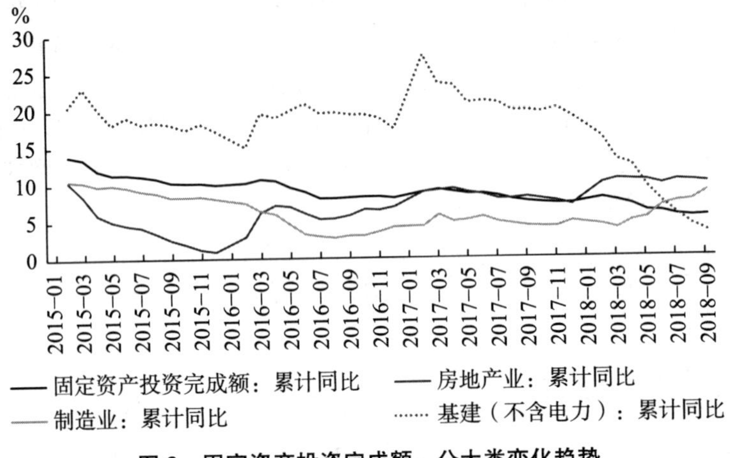

图 3　固定资产投资完成额：分大类变化趋势

房地产基本保持稳定。2018 年 1—9 月，全国房地产开发投资累计达 88 665 亿元，同比增长 9.9%，增速高于 2017 年同期 1.7 个百分点，但较 2018 年前 8 个月小幅回落 0.2 个百分点。前 9 个月，房屋施工面积同比增长 3.9%，增速比前 8 个月提高 0.3 个百分点；房屋新开工面积同比增长 16.4%，增速较前 8 个月提高 0.5 个百分点；房屋竣工面积同比下降 11.4%，增速较前 8 个月下降 0.2 个百分点。

分项目隶属关系来看，中央和地方项目投资增速均有所下降（见图 4）。2018 年第一季度，中央项目投资增速为－11.5%，较 2017 年同期下降 4.4 个百分点；地方项目投资增速为 8.3%，较 2017 年同期下降 1.6 个百分点。考虑到 2017 年中央项目占固定资产投资完成额比重仅为 3.7%（即地方项目占固定资产投资完成额的比重为 96.3%），因此地方项目投资持续增速下滑是投资增速处于下行区间的主要动因。这可能是受到前期金融去杠杆、防范地方债务风险、PPP 项目治理以及调控房价等政策的影响，地方政府的筹资（及投资）能力和意愿有所削弱所致。

分区域来看，中部地区投资增速稳中有进，东部和西部地区投资增速较 2017 年同期有所下降（见图 5）。具体而言，2018 年前三季度，东部地区投资增速为 5.8%，较 2017 年同期下降 2.8 个百分点；中部地区投资增速为 9.6%，较 2017 年同期上升 2.1 个百分点；西部地区投资增速为 2.3%，较 2017 年同期下降 7.1 个百分点。鉴于西部地区的道路、水利和通信等基础设施水平较其他地区尚有差距，且乡村面积和人口占比较高，因此下一步“补基础设施短板”和“乡村振兴”战略的投资重点应放在西部地区。

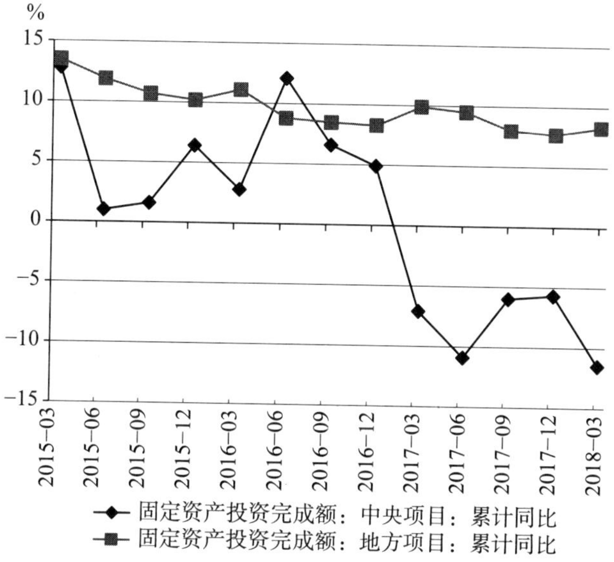

图 4　固定资产投资完成额：中央和地方项目变化趋势

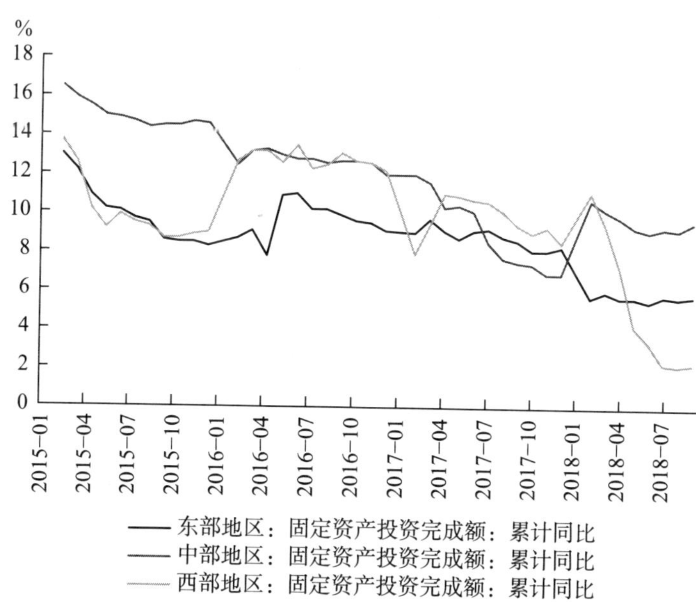

图 5　固定资产投资完成额：分地区变化趋势

二、投资持续下行的原因分析

（一）宏观经济下行，微观主体信心有待提升

宏观经济的景气度持续走低。克强指数自 2017 年创出 2011 年以来的峰值后，2018 年走势基本上延续了 2017 年第四季度起的下降趋势。第三季度末的克强指数为 10.05，较 2017 年同期 13.18 的指数值下降了 3.13（见图 6）。

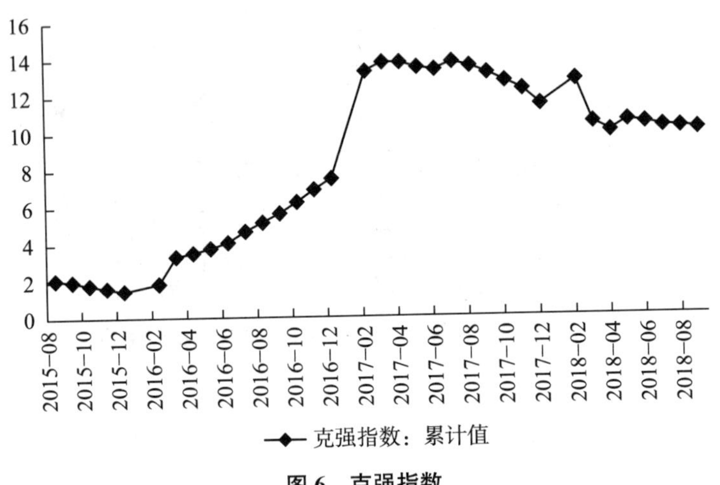

图 6　克强指数

中国制造业采购经理指数（PMI）持续改善，但下半年呈下行趋势（见图 7）。2018 年前 10 个月，各月度 PMI 指数均高于 50%的枯荣分界线，意味着 PMI 持续运行在景气区间。尽管制造业的景气程度仍在改善，但是下半年 PMI 呈下跌趋势，10 月 PMI 降至 50.2%，较上月回落 0.6 个百分点，逼近枯荣分界线，反映出制造业景气度持续回落。从分项指标来看，10 月 PMI 回落的主要原因在于生产和需求扩张速度的放缓：生产指数和新订单指数分别回落至 52%和 50.8%，环比各自回落 1 和 1.2 个百分点；新出口订单和进口订单分别回落至 47.6%和 46.9%，较之前月份分别下降 1.1 和 0.9 个百分点。此外，10 月主要原材料购进价格指数和出厂价格指数分别为 58%和 52%，两者相差 6 个百分点，延续了 2018 年 4 月起两者差值持续扩大的趋势，将继续对中下游企业的利润产生冲击。

进一步，按企业规模划分来看：大型企业 PMI 基本运行在 52%以上的景气区间，而中小型企业的 PMI 则围绕枯荣分界线上下震荡徘徊（见图 8）。这表明，PMI 得以维持在景气区间的主要动力是大型企业，而中小型企业的境况仍较为艰难。

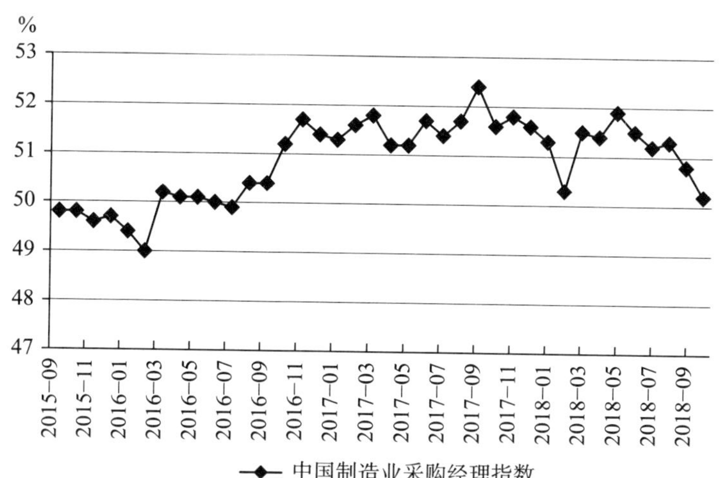

图 7 中国制造业采购经理指数

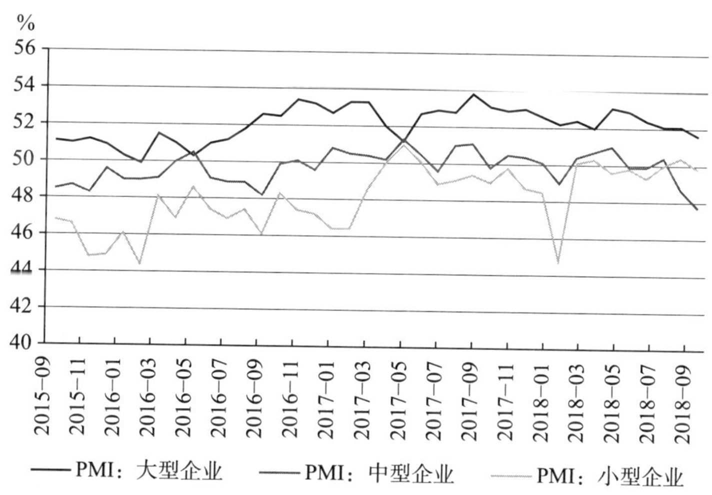

图 8 中国制造业采购经理指数：分企业规模

微观主体信心有待提升。根据中国人民银行的银行家问卷调查，2018 年第一季度银行家宏观经济信心指数延续了之前的上升趋势，达到 81.9%，创历史新高；但随后这一指数开始走低，第三季度下滑至 69.5%，低于 2017 年同期 5.8 个百分点。国家统计局公布的企业家信心指数与银行家宏观经济信心指数趋势基本一致：2018 年第一季度达到 128%的峰值，但随后亦开始走低，第三季度回落至 123.6%，与 2017 年同期持平（见图 9）。

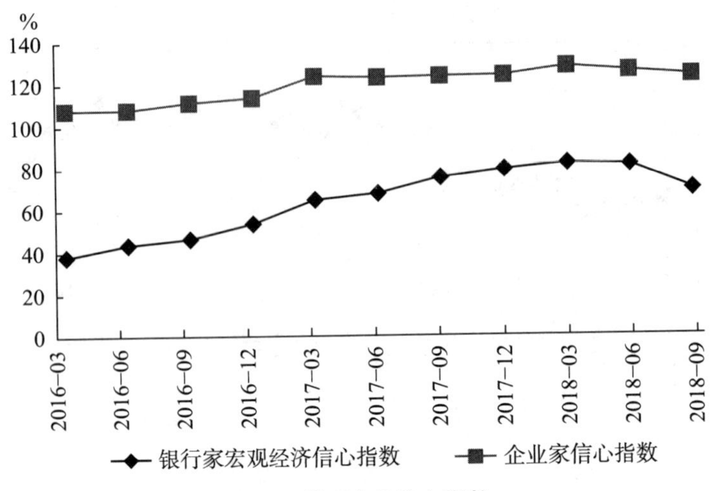

图 9　微观主体信心指数

（二）融资成本较高，房地产企业承压

国际方面全球货币政策持续收紧，国内方面“防风险、去杠杆”仍是工作重点。受国内外环境的影响，上半年我国利率基本延续了 2017 年的走势，处于较高区间（见图 10）。尽管下半年出现了下行趋势，但是 9 月利率有所反弹。货币供应量（M1 和 M2）累计同比增速均低于 2017 年同期水平。同时，尽管年内 10 年期国债收益率呈下降趋势，但 9 月末仍徘徊在 3.5%。

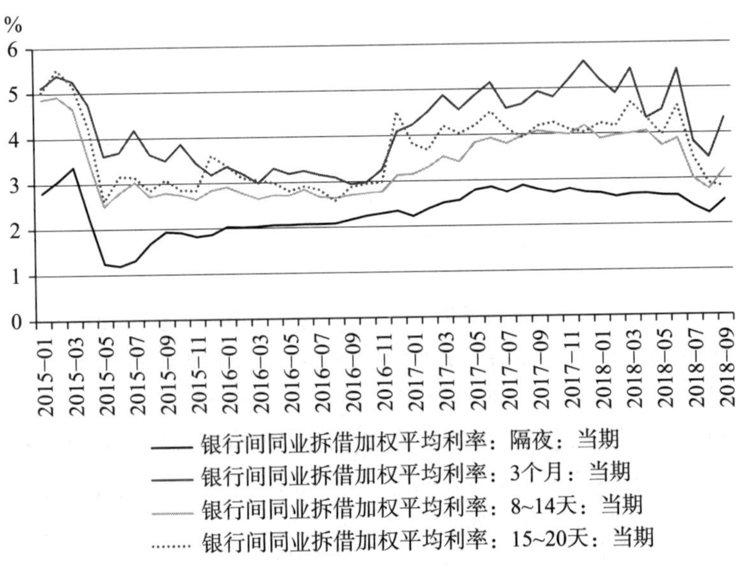

图 10　银行利率

由于筹资成本维持在较高区间，与 2017 年情况类似，固定资产投资资金来源增速低于投资增速，表明投资资金不足仍是掣肘固定资产投资增速止跌反弹的直接原因。由于 2018 年仅有第一季度的投资资金来源数据，我们仅能比较第一季度与前一年的情况：投资资金来源增速较 2017 年末下降 4.9 个百分点，其中国内贷款下降 14.3 个百分点，自筹资金下降 2.9 个百分点（见图 11）。2018 年央行九大任务中居首的任务仍是“保持货币政策稳健中性”，年内利率和流动性总量应维持在稳定水平。但是，为加大对小微企业和民营企业提供资金支持，下半年央行采取了定向降准、设立民营企业债券融资支持工具及增加再贷款、再贴现额度等手段，定向加大金融机构的信贷规模。有鉴于此，未来一段时间内，作为在固定资产投资资金来源中占比较高的国内贷款，其增速下行趋势可能将有所缓解。

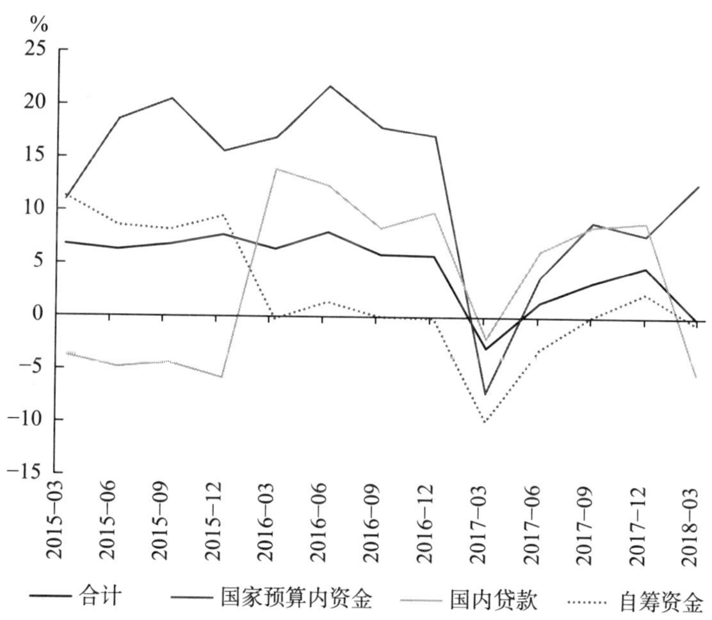

图 11　固定资产投资资金来源同比变化

特别地，融资成本较高给房地产企业造成了冲击。前三季度，房地产企业开发资金来源累计同比增速为 7.8%，较 2017 年同期下降 0.2 个百分点。其中，房地产企业国内贷款增速为－5.1%，较 2017 年同期大幅下跌 24.6 个百分点。进一步细分，国内贷款中来自银行贷款和非银行金融机构贷款同比增速分为－8.1%和 9.3%，较 2017 年同期大幅下跌 23.8 和 32.7 个百分点（见图 12）。

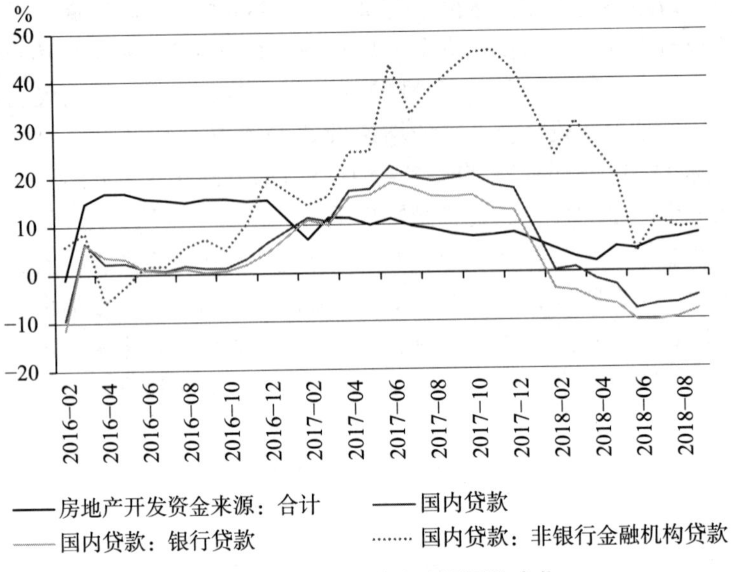

图 12　房地产开发资金来源同比变化

为应对信贷紧缩的影响，房地产企业提高了自筹资金比例。2018 年 1—9 月自筹资金同比增速为 11.4%，高于 2017 年同期增速 11.7 个百分点。为筹集资金，房地产企业加快了商品房销售面积和销售额，借此来回笼资金。除受信贷紧缩影响外，土地成本上涨亦会给房地产企业带来成本上的压力。前三季度，房地产开发企业土地购置面积同比增长 15.7%，土地成交价款增长 22.7%，表明房地产投资增速主要来自土地价格的提升。

由于信贷不足和成本上升，房地产投资增速趋缓，其对经济增长的贡献和拉动作用亦有所降低。2018 年第二季度，房地产业对 GDP 增长的贡献率为 4.6%，延续了 2016 年以来持续下行的趋势，较 2017 年同期下降 2.2 个百分点；房地产业对 GDP 增长的拉动为 0.3 个百分点，较 2017 年同期回落 0.2 个百分点，降幅达 40%（见图 13）。

（三）中央财政筹资能力下降，地方基建投资融资困难

2018 年前三季度，公共财政收入累计同比增长 8.72%，比 2017 年同期下降 0.99 个百分点，但比 2017 年全年高出 1.32 个百分点；政府性基金收入累计同比增长 28%，比 2017 年同期下降 5.3 个百分点，较 2017 年全年下降 6.8 个百分点。受到公共财政收入和政府性基金收入累计同比增速均有下降的影响，政府收入（公共财政收入＋政府性基金收入）同比增长 13.03%，低于 2017 年同期 1.19 个百分点，较 2017 年全年下降 0.48 个百分点（见图 14）。

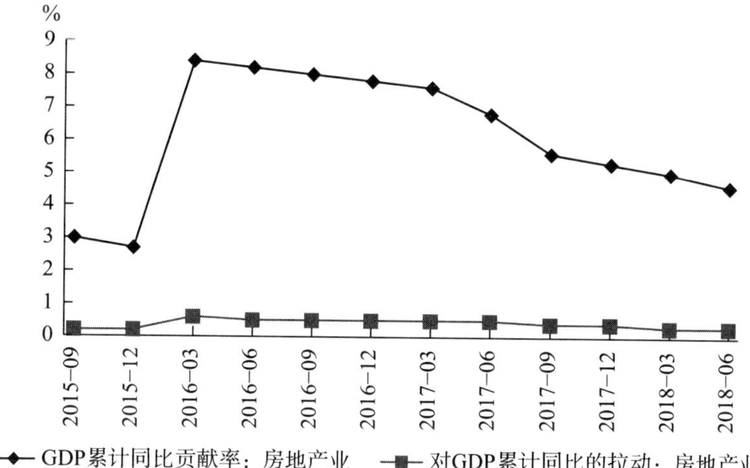

图 13　房地产业对 GDP 的贡献和拉动

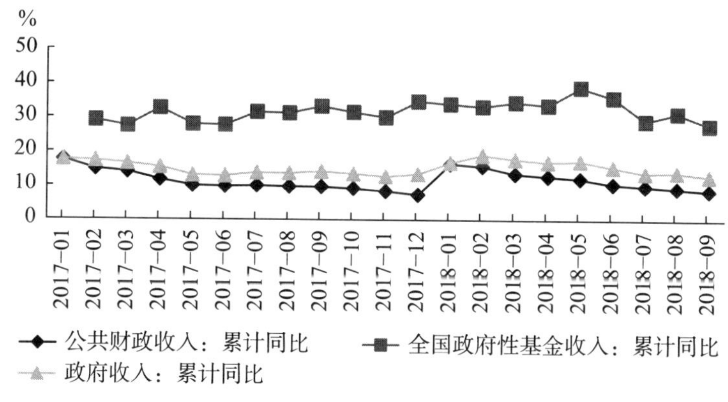

图 14　政府收入

作为公共财政收入的主要来源，短期内税收收入前景不容乐观。2018 年前三季度，税收收入累计同比增长 12.72%，高于 2017 年同期 0.61 个百分点。在分项税收收入中：增值税、消费税和个人所得税累计同比增速高于 2017 年同期，差异分别为 4.78、9.37 和 2.48 个百分点；而企业所得税、资源税、关税和非税收入累计同比增速均低于 2017 年同期，分别相差 0.61、32.02、19.51 和 11.13 个百分点（见图 15）。

然而，尽管增速略有上升，但短期内税收组织收入能力仍将承压，进而影响到公共财政收入水平。首先，增速正增长的税种其增速有下行压力。其一，受前期政策时滞将尽、新政策即将到来的影响，增值税收入增速将有所趋缓。我国于 2018 年 5 月 1 日起实施了增值税改革，下调制造业（原适用税率为 17%）、建筑

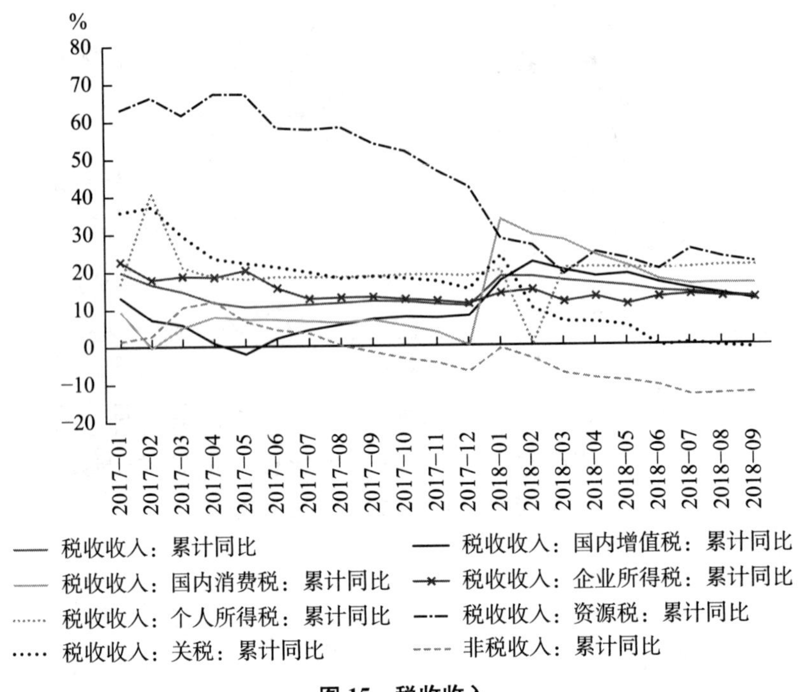

图 15　税收收入

业（原适用税率为 11%）及交通运输业（原适用税率为 11%）等行业 1 个百分点的税率；从 7 月起进一步对 18 个先进制造业、现代服务业行业和电网企业开展增值税留抵税额退税工作。增值税减税政策的作用已经在第三季度显示出来：2018 年前 5 个月增值税当月平均增速为 19.5%，第三季度末当月增速已降至－1.23%，为 2016 年 4 月以来首次出现负增长。另据国家税务总局统计，6—8 月因税率下调共减税 959 亿元，因留抵税额退税减税 786 亿元，三个月共计减税 1 745亿元。此外，为进一步简化税制，增值税未来的改革方向是将现行三档税率归并为两档，这无疑将进一步降低增值税税收增速。其二，受个人所得税“起征点”上调的影响，个人所得税增速大幅下滑。2018 年 10 月 1 日起，我国工资薪金所得免征额由 3 500 元上调至 5 000 元，这将大幅减少个人所得税纳税人占总人口的比重，亦将减少政府的个人所得税收入。2011 年，我国修订《中华人民共和国个人所得税法》，将工资薪金所得免征额从 2 000 元上调至 3 500 元，纳税人由 8 400 万人锐减至 2 400 万人。尽管由于物价上涨和个人收入水平提高，但这次工资薪金所得免征额的上调仍将压缩纳税人占总人口的比重。

其次，增速负增长的税种短期趋势难以扭转。在贸易摩擦的背景下，为减轻企业负担、稳定外贸出口，我国自 2017 年起共 4 次降低关税，关税总水平从

2017 年的 9.8%降至 7.5%。2018 年 11 月 1 日起，我国政府进一步降低了部分工业品及其他商品进口关税税率，此次调整共涉及 1 585 个税目。此外，随着我国税制进一步规范，非税收入的占比亦将持续下降。

综上所述，受各税种减税政策陆续出台及经济持续下行压力的影响，短期内中央政府组织财政收入的能力或有所下降。这意味着，由于民生性支出和行政管理费用等支出具有刚性，中央政府用于投资大型项目和对地方政府进行专项转移支付的资金量将被压缩。

除受中央政府转移支付能力下降的影响，“防风险”“控房价”等政策也将冲击地方政府融资能力。中央政府性基金收入累计同比和地方本级政府性基金收入累计同比分别较 2017 年同期下降 3.4 和 6 个百分点，低于 2017 年全年 2.3 和 7.3 个百分点。进一步，导致地方本级政府性基金收入下降的主要驱动力量是国有土地使用权出让收入的显著下滑，其累计同比较 2017 年同期和全年分别下降 7.3 和 8.6 个百分点（见图 16）。

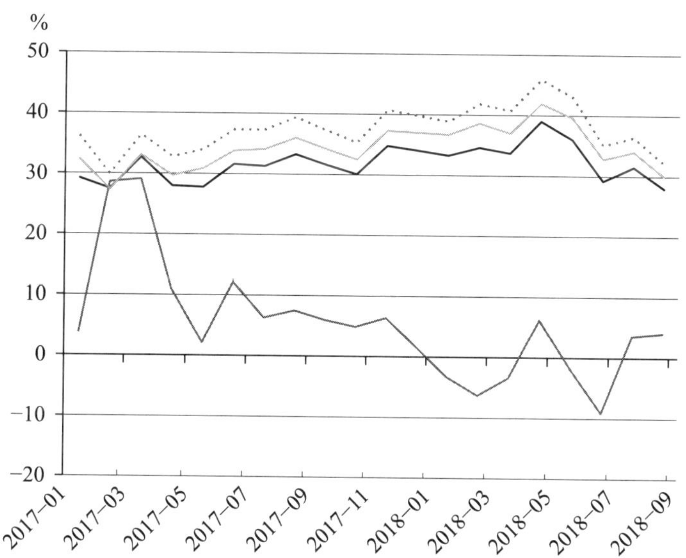

图 16　政府性基金收入同比增速变化

国有土地使用权出让收入是地方政府的重要收入来源：2017 年全年，地方政府国有土地使用权出让收入占地方本级财政收入（地方本级公共财政收入与政府性基金收入之和）的35%。因而，国有土地使用权出让收入增速下降制约了地方政府的投资能力。

2018年以来，在“防风险”和“去杠杆”的政策基调下，各地方政府进一步规范自身举债行为，实施了PPP清库和进一步限制地方投融资平台等政策。长期来看，这无疑有助于优化国家治理体系、规范地方政府行为，是深入推进供给侧结构性改革的重要举措。但是，在短期内，这亦会严重削弱地方政府在基建方面的融资和投资能力。特别地，受“防风险”和“去杠杆”政策的影响，2018年上半年，我国发行地方政府债券14 109亿元，较2017年同期的发行额（18 609亿元）有明显下降。其中，可用于投资基建领域的专项债券发行额仅为3 673亿元，表明地方政府的资金缺口并未通过正规举债渠道得以补偿。尽管为满足地方政府的融资需求，提高基建投资增速，第三季度共增发地方政府专项债券13 965亿元，近四倍于前半年发行额，但由于政策和投资的时滞性，前三季度的基建投资增速仍未止跌反弹（见图17）。

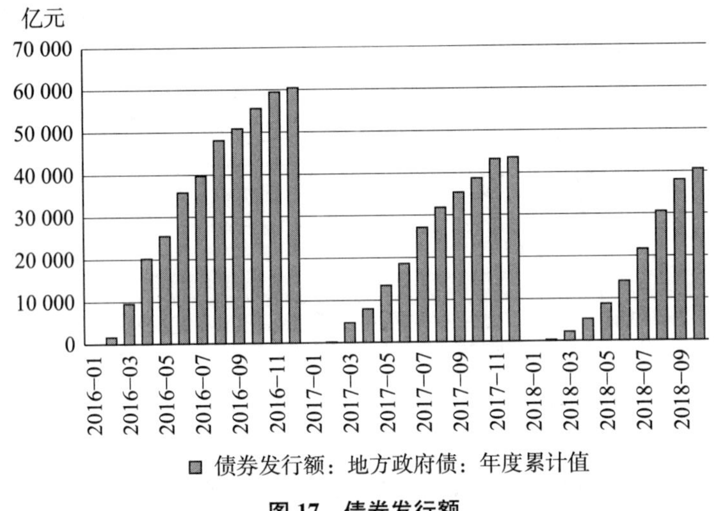

图17　债券发行额

三、政策建议及展望

总体而言，在“防风险”和“去杠杆”的政策基调下，2018年前三季度，制造业、房地产业和地方政府的融资能力受限，在宏观经济下行压力下，微观主体投资信心持续走低。为解决投资不足的问题，下半年开始，在“以稳应变”的宏观政策思路下，“稳投资”被明确确定为当下宏观政策的重要组成部分。

2018年10月31日，中共中央政治局召开会议，再次涉及与稳定投资相关的事宜。首先，会议提出要从内部出发，坚定不移地推动高质量发展。我国经济的现状是长短期和国内外因素共同作用的结果，尽管现阶段外部环境承压，但“切实办好自己的事情”才是有效促进当前经济平稳运行的根本途径。在外部因素不可控的情况下，我国将保持战略定力，集中力量在内部寻找突破。尽管会议中并未明确提及扩大内需，但提出了“要改进作风，狠抓落实，使已出台的各项政策措施尽快发挥作用”的工作要求。作为稳定和扩大内需的重要抓手，短期内各类落实前期投资项目和扩大基建投资的政策将陆续出台。

其次，当前经济工作的核心在于“稳民企”。由于部分企业经营困难，长期积累的问题逐渐暴露，当前应坚持“两个毫不动摇”，促进多种所有制经济共同发展，研究解决民营企业和中小企业发展中遇到的困难。与 7 月 31 日的政治局会议相比，10 月 31 日的会议中尽管仍以“防范风险”为基调，但在主要任务中已经没有“去杠杆”和“解决房地产市场问题”的表述；取而代之的是“推进资本市场改革、化解当前民营企业遇到的流动性危机”。这表明我国政府希望以此来解决微观主体的融资问题，重塑微观主体的投资信心。

最后，为切实打好“防风险”的攻坚战，2018 年以来财政部陆续出台一系列文件来规范地方政府债务融资行为和清理 PPP 项目库，加上“资管新规”对金融市场的冲击，地方政府融资和房地产市场信贷能力均大幅削弱。《关于保持基础设施领域补短板力度的指导意见》（以下简称《指导意见》）中提出对存量债务进行延期，2018 年“资管新规”过渡期政策的出台亦缓解了对信贷市场的冲击，因此未来地方政府的基建投资和房地产投资可能将有所回升。

2019 年是中华人民共和国成立 70 周年，为应对复杂的外部环境、对冲经济下行压力，《指导意见》的出台表明我国政府这次选择的政策工具主要是基建投资。本轮的基建投资将“坚持既不过度依赖投资也不能不要投资、防止大起大落的原则，聚焦关键领域和薄弱环节，保持基础设施领域补短板力度，进一步完善基础设施和公共服务，提升基础设施供给质量，更好发挥有效投资对优化供给结构的关键性作用，保持经济平稳健康发展”。在以基建投资为主导的基调下，为实现短期内提振经济、长期中优化结构的目的，本文提出如下政策建议。

（一）理清重点投资项目，补短板为长期服务

在深化供给侧结构性改革的同时，确保需求的稳定有利于宏观经济实现稳中向好发展。就长期而言，加快深化供给侧结构性改革，解决以往经济高增速下积累的问题，激发和引导微观经济主体的投资意愿，在“新常态”下实现资源的优化配置，依然是我国宏观经济政策的主要方向。但是，在短期内，由于过去两年中宏观政策以“去杠杆”和“防风险”为主，地方政府的融资和投资能力有所削弱，房地产企业融资成本较高，因此财政政策应在此时适时承担起“稳投资”的

重任。

当然，“稳投资”并不意味着盲目上马项目、进行大水漫灌式投资，而应该是结合我国国情进行精准补短板式的投资。尽管在改革开放之后我国进行了大规模的基础设施建设，但是在某些基建领域仍然存在数量不足和质量有待改善的问题。《指导意见》中提及要重点关注脱贫攻坚、铁路、公路、水运、机场、水利、能源、农业农村、生态环保和社会民生等领域。这些领域大致可以分为两类，第一类项目主要以解决乡村发展中“最后一公里”问题为目标，或聚焦能源水利，两者均是乡村振兴战略的重要组成部分；第二类是涉及铁路、民航、油气和电信等领域的重大项目，通过这些项目的投资建设可以有效增加中高端供给。

首先，《中共中央国务院关于实施乡村振兴战略的意见》明确指出，实施乡村振兴战略必须有效推动农村基础设施提档升级，应该继续把基础设施建设重点放在农村，加快包括公路和电网在内的基础设施建设，推动城乡基础设施互联互通。其次，国家发改委对近期投资工作做了部署，强调在下半年加快基础建设投资，特别是要推进一批重大项目的开工建设。本轮的重大项目主要涉及铁路、民航、油气和电信等领域。之所以选择这些领域，主要是因为通过投资（需求手段）可以有效增加中高端供给，从而带动消费的增长（供给手段）。短期来看，这些重大项目的上马可以在较短时间内提振经济，实现稳定投资的目的；而从长期来看，以投资促消费，从而提升有效供给也是供给侧结构性改革的题中之义。因此，推进重大项目的建设同样应当作为“补短板”的一个重点。综上，我们认为本轮基建投资在项目类型选择上应当以涉农项目优先，重点建设乡村道路和兴修水利设施；同时是可以增加中高端供给的基建项目。

（二）以投资促进区域发展，深入推进西部开发

除确定重点投资领域和项目类型外，还应当把握投资的重点区域。目前，我国的地区间发展差异仍较为突出，特别表现在东南沿海和西部内陆地区间的差异。近20年来，我国通过实施西部大开发战略，已经显著地改善了西部地区的基础设施水平，但是相较于起步较早、经济较为发达的沿海地区，西部地区的基础设施水平在某些领域仍有待提高。因此，通过“补短板”的投资政策，在西部地区实施一批急需的重大项目，从而保障和拉动当地的经济发展显得尤为必要。

西部地区不仅应该作为重大项目的重点投资区域，还应当作为乡村振兴战略的主战场。我国大部分贫困人口在西部，而西部的贫困人口主要在乡村。因此，为切实实现乡村振兴，工作的抓手应放在西部的广大农村地区。西部大开发战略提升了西部地区的基础设施水平，尤其表现在核心城市的公共设施完善程度上，但是农村地区的基础设施水平仍有待提高，特别是“最后一公里”的问题仍有待解决。将短期内农村基建投资的重点放在西部，不仅有利于消除西部地区发展的

瓶颈，也有利用实现资源在全国范围内的有效配置。

（三）储备重大项目，对冲未来冲击

依托国家重大建设项目库，将基建项目划分为在建项目、近期项目和储备项目，采用不同的管理方式。首先，对于在建项目。在“防风险”的政策基调下，科学区分在建项目，对于符合“补短板”基建项目要求的在建项目应为其提供融资支持，加快项目完工。其次，对于近期项目。在统筹兼顾和协调各方的前提下，尽快推动这类“补短板”式项目上马，对冲经济和投资下行压力。最后，还应该储备一批基础设施等“补短板”领域的重大项目。一方面，做好中长期规划可以形成一个良性的项目储备和滚动接续机制；另一方面，可以在经济突然受到冲击、下行压力陡增时迅速上马储备项目，以对冲这类压力。

（四）保障项目融资，支持项目推进

首先，进一步规范地方政府债券的发行和管理。既要切实管控好地方政府的债务规模，打好防范化解重大风险的攻坚战，又要满足地方政府的融资需求，避免矫枉过正。譬如，2018 年上半年地方政府专项债券发行额仅为全年限额的四分之一，难以满足地方政府的投资需求。其次，在市场化原则下保障地方政府融资平台合理的资金诉求。我国供给侧结构性改革的目标之一就是让市场在资源配置领域起主导作用，因此风险防范工作也不应“一刀切”、直接斩断地方政府融资平台的资金供给，而是应该在市场化原则下判断融资平台的资金需求是否合理。同样，金融机构也应在防范化解重大风险的前提下，为基建投资项目提供融资。

（五）鼓励民间资本参与，为中长期发展蓄力

在短期内稳定投资的根本目的在于为中长期宏观经济的发展提供一个稳定的环境，而中长期内经济能否稳中向好地发展仍有赖于微观经济主体的发展。为进一步培育和发展民营经济，财政部门应该首先通过减税等手段帮助企业对冲原材料上涨带来的利润下滑的冲击；其次对金融机构向小微企业贷款的部分利息收入免征增值税，从而解决小微企业的融资难问题；最后切实深化落实“放管服”政策，减少企业在市场中受到的行政干预，让市场在要素配置中起主要作用。这些政策对于增加微观经济主体的信心，在中长期内实现资源的优化配置具有重要作用。

除此之外，我们认为在短期的投资领域，民间资本同样大有可为。首先，我国政府在新能源投资项目领域深化“放管服”改革，促进投资主体多元化。这为民间资本的进入提供了一个良好的契机和市场环境。其次，国家发改委也明确要求，要在铁路、民航、油气和电信等领域推出一批有吸引力的项目，鼓励民间资本参与。通过鼓励民间资本参与到短期投资项目当中，一方面可以为民间资本参与中长期项目积累经验，另一方面也可借此提振民营企业的投资信心。

重塑公务员队伍的激励体系

——兼论央地关系的改善①

聂辉华

摘　要

中共十八大以来，中央和地方的关系发生了调整，在国家治理方面发生了一些变化：第一，治理架构从过去的M型转向以M型为主同时强化U型特征，行政化的高压督导模式使得基层执行力度空前加强；第二，社会问题频繁爆发，政绩考核开始呈现明显的多元化；第三，经济由高速增长进入中速增长区间，支撑公务员薪酬的地方财力在支出刚性下已显不足。在上述背景下，公务员群体的激励出现了一些扭曲，这包括：懒政和怠政、形式主义和官僚主义、教条主义、刁难和腐败、人才流失。因此，有必要对公务员队伍的激励体系进行改革，以适应新形势下的工作需要。我们建议：第一，在央地关系方面，继续推进放权，发挥地方积极性；第二，在公务员薪酬体系方面，建立法治化、与市场接轨的激励机制；第三，在绩效考核方面，突出重点，综合评估，慎用“一票否决”；第四，在约束权力方面，以法治原则界定政府与市场的边界；第五，在容错机制方面，确立有限责任、精准问责的科学理念。

关键词： 公务员；激励；懒政；中央；地方

一、央地关系嬗变改变了公务员队伍的激励体系

与西方国家不同，中国在经济发展方面最大的特色之一就是政府发挥的领导

①　本文系教育部重大课题攻关项目《深化“放管服”改革 促进营商环境持续优化研究》的阶段性成果之一。文责自负。

作用，而且中国政府的官僚体系本身也具有鲜明的特色。因此，要理解中国经济，首先要理解中国的官僚体系，或者说公务员体系。要进一步推动中国经济可持续增长，推进全面深化改革，就必须解决公务员的激励问题。本文将在中央和地方关系的宏大背景下，剖析当前中国公务员体系的激励问题，并提出相应的对策建议。

自秦朝以来，中国就是一个中央集权的国家。历史上，中央政权的目的是维持国家的持久。中国地域辽阔，差异性很大，交通不便，因此为了维持统一的中央权威，中央政权会尽量减少地区差异（黄仁宇，2001）。在经济政策上，中央政权会鼓励农业经济，打压手工业和对外贸易，因为后者会导致地区经济发展差异，从而打破地区平衡；在法律法规上，中央政权提倡简明与划一，实行“一刀切”的政策而不顾地方差异。

（一）中共十八大之前的央地关系及治理特点

毛泽东曾说过：“百代皆行秦政治”。中国古代大一统的政治体系一直沿袭至今，并且不断发展完善。如今，一个典型的中国政府体系由中央、省、市、县、乡五级政府构成，乡镇下辖村庄。每一级政府都管理两类主要机构：一类是下属的部委办局等组成部门，另一类是下级行政辖区的政府。在目前的体制下，中国政府的组织架构类似于企业的事业部制（M 型），即每个下级行政辖区拥有比较完整的机构以及相对独立的职能，相当于一个独立核算的利润中心（俗称“块块”），它们都归上级政府“领导”，这种体制也叫属地管理体制。与此同时，每级政府的职能部门（俗称“条条”）又负责“指导”对应的下级政府的职能部门，并且有少数部门（例如国税、煤监、海关、银行）实行自上而下的垂直管理。实行垂直管理的体制类似于企业的职能制（U 型），但实行垂直管理的部门通常是“双重领导”，即以上级部门领导为主、地方政府领导为辅。我们假设一级政府有两个组成部门（例如农业部、国税总局），两个下属行政辖区的政府（河北省、山东省），那么我们可以用图 1 简明地表示中国的政府架构，其中实线表示领导关系，虚线表示指导关系。除了政府，更重要的机构是中国共产党的各级委员会，其机构设置也与图 1 类似，并且党委领导政府。略微不同的是，相对于政府的上级部门和下级部门的关系，上级党委的下属部门（例如市委组织部）与相应的下级党委的下属部门（如县委组织部）具有更强的指导关系。中华人民共和国建立初期，曾模仿苏联体制实行 U 型组织架构。不过，从 20 世纪 50 年代末到“文化大革命”结束，中国的党政组织架构已经从 U 型组织架构转向了 M 型组织架构。[①]

① 可参考许成钢等人的系列文章（Maskin et al.，2000；Qian et al.，2006；Xu，2011）。

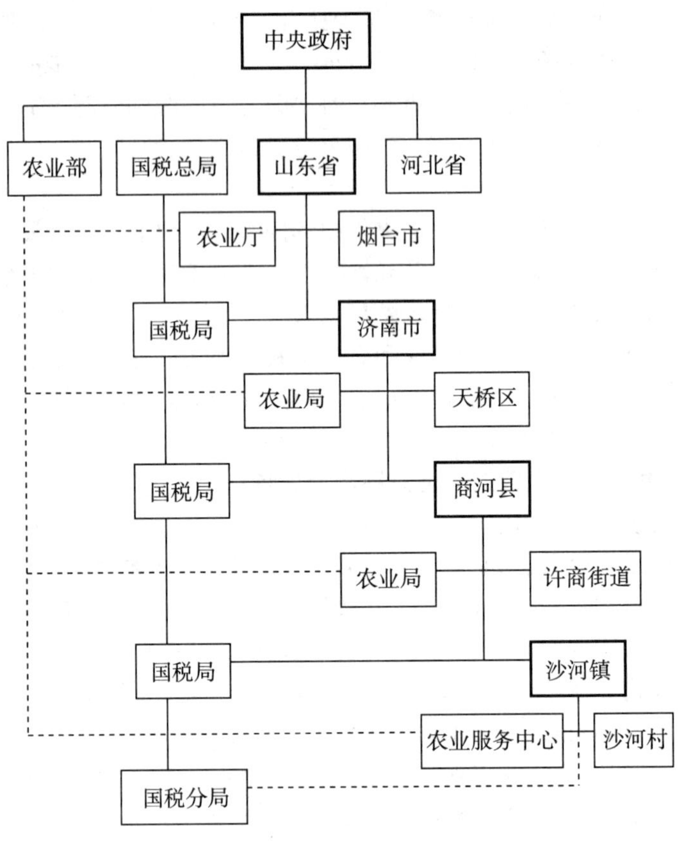

图 1　中国政府机构示意图

在条块结合、以块为主的 M 型管理体制下，中共十八大之前的央地关系和治理模式呈现出以下特点。

第一，在命令链条上，上传下达、层层加码。在中央集权体系下，法律、法规和行政命令以及最高领导机构的指示都是自上而下逐级下达。一方面，在政府体系内，行政辖区的各项事务以“整体发包”的形式从上级转移到下级，再转移到基层单位，这是一种典型的“政治发包体制”（周黎安，2008）。由于上级政府将辖区所有事情整体发包给下级政府，因此下级政府领导集体实际上对辖区的各项事务具有无限责任。无限责任对应于无限权力。①在这种体制下，各级政府之间的权力和责任边界是比较清晰的，但是政府内部的权力和责任边界是比较模糊

① 这客观上导致地方“一把手”具有绝对权力。当我们讨论权力约束机制时，切不可忽略这一制度背景。

的。相应地，政府主要负责人的权力和责任边界是比较清晰的，而政府领导集体成员之间的权力和责任边界是比较模糊的。如前所述，中央为了政令统一和地区平衡，往往倾向于采取“一刀切”的政策，而各地区差异较大，这必然导致划一的上级政策无法完全符合当地的实情，因此上级政策的执行效果将会打个折扣。在这种情况下，为了保证总体目标的实现，下级政府在给更下级的政府发包目标责任时，必须留有“冗余量”，即在上级目标的基础上增加额外的要求。当任务从中央到乡镇逐级传递时，就会出现所谓的“层层加码”现象。在实际执行过程中，由于地区差异以及时滞，有些地区执行进度落后，有些地区执行进度超前，但总体上能够达到预期目标。另外，除了任务层层发包，中国的五级政府管理体制还会产生一个组织内常见的问题——上下级之间严重的信息不对称问题。信息传递的规律是，传递的层级越多，信息漏损越多，并且每一层级都会出现“控制性损失”（control loss）（Williamson，1967）。在政府治理能力较弱的情况下，上下级政府之间的信息不对称会导致夸大、扭曲、隐瞒乃至欺骗行为。正是考虑到下级可能存在的道德风险问题，上级在制定目标时也会采取“加码”的形式，这是导致“层层加码”行为出现的另一个原因。对于多层级政府体制的特点和弊端，民间有幅对联做了形象的概括：上级压下级，层层加码，马到成功；下级哄上级，层层掺水，水到渠成。①

第二，在绩效考核上，以 GDP（国内生产总值）为核心，地区之间充分竞争。自 1978 年实行改革开放以来，中国经济呈现了 40 年的中高速增长，取得了令世界瞩目的成就。中国经济的高速增长很可能与中国独特的政治制度和公务员体系有关。经济学家认为，在改革开放过程中，推动中国经济增长的主要动力机制是地区之间以 GDP 为主要考核指标的经济竞争（杨瑞龙，1998；张五常，2009）。在中国制度体系下，以地区为“块”的地区分权体制，以及上下级政府之间的责任承包制，是辖区竞争的必要条件之一。GDP 本身是经济增长的综合指标或者充分统计量（sufficient statistics），这种单一目标比较适合进行经济考核。地区之间的竞争给地方政府带来了可观的税收收入（Qian and Weingast，1996），给地方政府主要领导人带来了政治晋升机会（Bo，2002；Li and Zhou，2005），以及给更多的普通公务员带来了更多的寻租和灰色收入（尹振东、聂辉华，2018）。

第三，在问责方面，呈现运动式治理特征。考核与问责是一个组织的两个核

① 贾康认为，中国是世界上唯一实行五级财政体制的国家。他因此建议，为了提高行政效率，应将五级财政体制变成三级财政体制。参见专家称中国将逐渐把五级财政层级简化为三级．第一财经日报，2009－08－31。

心问题。1978—2012年，中国在政府问责方面尚没有形成严格的制度化体系。这有两个方面的原因。第一是制度一直在完善，问责是伴随法治观念的推广而逐步推行的；第二是在“以经济建设为中心”和以GDP为主要考核指标的评估体系下，对事故的问责往往服从于发展经济这个中心，因此并不能保证一以贯之地执行。但是，为了巩固政权的合法性，政府必须回应公民对各类责任事故的不满，尤其是当媒体广泛报道了某个责任事故之后。上述因素导致了对地方政府及其官员的问责具有较大的随机性、主观性和临时性，从而形成了运动式治理的基本特征。这些运动式治理包括但不限于反腐败、打黑除恶、扫黄打非、整治黑车、清理小产权房、“保卫蓝天行动”等。在实施运动式治理时，地方政府往往调动所有相关部门的力量，从组织、宣传、警力、财政、法律等多个方面入手，成立指挥部，以准军事化的方式联合行动。这些运动式治理具有几个明显的共同特征（唐贤兴，2009）：任务是临时性、间断性的；政策目标是单一性的，往往是“头痛医头，脚痛医脚”；在处理方式上往往“从重、从严、从快”。

（二）中共十八大以来的央地关系及其治理特征的变化

中共十八大之后，经济进入新常态，社会进入新时代。央地关系以及相应的治理方式也悄然发生了一些变化，这对公务员队伍的激励体系产生了重要的影响。忽视这些变化，就无法理解公务员队伍的激励扭曲问题。这些变化主要体现为以下三个方面。

第一，治理架构从过去的M型转向以M型为主同时强化U型转变，行政化的高压督导模式使得基层执行力度空前加强。中共十八大以来，新一届最高领导集体发动了一场反腐败斗争，这次反腐败与以往不同，规模空前、力度空前、影响空前。根据中纪委的工作报告，2012年底至2017年底，经中共中央批准立案审查的省军级以上党员干部及其他中管干部440人。全国纪检监察机关共立案154.5万件，处分153.7万人，其中厅局级干部8 900余人，县处级干部6.3万人，涉嫌犯罪被移送司法机关处理5.8万人。①声势浩大的反腐败运动对官员产生了广泛的震慑效应，这为中共十八大以来的各项改革以及政策推行创造了阻碍成本最小的政治环境。此外，中央通过调整纪检监察组织领导体制，推行“大部制”和加强党政合署办公的机构改革，在保持M型为主的同时强化了U型管理的特色，即更加强化了自上而下的垂直管理。双管齐下，导致过去多年累积的政策执行难、贯彻难的问题，在基层已经大为减少。过去打政策“擦边球”，或者与中央政策“抢跑”的“黄灯效应”（沈坤荣和孙文杰，2004）已经基本消失。

---

① 十八届中央纪律检查委员会向中国共产党第十九次全国代表大会的工作报告．中央纪律检查委员会网站，2017-10-29.

总之，一方面，强力的反腐败降低了政府层级之间的代理成本；另一方面，以网络科技和大数据为代表的现代科技减少了上下级政府之间的信息不对称问题。这两个特征的出现，使得“层层加码”的正面效应不仅不像过去那么大，而且可能产生放大的负面效应。如果说过去的上级检查时而演变为上下政府之间的“共谋”（周雪光，2008）的话，那么现在的上级检查则变成行政化的高压督导模式。在新的央地关系下，基层地方政府处于全天候的待命状态，要花费巨大的精力和财力来准备应接不暇的各类上级检查。据不完全统计，各类上级检查包括但不限于巡视、巡察、环保督察、土地督查、扶贫检查、安全生产检查、审计、第三方评估等。

第二，社会问题频繁爆发，政绩考核开始呈现明显的多元化。一方面，我国过去 40 年改革取得长足进步的重要原因之一，是采取了“先增量改革，后存量改革”的正确战略，这有利于加快改革进程和鼓舞改革人心，但当改革进入深水区时，存量改革的难度会不断加大，改革的边际成本会逐步提高，改革的边际收益会逐渐减少。一个突出的表现是，像农村家庭联产承包责任制、经济特区、国企战略性调整这样重大的改革事项，在 2001 年中国加入 WTO 之后已难再现。另一方面，多年缓慢的存量改革积累的各类社会矛盾开始集中爆发，例如普遍的腐败问题、矿难问题、环境污染问题、群体性上访问题、贫困问题、地区差距问题、收入差距问题。在这种大背景下，中央开始调整地方官员的考核指标，批判“唯 GDP 论”，而是将环保、民生以及一些反映经济发展质量的指标逐步纳入官员考核体系之中，除了安全生产、环境污染和社会稳定，一些诸如空气质量、房价等常态性指标开始纳入一些地方政府的“一票否决”范围。①

第三，经济由高速增长进入中速增长区间，支撑公务员薪酬的地方财力在支出刚性下已显不足。中国经济自 1978 年以来维持了长达 30 多年的两位数高速增长，这是世界罕见的经济奇迹。依靠扩大规模、增加投入的投资驱动模式本身是难以持续的，资本的边际报酬会持续下降，这必然导致经济增速放缓。在经济高速增长时期，即便存在一些利益冲突和社会问题，利益各方也可以通过做大蛋糕的方式实现帕累托改进式的利益分配，或者至少是卡尔多-希克斯改进式的利益分配。因此，当经济高速增长能够带来足够多的增量利益时，不管是通过政治晋升、寻租还是灰色收入，领导干部和普通公务员都有内在的激励去推动经济增长。然而，当改革进入深水区、经济增长进入新常态时，中速增长的经济体可能无法带来足够多的增量利益用以满足利益各方的诉求。在缺乏新的激励手段的前提下，公务员队伍就会变现为激励不足。图 2 描述了 1978—2016 年中国每年的

① 环保部：空气质量目标未完成将“一票否决”. 新京报，2014-05-28.

真实 GDP 增长率，以及 2007—2016 年每年的真实房价增长率。从图 2 可以看出，2010 年之后，中国经济从两位数的增长率变成一位数的经济增长率，经济增长节奏明显放缓，这意味着蛋糕做大的速度逐渐减慢。特别是，土地出让金是地方政府财政收入的支柱，但是与土地出让金正相关的房价增长率也在 2010 年之后表现出明显的放缓节奏。地方政府财力下降会直接影响公务员的物质报酬。熊通成和曾湘泉（2014）利用 2008 年 8 个省份 56 个城市 14 429 个公务员的抽样调查数据，通过计量分析发现，地方政府的财力是影响公务员收入水平最重要的因素，其次是公务员级别，个人经验和性别只有很小的影响。

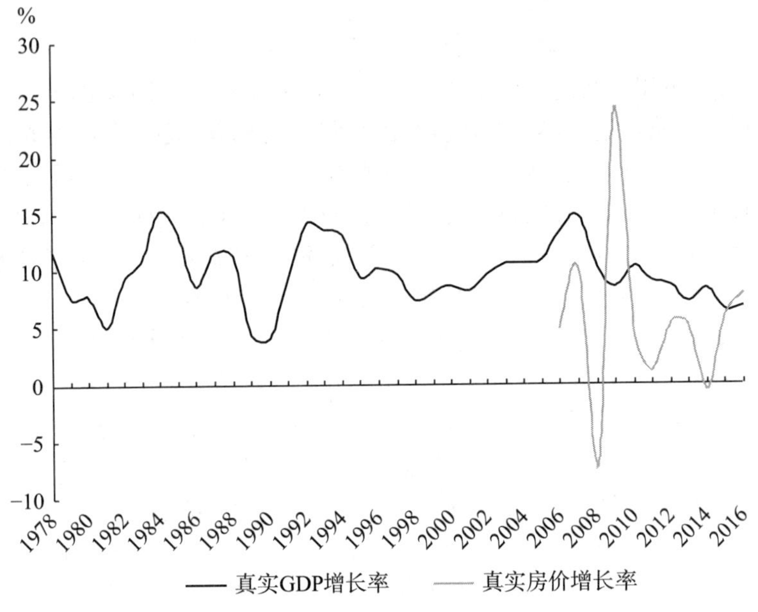

图 2　GDP 增长率和房价增长率

二、公务员激励扭曲已成为严重问题

中共十八大以来的中央和地方关系变化以及治理特征的变化，影响了对公务员队伍的激励。在宏观制度和宏大背景发生变化之后，公务员队伍的激励体系并没有相应地进行变革，这导致了公务员队伍的激励扭曲或者激励不兼容。主要表现为如下几个方面。

（一）懒政和怠政

央地关系再调整和经济下行从一定程度上瓦解了公务员队伍的既有激励体系，导致了激励扭曲。具体来说体现为两点：一是因为过去那种“干一点、拿一点、分一点”的不当利益分配方式已经被打破了，或者说在经济增长过程中获取寻租和灰色收入的机会大为减少，但是新的利益分配机制还没有完善，出现了“激励真空”；二是因为现在规矩多、纪律严，干得越多可能犯错越多，于是干脆不干或少干。公务员队伍激励扭曲的最主要表现就是懒政和怠政，通俗地说就是不作为。过去政府机关是“门难进、脸难看、事难办”，现在变成“门好进、脸好看、事不办”。很多公务员的心态是，“做一天和尚撞一天钟”，“多一事不如少一事”，或者是“只要不出事，宁愿不干事”。一些官员对于企业家避而远之，不接电话、不见面、不吃饭，当然也不办事。

中国人民大学国家发展与战略研究院国家治理研究中心课题组针对 527 个受访者进行了调查，发现受访者在工作积极性、工作满意度、离职倾向三项上占比最多的选项均为“一般”，比例分别为 38.52%、35.29%、30.55%（祁凡骅，2017）。在离职倾向上，“完全不同意”“不同意”占比较高，表明受访者在离职选择上呈现出不确定性。图 3 的公务员工作态度调查显示，公务员的工作积极性、工作满意度、组织忠诚度不高，离职发生可能性为中等。

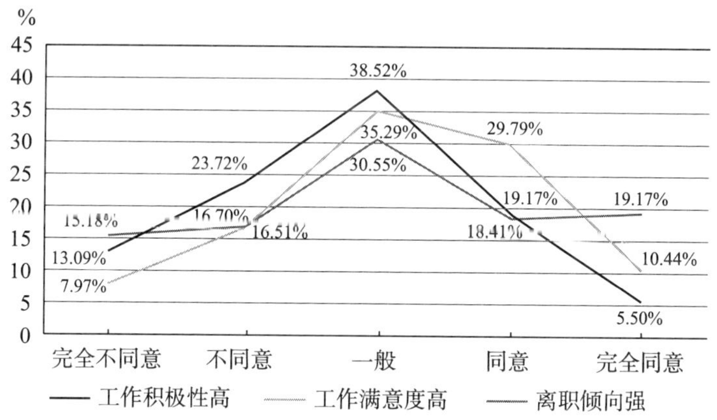

图 3　公务员工作态度调查

（二）形式主义和官僚主义

在行政化的高压督导模式下，一些公务员既不想干事，又想应付上级，或者通过所谓“表现”来博取上级注意力，于是就产生了一些形式主义和官僚主义作风。人民论坛网上的一篇文章详细、全面地概括了形式主义在当下的九种表现①（唐任伍，2018）：一是贯彻落实机械式，例如一些领导干部仅仅满足于“轮流圈阅”“层层转发”“安排部署”，形象地说就是“以会议贯彻会议，以文件贯彻文

① 原文为十种表现，这里省略了一处。

件”；二是调查研究走秀式，例如中部某县一个乡镇成为出名的“被调研明星乡”，一年居然有500多批次领导干部前来调研，还有某个区最多的一天接待了6位厅级领导来调研；三是服务群众推诿式，其中有一招叫作“打太极”，就是借口作风更紧了、纪律更严了，通过制定各种名目繁多的规则让办事的老百姓自己打退堂鼓，或者嘴上说“好好好”，但是东拉西扯、互相推诿，把办事的人“踢来踢去”；四是项目建设形象式，例如一些地区以“传承乡村文化”“留住乡愁”为名，在农村建大公园、大广场、大牌坊等华而不实的“面子工程”，却忽视生活污水和垃圾处理、裸房整治等农村治理重点工作；五是召开会议重复式，例如在一些地方“陪会”也成为开会的一个标准流程，一般性工作会议主席台上四五位、六七位不等的领导干部陪会，而会议只安排一个人讲话，其他几位坐在台上无所事事，一陪就是半天一天；六是文风话风拼凑式，例如个别领导干部的一篇讲话在这个场合能行，换个场合也行，其实讲的都是“正确的废话”，但可悲的是说空话似乎成了一些人的主要工作，说起来豪言壮语，气吞山河，海阔天空，不着边际；七是责任担当闪避式，例如一些干部遇事不辨是非、不讲原则，唯求一团和气、甘当“老好人”，一怕坚持原则得罪上级，二怕说真话得罪同级，三怕严格要求得罪下级；八是工作实效包装式，例如一些人把精力都放在“材料美化”上，一项工作刚开始就急于总结成绩、宣传典型，搞“材料出政绩”；九是履行职责签单式，例如一些地方为了避免承担安全事故的责任，不管部署什么工作，都热衷于与基层和下属单位签订“责任状”，将责任下移，试图让下级的“责任状”成为自己的“免责单”。

（三）教条主义

在行政化的高压督导模式下，一些公务员在心态上呈现出高度的风险规避，非常害怕犯错误或违背上级意图，结果走向了另一个极端——教条主义，不妨称之为“新的两个凡是”：凡是文件规定的，一律按规定的最严要求处理；凡是文件说可办可不办的，一律按不可办处理。例如，有些地方规定，对本地纳税额和就业量达到一定规模的企业可以优先获得本地户口指标。具体承办的公务员为了避免争议和麻烦，就将“可以优先”理解为“也可以不优先”，拒绝为企业提供相关优惠政策。更经典的案例是2015年国务院常务会议上李克强总理在讲述简政放权时提到的一个笑话：媒体报道一个公民想出国旅游，在填写“紧急联系人”时写了他母亲的名字，结果有关部门要他提供材料，证明“你妈是你妈”。还有一个案例，根据《现代快报》报道，南京某市民的现金被老鼠咬碎。当他拿着破碎的人民币到银行换钱时，银行居然要求他开具钱被老鼠咬坏的证明。显然，这样的证明根本不可能开出来。

除了烦琐的文牍主义，教条主义的另一个表现就是“左”倾。随着时间的推移，有些规定虽然没有废除，但是明显不合时宜，此时应该根据实际需要进行调整，但是有极少数地方和极少数人仍然抱残守缺，宁“左”勿“右”。例如，重庆高考政审、号召工人参与民企利益分享等事件。改革开放的总设计师邓小平同志高瞻远瞩地指出：右可以葬送社会主义，“左”也可以葬送社会主义。中国要警惕右，但主要是防止“左”。①

（四）刁难和腐败

严格的政策执行环境和传统激励模式的消解不仅会影响公务员干部队伍的积极性，而且会影响当下的政商关系或营商环境。毕竟，企业和居民是公务员队伍服务的主要对象。行政化的高压督导相当于加大了政策的执行力度，这对企业而言往往意味着战略调整和额外的成本。于是，在政策执行过程中，部分公务员便借机刁难企业，甚至索取贿赂，以换取对企业的通融或宽松执法。例如，2018年2月23日，山东省临沂市金凤凰置业有限公司负责人张方成，在网络上实名举报临沂市经济开发区原管委会主任徐福田利用职务之便，故意刁难招商引资企业，玩忽职守，致使企业1.6亿元的土地补偿款10年未拨付，直接导致企业经济损失达1.7亿元。根据媒体报道和调研，一些地方的工商、税务、卫生、消防系统的执法人员到企业“吃喝卡拿”、动辄罚款、百般刁难的现象仍然比较普遍。对该办的事情不办，快办的事情慢办，本身就是一种滥用职权的行为，属于渎职和腐败行为。虽然党的十八大以来的高压反腐阻遏了大部分的腐败行为，但是在一些基层单位，以刁难、敲诈、索贿等形式从事的隐性或显性腐败行为依然存在，不可小觑。

（五）人才流失

进入新常态和新时代之后，公务员队伍的薪酬更加明确化、合规化，一些灰色收入和寻租收入有所减少，行政纪律更加严格和规范。因此，在新的激励体系建立健全之前，少数公务员缺乏激励，任职的机会成本很高，从而选择了“下海”或跳槽。在综合管理部门以及金融管理部门，不乏一些优秀的干部流失比较严重。考虑到在转型时期的中国，政府部门仍然掌握着最重要的经济和社会资源，因此理当有最优秀的精英人士在政府服务。从这个角度讲，一些优秀干部的离职对国家是一种损失。根据媒体报道②，2015年上海市有三位厅局级干部离职。3月19日，浦东新区原区委常委、副区长卫明离职；7月9日，浦东新区原副区长丁磊离职；7月27日，上海市政府外事办公室副主任陈凯离职。据统计，5年来，上海法院每年平均流失法官67人，2013年达到了74人，2014年则增

① 邓小平．邓小平文选：第3卷．北京：人民出版社，1993：375.

② 揭公务员辞职“潮”：一线城市厅官离职频现．21世纪经济报道，2015-08-05.

加到了 86 人。公务员离职的重要原因有两个：个人发展空间受限，收入较低。据媒体报道，上海企业接纳处级干部的标准是年薪 60 万元，厅级干部的年薪则超过 200 万元，这比体制内收入高出数倍。坊间传言，公务员干部到企业任职，薪酬是之前收入的十倍，即在原来工资的基础上加一个零。

三、公务员队伍激励体制的回顾与反思

要改革公务员激励体系，首先需要了解已有的公务员激励体系及其问题。据专家统计，中国大约有 717 万名公务员，其中 60%在县以下基层单位工作，76.7%是乡科级及以下人员（何宪，2016）。粗略地说，在基层单位，99%的公务员属于副处级以下，90%的公务员属于副科级以下。因此，我们决不能忽略广大普通公务员的激励问题。对于公务员来说，最主要的激励就是两样：工资和升迁。因此，要理解公务员的激励提下，首先要理解公务员薪酬体系的变迁以及升迁的规律。

（一）公务员工资制度的演变与反思

一般来说，中国公务员的工资制度可以分为三个阶段（何宪，2016），每个阶段都体现了以职务为中心或以职级为中心的特色。第一个阶段是 1956—1984 年，这一阶段是以级别工资为中心。这一阶段又分为两个时期：1956—1966 年，实行职务等级工资制度，所有职务分为 30 个级别，职务级别决定工资水平；1967—1984 年，实行单纯的等级工资制度，职务与等级不对应，事实上当时很长一段时期的公务员等级是冻结的。第二个阶段是 1985—2013 年，以职务工资为中心，职务决定级别。2006 年之前的结构工资包括基础工资、职务工资、工龄工资和奖励工资四个部分，其中职务工资是主要因素。2006 年，《中华人民共和国公务员法》开始实施，当年制定了《公务员工资制度改革方案》，这一方案奠定了之后公务员工资的基本结构。根据规格方案，公务员工资分为职务工资、职级工资、地区附加津贴、艰苦边远地区津贴、岗位津贴、年终奖六个部分。其中，职务工资与公务员的行政级别挂钩，级别工资主要体现公务员在相应职务等级上的任职年限，这两部分工资构成了公务员的基本工资（刘昕和董克用，2016）。简单地，第二个阶段基本上是职务决定级别，这两者又决定了工资的主体部分。第三个阶段是 2014 年至今，中央决定在县以下机构试行职务职级并行制度。中共十七届四中全会提出建立职务职级制度后，2014 年 6 月在吉林、甘肃、江西、广东四省各选一个县试点。2014 年 12 月，中央全面深化改革领导小组会议审议通过了《关于县以下机关建立公务员职务与职级并行制度的意见》。2015 年 6 月，中央正式决定在县以下建立职务与职级并行制度。职务可以视为

相应职级，职务晋升自动带来职级晋升。但那些没有晋升职务的公务员在符合一定任职年限以及绩效表现的前提下，也可以实现职级晋升。根据该政策，县级以下单位的一个普通办事员工作满8年可以晋升为科员级（二十五级），12年之后可以晋升副科级（二十三级），又过15年可以晋升为正科级（二十级）。此外，任现职级或职务期间每有1个年度考核为优秀等次，任职年限条件缩短半年；每有1个年度考核为基本称职等次，任职年限条件延长1年。换言之，一个普通公务员即便没有担任任何行政职务，只要他兢兢业业，表现优秀，32～35年之后他仍然可以享受与乡镇长一样的工资待遇。考虑到一个普通大学生本科毕业参加工作时是22岁，这样他在55～57岁之前可以享受乡科级待遇。事实上，如果单纯以行政职务计算，一个普通办事员担任乡科级职务时一般都为50岁左右，这样就保证了职务和职级的经济待遇差别不大的预期目的。

当前公务员工资制度存在如下问题。第一，职务所占比重过大，而职务作为一种激励工具非常有限。目前的工资制度基本上可以概括为：职务决定级别，级别决定工资。与职务捆绑的工资部分大约占七成。然而，在任何一个单位，领导职务的数量是天然有限的，即便加上非领导职务，职数也是有限的。此外，虽然公务员的行政级别从低到高分为十级：副科级、正科级、副处级、正处级、副厅级、正厅级、副部级、正部级、副国级、正国级。但是，对于乡镇公务员而言，绝大多数人止步于副科级；对于县市公务员而言，绝大多数人止步于副处级；对于部委公务员而言，绝大多数人止步于副厅级。这意味着，过于依赖职务或行政级别会导致公务员的激励空间非常有限。第二，公务员工资的相对水平不高。公务员群体大部分是精英人士，他们的预期收入目标是与他们同等优秀的商业精英或知识精英的收入相同。但是，毋庸讳言，目前前者与后者的收入尚存在一些差距。于东阳和苏少之（2014）比较了公务员工资在全部19个行业中的相对位置。1992—2001年，公务员平均工资在16个行业中开始排名中后，后来位次有所提升；2002—2012年，公务员平均工资在19个行业中位居中游，并在2007年达到历史高位第8位之后，持续下滑，2012年退居第13位，仅排在建筑，服务，住宿餐饮，农、林、牧、渔等行业之前。可见，公务员平均工资在社会上的地位与该群体的预期目标并不对等。第三，公务员工资水平缺乏正常的调整机制。当前公务员工资的调整都是非周期性的，或者是短期的，缺乏一个跟市场工资水平或物价水平挂钩的科学调整机制。

（二）公务员晋升制度的猜测与质疑

近年来，经济学者围绕中国官员升迁问题进行了很多研究，但是尚未取得令人满意的共识。第一种观点是政绩论。他们认为，官员升迁的主要原因是经济绩效，主要是GDP和财政收入的增长率。例如，薄智跃（Bo，1996）利用1949—

1994 年中国 30 个省级地区领导人的数据，发现好的经济绩效有助于晋升，特别是上缴中央的税收比 GDP 增长率还重要。李宏彬和周黎安（Li and Zhou，2005）利用 1979—1995 年的省委书记和省长样本，发现省级领导人升迁的概率随经济绩效而增加，离职的概率则随经济绩效而降低。但是相反的或者不利的证据同时存在。例如，美国政治学者兰德里（Landry，2003）利用 1990—2000 年 2 483 个市长的数据，发现经济绩效（人均 GDP）对晋升的影响很小。人均 GDP 每偏离均值一个标准误，升迁的概率仅从 0.11 提高到 0.13，几乎可以忽略不计。第二种观点是关系论，即认为政治关联对官员晋升起到了决定性的作用（例如，Shih et al.，2012）。还有人认为，政绩和关系对于升迁是互补的（例如，Jia et al.，2015）。①

尽管关于官员升迁的学术研究并没有形成共识，但是其中暴露的问题仍然值得反思。第一，大部分公务员的升迁空间有限，这一点在前面已经阐述了。第二，公务员升迁并不存在明显的规律或稳定的预期，这导致公务员难以进行长期的人力资本投资，并且可能会滥用权力或者腐败。第三，任期回避制度虽然可以减少合谋现象，但是也不可避免地造成了一些短视行为或机会主义行为。第四，相对于部委公务员，基层公务员升迁更慢、工作压力更大，这会导致人才错配。

四、重塑公务员队伍激励体系的若干建议

中共十八大以来，中央地方关系发生了变化，社会主要矛盾发生了变化，国内外环境也发生了变化。因此，有必要对公务员队伍的激励体系进行改革，以适应新形势下的工作需要。

（一）央地关系：继续推进放权，发挥地方积极性

中国自 1978 年以来的改革开放之所以取得了令世界瞩目的成效，其中非常重要的一条经验就是允许各地“大胆地试，大胆地创”，即发挥地方的改革积极性和主动性。无论是农村家庭联产承包责任制还是城市国有企业改革，无论是乡镇企业还是经济开发区，都是基层的自我创新和自我革命，经由自下而上的过程传到中央，由中央认可并在全国各地推广。事实上，中国的改革能够成功而苏联的改革失败了，就是因为中国采取的 M 型地区分权管理体制便于地方进行“局部实验”或试错（Qian et al.，2006）。中共十八大以来，中央政府力推“放管服”，大力促进了各地创新创业，明显改善了营商环境。无论是基于早期经验还是当下经验，下一步的改革都应该继续坚持以放权为主的大方向，这一点应该由

① 关于这方面的观点综述，可参考聂辉华（2017）。

中央从顶层设计上明确。当然，在一些涉及地区协调和外部性的领域，例如环保、安全生产和纪检监察，可以实行适度的中央集权（或垂直管理）。我们在调研中发现，一些地方或国企之所以在深化改革过程中畏首畏尾、举步维艰，一个重要原因就是中央部委下发的各类文件太多，而且文件之间有时相互“打架”。在强调垂直管理和高压行政督导的模式下，地方必然缺乏自主创新的积极性和动力。刘元春教授（2008）做了一个形象的比喻：“这就像把一个人的手和脚绑住，让他向左转向右转，最后可能就会跌倒，而不是从根本上改变他的行为模式。”要从根本上改变公务员队伍的行为模式，让“想干事”的人“能干事”“干好事”，就必须建立有效的激励体系。那么，什么是有效的激励体系呢？

（二）薪酬体系：建立法治化、与市场接轨的激励机制

行政化的高压督导模式固然可以在短期内提高地方政府以及公务员群体的执行力，但这毕竟是“外力”，并不具有可持续性。可持续的方向是建立内生的激励体系，变“外力”为“内力”，变“要我干事”为“我要干事”。从国内外经验来看，只有建立法治化、与市场接轨的激励体系，才能保持公务员队伍的可持续努力。要做到这点，可以在以下几个方面进行改革：（1）进一步推广职务与职级并重的公务员工资制度改革，将实行范围从目前的县级扩大到地市级，从而适度减弱公务员工资水平对职务的依赖性。（2）适当提高公务员工资的绝对水平，确保公务员群体的工资水平在全社会中处于中等偏上位置。（3）建立公务员工资水平的常态调整机制，将工资水平与市场工资水平挂钩。这一点可以参考新加坡的做法，选择一个特定的市场化群体的工资样本，按照一定的比例并考虑通货膨胀的因素来定期调整公务员的工资水平。（4）改革国企领导人的身份和薪酬体系，取消保留行政级别前提下的限薪办法。目前，国企负责人均有相应的行政级别，同时薪酬受到限制。这一方面不利于国企发挥市场属性，另一方面又不利于发挥国企领导人的积极性。建议市场化、竞争性国企保留极少数行政干部岗位，其薪酬可略高于同级别的政府公务员，其余高级管理人员的报酬逐步与市场接轨。行政垄断性国企要明确其非市场化定位，采取“特殊企业”的方式单独立法管理。总而言之，公务员薪酬体系要做到“开正门、堵后门、关旁门”。

（三）约束权力：以法治原则界定政府与市场的边界

一方面要对公务员群体的积极性进行鼓励，防止“不作为”；另一方面又要防止公务员群体滥用权力，防止“乱作为”。“有为”靠激励，“乱为”要监督。当前在营商环境方面，除了少数公务员不作为之外，群众和企业家反映比较多的问题是，政府官员乱作为，特别是自由裁量权太大，给部分不法分子进行权力寻租创造了温床。要让政府发挥“帮助之手”，杜绝“掠夺之手”，关键是将权力约束在法治的框架内，并且加强群众监督。核心问题是，以法治原则界定政府和市

场的边界。(1) 要真正贯彻中共十八届三中全会提出的“使市场在资源配置中起决定性作用”的正确理念，同时明确这一表述与“更好发挥政府作用”的主从关系，避免逻辑混乱和地方政府官员的机会主义行为。(2) 减少政府对微观经济的干预行为，加强政府对宏观调控的科学把握。(3) 进一步完善市场“负面清单”制度，所有涉及经济管制的部门都应该公布“负面清单”，从而扩大对民企和外企的准入机会。

(四) 绩效考核：突出重点，综合评估，慎用“一票否决”

目前对地方政府或公务员的考核是加分项和否决项结合的方式，否决项中又以“一票否决”较为常见。从理论上讲，“一票否决”机制的使用范围很窄，主要适用于极少数特别重要、关乎全局的业务考核。当前要警惕“一票否决”机制的滥用，这会导致激励扭曲。如果把很多常规性考核项目变成“一票否决”选项，必然导致公务员走向极端的风险规避，即做事只求不出错，而不顾总体效益。此外，每增加一项“一票否决”的选项，就会增加一份当事人的风险或不确定性。此外，在设计考核体系时，应借鉴当代行为经济学的前沿成果，要考虑到成功和失败的对称性，防止成功时轻奖励而失败时重惩罚，这也会加剧当事人的风险规避态度并催生“懒政”现象（泰勒，2009）。举例来说，一个银行信贷员成功收回贷款 1 000 万元，只奖励 5 000 元，但是一旦出现 100 万元坏账，就会受到降职或撤职处分，这就不是一种科学的考核机制。科学的考核机制应该是对信贷员一个周期（比如一年）内所有业务进行综合评估，在重点工作没有失误的情况下，允许奖励和惩罚相互抵消。

(五) 容错机制：确立有限责任、精准问责的科学理念

改革是一个试错的过程。既然是试错，就难免犯错。因此，要鼓励地方政府及其广大公务员勇于改革、善于创新、敢于试错，就必须建立科学的容错纠错机制。(1) 改变管理理念，应当承认地方政府或单位的主要负责人是承担“有限责任”而非“无限责任”。既然我们承认部门或领导人的“权力清单”，即认可“权力是有限的”，那么就应该认可“责任是有限的”。在有限责任框架内，不同职务、不同级别的官员或普通公务员应当各负其责，不应该要求主要负责人对本地区或本单位的事务负有无限责任或完全责任，这违背了激励相容原理。(2) 在发生事故时，应该根据事故原因确定责任，而不能完全根据事故的严重性后果来确定责任。目前对生产安全事故责任的认定，很大程度上与事故后果挂钩。但是，从预防事故发生的角度讲，应该强调事前的责任边界，而且事故的后果并不完全受管理者本人控制。(3) 建立“改革者上”的官场清风。在 2016 年召开的中央深化改革领导小组第二十五次会议上，习总书记强调，改革是一场革命，改的是体制机制，动的是既得利益，不真刀真枪干是不行的。会议指出，落实改革工作，应继续鼓励基层创新，形成改革者上、不改革者下的用人导向。

参考文献

[1] Bo，Z. Y.，1996，“Economic Performance and Political Mobility：Chinese Provincial Leaders”，*Journal of Contemporary China*，5（12）：135－154.
[2] Bo，Z. Y.，2002，*Chinese Provincial Leaders：Economic Performance and Political Mobility since 1949*，Armonk，NY：M. E. Sharpe.
[3] Jia，R. X.，Kudamatsu，M.，Seim，D.，2015，“Political Selection in China：The Complementary Roles of Connections and Performance”，*Journal of the European Economic Association*，13（4）：631－668.
[4] Landry，P.，2003，“The Political Management of Mayors in Post-Deng China”，*Journal of Asian Studies*，17：31－58.
[5] Li，H. B.，Zhou，L. A.，2005，“Political Turnover and Economic Performance：The Incentive Role of Personnel Control in China”，*Journal of Public Economics*，89：1743－1762.
[6] Maskin，E.，Qian，Q. Y.，Xu，C. G.，2000，“Incentives，Information，and Organizational Form”，*Review of Economic Studies*，67（2）：359－378.
[7] Qian，Y. Y.，Weingast，B.，1996，“China's Transition to Markets：Market-Preserving Federalism，Chinese Style”，*Journal of Policy Reform*，1：149－185.
[8] Qian，Y. Y.，Roland，G.，Xu，C. G.，2006，“Coordination and Experimentation in M-Form and U-Form Organizations”，*Journal of Political Economy*，114（2）：366－402.
[9] Shih，V.，Adolph，C.，Liu，M. X.，2012，“Getting Ahead in the Communist Party：Explaining the Advancement of Central Committee Members in China”，*American Political Science Review*，106（1）：166－187.
[10] Williamson，O. E.，1967，“Hierarchical Control and Optimum Firm Size”，*Journal of Political Economy*，75（2）：123－138.
[11] Xu，C. G.，2011，“The Fundamental Institutions of China's Reforms and Development”，*Journal of Economic Literature*，49（4）：1076－1151.
[12] 邓小平．邓小平文选：第3卷．北京：人民出版社，1993.
[13] 何宪．公务员职务与职级并行制度研究．中国行政管理，2016（9）.
[14] 黄仁宇．十六世纪明代中国之财政与税收．北京：生活·读书·新知三联书店，2001.
[15] 刘昕，董克用．公务员工资水平调查比较制度：我国政府的困境与对策．

公共管理学报，2016 (1).
[16] 刘元春．没有提升效率的改革是添乱的改革．界面新闻，2018－10－26.
[17] 聂辉华．中国官员升迁：一个不适宜在官场公开讨论的话题．VISTA 看天下“政商智库”电子刊，2017－02－06.
[18] 祁凡骅．国家治理创新报告 (2017). 中国人民大学国家发展与战略研究院国家治理研究中心年度报告，2017.
[19] 沈坤荣，孙文杰．投资效率、资本形成与宏观经济波动——基于金融发展视角的实证研究．中国社会科学，2004 (6).
[20] 泰勒．助推——我们如何做出最佳选择．北京：中信出版社，2009.
[21] 唐任伍．形式主义十大新表现．人民论坛网，2018－01－16.
[22] 唐贤兴．政策工具的选择与政府的社会动员能力——对“运动式治理”的一个解释．学习与探索，2009 (3).
[23] 熊通成，曾湘泉．地方财力、分配决策与公务员工资收入地区差距的实证分析．统计与决策，2014 (19).
[24] 杨瑞龙．我国制度变迁方式转换的三阶段论：兼论地方政府的制度创新行为．经济研究，1998 (1).
[25] 尹振东，聂辉华．腐败、官员治理与经济发展．工作论文，2018.
[26] 于东阳，苏少之．中国公务员工资制度和工资水平的演变探析——基于1992—2012 年的改革实践．中国人力资源开发，2014 (22).
[27] 张五常．中国的经济制度：中国经济改革三十年．北京：中信出版社，2009.
[28] 周黎安．转型中的地方政府．上海：格致出版社，2008.
[29] 周雪光．基层政府间的“共谋现象”——一个政府行为的制度逻辑．社会学研究，2008 (6).

自贸协定、成本削减与技术进步

——中美贸易摩擦应对方案的比较研究

王孝松　武　晥

摘　要

本文通过计算一般均衡模型对中美贸易摩擦对世界主要经济体的影响进行评估，并对中国推进 RCEP、加入 CPTPP、削减贸易成本、提升技术水平等四种不同应对方案的效果进行比较。根据计算结果，中美贸易摩擦如果限定在当前规模，对中国经济增长和社会福利的影响有限，随着美国对中国加征关税规模的增加，中国的经济情况有所恶化，但基本上优于不向美国征收额外关税。东亚、东南亚等经济体的贸易顺差收窄，但福利水平有所上升。通过比较四种应对方案，本文发现提升技术水平是对中国正向影响最大的措施，该措施不仅可以抵消中美贸易摩擦和美欧自由贸易协定的不利影响，还可以促使中国 GDP 和社会福利的增加，有利于中国经济的长远发展。未来中国应积极发展科技，掌握核心技术，摆脱对其他国家的依赖，迫切需要加强基础研究，促进原始创新和科技源头供给，加强战略布局和高水平科研基地和平台建设，中国各界还需要主动参与新的全球贸易框架及规则制定，有力破解美国的围堵态势，中国还可以从自身出发，降低贸易成本，促进贸易便利化，进一步对外开放。

关键词：中美贸易摩擦；自由贸易协定；技术进步；贸易成本

一、引言

2017 年 1 月，特朗普就任美国总统，自此，特朗普以重振美国制造业、维护工人利益为由，对外实施了一系列贸易保护措施。2017 年 8 月，特朗普授权

美国贸易代表办公室（USTR）对中国贸易行为展开调查，该调查依据美国《1974年贸易法》的301条款①，主要调查中国在技术转移、知识产权和创新方面的行为、政策和实践是否具有不合理性或歧视性，以及是否对美国商业造成负担或形成限制。经过约半年的调查之后，美国贸易代表办公室于2018年3月发布了长达215页的调查报告，认定中国在技术转移、知识产权和创新等领域存在不公平行为，并将中国诉诸WTO，随后于2018年4月宣布将对中国价值500亿美元的商品加征25%的关税。之后，中方积极与美方进行谈判，以期能以和平的方式化解双方之间的贸易摩擦，但并未能如愿以偿，中国于2018年6月宣布将同样对美国价值500亿美元的商品加征25%的关税，中美"贸易战"就此正式打响。之后，美国对中国加征关税的商品规模不断增加，致使中美贸易摩擦不断升级。

为了全面分析中美贸易摩擦对我国及世界主要经济体产生的经济效应，并寻求行之有效的应对方案，本文采用标准静态GTAP（Global Trade Analysis Project）模型进行模拟。GTAP是一个多地区、多部门可计算一般均衡（computable general equilibrium，CGE）模型，主要假设包括：完全竞争市场；规模报酬不变；劳动力在国内自由流动；土地在部门间不流动；社会、政府、私人具有不同的偏好，分别为社会柯布-道格拉斯、常替代弹性（constant elasticity of substitution，CES）、固定差异弹性（constant difference of elasticity，CDE）；国内生产的商品与进口商品之间存在不完全替代关系；生产函数为CES函数等。② 数据使用GTAP第9版数据，以2011年为基年。

本文第二部分从中美贸易摩擦发展现状出发，展示出摩擦各个阶段中美两国各行业的关税变动情况；第三部分使用可计算一般均衡方法，设定多种场景，对本次中美贸易摩擦产生的影响进行模拟；第四部分对四种应对方案所产生的效果进行比较分析；第五部分为结论性评述，根据模拟结果提出具体的应对措施。

二、关税变动情况

2018年7月6日，美国对中国340亿美元的商品加征25%的关税生效，主要集中在核反应堆、锅炉、机械器具及零附件，电机、电气、音像设备及其零附件，以及光学、照相、医疗等设备及零附件，清单涉及商品主要为我国今后重点发展的高科技领域商品，意在遏制中国的产业升级和技术进步。

---

① 根据301条款，在对外贸易中，如果一国实施不公平政策并妨碍美国商业的发展，美国总统可以通过暂停贸易协议优惠、征收关税、进口限制等措施对该国进行制裁。

② Martina Brockmeier，A Graphical Exposition of the GTAP Model，GTAP Technical Paper 8，Global Trade Analysis Project（GTAP），West Lafayette，I. N.：Purdue University，2001.

为了维护自身的利益，中方于2018年4月4日宣布对美国500亿美元商品加征25%的关税，并公布了加征商品清单，其中第一批340亿美元商品清单于2018年7月6日生效。该清单涉及的商品主要为植物产品、食品和交通设备等，这会对美国的农业发展造成一定的负面影响，于是美方在2018年7月24日宣布将对受影响的农业提供120亿美元的补贴。

2018年8月23日，美国对160亿美元中国商品加征关税的清单生效，主要在340亿美元的基础上加入了化学制品、塑料制品和金属制品等。美国的500亿美元加征关税清单涉及的商品在2017年从中国进口额为464亿美元，占美国从中国进口总额的9.18%，占中国出口总额的2.04%，因此，对我国出口的影响有限。但500亿美元加征关税清单可能会影响我国相关行业的未来发展。

8月23日当天，中国公布了反制措施，对160亿美元的美国商品加征25%的关税，主要涉及化学制品、塑料制品和光学、照相、医疗等设备。中方的500亿美元加征关税清单上的商品在2017年从美国进口额为482.58亿美元，占中国从美国进口总额的31.15%。

2018年7月18日，美方宣称将对中国价值2 000亿美元的商品加征10%的关税，2018年9月17日，宣布从9月24日开始实施。2 000亿美元商品清单基本涉及了各类商品，商品种类占比约为50.66%，占2017年美国从中国进口总额的38.97%。

在美方宣布将对2 000亿美元中国商品加征10%的关税后，中方宣布将对600亿美元美国商品加征5%～10%不等的关税，该清单几乎涉及了各类商品，加上之前的500亿美元清单，中国对美国加征关税的商品涉及了HS编码体系下的全部各章，2017年，所有清单涉及的商品从美国的进口额为1 016.24亿美元，占当年从美国进口总额的65.60%。

本文基于以上事实，并根据GTAP公布的HS和GTAP行业对照表①，以及2017年中美贸易数据，计算每次加征清单生效后行业加权平均关税的变化。表1为美国对中国进口关税的变化，第2列为美国340亿美元加征关税清单生效后对中国关税的变化，第3列“160亿美元”指在340亿美元加征关税清单生效的基础上160亿美元加征关税生效后，对中国关税的变化，以此类推，括号内为加征的税率。以美方340亿美元加征关税清单生效后为例，关税变化集中在运输设备、电子设备和机械设备行业，其余行业均没有变化。

① 详见GTAP网站，https：//www.gtap.agecon.purdue.edu/。

表 1　　　　美国对中国进口关税的变化（%）

GTAP 行业	340 亿美元	160 亿美元	2 000 亿美元（10%）	2 000 亿美元（25%）	其余 2 000 亿美元（10%）	其余 2 000 亿美元（25%）
PDR	0	0	10	25	10	25
WHT	0	0	10	25	10	25
GRO	0	0	10	25	10	25
V_F	0	0	10	25	10	25
OSD	0	0	10	25	10	25
C_B	0	0	10	25	10	25
PFB	0	0	10	25	10	25
OCR	0	0	4	10	10	25
CTL	0	0	0	0	10	25
OAP	0	0	9	23	10	25
RMK	0	0	0	0	0	0
WOL	0	0	10	25	10	25
FRS	0	0	6	15	10	25
FSH	0	0	10	24	10	25
COA	0	0	10	25	10	25
OIL	0	0	10	25	10	25
GAS	0	0	0	0	0	0
OMN	0	0	10	24	10	25
CMT	0	0	0	0	0	0
OMT	0	0	10	25	10	25
VOL	0	0	6	15	10	25
MIL	0	0	2	5	10	25
PCR	0	0	10	25	10	25
SGR	0	0	5	14	10	25
OFD	0	0	9	22	10	25
B_T	0	0	7	17	10	25
TEX	0	0	2	5	10	25
WAP	0	0	1	2	10	25
LEA	0	0	3	8	10	25

续前表

GTAP 行业	340 亿美元	160 亿美元	2 000 亿美元（10%）	2 000 亿美元（25%）	其余 2 000 亿美元（10%）	其余 2 000 亿美元（25%）
LUM	0	0	9	24	10	25
PPP	0	0	6	15	10	25
P_C	0	0	10	25	10	25
CRP	0	1	6	14	11	25
NMM	0	0	7	18	10	25
I_S	0	0	5	12	10	25
NFM	0	0	3	9	10	25
FMP	0	1	8	18	11	25
MVH	3	3	12	24	12	25
OTN	8	11	15	21	16	25
ELE	1	1	4	9	11	25
OME	6	7	12	18	14	25
OMF	0	0	2	5	9	25

注：GTAP 行业分类见附录。

资料来源：根据美国贸易委员会公布的关税数据计算而得。

表 2 为中国对美国进口关税的变化，各列含义与表 1 类似。表 2 最后一列表示中方 500 亿美元加征关税清单和 600 亿美元加征关税清单生效后，再对剩余约 450 亿美元美国商品加征 25%的关税后，中国对美国关税税率的变化，由于中方 600 亿美元加征关税清单实行 4 种不同的加征税率，因此，即使再对剩余商品加征 25%的关税，某些行业加权平均税率的变化也未达到 25%，如机械设备、皮革制品等行业。

表 2　　中国对美国进口关税的变化（%）

GTAP 行业	340 亿美元	160 亿美元	600 亿美元	其余 450 亿美元（10%）	其余 450 亿美元（25%）
PDR	25	25	25	25	25
WHT	25	25	25	25	25
GRO	25	25	25	25	25
V_F	25	25	25	25	25
OSD	25	25	25	25	25
C_B	0	0	18	18	18

续前表

GTAP 行业	340 亿美元	160 亿美元	600 亿美元	其余 450 亿美元（10%）	其余 450 亿美元（25%）
PFB	25	25	25	25	25
OCR	20	20	20	22	25
CTL	0	0	25	25	25
OAP	0	0	7	7	8
RMK	25	25	25	25	25
WOL	0	0	25	25	25
FRS	0	5	17	17	17
FSH	25	25	25	25	25
COA	0	25	25	25	25
OIL	0	0	0	10	25
GAS	0	0	25	25	25
OMN	0	0	19	19	19
CMT	25	25	25	25	25
OMT	16	16	20	20	20
VOL	2	2	24	24	24
MIL	22	22	23	23	23
PCR	25	25	25	25	25
SGR	0	0	22	22	22
OFD	13	14	20	20	20
B_T	10	10	24	24	24
TEX	0	0	15	15	15
WAP	0	0	23	23	24
LEA	0	0	10	10	10
LUM	0	0	19	19	19
PPP	0	12	15	15	15
P_C	0	25	25	25	25
CRP	0	3	9	13	19
NMM	0	1	12	12	12
I_S	0	2	15	15	15
NFM	0	16	21	21	21

续前表

GTAP 行业	340 亿美元	160 亿美元	600 亿美元	其余 450 亿美元（10%）	其余 450 亿美元（25%）
FMP	0	4	15	15	15
MVH	21	22	22	23	24
OTN	0	0	0	10	25
ELE	0	0	4	12	24
OME	0	2	11	13	16
OMF	0	0	2	10	23

资料来源：根据中国公布的关税数据计算而得。

为抵消贸易摩擦的不利影响，中国在提高对美关税的同时，对《亚洲-太平洋贸易协定》进行了修正，即对原产于孟加拉国、印度、老挝、韩国、斯里兰卡的部分进口货物降低了关税，其中包括中方 340 亿美元加征关税清单中的相关大豆产品，对上述 5 国实行零关税，并于 2018 年 7 月 1 日生效。中国的这一举措可能会在一定程度上降低中方对美方加征关税清单生效后对中国国内物价和经济发展的负面影响。中国对上述 5 国产品进口关税的变化见表 3。

表 3　中国对《亚洲-太平洋贸易协定》5 国进口关税的变化（%）

GTAP 行业	孟加拉国	印度	老挝	韩国	斯里兰卡	GTAP 行业	孟加拉国	印度	老挝	韩国	斯里兰卡
PDR	0	0	0	0	0	MIL	0	0	0	0	0
WHT	0	0	0	0	0	PCR	0	0	0	0	0
GRO	0	0	0	0	0	SGR	0	0	0	0	0
V_F	−4	−1	0	0	−6	OFD	0	−2	−1	0	−7
OSD	−1	0	−1	0	−8	B_T	0	−4	−3	0	0
C_B	0	0	0	−8	−8	TEX	0	−1	0	−2	0
PFB	0	−1	0	0	−2	WAP	0	0	0	0	0
OCR	0	−6	0	0	−7	LEA	−1	−1	0	0	0
CTL	0	0	0	0	0	LUM	0	0	0	0	0
OAP	0	0	0	−2	0	PPP	0	0	0	0	0
RMK	0	0	0	0	0	P_C	0	−1	0	−1	0
WOL	0	0	0	0	0	CRP	0	0	−2	0	−1
FRS	0	0	0	0	0	NMM	0	−1	0	0	0

续前表

GTAP行业	孟加拉国	印度	老挝	韩国	斯里兰卡	GTAP行业	孟加拉国	印度	老挝	韩国	斯里兰卡
FSH	−2	−1	0	0	0	I_S	0	0	0	0	0
COA	0	0	0	0	0	NFM	−1	−1	−1	−1	0
OIL	0	0	0	0	0	FMP	0	−1	0	−1	0
GAS	0	0	0	0	0	MVH	0	−1	0	−1	0
OMN	−1	−1	0	−1	0	OTN	0	−2	0	0	0
CMT	0	0	0	0	0	ELE	0	0	0	0	0
OMT	0	0	0	0	0	OME	0	−1	−1	0	−1
VOL	0	0	0	−4	−4	OMF	0	−7	0	0	−3

资料来源：根据中国公布的关税数据计算而得。

三、贸易摩擦的影响分析

本文根据中美贸易摩擦的发展进程分别设定三种情况，情况一为美方单方面对中方加征关税，中方不对美方加征关税。情况二为美方对中方加征关税，且中方根据美方的清单对美方加征关税，中方对《亚洲-太平洋贸易协定》5国实行新关税（简称AP5）。情况三为在情况二的基础上，加入美国与欧盟达成制造业零关税协议的考虑。三种情况下均有六种模拟方案，如表4所示，其中，情况二下的方案均在情况一方案成立的基础上设定，情况三的方案在情况一和情况二方案同时成立的基础上设定。

表4　模拟方案设定

	情况一	情况二（情况一生效）	情况三（情况一和情况二生效）
方案一	美340亿美元生效	中340亿美元生效、AP5生效	美与欧盟制造业零关税
方案二	美160亿美元生效	中160亿美元生效、AP5生效	美与欧盟制造业零关税
方案三	美2 000亿美元生效（10%）	中600亿美元生效、AP5生效	美与欧盟制造业零关税
方案四	美2 000亿美元生效（25%）	中600亿美元生效、AP5生效	美与欧盟制造业零关税
方案五	美再2 000亿美元生效（10%）	中再450亿美元生效（10%）、AP5生效	美与欧盟制造业零关税
方案六	美再2 000亿美元生效（25%）	中再450亿美元生效（25%）、AP5生效	美与欧盟制造业零关税

情况一的模拟结果见表5。当美国340亿美元加征关税清单生效后，中国社会福利减少约75.51亿美元，GDP减少约0.42%，因此，中国社会福利损失和GDP下降幅度较小；中国出口价格下降，而进口价格略微上升，在贸易条件存在轻度恶化的情况下，中国贸易规模有所下降，但贸易平衡有小幅度增加；中国国内的价格水平下降，居民收入出现小幅度下降。而美国存在正向社会福利收益，GDP有所增加，贸易条件和贸易逆差均有所改善，居民收入上涨，但价格水平有所上升。随着美国对中国加征关税规模的不断扩大，中国社会福利下降的规模不断扩大，GDP也出现了较大幅度的下降，贸易条件不断恶化，价格水平和居民收入下降幅度加大，而美国与中国的情况基本相反。

表5　贸易摩擦对中美的影响（美国单方面加征关税）

	GDP（%）	进口（%）	出口（%）	贸易平衡（亿美元）	贸易条件（%）	出口价格（%）	进口价格（%）	商品价格指数（%）	生产要素价格（%）	收入（%）	社会福利（亿美元）
中国											
方案一	−0.42	−0.75	−0.57	12.69	−0.32	−0.3	0.02	−0.4	−0.41	−0.44	−75.51
方案二	−0.59	−1.06	−0.8	18.3	−0.45	−0.43	0.02	−0.56	−0.58	−0.62	−106.49
方案三	−1.54	−2.64	−2.07	30.63	−1.18	−1.1	0.08	−1.45	−1.5	−1.61	−284.31
方案四	−2.97	−5	−3.98	49.64	−2.27	−2.12	0.15	−2.8	−2.9	−3.11	−551.76
方案五	−2.83	−4.57	−3.69	35.39	−2.1	−1.95	0.15	−2.59	−2.69	−2.98	−569.63
方案六	−6.2	−9.84	8.02	61.21	−4.58	−4.23	0.35	−5.65	−5.85	−6.52	−1 264.43
美国											
方案一	0.11	−0.50	−0.34	70.14	0.09	0.08	−0.01	0.11	0.07	0.1	27.28
方案二	0.15	−0.7	−0.5	93.71	0.13	0.12	−0.01	0.15	0.09	0.14	38.63
方案三	0.45	−1.79	−1.5	198.15	0.38	0.36	−0.02	0.46	0.28	0.43	103.73
方案四	0.89	−3.44	−2.99	358.8	0.75	0.71	−0.04	0.91	0.56	0.86	201.62
方案五	0.84	−3.03	−2.81	283.83	0.7	0.66	−0.04	0.86	0.53	0.82	173.29
方案六	1.87	−6.53	−6.27	570.56	1.54	1.46	−0.09	1.92	1.19	1.84	375.28

美国单方面对中国加征关税对其他经济体及世界的影响见表6。当美方单方面500亿美元加征关税清单生效时，对世界整体影响较小，出口规模减少约0.12%，出口价格基本不变，社会福利减少约11.97亿美元。其中，受负面影响的地区包括大洋洲、中东和北非以及南亚地区，而欧盟、北美洲和日本是受正面影响较大的国家。出现这种情况可能是因为存在贸易转移效应，美方清单中的商品可能从中国进口转为从欧盟、北美洲和日本进口。当美方2 000亿美元关税清

单加征25%的关税也生效后，对其他国家及世界的影响与之前类似，但影响程度有所加深，世界整体的出口价格上升了0.01%。

表6　　　　贸易摩擦对其他经济体及世界的影响（美国单方面征税）

	GDP（%）	进口（%）	出口（%）	贸易平衡（亿美元）	贸易条件（%）	出口价格（%）	进口价格（%）	商品价格指数（%）	生产要素价格（%）	收入（%）	社会福利（亿美元）
情况一方案二											
大洋洲	0	0.03	−0.02	−1.69	−0.01	−0.03	−0.02	0	0	0	−0.61
东亚	−0.01	−0.02	−0.03	−0.91	0.01	−0.02	−0.03	−0.01	−0.01	−0.01	0.01
东南亚	0.04	0.05	0	−5.92	0.03	0	−0.03	0.03	0.03	0.04	3.07
南亚	−0.04	−0.02	−0.07	−0.08	−0.01	−0.04	−0.03	−0.04	−0.04	−0.04	0.15
北美洲	0.33	0.42	0.29	−9.5	0.17	0.21	0.05	0.32	0.33	0.34	14.44
拉丁美洲	0.06	0.11	−0.01	−10.04	0.03	0.03	0	0.06	0.06	0.06	4.21
中东和北非	0.01	0.02	−0.01	−4.41	0	0	−0.01	0.01	0.01	0.01	−1.61
撒哈拉以南非洲地区	0.01	0.03	0	−1.49	0.02	−0.01	−0.03	0	0.01	0.01	1.13
欧盟	0.06	0.07	0.01	−40.53	0.03	0.04	0.01	0.06	0.06	0.06	19.93
孟加拉国	−0.01	0	−0.1	−0.28	0.01	−0.07	−0.08	−0.02	−0.02	−0.01	0.19
印度	0.01	0.04	0.01	−1.93	0.03	0	−0.03	0.01	0.01	0.02	0.91
韩国	0.05	0.01	−0.03	−2.61	0.05	0.01	−0.04	0.05	0.05	0.06	2.44
日本	0.11	0.17	−0.1	−26.2	0.13	0.08	−0.05	0.11	0.12	0.12	12.36
老挝	−0.01	−0.06	−0.11	−0.01	−0.01	−0.05	−0.04	−0.01	−0.01	0	0
斯里兰卡	0.03	−0.01	−0.1	−0.11	0.03	−0.01	−0.04	0.03	0.03	0.04	0.10
ROW	0.04	0.06	0	−6.29	0.01	0.02	0	0.04	0.04	0.04	−0.84
世界			−0.12			0					−11.97
情况一方案四											
大洋洲	0.07	0.19	−0.06	−8.48	0.07	−0.04	−0.11	0.05	0.06	0.07	0.71
东亚	0.01	0.01	−0.05	−3.61	0.11	−0.05	−0.15	0.01	0.01	0.02	2.01
东南亚	0.32	0.34	0.1	−27.23	0.24	0.11	−0.13	0.3	0.31	0.36	25.78
南亚	−0.03	0.11	−0.02	−0.88	0.06	−0.07	−0.13	−0.06	−0.05	−0.02	1.54
北美洲	1.68	2.01	1.38	−46.6	0.84	1.15	0.31	1.64	1.69	1.74	74.37
拉丁美洲	0.43	0.72	0.2	−43.68	0.25	0.29	0.05	0.4	0.41	0.45	29.41
中东和北非	0.1	0.17	0.06	−11.55	0.08	0.06	−0.02	0.08	0.09	0.11	2.72

续前表

	GDP（%）	进口（%）	出口（%）	贸易平衡（亿美元）	贸易条件（%）	出口价格（%）	进口价格（%）	商品价格指数（%）	生产要素价格（%）	收入（%）	社会福利（亿美元）
撒哈拉以南非洲地区	0.13	0.24	0.12	−5.66	0.17	0.06	−0.11	0.1	0.11	0.15	9.54
欧盟	0.21	0.24	0.05	−139.11	0.1	0.16	0.06	0.2	0.21	0.22	68.46
孟加拉国	0.16	0.23	−0.26	−1.54	0.16	−0.21	−0.37	0.07	0.1	0.18	1.49
印度	0.19	0.33	0.25	−8.33	0.2	0.09	−0.11	0.17	0.18	0.21	8.71
韩国	0.2	0.11	−0.05	−9.76	0.19	0.04	−0.15	0.18	0.19	0.22	9.3
日本	0.27	0.58	−0.26	−79.46	0.4	0.18	−0.22	0.27	0.28	0.29	36.01
老挝	−0.1	−0.16	−0.3	−0.03	−0.12	−0.25	−0.12	−0.13	−0.12	−0.09	−0.03
斯里兰卡	0.44	0.12	−0.52	−0.93	0.32	0.17	−0.15	0.41	0.42	0.48	0.94
ROW	0.18	0.23	0.02	−21.6	0.12	0.12	0	0.16	0.17	0.19	4.43
世界			−0.58			0.01					−74.75

* ROW 即 rest of the world 的缩写，指世界其他国家或地区。

在情况二中，中国根据美国的征税情况采取对应措施，模拟结果见表 7。在方案二中，中美双方各自对对方 500 亿美元的商品加征 25%的关税，即目前中美双方贸易面临的局面，在此情况下，中国社会福利下降 104.78 亿美元，略小于情况一方案二的结果，GDP 下降 0.42%，略小于情况一方案二的结果，中国进口下降的幅度更大，从而贸易平衡有所增加，贸易条件有所恶化，但微好于不向美国征收额外关税，价格和居民收入下降幅度也小于情况一方案二的结果（见图 1）。与情况一的模拟结果类似，随着美国加征税收规模的增加，中国的经济情况变差，但基本上优于不向美国征收额外关税，且在此情况下，美国的社会福利、GDP 和居民收入等也存在下降的趋势。值得注意的是，中国的下降幅度均大于美国的下降幅度，且在方案四和方案六中，由于美国对中国加征关税的规模远大于中国对美国加征关税的规模，因此，中国处于劣势。

表 7　　贸易摩擦对中美的影响（中美互征关税）

	GDP（%）	进口（%）	出口（%）	贸易平衡（亿美元）	贸易条件（%）	出口价格（%）	进口价格（%）	商品价格指数（%）	生产要素价格（%）	收入（%）	社会福利（亿美元）
						中国					
方案一	−0.31	−1.13	−0.69	51.59	−0.22	−0.19	0.03	−0.25	−0.37	−0.32	−77.02
方案二	−0.42	−1.9	−1.2	80.04	−0.32	−0.23	0.09	−0.34	−0.53	−0.44	−104.78
方案三	−1.21	−4.4	−3.08	125.17	−0.95	−0.71	0.24	−1.04	−1.38	−1.29	−277.97

续前表

	GDP (%)	进口 (%)	出口 (%)	贸易平衡 (亿美元)	贸易条件 (%)	出口价格 (%)	进口价格 (%)	商品价格指数 (%)	生产要素价格 (%)	收入 (%)	社会福利 (亿美元)
方案四	−2.64	−6.76	−4.99	143.98	−2.04	−1.73	0.31	−2.39	−2.77	−2.79	−545.43
方案五	−2.41	−6.8	−5.04	139.71	−1.82	−1.46	0.36	−2.08	−2.5	−2.57	−559.14
方案六	−5.65	−12.78	−9.89	180.22	−4.22	−3.6	0.62	−4.98	−5.59	−5.98	−1 247.72
美国											
方案一	−0.13	−0.94	−0.6	137.7	−0.22	−0.18	0.04	−0.12	−0.19	−0.15	−45.77
方案二	−0.3	−1.61	−1.1	225.65	−0.39	−0.3	0.09	−0.29	−0.37	−0.33	−94.42
方案三	−0.43	−3.54	−2.6	457.35	−0.55	−0.37	0.18	−0.41	−0.61	−0.48	−149.92
方案四	0.02	−5.19	−4.1	617.74	−0.18	−0.02	0.16	0.04	−0.34	−0.05	−52.27
方案五	−0.25	−5.23	−4.21	607.98	−0.44	−0.23	0.21	−0.21	−0.58	−0.32	−139.85
方案六	0.46	−9.4	−8.11	992.15	0.11	0.35	0.24	0.53	−0.24	0.37	−27.1

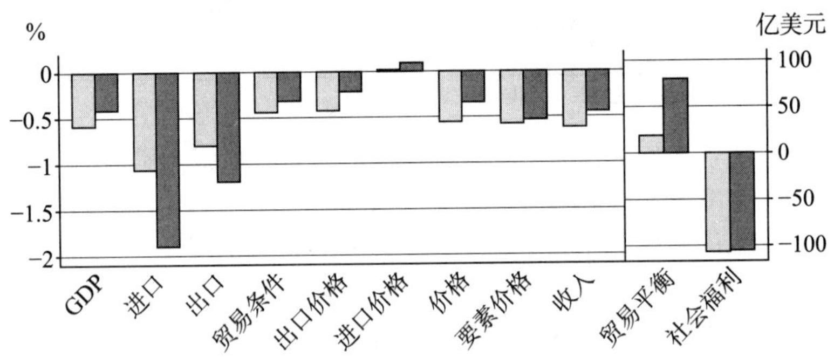

对中国经济的影响

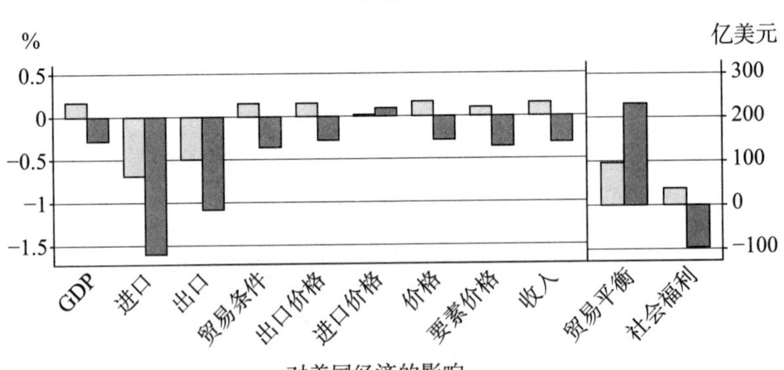

对美国经济的影响

情况一方案二　情况二方案二

图 1　500 亿美元加征关税清单生效的影响比较（美国单方征税与中美互征关税）

表 8 和表 9 进一步报告了 500 亿美元加征关税清单生效时中美互征关税对各行业的影响，可以看出不仅美国加征关税的商品产出有一定下降，中国加征关税的商品产出也有所下降，产出和出口受影响最大的行业为机械设备行业，进口行业下降最大的为小麦和牛肉制品等农产品，进口规模下降的百分比大于出口。在向美国出口中，多数行业出现下降，其中下降最大的行业为其他运输设备、机械设备等行业。在各类价格中，出现价格下降行业的价格下降幅度均较小，而价格上升行业的价格上升百分比较高。价格上升百分比较高的行业为油籽、其他谷物和植物纤维等行业，其中，本地价格上升百分比较小，而进口价格上升幅度较大，主要有其他谷物、牛肉制品、油籽、小麦和植物纤维等。出口价格上升和下降幅度均较小。

表 8　互征关税对中国各行业的影响（500 亿美元加征关税清单生效）

行业	产出（%）	进口（%）	出口（%）	向美国出口（%）	贸易平衡（亿美元）	价格（%）	本地价格（%）	进口价格（%）	出口价格（%）
PDR	0.06	−0.47	−1.53	−5.32	−0.04	0.08	0.08	0.24	0.08
WHT	0.65	−33.47	−3.88	−5.27	1.65	0.1	0.1	8.21	0.1
GRO	0.44	−11.62	−1.92	−1.89	1.55	5.33	0.11	10.78	0.11
V_F	0.13	−4.05	0.43	−1.95	2.61	0.12	0.08	2.91	0.08
OSD	4.71	−5.22	−4.81	−9.7	19.52	5.89	0.97	9.39	0.97
C_B	0.11	−0.03	2.36	4.68	0	0.06	0.06	0.19	0.06
PFB	5.45	−9	−5.87	−8.33	8.85	5.25	0.67	7.27	0.67
OCR	0.82	−2.13	0.11	−2.36	0.45	1.6	0.26	3.13	0.26
CTL	0.74	1.44	−1.03	−4.46	−0.05	0.35	0.35	0.29	0.35
OAP	0.01	0.55	−0.1	−1.13	−0.26	0.21	0.22	−0.18	0.22
RMK	0.48	−0.09	−1.8	−6.72	0	0.34	0.34	0.55	0.34
WOL	0.39	0.64	−0.31	−2.72	−0.19	0.25	0.25	0.25	0.25
FRS	0.82	−1.39	0.56	0.16	1.18	−0.09	−0.19	0.73	−0.19
FSH	0.06	−4.53	0.65	0.26	0.61	−0.24	−0.29	3.61	−0.29
COA	0.31	−1.26	−0.09	−3.12	2.84	0.25	0.18	0.76	0.18
OIL	0.26	0.3	0.07	−0.6	−5.55	0.05	0.04	0.05	0.04
GAS	0.12	0.28	−0.22	−1.17	−0.26	0.11	0.12	0.11	0.12
OMN	0.2	−0.05	0.64	−0.14	1.15	0.1	−0.29	0.16	−0.29
CMT	4.12	−28.05	0.59	−2.25	6.76	0.72	0.08	9.66	0.08

续前表

行业	产出(%)	进口(%)	出口(%)	向美国出口(%)	贸易平衡(亿美元)	价格(%)	本地价格(%)	进口价格(%)	出口价格(%)
OMT	0.36	−21.7	−0.6	−2.15	3.88	0.19	0.1	5.38	0.1
VOL	−0.75	3.47	−4.61	−12.43	−4.98	1.24	1.4	0.17	1.4
MIL	0.61	−9.47	0.21	−2.32	2.83	0.31	0.1	2.9	0.1
PCR	−0.02	0.46	−0.67	−1.68	−0.04	0.34	0.34	0.23	0.34
SGR	0.12	0	0.42	−0.51	0	0.22	0.19	0.41	0.19
OFD	0.05	−4.38	0	−1	5.33	0.25	0.18	2.62	0.18
B_T	−0.05	−2.11	0.57	0.2	0.86	−0.07	−0.11	1.61	−0.11
TEX	0.41	0.38	0.49	−0.52	5.3	0.07	0.06	0.09	0.06
WAP	0.46	−0.94	1.08	0.61	13.77	−0.15	−0.16	0.14	−0.16
LEA	0.43	−0.27	0.68	−0.03	5.31	−0.03	−0.03	0.13	−0.03
LUM	0.67	−0.75	1.22	0.48	7.54	−0.24	−0.27	0.11	−0.27
PPP	1.06	−7.53	1.13	0.49	23.25	0.14	−0.16	2.78	−0.16
P_C	0.26	−2.27	0.34	−0.14	11.29	0.15	0.03	1.26	0.03
CRP	0.47	−1.51	0.14	−7.22	34.1	−0.09	−0.19	0.45	−0.19
NMM	−0.17	−2.03	1.67	0.81	7.56	−0.32	−0.33	0.32	−0.33
I_S	−0.33	−1.99	1.86	1.91	14.68	−0.17	−0.26	0.32	−0.26
NFM	0.71	−5.92	3.65	1.47	52.8	1.14	−0.19	1.43	−0.19
FMP	−0.01	−3.18	0.87	−6.44	10.63	−0.25	−0.3	0.53	−0.3
MVH	0.79	−5.31	−2.48	−17.95	29.76	0.24	−0.12	2.33	−0.12
OTN	−0.66	−1.88	−3.34	−84.04	−9.82	−0.28	−0.33	0.09	−0.33
ELE	0.28	−1.31	−0.11	−5.36	18.19	−0.18	−0.29	0.12	−0.29
OME	−1.67	−2.34	−8.48	−49.59	−241.43	−0.18	−0.28	0.28	−0.28
OMF	0.6	−1.52	2.3	1.39	22.02	−0.29	−0.31	0.11	−0.31

而美国产出和出口受影响最大的行业为油籽和植物纤维行业，所有行业的进口均下降，进口下降最大的行业也是出口下降最大的行业，为油籽行业，机械设备行业的进口下降幅度也较大。在美国向中国出口的行业中，下降幅度最大的为水稻、小麦、鲜奶、煤业和乳制品等行业。美国贸易平衡增加最多的行业为机械设备，而减少最多的行业为油籽行业。美国的多数行业的消费价格出现下降，下

降百分比最大的行业为油籽行业；除天然气开采冶炼行业外，美国所有行业的本地价格和出口价格均有所下降，下降最多的行业为油籽和植物纤维等行业；进口价格上升百分比最大的行业为机械设备行业。综合比较表 8 和表 9，变动较多的行业与美方 500 亿美元加征关税清单集中在机械设备、其他运输设备等行业、中方 500 亿美元加征关税清单集中在农产品等行业一致。

表 9　　互征关税对美国各行业的影响（500 亿美元加征关税清单生效）

行业	产出（%）	进口（%）	出口（%）	向中国出口（%）	贸易平衡（亿美元）	价格（%）	本地价格（%）	进口价格（%）	出口价格（%）
PDR	3.06	−6.7	5.88	−237.21	0.56	−1.34	−1.34	0.24	−1.34
WHT	3.85	−4.60	4.10	−172.52	5.94	−1.18	−1.23	0.03	−1.23
GRO	0.06	−1.82	−1.31	−44.4	−1.95	−1.38	−1.52	0.13	−1.52
V_F	0.96	−2.1	−0.72	−81.27	3.95	−1.2	−1.66	0.17	−1.66
OSD	−17.36	−7.0	−35.15	−64.01	−75.75	−3.42	−4.12	0.34	−4.12
C_B	0.63	−4.40	9.89	11.9	0.01	−2.08	−2.1	0.01	−2.1
PFB	−16.65	−5.61	−22	−81.06	−20.54	−2.76	−3.41	0.15	−3.41
OCR	3.06	−2.81	0.68	−99.05	4.17	−0.64	−1.76	0.37	−1.76
CTL	−0.15	−3.14	3.9	7.95	0.95	−1.05	−1.44	0.03	−1.44
OAP	0.36	−0.89	1.15	2.62	0.67	−0.88	−1.01	0.19	−1.01
RMK	0.01	−5.67	3.45	−168.72	0.03	−1.38	−1.38	0.23	−1.38
WOL	8.51	−1.77	13.18	15.43	0.05	−0.42	−0.95	0.19	−0.95
FRS	−0.77	−0.93	−7.4	−18.97	−1.72	−0.61	−0.62	0.09	−0.62
FSH	−0.3	−0.63	−6.02	−56.67	−0.47	−0.68	−0.83	0.14	−0.83
COA	−0.31	−1.82	−2.66	−145.16	−3.14	−0.74	−0.75	−0.06	−0.75
OIL	0.1	−0.47	1.02	1.57	15.45	−0.02	−0.08	0.04	−0.08
GAS	0.17	−0.17	0.4	1.61	0.47	0.07	0.07	0.09	0.07
OMN	−0.29	−0.66	0.12	0.41	0.82	0.07	−0.31	0.16	−0.31
CMT	−0.39	−3.32	−13.17	−142.05	−7.48	−0.73	−0.77	0.25	−0.77
OMT	0.14	−2.81	−1.49	−110.44	−0.97	−0.62	−0.65	0.2	−0.65
VOL	4.86	−3.27	8.93	2.86	8.91	−1.15	−1.95	−0.07	−1.95
MIL	−0.07	−2.83	−7.19	−142.29	−2.44	−0.67	−0.69	0.2	−0.69
PCR	0.62	−0.84	1.59	−127.21	0.31	−0.2	−0.29	0.19	−0.29
SGR	0.68	−0.79	3.55	4.73	0.39	−0.56	−0.58	0.29	−0.58

续前表

行业	产出(%)	进口(%)	出口(%)	向中国出口(%)	贸易平衡(亿美元)	价格(%)	本地价格(%)	进口价格(%)	出口价格(%)
OFD	0.06	−0.88	−1.83	−50.15	−1.38	−0.36	−0.44	0.19	−0.44
B_T	0.03	−0.3	−0.39	−20	0.24	−0.25	−0.3	0.2	−0.3
TEX	0.5	−0.81	1.52	2.08	7.06	−0.12	−0.22	0.12	−0.22
WAP	0.29	−0.65	1.72	1.51	5.21	−0.11	−0.21	0.02	−0.21
LEA	1.07	−0.4	2.36	2.61	2.12	−0.03	−0.25	0.02	−0.25
LUM	−0.22	−1.13	1.52	1.42	7.57	−0.18	−0.26	0.01	−0.26
PPP	−0.58	−1.2	−8.32	−59.51	−27.05	−0.23	−0.25	0.17	−0.25
P_C	−0.26	−0.14	−1.38	−101.9	−16.35	−0.02	−0.03	0.08	−0.03
CRP	0.25	−1.07	−0.2	−18.51	23.82	−0.04	−0.2	0.28	−0.2
NMM	−0.06	−0.76	0.71	−5.6	2.6	−0.12	−0.25	0.06	−0.25
I_S	0.64	−0.28	0.31	−13.17	2.02	−0.06	−0.19	0.16	−0.19
NFM	−3.67	−1.56	−12.51	−131.11	−54.16	0.03	−0.11	0.21	−0.11
FMP	0.25	−2.28	0.49	−25.19	11.92	0	−0.21	0.49	−0.21
MVH	−1.3	−1.27	−6.11	−115.23	−42.05	0.01	−0.13	0.31	−0.13
OTN	0.98	−2.67	1.29	−0.87	26.07	0.05	−0.11	0.86	−0.11
ELE	1.11	−1.61	0.6	0.21	52.21	0.31	−0.07	0.55	−0.07
OME	1.68	−5.58	0.53	−12.36	219.49	0.51	−0.16	1.78	−0.16
OMF	0.4	−0.51	1.42	0.64	7.71	−0.11	−0.21	−0.04	−0.21

在情况二方案二下，即中美双方互相向对方500亿美元的商品加征25%的关税，世界出口规模下降0.18%，略大于情况一方案二的结果，出口价格上升0.07%，除美国和中国外，其他地区或国家的社会福利均增加，世界整体的社会福利减少36.63亿美元，小于美国和中国的社会福利减少之和。与情况一方案二不同，在情况二方案二下，各地区或国家社会福利、GDP和收入均有所增加（见图2）。不过贸易平衡规模下降，价格指数略微上升。总之，当中美双方互相向对方500亿美元的商品加征25%的关税时，对世界和其他经济体的影响较小。当美方2 000亿美元加征关税清单生效，同时中方600亿美元加征关税清单也生效时，与情况二方案二的结果类似，只是影响程度略有增加，其中北美洲、拉丁美洲、欧盟和日本的社会福利和GDP的增加规模较大（见表10）。

表 10　　贸易摩擦对其他经济体及世界的影响（中美互征关税）

	GDP (%)	进口 (%)	出口 (%)	贸易平衡 (亿美元)	贸易条件 (%)	出口价格 (%)	进口价格 (%)	商品价格指数 (%)	生产要素价格 (%)	收入 (%)	社会福利 (亿美元)
情况二方案二											
大洋洲	0.28	0.4	0.07	−10.8	0.17	0.21	0.05	0.27	0.28	0.29	7.24
东亚	0.12	0.13	0.08	−1.65	0.06	0.09	0.04	0.12	0.12	0.13	3.15
东南亚	0.18	0.16	0.05	−12.21	0.07	0.12	0.05	0.17	0.17	0.19	9.44
南亚	0.12	0.19	−0.04	−1.62	0.05	0.09	0.04	0.11	0.12	0.12	0.45
北美洲	0.37	0.51	0.24	−21.08	0.3	0.21	−0.09	0.36	0.37	0.39	27.01
拉丁美洲	0.41	0.59	0.11	−40.4	0.3	0.35	0.05	0.39	0.41	0.43	33.15
中东和北非	0.1	0.14	0.03	−13.25	0.01	0.07	0.06	0.1	0.1	0.1	2.71
撒哈拉以南非洲地区	0.16	0.21	0.1	−4.86	0.04	0.1	0.06	0.15	0.16	0.17	2.99
欧盟	0.17	0.2	0.04	−108.77	0.05	0.14	0.09	0.17	0.17	0.17	38.54
孟加拉国	0.17	0.18	−0.17	−1.08	0.04	0.1	0.06	0.16	0.18	0.17	0.34
印度	0.11	0.29	0.23	−6.69	0.03	0.08	0.05	0.09	0.13	0.11	3.73
韩国	0.21	0.33	0.16	−9.77	0.09	0.11	0.03	0.18	0.24	0.22	8.24
日本	0.28	0.38	−0.21	−56.84	0.22	0.22	0	0.27	0.28	0.29	23.58
老挝	0.32	0.25	0.05	−0.08	0.08	0.16	0.08	0.3	0.34	0.34	0.05
斯里兰卡	0.1	0.14	−0.07	−0.41	0.02	0.08	0.06	0.09	0.12	0.11	0.09
ROW*	0.14	0.2	0.04	−16.15	0.01	0.11	0.09	0.14	0.14	0.14	1.85
世界			−0.18			0.07					−36.63
情况二方案四											
大洋洲	0.53	0.8	0.07	−24.02	0.33	0.37	0.04	0.51	0.52	0.56	13.4
东亚	0.39	0.48	0.33	−4.81	0.24	0.25	0.01	0.38	0.39	0.41	11.25
东南亚	0.62	0.62	0.25	−40.92	0.32	0.37	0.05	0.59	0.61	0.66	38.7
南亚	0.25	0.49	0.03	−3.6	0.16	0.18	0.01	0.23	0.23	0.27	1.97
北美洲	1.76	2.19	1.29	−68.27	1.08	1.15	0.07	1.71	1.78	1.83	97.32
拉丁美洲	0.89	1.37	0.29	−90.52	0.57	0.7	0.13	0.85	0.87	0.93	65.89
中东和北非	0.28	0.41	0.16	−27.18	0.08	0.2	0.12	0.26	0.26	0.28	9.99
撒哈拉以南非洲地区	0.38	0.55	0.28	−11.81	0.19	0.24	0.05	0.34	0.36	0.4	12.33
欧盟	0.42	0.49	0.13	−262.95	0.14	0.35	0.21	0.41	0.43	0.43	106.39
孟加拉国	0.43	0.49	−0.35	−2.7	0.18	0.06	−0.12	0.35	0.4	0.45	1.63
印度	0.39	0.68	0.47	−18.14	0.21	0.27	0.05	0.35	0.4	0.41	14.05
韩国	0.62	0.66	0.27	−22.52	0.33	0.32	−0.01	0.56	0.65	0.66	23.93
日本	0.68	1.08	−0.43	−144.1	0.63	0.53	−0.1	0.67	0.69	0.71	63.08
老挝	0.53	0.37	−0.02	−0.15	0.11	0.23	0.13	0.48	0.54	0.57	0.09
斯里兰卡	0.57	0.35	−0.46	−1.37	0.28	0.34	0.05	0.53	0.58	0.6	0.87
ROW	0.38	0.51	0.12	−38.66	0.12	0.29	0.18	0.37	0.38	0.39	9.73
世界			−0.71			0.15					−127.09

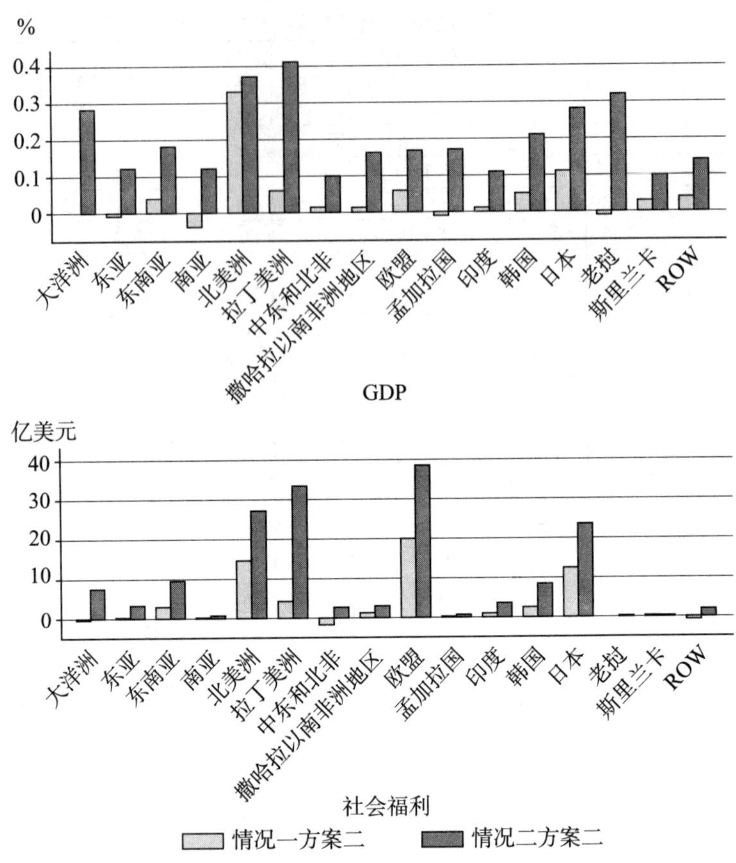

图 2　500 亿美元加征关税清单生效对世界主要经济体的影响比较

2018 年 7 月 25 日，美国和欧盟通过谈判后发表联合声明，称将共同致力于零关税、消除非关税贸易壁垒、消除对非汽车工业产品的补贴等，尽管美欧之间的贸易合作谈判是一个长期过程，短期内不会形成零关税协议，但将这个因素纳入模型进行模拟，有助于了解我国未来可能面临的局面。情况三的模拟结果见表 11。对比表 11 和表 7，可以发现美国和欧盟达成零关税协议后，对中国造成了不利的影响，但影响有限，社会福利、GDP、进口、出口、贸易条件、价格和收入的下降幅度变化较小，但相反，美国存在小幅度的改善，有利于美国的发展，如图 3 所示。

表 11　　　　贸易摩擦对中美的影响（中美互征关税、美欧零关税）

	GDP (%)	进口 (%)	出口 (%)	贸易平衡 (亿美元)	贸易条件 (%)	出口价格 (%)	进口价格 (%)	商品价格指数 (%)	生产要素价格 (%)	收入 (%)	社会福利 (亿美元)
中国											
方案一	−0.43	−1.27	−0.73	67.86	−0.26	−0.29	−0.03	−0.36	−0.49	−0.44	−96.26

续前表

	GDP (%)	进口 (%)	出口 (%)	贸易平衡 (亿美元)	贸易条件 (%)	出口价格 (%)	进口价格 (%)	商品价格指数 (%)	生产要素价格 (%)	收入 (%)	社会福利 (亿美元)
方案二	−0.54	−2.04	−1.23	96.29	−0.35	−0.33	0.03	−0.45	−0.65	−0.56	−124.01
方案三	−1.33	−4.54	−3.12	141.44	−0.99	−0.81	0.18	−1.16	−1.49	−1.41	−297.2
方案四	−2.76	−6.9	−5.02	160.23	−2.08	−1.83	0.25	−2.51	−2.89	−2.91	−564.66
方案五	−2.53	−6.94	−5.08	155.98	−1.86	−1.56	0.3	−2.19	−2.62	−2.69	−578.37
方案六	−5.77	−12.92	−9.92	196.49	−4.26	−3.7	0.56	−5.09	−5.7	−6.1	−1 266.95
美国											
方案一	0.14	0.08	0.25	25.37	0.04	0.01	−0.04	0.13	0.11	0.13	34.84
方案二	−0.03	−0.6	−0.25	112.85	−0.12	−0.11	0.01	−0.03	−0.07	−0.05	−13.73
方案三	−0.16	−2.52	−1.76	345.03	−0.29	−0.18	0.1	−0.15	−0.31	−0.2	−69.31
方案四	0.28	−4.17	−3.25	504.95	0.08	0.17	0.08	0.3	−0.04	0.23	28.42
方案五	0.02	−4.21	−3.36	495.65	−0.17	−0.04	0.13	0.04	−0.28	−0.04	−59.25
方案六	0.72	−8.39	−7.26	879.82	0.38	0.54	0.16	0.79	0.06	0.65	53.5

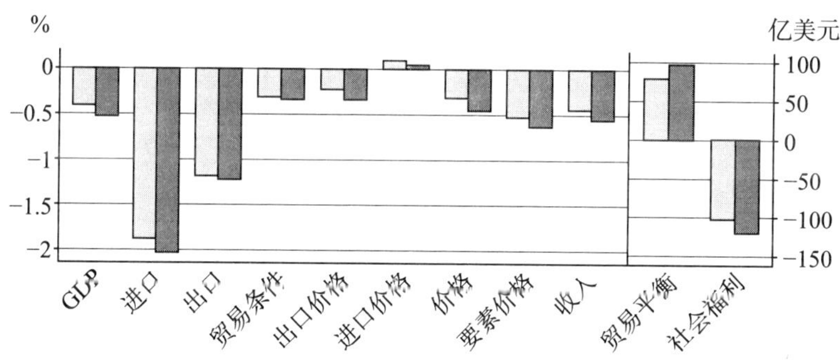

对中国经济的影响

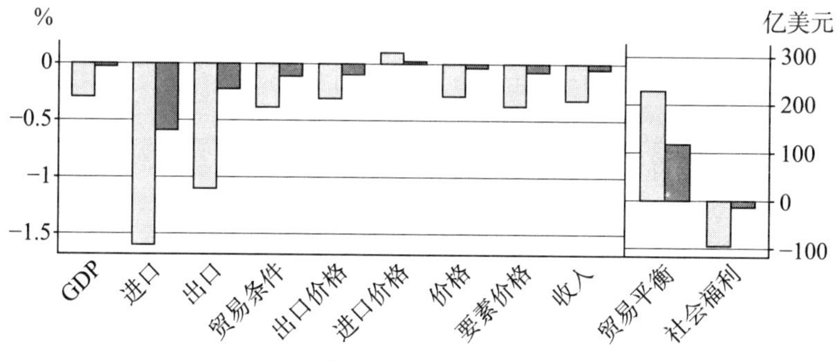

对美国经济的影响

情况一方案二　情况二方案二

图 3　500 亿美元清单生效的影响比较（美欧零关税的效应）

与情况二方案二相比，当美国和欧盟达成自由贸易协定（FTA）后，世界的出口规模、出口价格和社会福利变化幅度均变小，除欧盟外，对其他国家或地区的影响程度减小，但一些国家出现了负增长，如孟加拉国和印度等，但下降幅度较小。拉丁美洲、北美洲、欧盟和日本仍是获益最大的地区，其中欧盟的社会福利有较大规模的增加。在方案四下，美国和欧盟 FTA 的影响进一步显现，对其他地区或国家均具有正向影响，但由于对中国的负向影响较大，世界整体出口规模和社会福利下降（见表 12 和图 4）。综上，若美国和欧盟达成 FTA，当中美贸易摩擦规模较小时，受负面影响的不仅限于中国，但其他国家或地区受到的负面影响很小，当中美贸易摩擦规模较大时，受负面影响的仅有中国。因此，中国应尽早寻找应对措施，以免遭受更大的损失。

表 12　贸易摩擦对其他经济体及世界的影响（中美互征关税、美欧零关税）

	GDP（%）	进口（%）	出口（%）	贸易平衡（亿美元）	贸易条件（%）	出口价格（%）	进口价格（%）	商品价格指数（%）	生产要素价格（%）	收入（%）	社会福利（亿美元）
情况三方案二											
大洋洲	0.16	0.22	0.06	−5.34	0.11	0.11	0	0.15	0.15	0.16	4.34
东亚	0.05	0.02	0.01	−0.65	0.04	0.02	−0.02	0.05	0.05	0.05	1.94
东南亚	0.07	0.04	0	−5.15	0.04	0.03	−0.01	0.06	0.07	0.07	4.56
南亚	−0.02	0	−0.09	−0.28	−0.01	−0.03	−0.02	−0.02	−0.02	−0.02	0.04
北美洲	0.22	0.28	0.16	−8.74	0.16	0.12	−0.04	0.22	0.22	0.23	13.95
拉丁美洲	0.28	0.37	0.11	−21.63	0.23	0.25	0.02	0.26	0.28	0.29	24.48
中东和北非	0.01	0.01	−0.03	−5.48	0	0	0.01	0.01	0.01	0.01	−2.05
撒哈拉以南非洲地区	0.07	0.08	0.03	−1.85	0.03	0.03	0	0.06	0.07	0.07	1.56
欧盟	0.13	0.28	0.12	−115.92	0.05	0.09	0.04	0.12	0.17	0.14	58.22
孟加拉国	−0.04	−0.01	−0.13	−0.32	−0.03	−0.06	−0.02	−0.05	−0.03	−0.04	−0.08
印度	−0.01	0.15	0.17	−1.33	−0.01	−0.01	0	−0.02	0.01	−0.01	−0.18
韩国	0.1	0.22	0.12	−5.96	0.05	0.03	−0.02	0.08	0.14	0.11	4.94
日本	0.15	0.21	−0.11	−30.61	0.15	0.11	−0.04	0.14	0.15	0.15	15.35
老挝	0.21	0.14	−0.01	−0.06	0.07	0.07	0	0.18	0.23	0.22	0.05
斯里兰卡	−0.13	−0.02	0.01	0.05	−0.08	−0.09	−0.01	−0.13	−0.11	−0.13	−0.18
ROW	0.03	0.01	−0.03	−5.89	−0.02	0.01	0.04	0.03	0.03	0.03	−4.78
世界			−0.09			0.02					−15.59
情况三方案四											
大洋洲	0.41	0.62	0.06	−18.56	0.28	0.27	−0.01	0.39	0.4	0.43	10.5
东亚	0.31	0.38	0.26	−3.81	0.23	0.18	−0.05	0.31	0.31	0.34	10.04
东南亚	0.51	0.51	0.2	−33.86	0.29	0.28	−0.01	0.48	0.5	0.55	33.81
南亚	0.11	0.3	−0.01	−2.26	0.1	0.06	−0.04	0.09	0.09	0.12	1.56
北美洲	1.62	1.96	1.21	−55.93	0.94	1.06	0.12	1.57	1.63	1.68	84.26
拉丁美洲	0.75	1.16	0.29	−71.75	0.5	0.6	0.1	0.71	0.74	0.79	57.22

续前表

	GDP（%）	进口（%）	出口（%）	贸易平衡（亿美元）	贸易条件（%）	出口价格（%）	进口价格（%）	商品价格指数（%）	生产要素价格（%）	收入（%）	社会福利（亿美元）
中东和北非	0.19	0.27	0.1	−19.41	0.07	0.13	0.06	0.17	0.17	0.19	5.22
撒哈拉以南非洲地区	0.29	0.41	0.22	−8.79	0.18	0.18	0	0.25	0.27	0.3	10.9
欧盟	0.39	0.58	0.2	−270.09	0.14	0.3	0.16	0.37	0.43	0.4	126.07
孟加拉国	0.22	0.3	−0.31	−1.93	0.11	−0.1	−0.2	0.15	0.19	0.24	1.21
印度	0.27	0.54	0.42	−12.78	0.18	0.18	0	0.24	0.28	0.29	10.14
韩国	0.51	0.56	0.23	−18.71	0.3	0.24	−0.06	0.46	0.54	0.55	20.62
日本	0.55	0.91	−0.33	−117.87	0.56	0.42	−0.14	0.54	0.56	0.58	54.86
老挝	0.42	0.26	−0.08	−0.13	0.1	0.14	0.04	0.37	0.42	0.45	0.08
斯里兰卡	0.34	0.19	−0.38	−0.91	0.18	0.16	−0.02	0.31	0.35	0.36	0.59
ROW	0.27	0.32	0.05	−28.41	0.08	0.2	0.12	0.26	0.26	0.27	3.11
世界			−0.62			0.10					−106.05

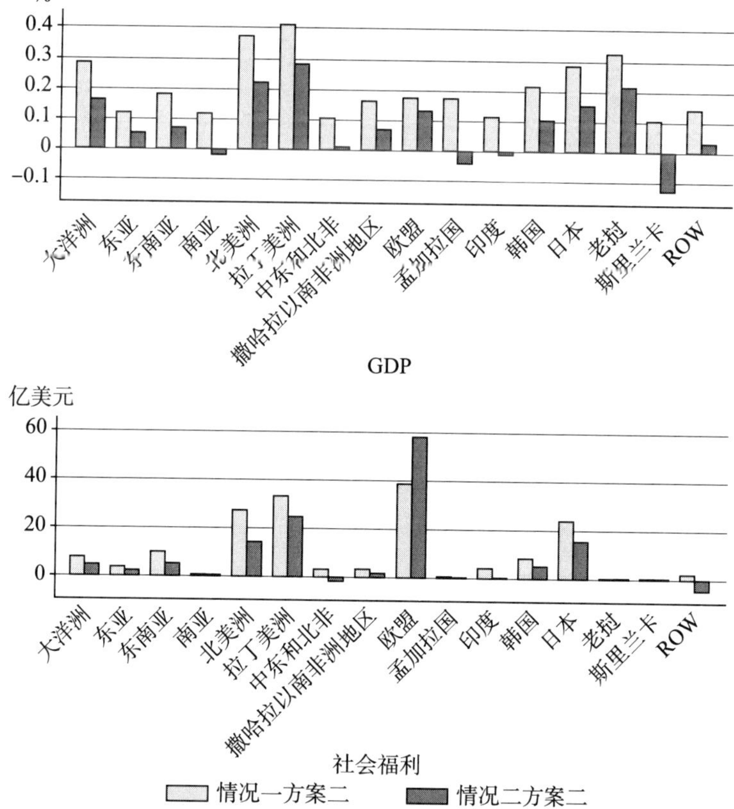

图 4　500 亿美元加征关税清单生效对世界主要经济体的影响比较（美欧零关税的效应）

四、应对方案的效果比较

（一）技术进步

从以上三种情况的模拟结果看，中美贸易摩擦不利于中国的发展，虽然小规模的贸易摩擦对中国的影响程度有限，但随着贸易摩擦规模的扩大，对中国的负向影响程度也加深，我国除积极尝试与美国展开贸易谈判外，应该寻找解决方案摆脱美国对我国经济的影响。为此，本文在情况三方案六的基础上，设定中国提升产出技术 1%、2%和 4%，并进行模拟，模拟结果见表 13。从表 13 可以看出，技术提升 2%后，尽管我国出口和贸易平衡会大幅度下降，但社会福利、GDP 和收入将大幅度上升，且会对美国造成不利影响，如图 5 所示。随着技术提升幅度的增加，对我国社会福利和 GDP 的促进作用也增强，因此，我国应不遗余力地发展科技，以掌握核心技术，摆脱对其他国家的依赖。

表 13　　　　中国技术提升对中美两国的影响

	GDP（%）	进口（%）	出口（%）	贸易平衡（亿美元）	贸易条件（%）	出口价格（%）	进口价格（%）	商品价格指数（%）	生产要素价格（%）	收入（%）	社会福利（亿美元）
中国											
技术提升 1%	−1.71	−12.23	−12.89	−494.72	−3.62	−3.58	0.04	−4.52	−1.61	−1.27	1 413.66
技术提升 2%	2.35	−11.56	−15.87	−1 187.26	−2.99	−3.47	−0.48	−3.96	2.48	3.55	4 093.47
技术提升 4%	10.46	−10.19	−21.78	−2 568.36	−1.72	−3.25	−1.52	−2.82	10.65	13.21	9 455.5
美国											
技术提升 1%	0.15	−9.18	−7.25	1 094.99	0.24	−0.03	−0.26	0.22	−0.51	0.07	14.4
技术提升 2%	−0.41	−9.97	−7.24	1 305.85	0.1	−0.58	−0.69	−0.34	−1.07	−0.5	−24.19
技术提升 4%	−1.56	−11.57	−7.21	1 740.5	−0.17	−1.72	−1.54	−1.48	−2.22	−1.66	−102.9

在中美爆发全面“贸易战”，且美国和欧盟形成 FTA 的基础上，中国技术提升 2%后，世界出口规模下降 2.27%，出口价格下降 0.73%，社会福利增加 4 668.52 亿美元，大部分其他地区或国家的 GDP 和社会福利出现下降，但有利于印度和韩国社会福利的增加，如表 14 和图 6 所示。

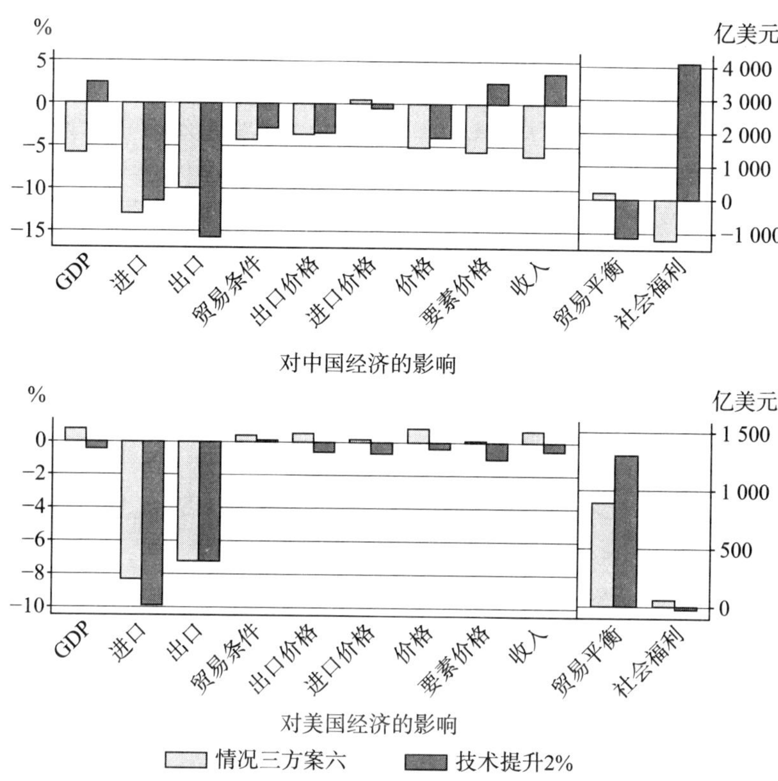

图 5　中国技术提升对中美的影响

表 14　　　　中国技术提升 2%对其他经济体的影响

	GDP（%）	进口（%）	出口（%）	贸易平衡（亿美元）	贸易条件（%）	出口价格（%）	进口价格（%）	商品价格指数（%）	生产要素价格（%）	收入（%）	社会福利（亿美元）
大洋洲	−0.62	−0.59	−0.28	10	0.07	−0.81	−0.88	−0.63	−0.62	−0.61	−1.69
东亚	0.33	0.29	0.18	−3.72	0.74	−0.18	−0.92	0.32	0.34	0.4	34.23
东南亚	0.49	0.67	0.31	−40.01	0.71	−0.16	−0.87	0.44	0.48	0.59	84.35
南亚	0.16	0.57	0.67	−1.86	0.84	−0.11	−0.95	0.09	0.13	0.21	7.89
北美洲	1.98	2.65	1.82	−60.44	1.61	0.95	−0.65	1.92	2.02	2.08	138.44
拉丁美洲	0.09	0.47	0.42	−3.65	0.56	−0.19	−0.74	0.04	0.07	0.13	59.46
中东和北非	−0.76	−0.61	−0.46	3.94	−0.18	−0.95	−0.76	−0.78	−0.78	−0.76	−44.7
撒哈拉以南非洲地区	−0.61	−0.57	−0.43	6.14	0.02	−0.87	−0.9	−0.64	−0.63	−0.6	1.9
欧盟	−0.33	−0.24	−0.23	7.03	0.18	−0.48	−0.66	−0.36	−0.27	−0.31	169.78
孟加拉国	1.42	1.5	0.22	−4.61	1.4	0.25	−1.15	1.18	1.33	1.51	7.7
印度	0.11	0.1	0.3	6.32	0.71	−0.29	−1	0.05	0.15	0.16	39.52

续前表

	GDP (%)	进口 (%)	出口 (%)	贸易平衡 (亿美元)	贸易条件 (%)	出口价格 (%)	进口价格 (%)	商品价格指数 (%)	生产要素价格 (%)	收入 (%)	社会福利 (亿美元)
韩国	0.4	0.04	−0.2	−14.5	0.73	−0.29	−1.02	0.31	0.45	0.49	46.94
日本	−0.06	0.23	−0.09	−30.15	0.81	−0.28	−1.09	−0.07	−0.03	−0.02	79.6
老挝	−0.42	−0.73	−0.63	0.09	−0.05	−0.66	−0.61	−0.47	−0.43	−0.4	0.02
斯里兰卡	1.9	0.67	−1.44	−3.31	1.7	0.82	−0.88	1.78	1.87	2.03	4.71
ROW	−0.68	−0.71	−0.48	10.14	−0.07	−0.8	−0.72	−0.69	−0.69	−0.69	−28.92
世界			−2.27			−0.73					4 668.52

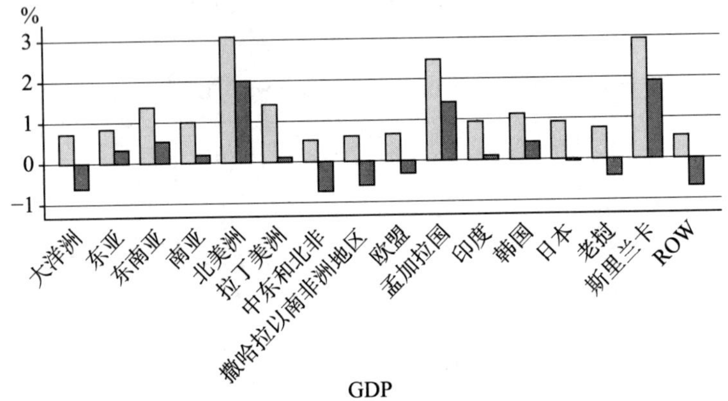

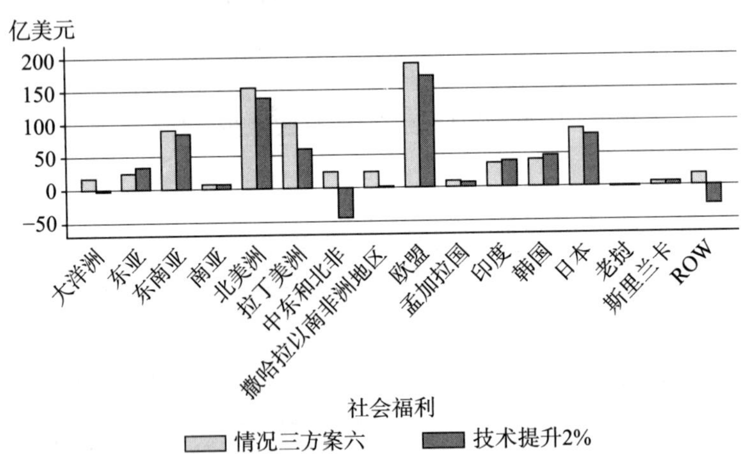

图 6　中国技术提升 2%对其他经济体的影响

（二）达成 RCEP 协定

在美国推动和其他国家或地区贸易合作的同时，中国应积极推进与其他国家或地区自由贸易区的建立。推动区域全面经济伙伴关系（Regional Comprehensive

Economic Partnership，RCEP）无疑是中国重要的工作之一，除中国外，RCEP 的成员包括东盟十国、日本、韩国、澳大利亚、新西兰和印度。RCEP 谈判始于 2013 年 5 月，截至 2018 年 10 月，RCEP 已经结束了 4 个章节的谈判，最早可能于 2019 年正式签订，届时，各成员的经贸合作将进一步加深。本文在情况三方案六的基础上，设定 RCEP 各成员之间的关税降为 0，模拟结果见表 15 和图 7。对比情况三方案六，当 RCEP 协定生效后，中美贸易摩擦和美欧 FTA 对中国的不利影响有所减少，但 RCEP 的影响较小，尽管如此，中国可以推进 RCEP 的达成，结合其他措施缓解中美贸易摩擦对中国的不利影响。

表 15　　达成 RCEP 协定对中美两国的影响

	GDP（%）	进口（%）	出口（%）	贸易平衡（亿美元）	贸易条件（%）	出口价格（%）	进口价格（%）	商品价格指数（%）	生产要素价格（%）	收入（%）	社会福利（亿美元）
中国	−5.52	−8.52	−6.66	107.57	−4.24	−3.7	0.54	−5	−5.17	−5.8	−1 144.63
美国	0.03	−9.57	−7.26	1 195.76	−0.08	−0.06	0.02	0.1	−0.65	−0.07	−74.36

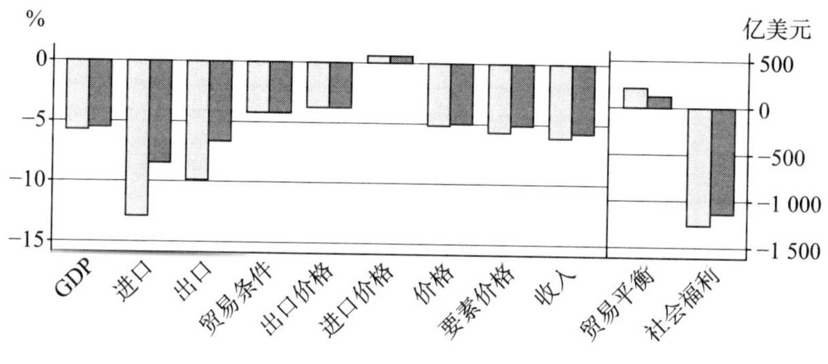

对中国经济的影响

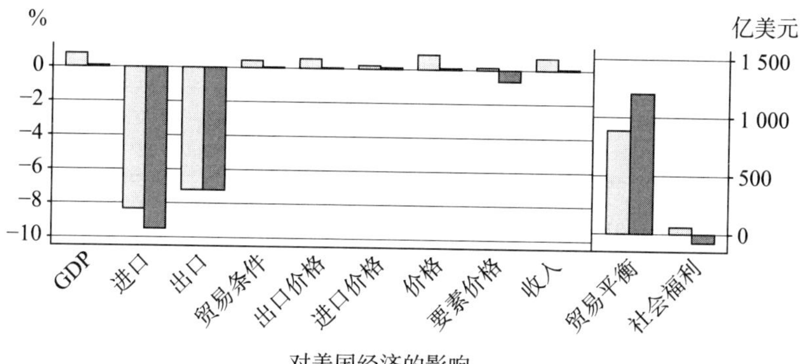

对美国经济的影响

情况三方案六　RCEP

图 7　达成 RCEP 协定对中美经济的影响

RCEP 协定达成后，世界出口规模下降 0.68%，出口价格上涨 0.06%，社会福利下降 134.23 亿美元，均小于情况三方案六的相应指标，分别为 1.22%、0.21%和 387.65 亿美元，其他地区或国家的 GDP 和社会福利增加规模减小，而 RCEP、韩国和日本的 GDP 分别增长 1.93%、2.19%和 1.84%，社会福利分别增长 349.94 亿美元、106.27 亿美元和 193.35 亿美元，说明当 RCEP 协定达成后，存在着贸易转移效应，使部分贸易从其他国家或地区转向 RCEP 成员国之间的贸易。虽然 RCEP 的达成不利于部分地区或国家，但有利于世界整体的发展（见表 16）。

表 16　　　　达成 RCEP 协定对其他经济体的影响

	GDP (%)	进口 (%)	出口 (%)	贸易平衡 (亿美元)	贸易条件 (%)	出口价格 (%)	进口价格 (%)	商品价格指数 (%)	生产要素价格 (%)	收入 (%)	社会福利 (亿美元)
大洋洲	−0.52	−0.47	0.09	1.64	−0.58	−0.22	0.36	−0.42	−0.51	−0.64	−1.59
东亚	−0.2	−0.17	−0.2	−3.47	−0.07	−0.07	0	−0.19	−0.19	−0.22	−8.98
东南亚	−1.89	−2.02	−2.03	0.68	−0.17	−1	−0.84	−1.87	−1.9	−1.91	−0.71
南亚	0.31	0.83	0.69	−3.71	0.32	0.2	−0.13	0.26	0.28	0.33	3.97
北美洲	2.75	3.47	2.19	−96.12	1.68	1.75	0.07	2.67	2.77	2.85	148.73
拉丁美洲	0.78	1.41	0.49	−76.59	0.57	0.57	0	0.73	0.75	0.82	66.98
中东和北非	0.24	0.41	0.25	−12.92	0.17	0.18	0.01	0.2	0.21	0.25	16.55
撒哈拉以南非洲地区	0.26	0.47	0.27	−9.14	0.31	0.19	−0.12	0.2	0.23	0.28	17.9
欧盟	0.29	0.49	0.13	−257.93	0.14	0.22	0.08	0.27	0.33	0.31	123.91
孟加拉国	1.45	1.74	0.24	−5.34	0.81	0.42	−0.39	1.23	1.34	1.51	5.63
斯里兰卡	1.78	1.14	−0.59	−3.34	0.96	1.03	0.06	1.7	1.76	1.86	2.86
韩国	2.19	3.29	2	−71.84	1.23	1.13	−0.09	1.86	2.55	2.34	106.27
日本	1.84	3.6	0.73	−275.57	1.74	1.42	−0.32	1.78	1.94	1.92	193.35
RCEP	1.93	5.51	3.98	−328.47	1.08	1.09	0.01	1.65	2.36	2.06	349.94
ROW	0.23	0.23	−0.02	−27.81	0.19	0.19	0	0.21	0.22	0.24	13.77
世界			−0.68			0.06					−134.23

（三）中国加入 CPTPP

2017 年 1 月，美国退出 TPP（《跨太平洋伙伴关系协定》），日本代替美国成为协议的主导者，继续推动谈判，并改名为 CPTPP（《全面与进步跨太平洋伙伴关系协定》）。通过多轮谈判，CPTPP 最终于 2018 年 1 月谈判结束，并于 3 月 8 日在智利举行新协定的签署仪式，预计最快 2018 年底或 2019 年初生效。中国可以加入 CPTPP，与 CPTPP 成员加深经贸合作，以缓解中美贸易摩擦的不利影响。本文在情况三方案六的基础上，设定中国加入 CPTPP，成员之间关税降为 0，模拟结果见表 17。与情况三方案六相比，中国加入 CPTPP 在一定程度上可以缓解中美贸易摩擦和美欧 FTA 的不利影响，但缓解程度较小，如图 8 所示。不过，中国加入 CPTPP 对美国造成了不利影响。因此，中国可以加入 CPTPP，并结合其他措施以降低损失，并提升中国对美国谈判的话语权。

表 17　　中国加入 CPTPP 对中美两国的影响

	GDP（%）	进口（%）	出口（%）	贸易平衡（亿美元）	贸易条件（%）	出口价格（%）	进口价格（%）	商品价格指数（%）	生产要素价格（%）	收入（%）	社会福利（亿美元）
中国	−5.63	−10.06	−7.82	135.46	−4.31	−3.71	0.6	−5.06	−5.38	−5.93	−1 186.12
美国	0.36	−8.94	−7.4	1 000.85	0.2	0.23	0.03	0.43	−0.31	0.28	1.84

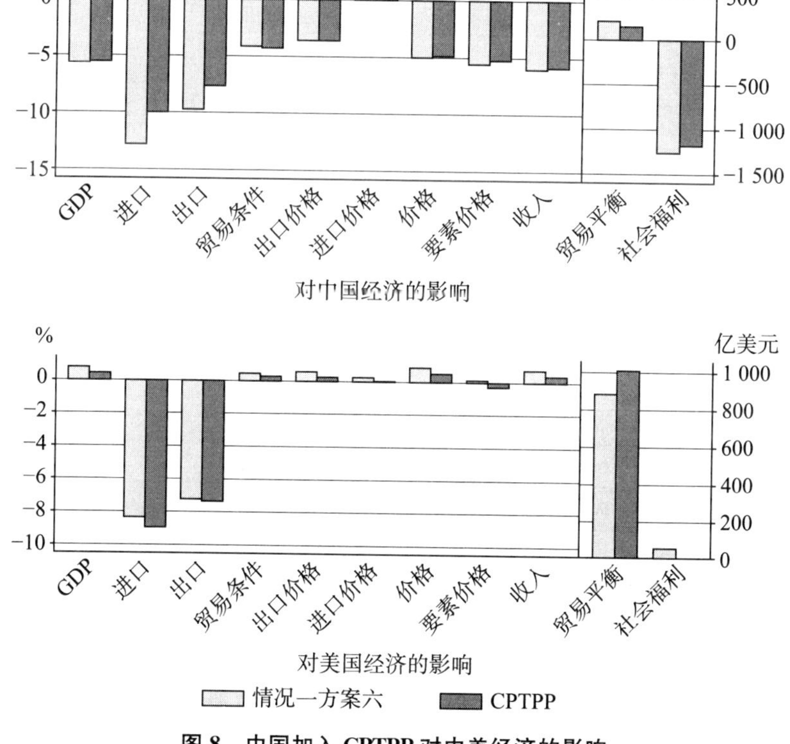

图 8　中国加入 CPTPP 对中美经济的影响

中国加入 CPTPP 后，世界整体贸易和社会福利有所好转，且贸易转移效应发挥作用，CPTPP 和日本 GDP 分别增加 2.31%和 2.34%，社会福利分别增加

298.7亿美元和234.57亿美元，其他地区或国家的GDP或社会福利有一定的增加，但增加幅度较小（见表18）。因此，中国加入CPTPP不仅有利于中国缓解中美贸易摩擦，对其他国家或地区的不利影响也较小。

表18　　中国加入CPTPP对其他经济体的影响

	GDP（%）	进口（%）	出口（%）	贸易平衡（亿美元）	贸易条件（%）	出口价格（%）	进口价格（%）	商品价格指数（%）	生产要素价格（%）	收入（%）	社会福利（亿美元）
大洋洲	0.24	0.23	−0.06	−0.83	−0.01	0.22	0.23	0.21	0.21	0.26	0.08
东亚	0.16	0.36	0.25	−3.49	0.1	0.16	0.05	0.16	0.16	0.16	0.78
东南亚	0.71	1.22	0.69	−29.77	0.35	0.47	0.13	0.7	0.71	0.74	15.93
南亚	0.5	1.06	0.77	−5.16	0.44	0.34	−0.1	0.45	0.47	0.53	4.78
北美洲	0.46	0.37	0.13	−0.17	0.25	0.31	0.06	0.37	0.47	0.49	0.17
拉丁美洲	1.26	2.06	0.63	−103.41	0.85	0.94	0.09	1.19	1.22	1.32	87.75
中东和北非	0.33	0.57	0.34	−18.34	0.19	0.23	0.04	0.29	0.3	0.35	21.77
撒哈拉以南非洲地区	0.43	0.66	0.41	−11.21	0.37	0.27	−0.1	0.36	0.39	0.45	22.53
欧盟	0.42	0.64	0.22	−300.27	0.17	0.33	0.16	0.39	0.46	0.44	150.76
孟加拉国	1.32	1.66	0.21	−5.2	0.74	0.32	−0.42	1.1	1.21	1.38	5.35
印度	0.61	0.99	0.85	−20.66	0.43	0.41	−0.01	0.56	0.63	0.65	24.49
韩国	0.43	0.59	0.25	−19.47	0.25	0.24	−0.01	0.39	0.47	0.46	14.81
日本	2.34	4.27	0.78	−335.29	2.12	1.81	−0.3	2.28	2.45	2.44	234.57
老挝	0.49	0.45	−0.03	−0.19	0.1	0.18	0.08	0.41	0.47	0.53	0.1
斯里兰卡	2.22	1.3	−0.92	−4.09	1.27	1.28	0.02	2.12	2.19	2.32	3.65
CPTPP	2.31	4.36	2.78	−244.19	1.34	1.43	0.09	2.18	2.5	2.42	298.7
ROW	0.37	0.46	0.11	−34.57	0.21	0.29	0.08	0.35	0.36	0.39	17.46
世界			−0.94			0.11					−280.62

（四）降低贸易成本

除与其他地区或国家加深经贸合作外，中国可以提升本国对外贸易中的运输技术，以降低贸易成本，提升本国产品的竞争力。在情况三方案六的基础上，本文分别设定中国运输技术提升10%、20%和40%，模拟结果见表19。在中国对外运输技术提升20%后，中美贸易摩擦及美欧FTA对中国的不利影响有所减少，GDP、进口、出口、收入和社会福利的下降幅度均有所减少，贸易条件也有所改善。中国对外运输技术提升20%对美国的影响程度较小，GDP和收入增加幅度降低，但社会福利有一定增加，如图9所示。在中国的运输技术进一步提升后，对中国的正向影响更大，对美国也有一定的好处，如社会福利的增加。因此，中国可以从贸易成本角度考虑，提升对外运输技术，降低对外贸易成本。

表 19　　中国提升对外运输技术对中美两国的影响

	GDP（%）	进口（%）	出口（%）	贸易平衡（亿美元）	贸易条件（%）	出口价格（%）	进口价格（%）	商品价格指数（%）	生产要素价格（%）	收入（%）	社会福利（亿美元）
中国											
提升10%	−5.23	−12.07	−9.2	197.21	−3.82	−3.32	0.49	−4.58	−5.17	−5.53	−1 162.98
提升20%	−4.69	−11.23	−8.49	197.19	−3.38	−2.96	0.42	−4.09	−4.65	−4.97	−1 060.29
提升40%	−3.6	−9.52	−7.04	199.37	−2.5	−2.21	0.3	−3.07	−3.59	−3.82	−851.05
美国											
提升10%	0.66	−8.44	−7.31	884.87	0.4	0.46	0.07	0.73	−0.01	0.59	60.48
提升20%	0.6	−8.5	−7.37	888.73	0.42	0.39	−0.03	0.66	−0.07	0.52	67.91
提升40%	0.47	−8.61	−7.47	900.03	0.45	0.24	−0.21	0.53	−0.2	0.4	81.43

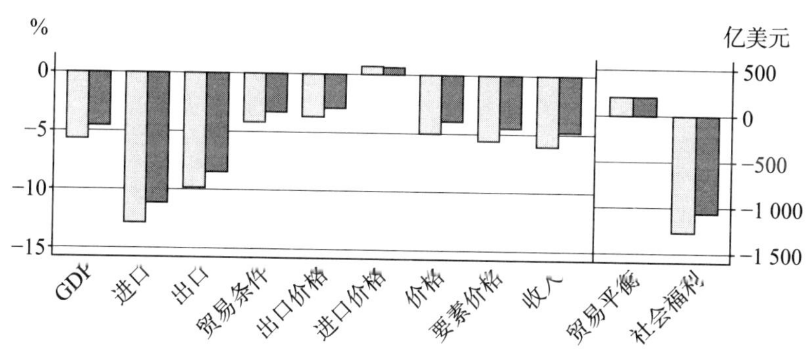

对中国经济的影响

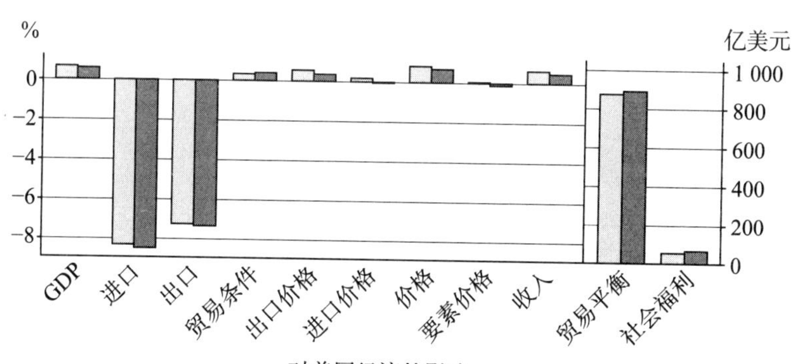

对美国经济的影响

情况三方案六　贸易成本下降20%

图 9　中国贸易成本下降对中美经济的影响

在中国对外运输技术提升20%后，世界出口规模下降1.22%，出口价格上升0.12%，社会福利减少129.70亿美元，但优于情况三方案六。对比情况三方案六，尽管各国GDP增加的幅度有所减少，但仍为正向增加，且一些国家的社会福利增加幅度增大，如大洋洲、东亚、东南亚、韩国和日本等地区或国家。整体上，中国提升对外运输技术对其他经济体的负向影响较小，对一些国家或地区具有正向影响，且有利于世界整体的改善（见表20和图10）。

表20　中国提升对外运输技术对其他经济体的影响

	GDP（%）	进口（%）	出口（%）	贸易平衡（亿美元）	贸易条件（%）	出口价格（%）	进口价格（%）	商品价格指数（%）	生产要素价格（%）	收入（%）	社会福利（亿美元）
大洋洲	0.61	0.97	0.05	−30.58	0.58	0.39	−0.19	0.57	0.59	0.65	22.39
东亚	0.85	1.21	0.88	−8.5	0.66	0.46	−0.2	0.84	0.86	0.91	31.15
东南亚	1.26	1.62	0.86	−82	0.8	0.64	−0.16	1.19	1.24	1.37	99.93
南亚	0.82	1.52	0.86	−8.28	0.8	0.54	−0.26	0.73	0.77	0.87	8.11
北美洲	2.9	3.65	2.23	−107.03	1.71	1.86	0.16	2.81	2.92	3	153.69
拉丁美洲	1.22	2.04	0.61	−119.26	0.88	0.89	0.01	1.15	1.19	1.28	103.16
中东和北非	0.27	0.54	0.24	−31.21	0.15	0.11	−0.05	0.22	0.23	0.28	18.27
撒哈拉以南非洲地区	0.41	0.68	0.36	−14.18	0.39	0.19	−0.21	0.34	0.37	0.45	25.54
欧盟	0.47	0.69	0.17	−370.37	0.22	0.34	0.12	0.44	0.52	0.49	184.99
孟加拉国	2.29	2.5	0.03	−8.61	1.48	0.82	−0.67	1.98	2.16	2.39	9
印度	0.75	1.07	0.8	−26.78	0.61	0.45	−0.16	0.68	0.77	0.8	36.48
韩国	1.1	1.06	0.42	−37.04	0.72	0.47	−0.26	0.99	1.12	1.19	50.56
日本	0.85	1.53	−0.47	−190.25	1.03	0.61	−0.41	0.84	0.87	0.9	100.79
老挝	0.66	0.39	−0.16	−0.21	0.17	0.21	0.04	0.58	0.65	0.73	0.14
斯里兰卡	2.74	1.44	−1.53	−5.17	1.74	1.54	−0.2	2.59	2.69	2.88	4.99
ROW	0.33	0.44	0.01	−46.46	0.19	0.2	0.02	0.31	0.32	0.34	13.46
世界			−1.22			0.12					−129.70

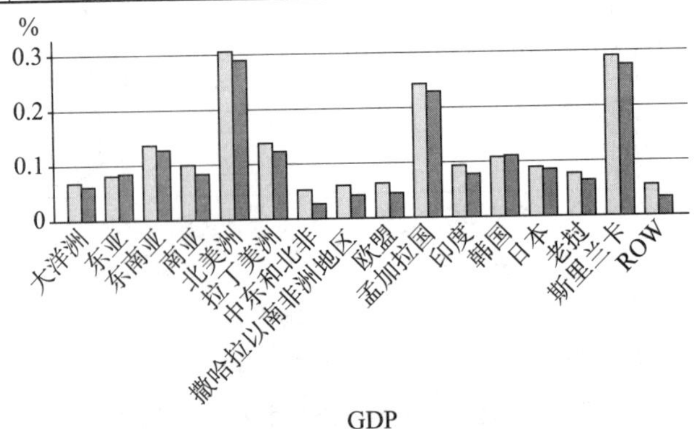

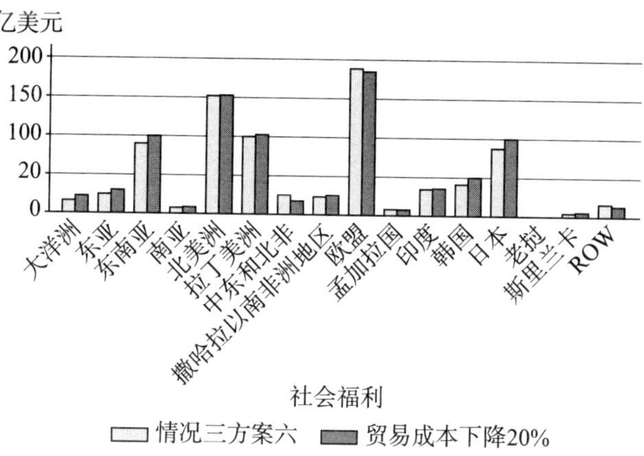

图 10　中国贸易成本下降对其他经济体的影响

五、结论性评述

通过比较四种应对方案，本文发现提升技术是对中国正向影响最大的措施，如图 11 所示，该措施不仅可以抵消中美贸易摩擦和美欧 FTA 的不利影响，还可以促使中国 GDP 和社会福利的增加，有利于中国经济的长远发展。

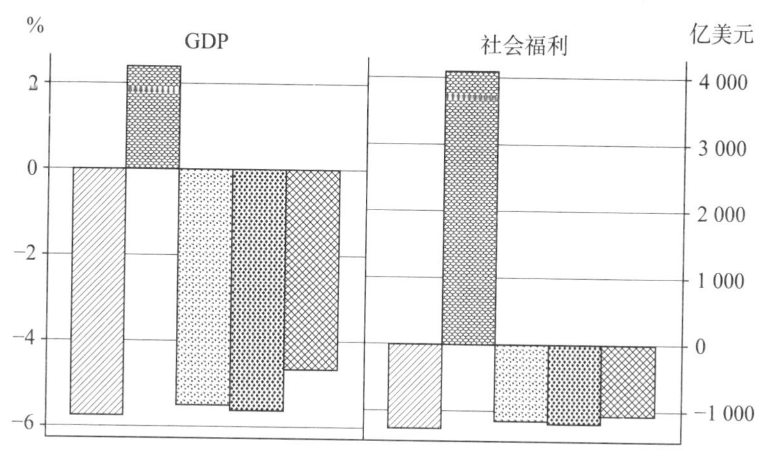

图 11　四种应对方案对中国经济影响的比较

由于当前各界热议中国需努力加入新型自贸协定以应对贸易摩擦，本文特别关注了中国推进 RCEP 协定和加入 CPTPP 所产生的效应。根据模拟结果，

RCEP 协定达成及中国加入 CPTPP 对贸易摩擦的负面冲击有一定的缓解作用，但作用较小，二者相比，RCEP 协定的缓解作用更大。而中国提高对外运输技术同样可以在一定程度上缓解贸易摩擦带来的不利影响。

综合以上分析，我们提出如下政策建议。

首先，从长远发展目标来看，中国应积极发展科技，掌握核心技术，摆脱对其他国家的依赖。当前，在中国经济发展的过程中，呈现出多数产业大而不强、处于全球价值链的中低端、关键核心技术受制于人的局面，一个重要原因在于基础研究积累不够、原始创新和科技源头供给不足，也制约了集成创新和引进消化吸收再创新能力的进一步提升。而基础研究具有基础性、战略性、先导性、公益性、探索性等特点，涉及科技、经济、社会各领域，周期长、风险大。所以，从国家层面上加强战略布局非常重要。因此，未来中国迫切需要加强基础研究，促进原始创新和科技源头供给，加强战略布局和高水平科研基地和平台建设。

其次，主动参与新的全球贸易框架及规则制定，有力破解美国的围堵态势。中国可以推进 RCEP 和加入 CPTPP，与其他国家展开和加深经贸合作，多方位降低贸易摩擦对中国的不利影响，提升中国在世界经济的影响地位。

最后，中国也可以从自身出发，降低贸易成本，促进贸易便利化，进一步扩大对外开放，降低外商投资壁垒。以往，中国在制造业、金融、电信等服务业都存在较高的外商投资限制，根据 2018 版外资“负面清单”，到 2021 年中国将取消全部金融业的外资股比限制，2022 年制造业将基本全面放开。各界需要贯彻“负面清单”，将各项政策落到实处。进一步地，未来在兼顾国家安全的同时逐步打破行业垄断，降低电信等行业的外资进入壁垒，是中国深化改革、扩大开放的必经之路。

参考文献

[1] Areerat，T.，Kameyama，H.，Ito，S.，Yamauchi，K.，2012，“Trans-Pacific Strategic Economic Partnership with Japan，South Korea and China Integrate：General Equilibrium Approach”，*American Journal of Economics and Business Administration*，4（1）.

[2] Armington，P. S.，1969，“A Theory of Demand for Products Distinguished by Place of Production”，International Monetary Fund Staff Paper，Vol. 16 No. 1.

[3] Lewis，M.，2011，“The Trans-Pacific Partnership：New Paradigm or Wolf in Sheep's Clothing”，*Boston College International and Comparative Law Review*，Vol. 34：27.

[4] 刘晨阳．“跨太平洋战略经济伙伴协定”与美国的亚太区域合作新战略．国

际贸易，2010（6）.
[5] 彭支伟，张伯伟．TPP 和亚太自由贸易区的经济效应及中国的对策．国际贸易问题，2013（4）.
[6] 万广华，Qureshi，M. S.，伏润民．中国和印度的贸易扩张：威胁还是机遇？．经济研究，2008（4）.
[7] 万璐．美国 TPP 战略的经济效应研究——基于 GTAP 模拟的分析．当代亚太，2011（4）.
[8] 王孝松，何欣悦．TPP 达成对中国贸易发展的影响探究．经济理论与经济管理，2016（3）.
[9] 许和连，孙天阳．TPP 背景下世界高端制造业贸易格局演化研究——基于复杂网络的社团分析．国际贸易问题，2015（8）.

附录：GTAP 行业分类

编码	行业	编码	行业
PDR	水稻	MIL	乳制品
WHT	小麦	PCR	精米
GRO	其他谷物	SGR	糖类产品
V_F	蔬菜、水果和坚果	OFD	其他食品
OSD	油籽	B_T	饮料和烟草制品
C_B	甘蔗和甜菜	TEX	纺织业
PFB	植物纤维	WAP	服装
OCR	其他农作物	LEA	皮革制品
CTL	牛、羊和马	LUM	木材制品
OAP	其他动物产品	PPP	纸制品
RMK	鲜奶	P_C	石油和煤制品
WOL	羊毛和蚕茧	CRP	化工、橡胶和塑料制品
FRS	林业	NMM	其他矿物制品
FSH	渔业	I_S	黑色金属
COA	煤业	NFM	其他金属
OIL	原油开采冶炼	FMP	金属制品
GAS	天然气开采冶炼	MVH	汽车及零部件
OMN	其他矿物开采冶炼	OTN	其他运输设备
CMT	牛肉制品	ELE	电子设备
OMT	其他肉制品	OME	机械设备
VOL	植物油脂	OMF	其他制造业

图书在版编目（CIP）数据

中国宏观经济分析与预测.2018—2019：改革开放新征程中的中国宏观经济/中国人民大学经济研究所主编.—北京：中国人民大学出版社，2019.12
（教育部哲学社会科学系列发展报告）
ISBN 978-7-300-27794-3

Ⅰ.①中… Ⅱ.①中… Ⅲ.①中国经济-宏观经济-研究报告-2018-2019 Ⅳ.①F123.16

中国版本图书馆CIP数据核字（2019）第276202号

教育部哲学社会科学系列发展报告
中国宏观经济分析与预测（2018—2019）
——改革开放新征程中的中国宏观经济
中国人民大学经济研究所 主编
Zhongguo Hongguan Jingji Fenxi yu Yuce（2018—2019）

出版发行	中国人民大学出版社		
社　　址	北京中关村大街31号	**邮政编码**	100080
电　　话	010-62511242（总编室）		010-62511770（质管部）
	010-82501766（邮购部）		010-62514148（门市部）
	010-62515195（发行公司）		010-62515275（盗版举报）
网　　址	http://www.crup.com.cn		
经　　销	新华书店		
印　　刷	北京玺诚印务有限公司		
规　　格	170 mm×228 mm　16开本	**版　　次**	2019年12月第1版
印　　张	20　插页1	**印　　次**	2019年12月第1次印刷
字　　数	373 000	**定　　价**	79.00元